오늘날 정신분석의
꿈 담론

The Dream Discourse Today
by Sara Flanders

First Published in 1993 by Routledge.
© 1993 Sara Flanders, the collection as a whole; the individual chapters, the contributors.

본 저작물의 한국어판 저작권은 The Marsh Agency를 통한 독점 계약으로 현대정신분석연구소(구 한국심리치료연구소)가 소유하고 있습니다. 저작권법에 의하여 보호를 받는 저작물이므로 무단전제와 무단복제를 금합니다.

오늘날 정신분석의 꿈 담론

발행일 2022년 3월 17일
엮은이 새라 플랜더스
옮긴이 이세형
펴낸이 이준호
펴낸곳 현대정신분석연구소 (구 한국심리치료연구소)
주소 서울시 종로구 새문안로5가길 28, (적선동, 광화문플래티넘) 918호
전화 02) 730-2537~8
팩스 02) 730-2539
홈페이지 www.kicp.co.kr
E-mail kicp21@naver.com
등록 제22-1005호(1996년 5월 13일)
정가 25,000원
ISBN 978-89-97465-53-8

편집장: 엘리자베스 보트 스필리우스

오늘날 정신분석의
꿈 담론

새라 플랜더스 엮음
이세형 옮김

현대정신분석연구소
Korean Institute for Contemporary Psychoanalysis

| 목 차 |

추천의 글 … 6

원문의 출처에 관하여 … 10

서론 … 13

제 1 부 정신분석적 꿈: 정신분석적 과정 … 55

1장 꿈 심리학과 정신분석 상황의 진화 _ 마수드 칸 … 56

제 2 부 꿈 논쟁: 오늘날에도 꿈은 여전히 왕도인가? … 85

2장 정신분석 임상 현장에서 만나는 꿈들 _ 찰스 브랜너 … 86

3장 정신분석 임상에서 꿈의 특별한 자리 _ 랄프 그린슨 … 108

제 3 부 꿈 공간 … 149

4장 정신 경험에서 꿈의 사용과 오용 _ 마수드 칸 … 151

5장 꿈의 기능 _ 한나 시걸 … 166

6장 대상으로서의 꿈 _ J-B. 퐁탈리스 … 180

7장 꿈 경험과 전이 _ 해롤드 스튜어트 … 204

8장 분석적 경청과 꿈 화면에 대한 고찰들 _ 제임스 갬밀 … 212

9장 꿈의 필름 _ 디디에 앙지외 … 228

제 4 부 적응적 자아와 꿈 … 251

10장 외현몽의 내용과 꿈 해석의 의미 _ 야콥 스팬야드 … 254

11장 정신분석적 꿈-연속체: 꿈의 원천과 기능 _ 그린버그와 펄만 … 299

12장 꿈꾸기와 자아의 조직화 기능 _ 세실리 드 몽쇼 … 321

13장 꿈의 정신분석적 현상학 _ 로버트 스토롤로와 조지 애트우드 … 349

이름 색인 … 372

주제 색인 … 377

추천의 글

프로이트의 『꿈의 해석』을 여러 집단에서 20년간 강의해오며 가장 소중하게 참고한 비급 텍스트가 바로 <오늘날 정신분석의 꿈 담론>이다. 현재 한국에서 이 책이 유독 필요하고 뜻깊은 이유는 다음과 같다.

지금까지 한국 정신분석학계에서 내담자 정신치료에 활용해온 꿈 해석 관점은 민족의 집단정신이 강조되던 1980년대까진 융이언이 주도해왔다. 그러다 개인주의 문화가 점증하면서 프로이디언 꿈관점이 소수 국제정신분석가들과 프로이드교육원에 의해 정신과의사, 상담사, 일반인들에게 소개되었다. 아울러 대상관계론을 중심으로 한 현대정신분석학의 꿈 관점이 빠르게 전파되고 있다. 고유 특성을 지닌 이 세 꿈해석 관점대변자들은 서로 소통하지 못한 채, 각각 독자적인 꿈해석 상담과 교육을 진행 중이다. 이 상황에서 정신분석상담가 되기를 지향하는 분들에게 어떤 꿈해석 관점을 습득하는 것이 어떤 점에서 유익한지 안내해주는 권위 있는 텍스트가 절실한 상황이다. 이런 필요를 해소하려면 무엇보다 정신분석 치료를 수행해온 중심 집단인 국제정신분석학계에서 중요시하며 활용하는 이론과 관점들의 주요 흐름main stream이 어떠한지에 대한 이해가 선행되어야 한다.

이런 이해 없이 특정 연구소나 책에서 배운 특정 정신분석 학파의 이론과 꿈해석 관점만 내면화하게 되면, 상담사의 자기분석과 내담자의 내면 이해와 상담치료에 결함이 생기게 된다. 아울러 정신분석상담가들 사이조차 온전한 소통이 어렵게 된다.

이 책은 프로이트 이후 현대정신분석학계에서 중심 자리를 유지하거나 새로 부각된 여러 정신분석학파들의 꿈 이론 중 가장 주목받은 논문을 국제정신분석학계의 주요 동향을 고려하며 학파별로 균형 있게 선별해 모아 놓은 현존하는 최상의 꿈해석 이론 안내서다.

프로이드의 『꿈의 해석』 이후로 국제정신분석학계는 자아심리학, 클라인학파, 대상관계론, 자기심리학, 현대클라인학파, 상호 주관성론, 프랑스 학파, 통합론, 포스트모던 입장 등등 다양한 꿈해석 치료 관점들이 공존한다.

의학이 병의 종류에 따라 외과, 내과, 피부과, 신경과, 이비인후과, 안과 등등 여러 전문 영역을 나누듯, 정신분석학계 각 학파의 치료이론과 기법도 그것이 적용되는 내담자의 정신문제 유형에 따라 다름을 지닌다. 프로이트는 자아의 기능이 비교적 안정되고 억압방어가 심한 신경증(히스테리, 강박증, 공포증)자의 무의식 분석에 적합한 치료이론과 꿈해석 기법을 제시했다. 그리고 클라인은 편집증과 경계선성격, 페어베언은 분열성성격, 위니캇은 거짓자기와 중증 성격장애, 자기심리학과 상호주관성 학파는 자기애성격 장애, 비온은 자아기능이 심각하게 저하된 정신증과 경계선성격, 라깡학파는 신경증 치료에 각각 특화된 꿈해석 이론과 기법을 제시한다. 내담자의 정신을 분석하는 과정에서 정신분석학 역사에 등장한 각 학파는 특정 정신문제와 정신유형에 특화된 치료법과 꿈해석 이론 및 기법을 개발하게 된 것이다.

여기서 정신분석 치료이론과 꿈해석 능력을 습득하고 싶어하는 독자들이 유념해야할 점이 있다. 위에 열거된 여러 관점 중 어느 한 학파의 이론만 공부하고, 정신분석학계에 새로운 이론과 관점들이 등장하게 된 시대환경 요인과 주요 정신병리 유형의 변천 원인을 간과하면 정신분석 치료나 꿈해석 임상 상황에서 어떤 결과가 나오는가? 눈 뜬 장님·선무당이 코끼리의 특정 부분만 미시적으로 접촉해 보고 코끼리가 어떠하다고 세상에 과시하는 부조리 현상이 발생할 것이다.

국제정신분석학계에 등장한 꿈해석 이론, 주제, 초점, 관점, 기법의 변천사는 시대환경의 변화에 따른 내담자들이 분석가들에게 호소한 주요 병리성 유형의 변화를 반영한다. 이 책에 안내된 꿈해석 이론과 관점은 그 논문 저자가 실재 분석세팅에서 체험한 내담자들의 꿈양태, 꿈해석 반응이 기존 이론과 기법으로 온전히 치료되지 않아서, 고심 끝에 발견해낸 특정 병리유형의 내담자 치료에 유익한 고유 정보를 담고 있다. 따라서 독자가 각 시대 인류가 앓아온 주요 정신문제를 해결하기 위해 분투하는 과정에서 발전해온 정신분석, 꿈해석 이론의 변천사를 이 책속 열세가지 소리들을 통해 하나씩 소화해가면 꿈해석과 연관된 불필요한 오해와 왜곡에서 벗어날 수 있다.

이 점에서 국제정신분석학계 꿈이론의 주요 흐름을 반영한 이 책은 꿈해석 이론과 기법을 숙지하고 훈습하려는 분들에게 최적의 '절반 지침서'이다. 절반이라고 표현한 까닭은 이 책의 각 입장들이 보충하고 개선하려든 바로 그 토대 대상인 프로이드의 꿈해석 이론과 기법을 온전히 소화해 꿈해석 능력을 습득하는 과정이 쉽지 않은 과제이기 때문이다. 경륜 있는 꿈해석 전문가에게 세심한 안내를 받으며 자신의 꿈을 통해 자신의 억압된 무의식에 접속해 '무의식의 그것'을 직접 대면해 소화해가는 절절한 그 체험 과정은, 독서만 통해서는 결코 습득할 수 없는 정신분석학계의 비급 지식이다.

　이 책의 각 장은 의식이 지각 못해온 꿈작업 원리와 꿈의 심층의미를 발견하는 지도를 인류에게 선사한 프로이드가 주목하지 못한 꿈의 기능, 특성, 기법에 대한 현대의 새로운 이론, 주제, 관점을 안내한다. 역으로 이 책의 열 세 가지 꿈이론의 의미와 가치는, 프로이드의 꿈해석 이론과 기법이 무엇인지 숙지하는 정도만큼 이해될 수 있다.

　무릇 번역은, 번역가의 정신수준 만큼의 결과물을 생성해낸다. 이 책을 번역한 이세형교수는 20여권의 신학, 인문학, 정신분석 책을 번역한 탁월한 외국어 이해력과 더불어, 프로이드의 꿈해석 이론을 2년 동안 나와 함께 심층 연구·실습 과정을 거쳐 습득한 분이다. 그로인해 이 책에 나오는 프로이드 이론을 배경으로 제시된 현대 정신분석학계 정상급 분석가들의 꿈해석 이론에 대해, 무의식 분석과 꿈해석 상담 체험을 한 번역가만이 온전히 이해할 수 있는 임상내용들이 소화된 한국어로 재현되어 있다. 외현몽을 통해 무의식에 접속하게 하는 비밀 원리인 '꿈작업' 이해와 자유연상 기법을 활용하는 Freudian 꿈해석 체험을 한 후, 정신분석 임상맥락에서 나온 꿈해석 이론을 번역한 글과 일반 번역가의 글은 현저한 질적 차이를 지님을 독자는 느끼게 될 것이다.

프로이드정신분석교육원 원장　이창재

원문의 출처에 관하여

마수드 칸M. Masud R. Khan이 쓴 "꿈 심리학과 정신분석 상황의 진화"(Dream Psychology and the Evolution of the Psychoanalytic Situation)는 1962년 「국제정신분석저널」(The International Journal of Psycho-Analysis) 43호에 처음 실렸다. 이때 실린 논문은 1961년 8월 에딘버그에서 열린 제 22차 국제정신분석협회의 총회에서 있었던 「정신분석 상황: 치료의 자리와 과정」(The Psycho-analytic Situation: The Setting and the Process of Cure)이란 심포지엄에서 발표했던 논문을 확장시킨 것이다.

찰스 브랜너Charles Brenner가 쓴 "정신분석 임상 현장에서 만나는 꿈들"(Dreams in Clinical Psychoanalytic Practice)은 1969년 「신경과 정신질환 저널」(the Journal of Nervous and Mental Disease) 149호에 처음 실렸다.

그린슨R. R. Greenson이 쓴 "정신분석 임상에서 꿈의 특별한 자리"(The Exceptional Position of the Dream in Psychoanalytic Practice)는 1970년 「정신분석계간지」(The Psychoanalytic Quarterly) 39호에 처음 게재되었다.

마수드 칸의 "정신 경험에서 꿈의 사용과 오용"(The Use and

Abuse of Dream in Psychic Experience)은 1974년 출판된 『자기의 사사로움』(The Privacy of the Self)에 실렸고, 이때 실린 글은 1972년 「국제정신분석정신치료저널」(the International Journal of Psychoanalytic Psychotherapy) 1호에 실렸던 것을 수정한 것이다.

한나 시걸 Hanna Segal의 "꿈의 기능"은 1980년 『한나 시걸의 저작』(The Work of Hanna Segal)에 처음 소개되었던 글이다.

퐁탈리스 J-B. Pontalis가 쓴 "대상으로서의 꿈"(Dream as an Object)은 1974년 「국제정신분석리뷰」(The International Review of Psycho-Analysis) 1호에 실렸던 글이다.

해롤드 스튜어트 Harold Stewart의 "꿈 경험과 전이"(The Experiencing of the Dream and the Transference)는 1973년 「국제정신분석저널」 54호에 게재되었고, 이전에 1972년 11월 15일 영국정신분석학회(the British Psycho-Analytical Society)가 개최한 「정신분석에서 꿈의 역할」(The Role of Dreams in Psychoanalysis)이란 심포지엄에서 발표되었던 논문이다.

제임스 갬밀 James Gammill이 쓴 "분석적 경청과 꿈 화면에 대한 고찰들"(Some Reflections on Analytic Listening and the Dream Screen)은 1980년 「국제정신분석저널」에 처음 게재되었고, 앞서 1979년 뉴욕에서 개최된 제 31차 국제정신분석총회에서 발표되었던 논문이다.

디디에 앙지외 Didier Anzieu의 "꿈의 필름"(The Film of the Dream)은 1989년 예일에서 출판된 『피부 자아』(The Skin Ego)의 한 장을 이루고 있고, 1985년 르 모이-페우 출판사에서 프랑스어로 출판되었던 글이다.

야콥 스팬야드$^{Jacob\ Spanzaad}$의 "외현몽의 내용과 꿈 해석의 의미"(The Manifest Dream Content and its Significance for the Interpretation of Dreams)는 1969년 「국제정신분석저널」 50호에 게재되었던 논문이다.

그린버그와 펄만$^{R.\ Greenberg\ and\ C.\ Pearlman}$의 "정신분석적 꿈-연속체: 꿈의 원천과 기능"(A Psychoanalytic-Dream Continuum: The Source and Function of Dreams)은 1975년 「국제정신분석리뷰」 2호에 게재되었던 논문이다.

세실리 드 몽쇼$^{Cecily\ de\ Monchaux}$의 "꿈꾸기와 자아의 조직화 기능"(Dreaming and the Organizing Function of the Ego)은 1978년 「국제정신분석저널」 59호에 처음 실렸던 논문이다.

로버트 스토롤로와 애트우드$^{Robert\ D.\ Stolorow\ and\ George\ E.\ Atwood}$의 "꿈의 정신분석적 현상학"(Psychoanalytic Phenomenology of the Dream)은 1982년 「정신분석연감」 10호에 게재되었던 논문이다.

서 론

꿈에 대한 이해와 무의식적 마음의 기능에 대한 프로이트의 위대한 발견이 있은 지 거의 한 세기가 지난 오늘날, 꿈은 더 이상 정신분석적 논쟁의 중심을 차지하지 않는다. 비록 꿈은 정신분석 임상 논문의 고전적인 실례로 남아 있지만, 1937년 엘라 프리먼 샤프Ella Freeman Sharpe가 꿈 해석의 추pendulum가 정신분석적인 관심에서 벗어나 멀리 날아간 것을 관찰한 이후 결코 다시 이전 같은 관심으로 돌아오지 않았다(Sharp, 1937: 67). 오늘날 꿈에 대한 논의는 하나의 욕동이나 전문적 의견으로 여기지 않는다. 앙드레 그린(Green, 1975)이 말한 바대로, 오늘날의 정신분석학자들이 꿈에 대해 다양한 언어로 말하고 있어서 이론적으로 성숙하고 정교한 분석가조차 혼란을 경험하고 있다. 꿈의 기능에 대한 신경학적 연구의 영향은 때로는 직접적으로, 때로는 간접적으로 불확실한 정신분석적 꿈에 대한 의견의 불일치에 영향을 미치고 있다. 또한 국제정신분석학계에 다양한 관점이 생겨나면서 문제가 더 복잡해지고 있는 양상이다. 그러나 여기에 모아 놓은 논문들은 독자들에게 꿈에 대한 정신분석적 사고의 현재적 관점을 지각하게 할 뿐만 아니라, 종종 다르게 예측되는 사고의 수렴적 의미를 통해 그 관점을 확신하게 할 것이라 희망한다.

서론은 먼저 꿈에 대한 프로이트의 견해를 간략하게 제시한다. 이어서 프로이트 이후의 사고들이 정신분석 과정에서 꿈과 그 자리에 대해 생각하면서 발전시킨 이론들을 선택적으로 제시한다. 이 책은 4부로 나눠 13개의 논문들을 담고 있다. 1부는 마수드 칸이 쓴 고전적 꿈 이론과 정신분석적 과정의 관계를 살핀 논문을 통해 이 책에 선택된 논문 모음의 이론적 근거를 제시한다. 2부는 꿈이 임상 현장에서 여전히 '특별한지', 특별하다면 어떻게 특별한지를 다룬 고전적인 논문들을 중심으로 묶었다. 3부는 꿈을 꾸는 과정에 대한 영국과 프랑스 학자들의 견해를 표현한 논문들을 포함시켰고, 4부는 고전적 자아심리학과 이후 자기심리학 전통에서 발전된 꿈 이론들을 기술하였다. 그렇다고 이 논문들이 주로 미국에서만 쓰인 것은 아니다. 독자들은 여기 소개된 논문의 순서 배열에는 정신분석적 담론에서 구체화된 발전 추세를 전달하는 데 유용한 역사적 요소가 들어있다는 점에 주목할 것이다. 마지막으로, 이 책의 논문집은 결코 완전한 것이 아니다. 여기 채택된 각각의 논문은 새로운 관점을 소개했거나 그 관점을 더 발전시킨 기여 때문에 선택된 것이다. 논문들 사이에 내용의 반복은 거의 없고, 그 논점과 내용이 매우 탁월하며, 때로는 꽤 어려운 논쟁들을 담고 있다.

| 역사적 배경

프로이트는 1932년 꿈의 이론에 대해 "그것은 정신분석의 역사에서 특별한 위치를 차지하고 있으며 전환점을 맞이하고 있다. 이와 더불어 분석이 정신 치료적 절차로부터 심층 심리학이 되는 단계에 들어

섰다."(Freud, 1932: 7)라고 썼다. 같은 글에서 그는 「국제 정신분석 저널」(1932:8)에서 「꿈 해석」이라는 특별 기고란이 사라진 것을 지적하면서 꿈에 대한 관심이 줄어드는 것에 대해 한탄하였다. 프로이트의 상실감은 1931년 『꿈의 해석』 세 번째 영문판의 서문에서 처음 썼던 『꿈의 해석』을 평가하면서 쓴 글에도 잘 나타나 있다.

> 다시 생각해보아도 모든 발견들 중 가장 가치 있는 발견을 한 것은 내게 큰 행운이다. 이러한 통찰은 일생에 단 한 번 있을 법한 행운이다(Freud, 1931).

1920년대와 1930년대에 정신분석적 운동이 다른 색깔을 띠며 발전해 갔음에도 불구하고, 이 운동을 지속적인 관심으로 이끌어 간 것은 여전히 프로이트였다. 예를 들면 정신분열의 기원, 구조이론의 형성, 초기 대상관계의 탐색, 불안의 문제, 전이에 대한 인식의 증가 등과 같은 것들이다. 오늘날 많은 분석가들이 아쉬워하듯이(이 책에 기고한 브랜너의 글을 참조하라), 프로이트는 꿈 해석 이론을 후대의 개념화의 틀, 특히 정신의 구조모델 안에서 전체적인 내용을 다시 서술하지 않았다. 그는 비록 일생에 걸쳐 정교한 각주를 덧붙이긴 했지만, 그가 원래 사용했던 개념화에 충실했고 후세 이론들의 혜택을 사용하지 않았다. 게다가 1932년에 썼듯이 프로이트에게 꿈 이론은 "의지할 수 있는 닻"sheet anchor이었다.

내가 결론을 내리지 못하고 망설이며 그 정확성에 대해 의심하고 있을 때, 무의미해 보이고 갈피를 잡지 못하게 하는 꿈을 꾼 몽자에게 논리적이고 이해 가능한 정신 과정으로의 성공적인 해석 transformation은 내가 바른 길에 서 있다는 확신을 새롭게 하곤 하였다(Freud, 1932: 7).

혼란스러울 수도 있는 상담실의 분위기에서 꿈 해석은 프로이트에게 '의지할 수 있는 닻'이었으며 재확신과 지지를 얻을 수 있는 가장 유쾌하고 신비로운 정신의 영역이었다. 이는 프로이트에게 멋진 역설로 경험되었다. 『꿈의 해석』에 대한 그의 자긍심loyalty, 이 책이 자신의 저서에서 중심을 차지한다는 그의 확신은 진정 프로이트의 저술 과정과 개인적인 자기-분석의 자리와 관련이 있다(Anzieu, 1986). 그렇다고 프로이트 혼자만이 『꿈의 해석』의 중요성을 평가한 것은 아니다. 프로이트의 평가에 동의하면서 프로이트 후기 학파의 정경(『꿈의 해석』)에 가장 혁신적이고 무게 있는 기여를 한 이들로는 라캉이 있고 가장 최근의 인물로는 마테-블랑코(Matte-Blanco, 1988)가 있다.

프로이트는 『꿈의 해석』에서 반응도 하지 않았던 과학 세계에 무의식적인 정신 과정의 본성을 소개하고 공개하였다. 그는 이해한 내용을 다음과 같이 기술하였다.

> 나는 히스테리성 공포증, 강박관념 등 특정한 정신 병리학적 구조를 밝히는데(치료적인 목표를 가지고) 수년 동안 노력해 왔다. 사실 나는 요제프 브로이어Josef Breuer와의 중요한 의사소통에서 (병리학적 증상으로 간주되는) 구조와 관련하여 병리학적 구조를 밝히는 것과 병리학적 구조를 제거하는 것이 일치한다는 것을 배

운 이후로 그렇게 해왔다(참조. Breuer and Freud, 1895). 만약 이런 종류의 병리학적 관념이 그것이 시작된 환자의 정신생활의 요소들로 거슬러 올라갈 수 있다면, 그 관념은 동시에 무너져 내리고 환자는 그것으로부터 해방된다....

내가 꿈 해석을 하게 된 것은 이러한 정신분석의 연구 과정에서였다. 내 환자들은 어떤 특정한 주제와 관련하여 그들에게 일어났던 모든 관념이나 사유를 내게 말해줄 것을 약속했다. 그들은 자신의 꿈을 말해 주었고, 병리적인 관념으로부터 기억이 역으로 추적되어야 하는 정신적 고리psychical chain에 꿈이 삽입될 수 있다는 것을 가르쳐 주었다. 그 후 꿈 자체를 증상으로 취급하고 증상에 맞춰져 있던 해석 방법을 꿈에 적용하는 것으로 짧은 단계를 거쳤다(Freud, 1900: 100-1).

증상은 개인의 역사 속에 의미와 자리를 갖고 있으며, 꿈도 마찬가지이다. 해석 작업이 종결될 때 프로이트의 꿈은 전날의 현실과의 만남으로 촉발된 소원, 곧 변장된 소원의 성취로 드러난다. 낮의 어떤 것이 자극이 되어 무의식적인 유아 욕동infantile drives과 하나가 됨으로써 꿈의 상태에서 환각적 만족을 강요한다. 꿈 작업은 몽자를 교란시키며 잠과 꿈 모두를 끝내도록 위협하는 무의식적인 소원을 충족시키기도 하고 변장시키기도 한다. 꿈 해석은 본질적으로 불안감을 주는 활동으로, 꿈 작업을 되돌리는 것, 변장의 모습을 드러내는 것, 꿈 환각의 외현적 내용을 그 뒤에 있는 사유, 곧 잠재되어 있는 사유들로 되돌리는 것이다. 꿈 해석은 프로이트가 꿈 작업이 그 자체의 기제에 따라 작용하고, 의미를 압축하고 전치하며, 중층의 의미들을 표현하고 변장하며, 겹치는 사유, 기억, 욕망에 시각적 형태를 부여한다는 것을 발견했기 때문에 가능하게 되었다. 프로이트는 기억된 꿈의 표상이나 표면적인 내용, 기괴하거나 평범한 전체적인 서술이 곧 꿈의 의미가 아니라는 꿈의 이론을 일관되게 진술하고 유지했다. 꿈의 표면은 절대 완전히 믿을 수 없고, 통째로 삼켜질 수도 없다. 서술 곧 이야기의 외형은 '이차적인 정교함'으로, 극적인 행동이 아닌 조각들을 모아 짠 것이다. 이런 식으로 보면 프로이트의 꿈은 예술보다는 덜 정교하다. 꿈의 의미는 몽자가 그 꿈의 이미지와 꿈이 제시하는 낮의 사건과 사유를 연상하여 개인적인 경험의 맥락에서 자세히 말해진 꿈the elaborated dream을 찾기 시작한 후에야 발견된다.

『꿈의 해석』 초판을 발간한 지 10년 후가 되었을 때, 프로이트는 변장된 의미 이론에 꿈 이미지의 특별한 형식을 추가했다(Freud, 1900: 350-80). 꿈 분석과 관련된 다른 정신분석학자들과 함께, 그는 어떤 이미지들은 반복적이고 그 의미가 일정하며 연상의 방식으로 잘 풀리지 않는다는 것을 발견했다. 이것들은 꿈의 '상징들'로서 프로이트가 말했던 의미의 맥락에서 보면 변장된 것이라기보다는 표상이라고 할 수 있다. 꿈 상징들은 범위가 넓은 것은 아니지만 사실 무한히 포괄적이다. 즉, 전체로서의 인간의 몸, 부모, 아이, 형제, 자매, 출생, 죽음, 벌거벗음, 그리고 가장 일반적으로 성생활의 영역을 망라한다(Freud, 1916: 153). 꿈에서 상징적 표상의 자리는 정신분석적 담론에서 꿈의 관념을 감추고 변장하고 방어하기보다는, 강화하며 창조적이고 종합적이다. 꿈 상징은 외현적이고 잠재적인 내용을 묶고, 그것들을 분리하는 대신 연결한다.

그러나 누적된 여러 상징들이 연상 없이 해석될 수 있다는 지속적인 주장이 있음에도 불구하고, 프로이트는 꿈에 관한 연구를 통해 몽자가 연상의 연결망을 이어가는 것이 가장 중요하다고 일관되게 주장한다. 프로이트는 꿈 해석가는 표상된 내용에 현혹되지 않아야 하고, 몽자가 꿈의 요소들에 대해 연상하는 것을 통해 잠재적인 꿈 사유를 밝혀내야 한다고 강조한다. 이것이 프로이트 학파의 교의이거나 교의가 될 것이다. 프로이트는 자신의 금언을 따르지 않았을지라도(이 책에 수록된 스팬야드의 글을 참조할 것), 그는 모든 꿈에 자명한 것처럼 보이는 것을 결코 신뢰하지 말라고 가르쳤다. 자료의 폭격을 따라가느라 고군분투하는 정신분석 훈련생들에게 주는 가장 어색한 교훈 중 하나(Erikson, 1954)는, 보고된 꿈이 유일하게 명료한 의사소통인 것처럼 보여도 그 자체가 '의지할 수 있는 닻'이 아니라는 사실을 기억하는 것이다. 오히려 몽자의 무의식적인 과정을 존중하고, 몽자의 자기-발견 능력에 근거해서, 반드시 그렇지는 않지만, 명백한 것의 정반대를 드러낼 수 있는 연상을 기다리는 것이 그 절차이다. 이런 근거에서 프로이트는 꿈에 대한 해석이 '마음의 무의식적 활동에 대한 지식으로 가는 왕도'(1900: 608)라고 주장하였다. 프로이트는 꿈의 변장된 의미나 잠재된 의미를 밝혀내기 위해 연상의 필요성을 강조하였다. 그러나 프로이트 이후 세대의 분석가들은 상징적 이미지의 표현적 의미에 대해 단호하지는 않더라도 분명한 인식을 하면서 프로이트가 강조한 연상의 문제를 놓고 씨름하였다.

『꿈의 해석』이 출판된 지 20년이 지난 후 쓰인 「쾌락원리를 넘어서」라는 논문에서 프로이트는 꿈을 창조하는 과정에 대한 그의 근본적인 생각에 대해 단 하나의 예외로 간주되는 것을 언급했다. 그는 전이와 삶, 그리고 '외상적 꿈'에서 변장이 없는 고통스러운 경험을 여러 모형으로 반복하는 강박을 관찰하였다. 꿈에 외상이 발생한 상황을 사실적으로 묘사하는 것으로 반복해서 돌아가는 것은 '누락되었던 것이 외상성 신경증의 원인이었던 불안감을 가시적 이미지로 드러냄으로써 소화 못한 자극을 회고적으로 소환하여 숙달하려는 것이다'(Freud, 1920: 32). 그러므로 '외상 신경증'에서 일어나는 꿈이나 '정신분석 중 아동기의 신체적 외상을 기억하게 하는 꿈'을 '소원성취'로 분류하는 것은 불가능하다(Freud, 1920: 32). 프로이트는 이에 대해서 다음과 같이 쓰고 있다. 만약 '쾌락원리'를 넘어서는 영역이 있다면, '꿈의 목적이 소원 성취 이전의 때가 있었음을 인정할 때에만 일관성을 갖게 된다'(33).

꿈에 외상적 경험이 재료로 반복해서 나오는 것은 마치 꿈에 상징적 표상의 반복처럼 거의 무한정 뻗어나갈 수 있는 관념이다. 페렌치Fercnczi는 가장 먼저 다음과 같이 말했다.

> 우리는 놀랍게도 소위 낮의(이 말을 '인생의'[life's]라고 덧붙일 수도 있다) 잔여물들이 진정 외상의 반복 증상들이라는 것을 점점 알아가고 있다...그러므로 '꿈은 소원-성취'라고 말하는 대신 꿈 기능의 보다 완전한 정의는 다음과 같이 표현되어야 한다. 불쾌 꿈을 포함해서 모든 꿈은 비판적 능력이 감소하고 쾌락원리가 지배하는 대부분의 꿈에서 보다 쉽게 풀어가는, 말하자면 상승의 의미에서 외상적 경험에 더 잘 숙달하여 안착시키는 시도다 (Ferenzi, 1931: 238).

실제로 우리는 모든 꿈에 내포된 퇴행에서 잠재적 외상을 발견할 수 있다(Garma, 1966; Curtis and Sachs, 1976 참조). 무의식적인 의도의 성격으로 볼 때, 외상은 또한 친밀감의 감정적 강도뿐만 아니라, 일상적인 삶(Sandler, 1976), 곧 겉으로 드러난 사회적 교류의 평범성 안에 내재되어 있다. 프로이트 자신도 정신 구조의 기원에 대해 탐구하면서 원초적인 초자아의 잠재적 잔인성, 곧 인간 유아의 무력함에 내재된 발달에 이르는 여정에서 경험한 위험들뿐 아니라 본능적 삶의 '적극적인 지옥'positive Hell(Freud, 1916: 43)을 점점 더 강조하였다. 나중에 프로이트가 지적했듯이, 유아기를 거친 우리는 아동기 경험의 외상들이 꿈에 나타나 우리에게 다시 돌아오는 것을 피할 수 없다. 자기심리학자들(Kohut, 1971; 1977)은 최근에 외상을 비교적 변장이 없는 상징적 꿈 자료와 연계시켰다. 이 과정에서 자기심리학자들은 은유적으로 이해된 외현적 [꿈] 내용 안에 해리에 이를 정도의, 곧 압도당하게 될 불안정한 자기, 이름도 없는 불안이나 두려움을 묶어내기 위해 사용되고 있는 시각적 이미지 그 자체가 드러나고 있다고 보았다. 1980년 소가리즈Socarides는 도착perversion의 꿈에서 동일한 과정을 주목하였다.

비록 프로이트 자신이 꿈을 일반적으로 사유 과정들과 연결시키고(Freud, 1925: 112), 외상적 꿈을 불안의 숙달과 연결시켰지만, 꿈-작업을 수면 유지 기능에 특정한 것으로, 곧 자아가 지배함으로 잠에서 깨어나는 결과를 초래하는 것을 막는 것으로 일관되게 기술하였다. 꿈의 광범위한 적응 기능에 대해, 프로이트는 오늘날 대부분의 분석가들보다 신중하였고 더욱 조심스러워했다.

꿈이 우리 앞에 놓인 삶의 과제와 관련이 있다거나, 일상 업무의 문제점에 대한 해결책을 찾으려 한다고 말하는 것은 오해의 소지가 있다. 그것은 전의식적인 사유의 문제이다. 이런 종류의 유용한 작업은 다른 사람에게 정보를 전달하려는 어떤 의도만큼이나 꿈과 동떨어져 있다. 꿈이 현실적인 삶의 문제를 다룰 때, 꿈은 비합리적인 소원의 방식으로 그것을 해결한다(Freud, 1925: 127).

물론 꿈을 문제해결로서 보는 관점과 정상적인 꿈을 통합적인 기능으로 보는 관점 사이에는 차이가 있다. 꿈을 문제해결로 보는 경우는 정신분석(French and Fromm, 1964)내의 수정주의적 영역에 속한 극단적 관점이다. 반면 정상적인 꿈의 통합적 기능에 관심하는 경우는 자아의 내적 강점을 잠재적으로 반영하고 심지어 진보시키는 경우(이 책에 소개된 Segal의 글), 또는 새로운 지각과 기존의 구조를 통합하는 경우(Palombo, 1978; Greenberg and Pearlman이 이 책에 쓴 글), 혹은 꿈을 자아의 발달 구조를 보존하고 심지어 촉진시키는 것으로 보는 경우들이다(Fosshage, 1983; Stolorow and Atwood가 이 책에 쓴 글). 확실히 꿈의 통합적 기능에 대한 보다 깊은 관심은 급속안구운동 연구와 자아심리학의 전통이 합류함으로써 알려졌다(이 책에 소개한 Greeberg and Pearlman의 글을 참조할 것). 최근 몇 십 년 동안 연구가들은 명백히 자신의 삶에서 그리고 계속되는 정신분석에서 (꿈)주체와 대면하는 문제와 관계된 여러 꿈들을 발견했다.

프로이트 저술의 틀에서, 구조 모델의 출현, 곧 낮과 밤, 의식적으로 그리고 무의식적으로 종합 또는 통합 기능을 수행하는 자아의 확대된 개념화는 마침내 꿈의 연속체를 보다 직접적으로 표현하게 했다. 프로이트는 '위로부터 오는 꿈들과 아래로부터 오는 꿈들'(1925: 113)이 있고, 이후에는 '이드에서 올라오거나 자아에서 올라오는' 꿈들이 있다고 보았다. 그러나 프로이트는 꿈이 항상 '수면 중 무의식적인 요소로부터 강화된다.'(Freud 1940: 168)고 보았다. 그가 『꿈의 해석』에 썼듯이, 낮 시간의 사유의 '기업경영자'entrepreneur는 무의식으로부터의 소원의 '자본'capital을 요구한다(Freud, 1900: 561).

죽기 1년 전인 1938년, 프로이트는 정신분석 임상가의 관점에서 다시 연구된 꿈 이해를 제시했다.

> 형성 과정에 있는 모든 꿈이 이드에서 비롯되었다면 꿈은 자아에게 본능의 만족을 요구한다. 그러나 꿈이 깨어있는 삶의 전의식 활동의 잔여물에서 비롯된 것이라면 갈등의 해결, 의심의 제거, 또는 의도의 형성에 대한 요구를 자아에게 한다. 그러나 수면 중의 자아는 잠을 유지하려는 소원에 집중되어 있는데, 이때 수면 자아는 이 요구를 방해물로 느끼고 소란을 없애려고 한다. 자아는 순응의 행동으로 보이는 것에 의해 이렇게 하는데 성공한다. 즉 꿈 자아는 어떤 상황에서 무해한 소원의 충족으로 요구를 대면하여 그 요구를 제거한다(Freud, 1940: 169-70).

따라서 프로이트는 꿈 형성에 있어서 자아의 갈등 해결 역할의 가능성을 이론적으로 어느 정도까지 인정하는지, 그리고 모든 꿈의 중심 주제가 어디까지 변장된 소원의 성취라고 주장하는지 보여주고 있다. 즉 프로이트의 꿈은 통합이나 종합, 창의력이나 현실적인 문제해결에 덜 관심한다. 그럼에도 불구하고, 꿈 해석의 근거가 바뀌었다. 곧 마음속의 역동적인 작인들 사이의 갈등을 재현하는 것으로 보이는 꿈은 더 이상 무의식적인 욕망의 출현이 아닌, 이드와 초자아 모두의 주장에 맞서 자아의 강화로 생각되는 정신분석적 치료와 상응한다(이 책에 소개된 Brenner의 글을 참조할 것).

프로이트의 주요 연구의 내용이 아니라 정신분석적 치료 과정에서의 꿈 해석 활용에 대한 지침으로서는 엘라 프리먼 샤프Ella Freeman Sharpe의 두께가 얇지만 매력적인 책 『꿈 분석』Dream Analysis이 가장 탁월하다. 이 책은 1930년대 영국 정신분석 학회에서 강의한 것들을 모아놓은 것으로, 샤프는 자신의 저서에서 꿈을 정신분석적 과제 안에 위치시킨다. 동시에 그는 후기 프로이트를 따라 꿈을 '전이의 역동을 통해 성취된 복잡한 심리적 재조정'안에서 발생하는 '자아 경계의 확대'라고 정의하였다. 성공적인 분석은 '사회화된 공동체 내에서 본능적 충동을 합리적이고 효과적인 방법으로 용인하고 처리할 수 있는 자아가 형성되며, 이는 무의식적인 초자아의 변형과 비례하여' 자아를 강화하는 결과를 낳는다(Sharpe, 1937: 17). '자아를 통한 무의식적 마음에 대한 지식의 동화는 정신과정의 필수적인 부분'이기 때문에 그 과정에서 꿈 분석은 결정적이다. 더욱 설득력 있게 말한다면, 그녀는 문학 감상의 해석적 기술을 자신의 과제에 도입하면서, '개인의 관점에서 알려진 것에 내포된 알려지지 않은 것의 폭로'(18)를 모든 꿈 해석의 기초 원리로 설명한다. 그러므로 꿈의 이미지는 그것이 드러내는 경험에서 비롯된다.

그러나 이것이 꿈과 시의 유일한 연결고리는 아니다. 엘라 프리먼 샤프는 그 유명한 라캉의 도약을 시도했던 최초의 인물이다. 곧 그녀는 시적인 어법을 꿈의 이미지와 꿈의 구조 안에 위치시켰다. 라캉이 그래야 했듯이 이 후 샤프는 압축과 전치를 은유와 환유와 동일시하면서, 꿈을 의미를 보존하면서 표현하는 시와 드라마에 비유했다. 압축은 은유와 마찬가지로 동일함과 유사함을 내포한다. 반면 전치는 환유와 마찬가지로 한 사물에서 다른 사물로, 전체에서 부분으로, 곧 '이름의 변화'change of name를 의미한다. 그녀는 꿈 이미지 안에 잠재적인 의미가 있음을 인정한다. 그렇지만 그녀는 그렇게 인정하는 것을 넘어 외현몽의 내용의 시각적 이미지 배후에 숨겨진 사유들, 곧 잠재몽의 내용에 세심하게 주의를 기울여야 한다고 주장한다(75). 프로이트와 마찬가지로 그녀는 정신분석적 치료에 대한 저항으로 꿈을 사용한다는 주장에 노골적으로 의심한다. 비록 꿈과 예술 사이의 비교를 다루고 있지만, 그녀는 꿈을 전체로 읽어내는 것에 대해 특별히 경고하고 있다. 따라서 이점에서 그녀는 프로이트와 마찬가지로 꿈과 예술 작품의 차이를 확인시켜준다. 이러한 계속적인 연관성에 더하여 샤프는 임상 현장에서 일어나는 전이에서 꿈의 기능에 초점을 맞춘다. 이는 이 책에 소개된 대부분의 다른 논문들과 맥을 같이 한다.

영국정신분석학회에서 행한 강연 원고를 쓰고 있을 때 샤프는 이미 아동정신분석에서 멜라니 클라인이 놀이를 혁신적으로 사용하고 있음을 잘 알고 있었다. 클라인의 모델을 따라 샤프는 꿈을 아동의 놀이와 드라마에 비유하였다. 프로이트(1917: 223)와 클라인 둘 다를 끌어들여 샤프는 꿈 현상을 자기의 투사와 동일시하였고(Sharpe, 1937:59), 이것을 내적 드라마의 대상화와 관련시켰다. 꿈 이야기와 분석가에 대한 환자의 전이가 그리고 꿈의 인물과 클라인(1946)이 결국 '투사적 동일시'projective identification라고 불렸던 과정이 명확하게 연결되어 있다.

　꿈의 계시적 기능을 고려할 것을 제안한 샤프는 꿈 검열로 형성된 중복과 꿈을 꾸는 과정에서 꿈 사유를 시각적 이미지로 바꿀 수밖에 없었던 것에서 파생된 모호함을 독자들에게 지속적으로 상기시킨다. 꿈을 해석하는 이에게는 다음과 같은 해결 과제가 있다. 꿈을 꾸는 과정과 꿈을 이야기하는 과정에서 무엇이 감정적 성장, 확대된 인식으로 이끌어 가는가? 현재의 삶의 양식이 무엇이든 그것을 보호하기 위해 무엇이 형성되어야 하는가? 이러한 이중 과제는 정신분석가가 감당해야 할 의무다. 곧 분석가의 과제는 '의심하려는 의지와 경청하려는 의지, 엄격하겠다는 서약과 순응하겠다는 서약'(Ricoeur, 1970) 사이의 어려운 균형을 성취해 내는 것이다. 물론 이러한 이유들로 인해 몽자의 연상은 꿈을 이해하는 중요한 단서가 된다.

　프로이트는 자신의 글에서 외현몽의 내용을 의심하라고 일관되게 주장하고 있는데, 이는 많은 정신분석적 사유에서 일상화되었다. 꿈에 유용하게 드러난 적극적으로 적응하는 자아 기능을 인식하지 못하여 중요한 의사소통을 놓치는 것에 반대하여 에릭슨은 1954년 바로 그 유명한 논문인 "정신분석에서의 꿈 표본"The Dream Specimen in Psychoanalysis을 발표하였다. 에릭슨은 프로이트가 『꿈의 해석』에서 분석한 첫 번째 꿈, 곧 꿈의 조각들 밑에 숨겨진 의미를 밝히기 위해 사용한 '이르마 꿈'Irma Dream을 보며 꿈의 의미를 찾아내기 위해서 외현몽의 내용을 살펴보았다. 에릭슨은 외현몽을 단순히 '알맹이를 담고 있는 껍데기' 그 이상으로, '개인 자아의 특별한 시공의 반영, 자아의 모든 방어, 타협과 성취에 대한 참조의 틀'이라고 불렀다(Erikson,

1954: 21). 이런 맥락에서 에릭슨은 꿈꾸는 자아의 산물인 꿈의 표면에 대한 미적 수용성을 주장한다. 자아심리학자들은 꿈을 꾸는데 있어서 자아의 통합적이고 적응적인 기능을 강조한다. 이런 자아심리학자들의 주장을 받아들이고 있는 에릭슨은 창조적 작업의 스트레스, 어디에 충성할 것인지의 갈등, 강력하게 갈등하는 감정들을 담고 있으려고 고군분투하는 꿈꾸는 자아를 드러낸다. 에릭슨 시대 이후, 이르마 꿈은 슈르(Shur, 1966), 그린버그(Greenberg, 1978), 매호니(Mahoney, 1977)에 의해 다시 읽히고 해석되었다. 이들 각각은 외현몽에서, 혹은 매호니의 사례에서, 꿈 이야기의 언어에서, 꿈 이미지에 의해 숨겨진 것을 찾기 보다는 외현몽에 담겨지고 표현된 것 속에서 깊은 의미를 찾아내었다.

1940년대와 1950년대에 미국에서의 저술을 통해 버트램 르윈Bertram Lewin은 프로이트의 수면과 꿈에 내재된 지형학적 회귀(Freud, 1917:22)와 시간적 회귀를 바탕으로 꿈의 형식적 특징의 탐구를 열어주었고, 이 꿈의 형식적 특징을 정신분석적 사고력을 지속적으로 북돋우는 방법과 연결시켰다. 프로이트가 수면을 자궁으로의 회귀에 비유하였다면, 르윈은 꿈과 그것이 투사되는 '화면'을 개인의 첫 번째 대상인 내면화된 어머니의 젖가슴에 연결시켰다(Lewin, 1946). 이와 더불어 르윈은 또한 정신분석 상황을 꿈꾸기의 현상과 연결시켰다(1955). 다시 안구급속운동 연구자들에 의해 현재 입증되고 있는 프로이트의 이론을 따라 그는 꿈꾸기와 관련된 높은 수준의 자극arousal(Jones, 1970)에 주목했고, 정신분석가의 잠재적인 각성 효과를 깨어있음과 수면, 꿈꾸는 수면과 꿈을 꾸지 않는 수면의 리듬에 비교했다. 르윈은 이렇게 썼다. '피할 수 없이 분석가는 낮의 잔여물일 뿐 아니라 자극을 주는 자이다....분석가는 지속적으로 환자를 약간 깨우든지 아니면 약간 수면에 들게 하고, 달래든지 흥분을 일으키든지 한다'(Lewin, 1955). 다시 말해 '깨어나게 하는 것은 젖을 떼게 하는 것이고, 이것의 변형은 이 세상에 다시 돌아오게 하는 것이다.'

최면술사로서의 분석가의 역사는 분석적 역할을 기술하기 위해 여기서 사용한 언어가 논란이 될 수 있음을 보여준다. 그러나 이 공식 안에는 분석 환경에서 분석가에게 창조적으로 의존하기 위해서 꿈을 말하는 경험을 건설적으로 사용하는 데 안전감을 필요로 하는 것처럼 수면과 꿈을 꾸는 것에 내적인 안전감을 필요로 한다는 의미가 내포되어 있다. 마찬가지로, 정신분석 과정 내에서 분석가란 꿈 해석이 진전됨에 따라 노출되는 것의 보호자라는 관념이 명료화되고 역사적으로 재구성되는 것처럼 전이의 중심 내용이 명료화되고 역사적으로 재구성된다. 영감이 담긴 르윈의 꿈 화면에 대한 개념은 칸, 퐁탈리스, 그리고 갬밀에 의해 내용이 충실한 개념화로 발전되어 이 책에 소개되고 있다. 르윈은 특별한 주의를 기울여 자아에 봉사하는 꿈, 정신분석 과정, 퇴행과 창조성을 연결하는 실마리를 이 과정들을 담아주는 경계에서 찾았다. 그는 꿈꾸기의 현상에 정신분석적으로 주목한 역사의 중심인물이다. 대부분의 정신분석가들과는 달리 르윈에게는 꿈이 기준이다. 이 점에서 르윈은 클라인, 위니캇, 비온, 라캉과는 다른 길을 간다. 이들은 모두 보다 전체적인 맥락에서 상징과정의 진화와 본성에 초점을 맞춤으로써 정신분석적 사고의 발달에 큰 영향을 미쳤다. 하지만 이들은 꿈꾸기라는 구체적인 영역에 덜 관심하였다.

비록 그가 꿈에 대해 직접적으로 쓴 것은 많지 않지만, 위니캇은 놀 수 있는 능력의 진화에 대해 영향력 있는 많은 글을 썼다. 이러한 상징 사용 능력의 발달에 대한 위니캇의 생각은 여러 정신분석가들의 꿈에 관심하는 방식에 영향을 끼쳤다. 아이들의 놀이가 정서적, 상징적 의의를 풍부하게 담고 있다는 사실은 멜라니 클라인의 꿈에 대한 소통적 잠재력, 즉 이미지에 담긴 의미를 폭넓게 이해하는데 크게 기여하였다. 위니캇은 놀이 발달과 기능에 대한 후속 탐구를 통해 꿈꾸기의 기능, 곧 정서적이고 정신적인 삶과 정신분석적 과정에서 꿈꾸기의 자리를 조명한다. 놀이를 할 수 있는 능력은 아이의 어머니와의 관계에서 발전하는데, 이 때 어머니는 유아의 감정적인 강렬함을 실제로 '안아주는' 어머니이고, 아이의 필요를 반영적으로 인정해주고 거울이 되어주는 어머니이며, 아이의 정신적 실재가 되어주는 어머니이다. 위니캇의 관점에서 볼 때 어머니의 안아주기는 유아의 욕구의 충족과 함께 분리의 현실과 전능성의 상실을 역설적으로 견딜 수 있는 능력을 키워주는 일시적인 융합의 환상으로 안내한다. 위니캇에게 어머니를 소유하고 어머니와의 연합을 상징하는 구체적인 대상, 특별한 소리, 특별한 장면에 애착을 갖는 것은 아이의 정신 발달의 결정적 단계가 된다. '중간대상'은 이러한 환상을 지속시킨다. 중간대상 경험으로부터 중간활동이나 놀이 그리고 진화하는 아이가 놀 수 있는 중간영역이 발달한다(Winnicott, 1971).

마리온 밀너(Milner, 1952)와 같이 위니캇은 창조적인 환상의 필요성, 곧 적어도 일시적으로나마 현실의 침입으로부터 보호되는 중간 영역 안에서 놀기와 꿈꾸기의 학습을 강조한다. 모든 문화적 현상은 중간 영역에서 일어나며 모든 창조성은 공식적으로 정의된 공간, 곧 책의 한쪽, 화폭, 무대의 경계 안에 또는 내적으로는 내적인 놀이를 무대에 올릴 수 있는 능력을 통해 일어난다. 순간적으로 불신을 멈추게 할 수 있는 능력, 즉 수면과 꿈 또는 몽상reverie, 자유연상에 자기를 내맡길 수 있는 능력은 안전함, 경계, 그리고 디디에 앙지외가 '정신적 싸개'psychic envelope(싸개라는 용어는 권정아, 안석의 번역을 따랐다)라고 부르는 것에 달려있다. 마찬가지로 꿈을 소유하고 성찰할 수 있는 능력은 수면과 각성 상태, 꿈과 현실, 상징과 구체성을 구별할 수 있는 능력에 달려있다. 이 책의 여러 논문들은 분석 상황에서 꿈을 사용하는 능력의 성취에 초점을 맞추고 있다.

위니캇의 놀 수 있는 능력의 발달에 대한 탐구는 감정과 사유를 담을 수 있는 능력의 발달에 관한 비온의 가설에 의해 보완된다(1962a). 비온은 클라인의 투사적 동일시의 개념으로 출발해서 수용적이며 아기의 투사의 원초적인 강렬함을 받아 공감하고 견뎌 아기로 하여금 견딜 수 있게 하여 결국에는 아기가 담아낼 수 있도록 하는 어머니의 관념을 덧붙인다. 아기는 담아내는 기능을 내재화하여 이로써 사고하고, 상징적으로 설명하거나 비온이 말한바 알파기능을 수행할 정신적 공간을 내재화한다(Bion, 1962a). 만약 어머니의 주의에 의해 원초적이고 좌절된 감정이 보살핌을 받아 수용되어 담겨지고 변형되지 않는다면, 아기는 감정을 견딜 수 있는 능력을 내재화할 수 없고, 날 것의 가공되지 않은 정신적 사건들에 좌우되어 나중에는 정신증적 사고로 나타나게 된다. 클라인에 이어 비온의 시각은 쾌락보다는 고통스러운 경험을 더 강조한다. 이러한 경향은 자아의 발달, 공격성의 중요성, 정신의 진화에서 의존의 위험에 대해 사유했던 프로이트의 일반적인 생각의 궤적과 관련이 있다고 할 수 있다.

한나 시걸Hanna Segal이 이 책에 기고한 글에서 가장 잘 표현된 꿈꾸기 기능의 관점에서 보면, 꿈 또는 자아의 대상과의 관계에서 소원 성취의 힘은 부정되지 않고 종종 제거하는 것, 그래서 결국은 받아들일 수 없거나 견딜 수 없는 감정을 방출하는 것을 목적으로 하는 투사 과정의 극단을 선택하는 어떤 연속체를 따라 평가된다.

프로이트에 따르면, 대부분의 꿈 작업의 동기는 물론 꿈 사고에 대한 인식을 피하는 것이다. 그러나 변장은 여러 클라인 학파의 분석가들이 관찰한 극단적인 투사 제거 과정과는 질적으로 다른 개념이다. 궁극적으로 이 과정들은 수면과 깨어있음, 현실과 환상phantasy[1], 1차과정과 2차과정의 분리를 공격하고 정신증에서 꿈의 공간을 포함시킬 수 없는 정신증에서의 허술한 경계를 허문다.

그러므로 정신분석에서 자아 발달의 초기 단계, 특히 상징화할 수 있는 능력 획득에 주의를 기울이면서 꿈꾸는 기능의 잠재적 성취에 더 큰 초점을 맞추는 쪽으로 변화가 일어났다. 일반적으로 정신분석가들은 꿈을 이야기하는 과정을 좀 더 잘 이해된 자아 발달의 연속체에 위치시키고, 임상에서는 환자의 전이 및 분석가의 역전이에서 이 발달이 일어날 때, 꿈을 이야기하는 과정을 먼저 그 발달에 맞는 맥락 안에 위치시킨다. 후기 대상관계뿐 아니라 초기의 대상관계에서 전이는 충분히 좋은 정신분석 상황에서 바로 잠잘 수 있는 능력, 꿈을 꿀 수 있는 능력, 꿈을 기억하고 말할 수 있는 능력을 전해주는 두려움과 욕망들로 이해된다. 자아의 경계나 '정신적 싸개'psychic envelope(Anzieu, 1989)가 꿈꾸는 과정을 담아낼 수 없을 만큼 너무 경직되거나 깨지기 쉬워 파손 되었을 때, 정신분석가는 이 엄청난 성취

---

[1] 일반적으로 영국인들은 '모든 사유와 느낌의 기초를 이루는 상상적 활동'을 언급할 때 f로 시작되는 '환상'(fantasy)대신에 ph로 시작되는 '환상'(phantasy)을 사용하였다. 이 책에서는 필자들이 사용한 철자를 본래대로 보존하였다.

를 증언해주고 꿈을 꾸고 기억하여 말할 수 있는 능력을 재건하도록 촉진해야 하는 과제를 갖는다.

| 왜 이 논문들을 여기에 모아놓았는가?

여기 모은 대부분의 논문들은 여러 학회지들에 처음 게재 되었던 것들이다. 편집자는 이 논문들을 역사적인 순서에 따라 또 개념적인 유사성에 따라 내용의 순서를 정하였다. 그리고 꿈 해석이라는 주제에 특정한 기여를 하거나, 특정 관점에 대해 유용하면서도 비교적 동시대의 종합적 관점을 제공한 논문들을 선정하였다.

이 책의 처음 부분에 1962년 마수드 칸이 쓴 논문을 소개하였는데, 분석 과정과 고전적인 꿈 심리 사이의 관계, 분석의 투사와 일상생활에서의 꿈 사용 사이의 상응을 간략하게 정리한 내용을 담고 있다. 르윈과 크리스의 연구에 의지하고 있는 칸은 동일시가 있는 '좋은 꿈'을 만들어내는데, 또한 분석 과정에 내어주어 '좋은 분석 시간'(Kris, 1956)을 만들어내도록 하는 자아의 힘에 대해 유용하고도 풍부한 정리를 하고 있다. 그에 따르면 깊은 혼란에 빠진 환자는 꿈의 기능을 남용하거나 전복시키고, 그에 따라 분석 상황과 분석적 투사의 경계를 왜곡하거나 회피하거나 공격하는 성향을 가진다. 칸은 확고한 기반을 두고 이러한 이해를 구축한다. 이 책의 3부와 4부에 수록된 논문들은 더 깊은 혼란에 빠진 취약한 환자들을 분석한 것들이다. 필자들에 따르면 꿈꾸는 기능의 자리는 환자들의 분석에서 나타난다고 본다. 환자들이 '좋은 꿈'이나 '좋은 분석시간'을 가질 수 있는 능력은 힘들게 공을 들여야만 얻어진다.

비록 이 제한된 논문 모음에서 여러 훌륭한 논문들이 어쩔 수 없이 누락되긴 했지만, 지난 4반세기 동안 꿈에 관한 논문들이 상대적으로 적게 쓰인 면도 있다. 점점 환자의 자아 상태가 정신분석적 사고의 초점이 되고, 분석가와의 전이가 환자의 감정적이고 정신적인 삶을 이해하는 왕도가 되면서, 꿈 해석이 분석적 임상의 중심에서 밀려난 것이 논문의 수가 줄어든 것으로 반영되었다. 허버트 월드혼 Herbert Waldhorn은 1967년 찰스 브랜너 Charles Brenner가 회장으로 있었던 미국의 저명한 분석가 집단인 크리스 연구 집단은 임상 현장을 꿈의 자리로 생각했다고 보고하였다(Waldhorn, 1967). 그들은 꿈 보고가 그렇게 독특한 형태의 소통이 아니라는 결론에 도달했다. 성격 구조이론의 논리와 이드, 자아, 초자아의 분화, 이 모든 것이 일정한 긴장상태로 유지된다는 것은 어디에나 존재하는 무의식적 환상의 보편성을 암시한다. 무의식적인 환상은 자아를 지속적으로 압박하기 때문에 일상생활에서 일어나는 모든 활동과 분석적 의사소통에 두루 영향을 미친다(Waldhorn, 1967).

제2부에서는 왜 꿈이 정신분석학에서 특별한 위치를 유지해야 하는지에 대한 논쟁을 다룬 중요한 두 개의 논문을 제시한다. 크리스 연구 집단의 연구결과가 브랜너의 글에서 소개되고 있는데, 정신의 지형학적 모델과 함께 꿈을 등한시 경우를 정신분석적 사고의 토대로서 분명히 제시하고 있다. 이 관점에 대해 여러 반대론자들이 생겨났고, 그중에서도 그린슨 R. R. Greenson이 가장 두드러지게 활동하였다. 그의 논문은 브랜너가 명료하게 주장했던 입장을 날카롭게 반박하고 있다. 그린슨은 브랜너가 무의식적인 정신의 혼돈 가득한 풍요로움을 간과했다고 보았다. 모든 소통의 내용이 동등하지 않다. 말하자면

내면의 세계를 향한 최고의 창구는 꿈이고, 자유연상의 가장 자유로운 형태가 꿈이며, 초기 아동기 경험을 가장 잘 접할 수 있고, 아동기 기억을 깨울 수 있는 최고의 희망이 꿈에서 나온다.

그린슨은 이 논문에서 그가 생각하기에 무의식을 너무 두려워하는 분석가들뿐 아니라, 무의식적인 환상에 대한 그들의 이해와 꿈의 상징주의를 너무 확신하는, 적어도 이 글에서 만큼은 환자의 연상들을 소홀히 여기고, 환자 자신의 무의식적인 과정과의 발달적 관계를 소홀히 여기는, 클라인 학파 분석가들로 알려진 사람들을 비판적인 시각으로 대한다. 환자의 꿈은 - 분석적 일상의 잔여물과 전이의 의미가 무엇이든 간에, 노련한 분석가에게 꿈의 상징이 아무리 친숙하게 보일지라도 - 개인적인 것이고, 환자 자신의 창조물이며, 그의 경험에 대한 정교한 설명이고, 분석이 부과하기 보다는 구축하려고 하는 이해이다. 그린슨은 꿈의 해석에서 종종 비과학적인 기교를 통렬하게 비판했던 프로이트의 말을 인용한다(Freud, 1956: 15). 프로이트는 또한 꿈을 꾸는 사람의 성격에 대한 지식, 자신의 삶의 상황에 대한 지식, 그리고 꿈을 꾸기 전날의 인상, 분석가의 무의식적인 상징에 대한 익숙함의 도움을 받아 꿈이 즉시로 해석될 수 있다고 주장했다(Freud, 1916: 151-2). 그러나 프로이트는 그러한 '기교'가 아무리 분석가의 길을 밝혀줄 수 있다 하더라도 환자로 하여금 분석 과정에 적극적으로 참여하도록 촉진하지는 않는다고 분명하게 주장한다.

제3부에 모아 놓은 논문들은 일반적으로 상징적 과정, 곧 상징적 과정과 자아 상태의 관계에 대해, 특별하게는 꿈 해석과 몽자의 정신분석과의 관계에 주목한 논문들이다. 여기에 기고한 대부분의 필자들은 멜라니 클라인의 연구를 잘 알고 있는 이들로서 경우에 따

라서는 클라인과 창조적인 갈등을 보여주고 있다. 아이들의 놀이의 의미에 대한 클라인의 연구는 그녀가 정신적, 감정적 성장에 대한 원초적인 불안과 방어 장애를 어떻게 이해했는지 그 배경을 제공해준다. 뿐만 아니라 이후 위니캇과 비온이 이들 필자들에게 어느 정도 클라인과는 다른 내용으로 수정하도록 영향을 미쳤는지 그 배경을 제공해준다. 놀이 중인 아이의 풍부한 상징적 의미에 대한 클라인의 이해를 넘어 위니캇과 비온은 결정적으로 이 능력에 대한 발달적 이해, 즉 '충분히 좋은' 어머니와의 원초적 관계를 통한 진화를 더하였다. 아이가 경험을 통해 내면화하거나 배우는 것은 담아주고, 본능적인 요소를 처리하고, 생각하고, 기다리고, 놀고, 꿈을 꾸는 능력이다. 마수드 칸은 위니캇의 영향을 받아 '꿈-공간'dream-space이라는 용어를 만들었고, 3부에 수록된 한 논문에서 이 개념이 어떻게 진화되었는지 설명한다.

> [꿈-공간]은 위니캇이 아이들과 함께 스퀴글 게임을 사용하는 치료 상담을 관찰하고 연구함으로써 점차 확고해졌다. 그리고 그는 그의 저서인 『아동 정신의학에서의 치료 상담』*Therapeutic Consultations in Child Psychiatry*에서 치료 과정을 관찰한 것을 진실성을 갖고 생생하게 보고했다. 나는 아이들이 낙서를 위해 종이의 중간 영역을 사용하는 것과 똑같이 임상작업에서 성인들은 꿈-공간을 사용할 수 있다는 것을 발견하기 시작했다. 나아가 무의식적 충동과 갈등을 구체적으로 표현하는 꿈의 과정과 꿈이 꿈의 과정의 경험을 실현하는 꿈-공간을 구분하는 것이 중요했다.

꿈-공간을 소유하고 사용하는 능력은 정신분석 과정의 목표가 되고 정신건강을 발달시키는 신호가 된다. 꿈-공간을 사용하는 법을 배운다는 것은 위니캇에게 있어서 '참 자기'true self 곧 자기의 홀로됨 the privacy of the self을 받아들이고 살아가는 과정의 일부이다. 이점에서 꿈꾸는 환자는 - 놀이하는 아이, 곧 클라인이 말하는 아이처럼 - 신성하고 분리되어 있으며 표현적이다. 그렇지만 분석의 목표는 무엇보다도 개성individuality을 인정하면서도 동시에 개성을 살아 있게 하는 것이다.

한나 시걸Hanna Segal의 논문은 꿈의 건설적인 잠재력, 곧 꿈의 '훈습'working through을 강조한다. 그 후 그녀는 특히 성격에서 큰 정신병적 요소와 씨름하고 있는 매우 심각한 경계선 환자들을 클라인의 관점에서 분석하면서 꿈의 기능의 오용 가능성을 드러낸다. 예를 들어 그녀는 꿈-공간이 어떻게 중요한 감정적 인식을 분열시키고 '회피하기' 위해 사용될 수 있는지를 보여준다. 그녀는 효과를 극대화하기 위해 비온이 전개한 투사와 담아주기, 사고와 행동화, 훈습과 회피 사이의 대조를 사용하여 상징의미symbolism와 상징적 동등시symbolic equation라는 그녀 자신의 독특한 구분을 제시한다. 분석 상황에서 그녀의 꿈 분석에 영향을 준 것은 자기 경계의 근본적인 정서적 수용, 투사적 가능성의 한계, 내적 실재와 외부 현실의 인식이라는 클라인이 강조한 '우울적 자리'를 향한 성장이다. 분석가에게 회피하지 않고 분석을 하라고 꿈을 가져오는 것은 꿈의 한계와 경계 그리고 꿈 안에서 꿈 공간이 갖는 창조적인 잠재성을 포함하는 분석적 투사를 받아들이는 것이다. 그러한 수용은 현실적인 풍요와 성장의 희망을 제공한다 해도 건강한 신경증 환자에게조차 상당한 애도의 과정을 거치게 한다.

사유, 꿈, 놀이, 정서적 성장과 관련된 공간적 은유의 도입과 정교함은 정신분석적 사유의 역사에서 중요한 진화를 의미한다. 그것은 분석 과정의 이해에 중요한 형식적인 차원을 추가하며, 이 책의 첫 번째 논문에서 마수드 칸Masud Khan이 매우 잘 설명했듯이, 분석 상황의 특정 유용성을 견지한다. 마리온 밀너Marion Milner의 분석 상황의 "틀 공간"이란 개념을 사용할 수 있는 특권을 갖게 되었다는 것은 (Milner, 1952; 1957), 그 자체가 모델을 제공하는 맥락context에서 자아의 담아주기 능력을 조사하고 수정하는 기본 작업을 다시 수행할 수 있는 기회를 얻게 되었다는 의미다. 퐁탈리스의 논문 "대상으로서의 꿈"Dream as object은 이러한 형식적이고 근본적인 심미적 선입견을 한 단계 더 진전시켜 주었다. 그는 분석가에게 꿈을 가져오는 과정에서 실현된 경계 없음의 경험과의 연관성은 물론 추가된 경계를 강조한다. 본질적으로 꿈이 아닌 꿈은 분석가를 중요한 방식으로 묶고 분리하는데, 이는 분석가와 피분석자 모두를 너무 많은 개입으로부터 '보호'한다. 꿈은 환자의 사생활과 신비를 고집하는데 이것은 해석의 한계로 심지어는 전이의 한계로 이어진다. 여기서 퐁탈리스는 어머니와 아이, 분석가와 환자 사이의 공간에 중점을 둔 위니캇의 강조를 반복하면서 해석적 폭력interpretive terrorism에 반대한다. 그는 전이 표상을 알고자 하는 클라인의 방식이 해석적 폭력에 빠질 위험에 처할 수 있게 한다고 생각한다. 퐁탈리스가 자신의 논문에서 비온을 한 번도 언급하지 않은 것이 흥미롭다. 비온의 어머니 개념과 내면화된 담아주기 기능은 상호주관성에 경계를 회복시킨다.

퐁탈리스의 논문은 문화적이고 정신적인 공간의 개념의 역사를 담고 있는데, 정신분석에서는 이 부분이 아이들의 놀이를 관찰함으로써 진화되어왔다. 실제로 퐁탈리스의 논문은 명시적으로는 언급하지 않았지만 분석 과정 내에서 이루어진 꿈 해석의 역사를 충분히 암시해주고 있다. 그는 꿈 해석의 과정이 왜곡될 가능성이 있다고 보면서, 프로이트를 따르는 것은 꿈의 기능의 남용일 수 있음을 상기시킨다. 꿈의 의미가 갖는 필연적인 모호성은 퐁탈리스의 가설과 관련이 있는데, '분석에서 모든 꿈은 하나의 대상으로서 어머니의 몸을 가리킨다.' 물론 여기서의 대상은 무한하고 근친상간의 위험으로 가득 찬 대상이다. 꿈의 화면과 가시 이미지 visible image의 형태는 촉진적이며 방어적인 특성을 갖는다. 말하자면 보이는 것은 대상 없음보다는 거리 곧 대상-관련성 object-relatedness을 내포한다. 꿈 화면에는 압도하는 외상의 '보호막'인 경계, 분석가가 준수해야 하는 경계, 또는 시걸, 칸, 스트와트, 갬밀, 앙지외가 말했던 존재를 이루고 회복하는데 도움을 주는 경계가 새겨져 있다.

 3부의 7장과 8장에 소개된 두 논문은 꿈의 잠재적 기능을 회복하는 분석을 다루고 있다. 해롤드 스튜어트 Harold Stewart의 논문은 환자가 자신의 분석가에게 점점 더 의존하게 되는 것과 함께 꿈꿀 수 있는 능력의 진화를 설명한다. 꿈꾸는 능력 사이의 관계는 전이의 변화를 반영하는 자아가 온전한 확신을 갖는 성장에 상응하며, 이는 또한 분석 과정에 대한 매우 간결한 설명으로, 환자가 자신의 분석가와의 관계가 깊어지는 것과 자신의 꿈들과의 관계 사이의 상호 관계를 조명한다.

 이어서 소개되는 갬밀의 논문은 분석가가 견딜 수 없었던 자신의 일부를 되찾는 데 도움을 주기 전까지는 꿈을 꿀 수 없었던 젊은 정신 분열증 환자의 자아 성장에 대한 광범위한 이론적 그물을 다루고 있다. 비온의 어머니의 담아주기 개념의 맥락에서 사용한 분석적 경청 및 해석은 환자 내면에서 담아주기 기능의 내면화를 촉진한다. 여기서 갬밀은 담아주는 것을 르윈의 꿈 화면 개념과 연결시킨다. 르윈은 꿈 화면을 초기 어머니와 아이의 관계의 피부 경험과 관련시켜 이해함으로써 꿈 화면의 의미를 풍부하게 한다. 갬밀이 지적한 바와 같이, 르윈은 꿈과 분석 상황에 대한 그의 글에서 이 모든 요소들을 언급한다. 3부의 마지막 논문에서 앙지외는 이 부분이 정교하게 설명되어야 할 여지가 많이 남아 있다고 지적한다.

"꿈의 필름"The Film of the Dream이라는 제목의 디디에 앙지외의 기고문은 『피부 자아』The Skin Ego로 번역된 그의 책에서 가져온 글이다. 그는 자신이 매우 정교하게 다듬은 개념인 피부 자아의 '정신적 싸개'psychic envelop와 그가 '시각적 싸개'visual envelop라고 이름 붙인 꿈의 필름인 꿈의 화면 사이의 관계를 유추한다. 그가 본대로, 꿈 화면의 기능은, 페렌치와 더불어 그가 일상의 기능에 내포되어 있다고 가정하는 훼손, 곧 낮 동안 피부 자아에 생긴 파열을 회복시키기 위한 것이다. 그는 꿈의 외형이 환자가 혼란스럽고 침범된 경계에 대해 인식했음을 보여주는 어떤 분석을 다루고 있다. 그녀의 분석에서 중요한 깨달음을 얻은 후에, 이 환자는 이 과정을 환자의 심리적 성장에서 중요한 순간으로 보았던 분석가마저도 배제시키는 꿈을 갑자기 많이 꾸게 되었다. 이로써 상호 주관성의 경계들이 다시 확립되거나, 앙지외의 특별한 공헌인 몸 언어에서 볼 때, 그녀의 꿈은 '그녀의 부족한 보호막을 대신할 새로운 정신적 피부'를 형성한다. 따라서 그는 자기와 꿈을 개념적으로 풍요로운 '보호막'protective shield(Freud,

1920)뿐 아니라 개념적으로 풍요로운 신체 자아 body ego(Freud, 1923) 로의 회귀로 설명한다.

이 책의 4부에 실린 논문들은 자아심리학의 전통에서 쓰인 논문들이다. 나는 자기심리학자들의 공헌을 자아심리학의 전통 안에 포함시켰다. 그 이유는 자기심리학이 자아심리학의 맥락에서 발전해 나왔기 때문이다. 유의미하게도 자아심리학자들과 자기심리학자들은 모두 꿈의 의미가 꿈의 외현적 내용에 변장되어 나타나기 보다는 담겨진 채로 나타난다고 인식하였다. 하트만은 현실에 대한 특정한 참조와 함께 자아의 적응 기능의 중요성을 강조하여 미국 내 이 영역에서의 지적 발전에 큰 영향을 끼쳤다(Hartmann, 1939; Greenberg and Mitchell, 1983). 2부에 실린 그린슨의 논문은 자아의 현실 적응 기능을 향하여 감으로써 마음의 더 깊은 층들, 예컨대 이드 곧 본능적 삶으로부터 어쩔 수 없이 멀어지게 되는 정신분석 사고에서의 방향전환에 명백하게 반대한다. 근본적인 정신분석적 전통을 왜곡할 수 있는 잠재력이 있음에도 불구하고, 이러한 방향전환은 꿈에 대한 새로운 사고의 기초를 제공했다.

아마도 이 책의 마지막 부분에 포함된 논문들 중에 가장 주목해야 할 논문은 에릭슨의 분수령을 이루는 논문 "정신분석의 꿈 표본"The Dream Specimen of Psychoanalysis, 1954일 것이다. 에릭슨은 이 논문에서 프로이트의 '이르마'Irma 꿈의 외현적 내용에서 풍부한 적응적 암시를 보여준다. 에릭슨은 또한 정신분석학이 정체성을 가장 중심적인 문제로 고려해야 한다고 보았다. 비록 이러한 관심이 정신분석적 사고에서 자기의 온전함을 분석 과정의 중심 초점으로서 삼게 하고 꿈의 의미와 기능에 대해 사고할 때 중요한 요소로 삼도록 영향을 미치지만, 에릭슨 관점의 이 측면은 마지막 부분에 실린 논문들의 기준이 되지는 않는다. 오히려 코헛의 자기를 향한 보다 급진적인 지향이 에릭슨의 주체성의 문제를 대체하고 있다(Stolorow and Atwood의 논문을 참조할 것). 마찬가지로, 내적 대상의 중요성을 꿈의 형성과 꿈과 분석가의 소통에 연결시키는 꿈의 현상을 향한 마크 칸저Mark Kanzer의 흥미로운 대상-관계적 접근은(1955) 지난 25년 동안 미국에서 발표된 논문들보다 이 책 3부에 실린 논문들과 보다 더 직접적으로 관계한다.

만약 내재화된 대상관계와 상징적 및 의사소통 과정에 대한 관심이 앞의 선택에서 두드러지게 그랬던 것처럼 제4부의 논문들과 연계되지 않는다면, 외현몽의 내용, 특히 꿈의 표현적이고 통합적인 기능과 직접적으로 관련된 질문이 분명 일관된 특성을 이룬다. 예술가였던 에릭슨이 자신의 영국인 친구들과 마찬가지로 어린아이 놀이의 풍부한 상징적 의미(Erikson, 1954)에 인상을 받았다는 점을 주목할 필요가 있다. 그러나 에릭슨은 멜라니 클라인(Young-Bruehl, 1989: 176)이 아닌 안나 프로이트Anna Freud로부터 분석훈련을 받았으며, 그의 임상은 자아심리학과 적응적 자아 기능에 대한 강조가 정신분석 문화를 지배했던 미국에서 수행되었다. 어린아이 놀이의 의미에 대한 예술적 수용성에서 영감을 얻어 외현몽의 내용의 중요성을 다룬 그의 논문은 외현몽의 내용을 직접 분석하려는 유혹의 위험을 일관되게 강조했던 프로이트와의 공개적인 논쟁으로 이어졌다.

여기에 소개된 두 논문은 임상적 상황에서 외현몽의 어떤 측면과 그것의 유용성을 출발점으로 삼는다. 칭찬을 받아 마땅한 스팬야드의 탁월한 논문은 외현몽에 대한 프로이트의 입장과 정신분석적 선입견과는 거리가 있다 하더라도 미국에서 큰 영향력을 행사했던 꿈 해석에 대한 극단적이면서도 문제해결의 접근을 포함한 이후의 발전사를 제공한다(French and Fromm, 1964). 스팬야드는 꿈의 표면은 환자가 시작하는 자리로서 현재의 갈등과 가장 쉽게 접촉할 수 있는 지점이라고 주장한다. 그는 프로이트가 꿈을 분석할 때 그 안에 모순이 있음을 세심히 평가하면서 자신의 주장을 전개한다. 예를 들면 프로이트는 모든 꿈에서 의미 있는 자아 감정의 중심적 존재에 주목하였다. 스팬야드는 외현몽이 꿈의 의미를 변장하기보다는 노출시키고 있음을 입증하기 위해 꿈 실험실의 증거를 요구하고 있으며, 그린버그와 펄만이 쓴 논문에서도 이런 추세가 이어지고 있다. 그린버그와 펄만은 꿈 실험실에서 여러 날 밤을 보내고 분석에 몇 시간을 보낸 한 남자의 자료에서 나온 증거를 활용하였다. 그들의 분석적 시각으로 보면 자아가 밤과 낮에 수행하는 과제들이 비록 꿈의 언어가 다르고 독특하게 개인적이긴 하지만, 놀랄 만큼 비슷하게 보인다. 요페와 샌들러(Joffe and Sandler, 1968)의 뒤를 이어 그린버그와 펄만은 꿈속에서 활동하고 있는 자아가

> 안전의 느낌을 보존하고 외상적으로 압도당하는 경험을 피하도록 이상적인 자기 상태의 새로운 조직을 만드는 것을 보고 있다. 이처럼 이전의 이상적 상태들이 그렇게 쉽게 언제나 폐기되는 것이 아니란 사실이 유아적 소원들의 출현과 꿈의 소원 성취 측면에 기여한다.

세실리 드 몽쇼Cecily de Monchaux는 환자들이 꿈을 가져오는 이유가 무엇인지 물은 후, 자아심리학자의 조직화와 숙달이라는 용어를

사용하여, 모든 종류의 좋고 적응적인 이유를 찾아 자신의 질문에 답한다. 한 환자가 그녀에게 말했듯이, 꿈은 그 해리적 특성 때문에 견딜 수 없는 것을 담을 수 있고, 일부 '짐'을 질 수 있으며, 전이 감정을 지난밤의 과거로 밀어 넣을 수 있고, 재통합이 가능할 때까지 건설적으로 의미를 분리할 수 있다. 꿈은 훌륭하고 유용한 형태의 분열이며, 창조적인 분리이고, 책임의 수정이며, '무의식 속의 논쟁에 본래적으로 자리한 두 측면을 화해로의 길로 인정하게' 하는 감정적 경험의 거리두기이다. 세실리 드 몽쇼의 논문은 클라인 사상가들에 의해 확인된 자아 활동의 방어적이고 부정적인 여러 잠재적 특성들을 탐구한다. 특별히 꿈의 퇴행 기능을 살펴 본 후에 그것의 건설적이고 적응적인 사용을 찾아낸다. 그녀는 그것을 위니캇이 말하는 중간활동으로 보았고 진보적인 통합의 한 단계라고 생각하였다. 내 생각에 그녀의 논문은 퐁탈리스의 논문과 훌륭한 비교가 된다. 퐁탈리스의 논문은 분석적 임상 경험을 충분히 소개했음에도 불구하고 꿈을 정신분석학자와 정신분석으로부터 떼어놓는 것의 유용성을 강조하기 위해 아주 다양한 언어와 문헌을 사용하고 있다.

숙달의 개념은 자기심리학자들의 사유에서 문자 그대로 외현몽 이미지의 형태로 묶이는 관념과 연결되어 있다. 이렇게 묶여 있지 않다면 외상적 정신의 해체 곧 이름 붙일 수 없는 정신증의 두려움으로 남는다. 이 관념은 비교적 최근 미국의 꿈 관련 논문집(Natterson, 1980)에서 나타난 '도착 증상과 도착의 외현몽'Perverse Symptoms and the Manifest Dream of Perversion에 대한 소가리즈의 논문은 고전적인 정신분석적 사상가들 사이에서 가장 접근하기 쉬운 형태로 의미 있는 결실을 맺었다. 이후 야심찬 이론적 논문에서, 스토롤로와 애트우드

Stolorow and Atwood는 이 현상을 일반적으로 꿈의 진실인 무언가의 강화, 즉 꿈 이미지의 환각적 생생함의 적응적 기능으로 다룬다. 꿈의 환각 자체에서 심리적인 목적을 찾으면서, 그들은 현실로 경험되는 이미지의 기능이 '몽자의 주관적인 삶의 핵 조직 구조를 공고히 하는 것'이라고 추측한다. 이 기능은 자아가 해체나 정신증으로 위협을 받을 때 서로 갈등을 이루는 소원들을 정교하게 표현하는 것을 포함하여 다른 모든 것을 극복한다. 예를 들어, 한나 시걸(이 책)이 구체화된 꿈 이미지의 융합과 자아 경계의 해체를 지각하는 것처럼, 그들은 구체화라는 다른 기능을 식별한다. 그들은 이 현상을 자기와 대상, 상징과 상징된 것의 관계가 붕괴된 산물로서가 아니라 정체성 혹은 자기감을 강화하려는 시도로 본다. 자기심리학자에게 있어, 의식화되거나, 피학적이거나, 기이한 행동들과 같은 반복적인 꿈은, 아무리 전능적이거나 강박적이거나 잔인하다 할지라도, 해체된 자기감을 강화하기 위한 노력으로 여겨진다. 정신분석적 심리치료의 진전에 따라, 스토롤로와 애트우드는 치료적 관계에서 상징화하는 능력과 단어를 사용하기 위해 전지전능함과 잔인함 중 일부를 포기할 수 있는 능력으로 나아가는 환자의 진화를 관찰한다. 흥미롭게도, 이 논문은 분석가가 환자에 의해 어떻게 사용되는지, 정신분석 치료 과정에서 무엇이 이러한 움직임을 촉진하는지 파악하지 못하고 있고, 저자들은 환자의 자료가 지닌 격렬하게 파괴적인 특성을 많이 다루지도 않는다.

| 결론

나는 여기에 모아진 논문들이 정신분석의 전개과정에서 꿈을 이용하는 주제에 대한 정신분석적 사고의 이질성을 증언하고 있다고 해서 이 논문들이 지성적으로 소화할 수 없는 자료의 혼돈을 야기했다고 생각하지 않는다. 비록 논문들이 다른 정신분석적 전통에서 선택되었고 다양한 역사 발전 과정과 지적 풍토에서 형성되었지만, 이 논문들은 모두가 프로이트의 연구에 뿌리를 두고 있다. 이 논문들은 정신분석이 꿈 해석의 기법과 거의 동일시 될 수 있었던, 그리고 분석가가 분석을 가능하게 하는 것처럼 보이는 무의식으로부터 꿈의 배타적 메시지를 기대하며 기다렸던, 곧 프로이트가 죽기 훨씬 이전 그때와는 연대기적 시간의 거리를 갖고 있다(Sharpe, 1937: 66). 오늘날 일상의 모든 영역에서 무의식적인 환상이 어디에나 존재하고 증상, 언어, 몸동작을 통해 표현된다는 브랜너의 관찰에 동의하지 않는 사람은 거의 없을 것이다. 더욱이 현대 분석은 강조하건대 몽자의 꿈에 초점을 맞추지 않고 몽자에 초점을 맞춘다. 분석의 목적은 주로 전이와 역전이의 상호작용에서 비롯된 이해를 통해 정서적 성장을 촉진하는 것이다. 좀 더 고전적으로 표현하면, 정신분석적 과정은 전이 신경증의 발달과 해결을 촉진하고, 바로 이 과정이 분석가의 근본적인 관심사이다.

프로이트는 본질적인 정신분석적 활동인 전이 해석 안에 꿈 보고가 삽입되는 것을 보았고 그것이 의미가 있음을 발견하였다. 그는 '좋은' 혹은 분석적으로 유용한 꿈을 꾸는 것은 물론, 분석 상황을 이용할 수 있는 능력에 대한 후속적 사고에서 성과를 얻어 자아의 발달적 개념화를 확립하였다. 마침내 프로이트는 정신 조직의 구조에서 외상의 침범과 불안의 중심성을 인식하였다. 프로이트에게 정신 조직의 구조란 분석, 그 안에서 드러나는 꿈들, 혹은 그렇지 않은 꿈들, 그리고 전개되는 과정 안에서 환자가 꿈꾸기의 기능을 사용할 때 드러난다.

비록 대부분의 분석가들이 꿈이 분석적 노력에서 그것의 뚜렷한 중심성을 잃었다는 것에 동의할지라도, 대부분의 분석가들이 꿈 보고에 특히 주의를 기울이는 것은 사실일 뿐만 아니라, 꿈이 전문적인 담론에서 특별한 위치를 가지고 있다는 것 또한 여전히 사실이다. 말하자면 예증적 임상 자료를 사용하는 정신분석학 논문 중에 꿈 분석을 사용하지 않는 논문은 거의 없다. 그러한 논문의 필자들은 동료 독자들이 꿈에 대해 듣고 싶어 한다는 것을 안다. 예컨대 정신분석가들은 환자가 꿈을 가져오는 방법에 의해 정신분석학에서 특정한 방식으로 자신을 위치시키고, 그 꿈을 통해 환자가 종종 인상적으로 모아진 임상적 논증을 놓치면서까지 자신을 위해 말할 가능성이 가장 높다고 이해한다.

해석에 앞서 먼저 연상할 것을 강조하는 프로이트의 고전적인 주장과 관련하여, 비록 이 격언 뒤에 있는 원칙들이 여전히 확고하게 옹호되고는 있지만, 지반이 바뀌었다(Greenson, 이 책; Blum, 1976). 자기-분석을 위해 프로이트가 주로 추천한 분석의 예들 가운데 '연대기적으로 진행하여 몽자들에게 그 요소들이 꿈의 설명에서 일어난 순서대로 꿈의 요소들과 연결된 연상을 제기하도록 하라'가 있다 (Freud, 1923: 109). 1923년까지 이 방법은 프로이트에게 몇 가지 접근법들 중 하나였는데, 그 중 가장 자유로운 것은 환자에게 어떤 연상이 생각에 떠오르든 허용해주는 것이었다. 물론 몇몇 사람들은 자유연상을 한탄스럽게 생각하지만(Greenson, 이 책), 특히 구체적인 꿈 재료에 대해 연상하도록 요청함으로써 드러나게 되는 아동기 사건들의 기억에 대한 연상을 배제한 채, 전이 상황이나 정신분석적 맥락을 오늘날의 일반적인 절차인 가장 근본적인 연상으로 이해해서는 안 된다(Palombo, 1984).

여기에 포함된 꿈과 관련된 영국과 유럽에서 쓰인 논문들은 정신분석 과정에서 분석가와 환자 사이에 실행된 대상관계를 보여주는 것으로 이해되는 꿈을 일관되게 보여준다. 정신분석적 맥락에서 꿈은 감정적 삶의 부담을 감수하고, 분리된 정체성의 경계를 수용하며, 분석 상황을 상징하고 사용하며, 자아를 위해 퇴행하는 환자의 능력에서 근본적인 강점과 약점을 드러낸다(Kris, 1950; 1956). 제3부의 논문들은 이 문제를 직접적이고도 성과적으로 다루고 있다. 임상 분석가에게 이 논문들은 이론적이고 치료적인 상호작용에 대한 만족스러운 예를 제공한다. 우리는 정신분석이 어떻게 움직이는지 본다. 예컨대 우리는 꿈꾸는 과정에 대한 이해와 정신분석 그 자체 사이의 연관성을 발견한다. 우리는 정신 내적 소통의 발달 능력을 관찰하고, 그와 더불어 더 건강하고, 덜 전능한 자아를 관찰한다.

미국에서는 꿈에 대한 사고의 발전에 일관성이 부족했는데, 1920년대에 베를린에서 훈련을 받은 미국인 르윈의 선구적인 작업에도 불구하고 일관성이 없었다. 꿈 심리학과 정신분석 상황의 잠재력 사이의 관계에 대한 그의 관심은 구세계로 거슬러 올라갔고 그곳에서 발전된 종합 속으로 더 깊이 들어가 정착했다.

미국의 발전은 1950년대와 1960년대에 번성했던 자아심리학에 의해 가장 큰 영향을 받았고, 그린슨은 1970년 논문에서 이 발전의 영향을 다루고 있다. 브랜너와 그린슨의 논쟁에서, 우리는 그린슨의 꿈 보고의 독특함에 대한 주장, 곧 '가장 자유로운 자유연상'the freest free association에 대한 주장과, 아동기 초기의 본능적인 파생물에 대한 자유연상의 근접성, 그리고 브랜너의 보다 냉정한 논리 사이의 긴장이 양극화되었다고 본다. 본능적인 삶과 무의식에 주목한 그린슨에 반대해 브랜너는 꿈은 이드와 초자아 모두에 의해 포위된 숙달로서의 자아가 어디에서든 균형을 주는 행동의 또 다른 산물에 불과하다고 주장한다. 정신분석학적 전통의 풍부함과 정신분석학에서 꿈의 특별한 위치를 본질적이고 보수적으로 보여주는 그린슨의 영향력 있는 논문은 미국 풍토에서 그다지 새로운 발전을 불러오지 못했다. 그는 꿈의 현상을 다시 살펴보려는 유럽의 노력을 지지한 것으로 보인다(Curtis and Sachs, 1976).

자아와 현실과의 적응적 관계를 중심으로 한 자아심리학적 관점은 에릭슨이 소개한 외현몽의 내용에 대한 존중을 알려준다. 이 책에 포함된 스팬야드의 글은 그린버그와 펄만의 논문처럼 이 주제를 발전시켰다. 여러 안구급속운동 관련 실험실 연구(Jones, 1970; Palombo, 1978)와 마찬가지로, 그린버그와 펄만의 논문은 외현몽 자료에서 드러난 꿈속의 자아의 적응적 정신 작용을 증언한다. 이러한 진보에 대항하여, 미국의 강한 고전 전통은 프로이트가 그랬던 것처럼, 잠재적 관심(Blum 1976), 방어적 변장, 꿈의 소원 성취 기능을 희생하면서 외현적 내용을 지나치게 강조하는 것의 위험을 정기적으로 재확인한다.

그러나 이 책에 논문을 실은 자아심리학자들 그리고 이후 자기심리학자들은, 꿈꾸는 능력을 지닌 자아가 만드는 다양한 구성적 또는 조직적 사용 뿐 아니라 외현몽의 내용에 주목한다는 점에서, 불안의 숙달과 정체성의 유지 모두에서 꿈 사용에 대한 풍요로운 이해를 향한 그들만의 길을 간다. 꿈에 주목했던 대상-관계 분석가들 사이에서처럼, 여기서 꿈을 분석에 가져올 때 특별한 방법으로 드러나는 원시적인 자아의 통합 능력과 근본적인 약점에 대한 이해 속에 상호적인 풍요를 만난다.

이렇게 말하고 보니, 아무리 그 잠재력을 비신화화 한다 해도 꿈은 본질적인 신비를 간직하고 있다는 것을 상기시켜주는 퐁탈리스와 함께 하나의 짧은 언급으로 끝내는 것이 현명하다고 생각한다. 그것은 정신분석의 기획이 틀을 짜고 깊이를 헤아려 보고자 하는 인식할 수 있음의 한계, 무한에 대한 인식(Matte-Blanco, 1975), 모호성으로 분석가를 대면시키는 것이다. 그것은 피할 수 없는 불완전성을 존중할 때 보다 잘 행해진다.

| 참고문헌

Anzieu, Didier (1986) *Freud's Self Analysis*, London: Hogarth.
—— (1989) *The Skin Ego*, London: Yale.
Bion, Wilfred (1962a) "A theory of thinking", *International Journal of Psychoanalysis*, 43: 306-10.
—— (1962b) *Learning from Experience*, London: Heinemann; reprinted in paperback, Maresfield Reprints, London: H. Karnac Books (1984).

Blum, Harold (1976) 'The Changing Use of Dreams in Psychoanalytic Practice: Dreams and Free Association', *International Journal of Psycho-Analysis* 57: 315-24.

Bollas, Christopher (1987) 'At the Other's Play: to Dream', in *The Shadow of the Object: Psychoanalysis of the Unthought Known*, London: Free Association Books.

Breuer, Joseph and Freud, Sigmund (1895) Studies on Hysteria, SE11. Curtis, Homer and Sachs, David (1976) 'Dialogue on the Changing Use of Dreams in Psychoanalytic Practice', *International Journal of Psycho-Analysis* 57: 343-54.

Erikson, Erik H. (1950) *Childhood and Society*, New York: W. W. Norton & Co.

—— (1954) 'The Dream Specimen of Psychoanalysis', *Journal of the American Psychoanalytical Association* 2: 5-56.

—— (1959) *Identity and the Life Cycle*, New York: International Universities Press.

Ferenczi, S. (1931) 'On the Revision of The Interpretation of Dreams', *Final Contributions to the Problems and Methods of Psychoanalysis*, London: Hogarth (1955).

Fosshage, James (1983) 'The Psychological Function of Dreams: a Revised Psychoanalytic Perspective', *Psychoanalysis and Contemporary Thought* 6: 4, 641-69.

French, T. M. and Fromm, E. (1964) *Dream Interpretation*, New York: Basic Books.

Freud, Sigmund (1900) The Interpretation of Dreams, *Standard Edition of the Complete Psychological Works of Sigmund Freud, SE* 4/5, London: Hogarth Press (1950-70).

—— (1916) Introductory Lectures on Psychoanalysis, *SE* 15.

—— (1917) 'Metapsychological Supplement to the Theory of Dreams', *SE* 14.

—— (1920) Beyond the Pleasure Principle, *SE* 18.

—— (1923) The Ego and the Id, *SE* 19.

—— (1925) 'Some Additional Notes on Dream Interpretation as a Whole', *SE* 19.

—— (1931) Preface to the Third (Revised) English Edition of The Interpretation of Dreams, *SE* 4: xxxi.

—— (1932) 'Revision of The Interpretation of Dreams', Lecture XXLV, New Introductory Lectures, *SE* 22.

—— (1940) An Outline of Psycho-analysis, *SE* 23.

Garma, Angel (1966) *The Psychoanalysis of Dreams*, London: Pall Mall Press.

—— (1974) *The Psychoanalysis of Dreams*, New York: Jason Aronson.

Green, André (1975) 'The Analyst, Symbolization and Absence in the Analytic Setting (on Changes in Analytic Practice and Analytic Experience)', *International Journal of Psycho-Analysis* 56: 1-21.

Greenberg, Jay R. and Mitchell, Stephen A. (1983) *Object Relations in Psycho-analytic Theory*, Cambridge, MA: Harvard University Press.

Greenberg, R . and Pearlman, C. (1978) 'If Freud only knew: a Reconsideration of Psychoanalytic Dream Theory', *International Review of Psycho-Analysis* 5: 71-5.

Hartmann, H. (1939) *Ego Psychology and the Problem of Adaptation*, New York: International Universities Press.

Joffe, W. G. and Sandler, J. (1968) 'Comments on the Psychoanalytic Psychology of Adaptation', *International Journal of Psycho-Analysis* 49: 445-54.

Jones, R. M. (1970) *The New Psychology of Dreaming*, New York: Grune & Stratton.

Kanzer, Mark (1955) 'The Communicative Function of the Dream', *International Journal of Psycho-Analysis* 36: 260-6.

Khan, Masud (1974) *The Privacy of the Self*, London: Hogarth.

Klein, Melanie (1946) 'Notes on Some Schizoid Mechanisms', in *The Writings of Melanie Klein*, vol. III, London: Hogarth.

—— (1955) 'The Psycho-Analytic Play Technique: its History and Significance', in *Envy and Gratitude and Other Works*, London: Hogarth.

Kohut, H. (1971) *The Analysis of the Self*, New York: International Universities Press.

—— (1977) *The Restoration of the Self*, New York: International Universities Press.

Kris, Ernst (1950) 'On Preconscious Mental Processes', *The Psychoanalytic Quarterly* 19: 540–56.

—— (1956) 'On Some Vicissitudes of Insight in Psychoanalysis', *International Journal of Psycho-Analysis* 37: 445–55.

Laplanche, J. and Pontalis, J. B. (1973) *The Language of Psycho-Analysis*, London: Hogarth.

Lewin, Bertram (1946) 'Sleep, the Mouth and the Dream Screen', *The Psychoanalytic Quarterly* 15: 419–34.

—— (1955) 'Dream Psychology and the Analytic Situation', *The Psychoanalytic Quarterly* 25: 169–99.

Mahoney, Patrick (1977) 'Towards a Formalist Approach to Dreams', *International Review of Psycho-Analysis* 4: 83–98.

Matte-Blanco, Ignacia (1975) *The Unconscious as Infinite Sets*, London: Duckworth.

—— (1988) *Thinking, Feeling and Being*, London: New Library of Psychoanalysis.

Milner, Marion (1952) 'The Role of Illusion in Symbol Formation', in *New Directions in Psychoanalysis*, London: Tavistock.

—— (1957) *On Not Being Able to Paint*, London: Heinemann.

Natterson, Joseph (1980) *The Dream in Clinical Practice*, New York: Jason Aronson. Palombo, Stanley (1978) 'The Adaptive Function of Dreams', *Psychoanalysis and Contemporary Thought* 1.

—— (1984) 'Deconstructing the Manifest Dream', *Journal of the American Psychoanalytic Association* 32: 405–20.

Ricoeur, Paul (1970) *Freud and Philosophy*, London: Yale University Press.

Rycroft, Charles (1968) *A Critical Dictionary of Psychoanalysis*, London: Thomas Nelson & Sons.

Sandler, Joseph (1976) 'Dreams, Unconscious Fantasies and Identity of Perception', *International Review of Psycho-analysis* 3: 33-41.

Sharpe, Ella Freeman (1937) *Dream Analysis*, London: Hogarth (1978).

Shur, M. (1966) 'Some Additional "Day Residues" of the Specimen Dream of Psychoanalysis', on R. Loewenstein et al. (eds) *Psy-choanalysis: A General Psychology*, New York: International Universities Press.

Socarides, Charles (1980) 'Perverse Symptoms and the Manifest Dream of Perversion', in Joseph Natterson (ed.) *The Dream in Clinical Practice*, New York: Jason Aronson.

Tolpin, Paul (1983) 'Self psychology and the Interpretation of Dreams', in Arnold Goldberg (ed.), *The Future of Psychoanalysis*, New York: International Universities Press.

Waldhorn, Herbert F. (1967) *Reporter: Indications for Psychoanalysis: The Place of Dreams in Clinical Psychoanalysis*. Monograph II of the Kris Study Group of the New York Psychoanalytic Institute, Edward P. Joseph (ed.) New York: International Universities Press.

Winnicott, D.W. (1971) *Playing and Reality*, London: Tavistock Publications.

Young-Bruehl, Elisabeth (1989) *Anna Freud*, London: Macmillan.

| 제 1 부 |

정신분석적 꿈: 정신분석적 과정

이 책에 수록된 논문들 중에 가장 먼저 소개되는 1962년 마수드 칸의 논문은 프로이트의 꿈 심리학과 정신분석 상황 사이의 개념적 관계를 기술하고 있다. 그는 분석주체와 몽자에 대한 버트램 르윈Bertram Lewin의 비유, 수면과 분석적 노력에 따른 퇴행, 그리고 꿈이 각성 과정과 전이의 활동이 야기하는 흥분 사이의 대극적 상응을 전개하고 있다. 크리스Kris의 '좋은 분석 시간'good analytic hour 개념을 바탕으로, 그는 '좋은' 꿈, 즉 정신 내적인 소통을 촉진하고 치료에서 분석 작업을 촉진시키는 꿈이 만들어질 때 자아의 복합적인 성취를 이룬다고 열거한다. 논문의 끝부분에서 그는 이후 소개되는 여러 논문들이 표면적으로 드러낸 주제, 곧 신체 내적으로 그리고 정신분석적 과정 내에서 드러나는 보다 깊은 원초적인 꿈의 사용을 다룬다.

1장
꿈 심리학과 정신분석 상황의 진화

마수드 칸 (M. Masud R. Khan)

| 프로이트의 자기-분석과 분석 상황의 발견

존스(Jones, 1953)는 프로이트의 전기에서 다음과 같이 기술한다. '프로이트의 연구에서 두 가지 중요한 부분이 프로이트 자신의 자기-분석과 밀접하게 관련되어 있다. 즉 꿈의 해석과 그의 유아성욕에 대한 깊은 이해이다'(320). 크리스^{Kris} 또한 『플리스의 편지들』(Fliess Letters)이란 책의 서론(33)을 쓰면서 이 점을 강조했다. 여기서 충분히 주목하지 않은 것은 프로이트가 1897년 여름에 시작해서 평생 동안 지속한 프로이트 자신의 자기-분석으로부터 정신분석학이 얻은 유익은 다른 사람들의 정신 내부의 무의식적 갈등을 이해하고 해결하기 위한 치료 및 연구 도구로서 분석 상황을 발명해내었다는 점이었다. 환자의 정신 내부의 무의식적 갈등은 증상들과 질병 안에서 상징화되고 요약된다. 프로이트의 자기-분석은 두 영역에서 평행선을 이루며 수행되었다: (a) 먼저 프로이트 자신이 꾼 꿈들의 해석을 통해 수행되었고, 다음으로는 (b) 임상경험에서 만난 환자와의 공감과 통찰을 통해 수행되었다. 공감과 통찰을 통한 수행은 프로이트의 기질에 대한 오랜 편견이었다. 1882년 10월 29일 그는 자신의 약혼녀에게 다음과 같이 썼다. '나는 항상 나의 관점에서 누군가를 이해할 수 없을 때 그것이 이상하다고 생각한다(Jones 1953: 320).'

프로이트의 자기-분석은 우리에게 꿈과 유아성욕의 이론에 대한 그의 기념비적인 연구를 제공했을 뿐만 아니라 유아의 정신적 삶 안에 신경증의 병인론이 있을 것이라는 가설을 제시해 주었다. 그러나 그것은 치료적 노력의 목적을 근본적으로 그리고 돌이킬 수 없을 정도로 바꾸어 놓았다. 분석 상황의 발명은 분석 과정의 목표를 바꾸었다. 이에 대해 스자츠(Szasz, 1957)는 다음과 같이 적절하게 표현하였다. "환자를 돕는 목적은 과학적 이해의 목적에 대해 부차적인 것이 되었다." 프로이트의 치료적 과정의 방향과 의도에서 이러한 변화는 꿈 기제와 유아성욕에 대한 그의 이론이 사회 전반으로부터 비판을 받았던 것처럼 자신의 제자들로부터 많은 적대감과 비판을 받았다. 후기 그의 제자들의 변절은(융, 아들러, 랑크, 라이히, 라이크 등) 통찰과 이해보다는 어떤 식으로든 환자를 돕고자 하는 치료사의 열망을 중심으로 이루어졌다. 프로이트 자신은 추종자들의 이러한 저항을 가장 잘 알고 있었으며, 이를 고려하여 1919년 부다페스트에서 열린 제 5차 국제 정신분석 총회 연설에서 분석 상황의 기본 과제를 다음과 같이 명시적으로 공식화했다.

> 우리는 의사에게 환자의 전이를 사용하게 함으로써 환자 안에 존재하는 무의식적이고 억압된 충동들을 환자가 의식하기를 희망하며 그 목적을 이루는데 환자 자신에 대한 지식을 확장하는 것에 반대하는 저항을 밝히기를 희망한다. 그래서 환자의 아동기에

확립된 억압적인 과정이 불편하여 쾌락 원리에 따라 삶을 영위할 수 없다는 우리의 확신을 환자가 받아들이도록 유도하려 한다. 분석적 과정은 가능한 한 결핍 즉 절제의 상태로 철저하게 수행되어야 한다.... 의사들과의 관계에서 환자는 충족되지 않은 소원을 풍성히 품은 채 남겨진다. 환자가 가장 강렬히 욕망하고 집요하게 표출하고자 하는 소원 충족을 철저히 부정하도록 하는 것이 좋다. (Freud, 1919)

치료적 목표들을 비교하기 위해서는 『히스테리 연구』(Freud and Breuer, 1893-5)의 결론 단락을 훑어보는 것으로 충분하다. 프로이트는 이 책에서 카타르시스^{catharsis}적 치료를 통해 '히스테리 환자의 고통을 일반적인 불행으로 바꾸도록 도움을 주거나 그렇게 개선할 수 있다'(305)고 약속한다.

프로이트가 자기-분석을 통해 분석 상황을 발명한 것이라면, 분석 상황을 보다 명확하게 이해하기 위해서 그 방향의 단서들을 좀 더 주의 깊게 살펴볼 필요가 있다. 여기서 나는 프로이트의 주관적 자료를 재분석하라고 제안하는 것이 아니다. 그렇게 하는 것은 무례할 뿐만 아니라 아무런 의미도 없다. 프로이트는 우리를 위해 자기분석을 한 것이 아니었다. 존스의 적절한 표현처럼, '일단 분석이 되었으면 그것은 영원히 분석이 이루어진 것이다.'

아이슬러(Eissler, 1951)는 프로이트가 자신의 정신의 신비한 작용을 이해하기 위한 마음의 결기를 견지하기 위해 얼마나 열심히 노력했는지 생생하게 묘사하고 있다.

프로이트는 오로지 자신의 노력만으로 자신의 억압을 풀어낼 수 있었다.... 따라서 프로이트의 자기-분석은 심리학적이고 역사적인 사건의 한 유형으로서 결코 되풀이될 수 없으며, 그것은 일종의 독특한 단일 발생으로만 표현되고 그 누구도 반복할 수 없는 사건의 한 유형이다....프로이트가 자기-분석을 수행했을 때, 인류 역사의 관점에서 자기-분석 과정은 인간의 본성에 반하는 것이었다.

프로이트가 자기-분석의 이 영웅적인 주관적 경험(이 분석은 다른 어떤 것보다 힘들다[Freud, 1954])을 치료적 절차로 바꿀 수 있게 한 것은 추상관념에 대한 그의 천재성이었다. 이것은 분석적 환경 안에 몽자의 상황의 모든 중요한 요소들을 재현하게 만들었다. 그래서 깨어있는 의식 상태에서 분석 중에 있는 사람은 자아 기능과 정서적인 자유를 왜곡하는 구금 상태와 무의식적인 정신의 동요를 전이-신경증을 통해 정신적으로 다시 경험할 수 있다.

더 나아가 프로이트는 자신의 자기-분석 경험과 이 기간 동안 플리스와의 관계에서 사용했던 자신의 통찰로부터 가장 운명적인 발견을 했다. 전이-신경증을 통한 이러한 재경험은 오직 자신을 객관적인 존재가 되게 하고 자신의 자아-지원을 얻음으로써 자기-통합의 치료적 지점에 이르기까지 자기 갈등을 표현하고 훈습하도록 환자를 도울 수 있는 누군가가 있을 때에만 가능하다. 프로이트의 자기-분석은 대부분의 인간에게는 그러한 자기-분석이 불가능함을 드러내 주었고, 따라서 프로이트는 이것이 성취될 수 있는 관계의 환경과 수단을 창조할 수밖에 없었다.

프로이트의 자기-분석의 측면에서 분석적 환경의 유전적 근거들에 대해 내가 제시하고 있는 가설은 프로이트가 치료의 최면 및 카타르시스^{catharsis} 상황에서 환자의 임상 경험에 대한 자신의 꿈과 공감을 분석함으로써 '좋은 꿈'에 도움이 되는 몽자의 정신 내적 상태와 의미있게 상응하는 분석 상황의 신체적이고 정신적인 분위기를 직관적으로 재현하였다는 점이다. 나는 이후에 이 정신 내적 상태의 자아-측면을 자세히 설명할 것이다.

| 최면 상황, 꿈 심리학, 그리고 분석 상황

분석 상황의 퇴행적 분위기와 최면 상황 및 수면 상태와의 관계가 자주 논의 되어왔다(참조: 르윈, 피셔, 질과 브랜만, 매칼파인, 플리스 등). 특히 르윈은 자극적이고 도발적인 논문들을 통해 분석 상황을 최면 상황으로 가져가는 것에 대해 논하였다. 그는 '환자가 다소 잠든 것처럼 보인다는 생각을 카우치와 분석 상황에 투사'하려고 시도하였고 이를 다음과 같이 정교하게 설명했다.

> 유전적으로 분석 상황은 변경된 최면 상황이다...[분석가들은] 분석 상황으로부터 동의에 의해 배제 된 수면을 다른 형태 곧 자유연상의 방법으로 접근하였다...최면상태에서 환자가 잠에 들기를 바라는 소원을 분석적인 상황에서 자유롭게 연상하는 소원으로 대체하였다. 환자는 수면을 위해서가 아니라 연상을 위해서 눕는다. 수면의 나르시시즘은...카우치의 나르시시즘과 일치한다. 외현몽의 내용은 드러난 분석 자료와 일치한다...꿈-형성Dream-formation은 '분석-상황' 형성analytic-situation formation과 비교되어야 한다.

랑크 이후 르윈은 이러한 반복적인 퇴행에서 '수유 상황에 있는 아기의 직접적인 경험'을 신중하게 관찰한다. 그러나 크리스가 그랬던 것처럼 르윈도 여기서 '꿈 내용들에 대한 해석과 꿈 세계에 주목함으로써 수면의 문제에 집중하지 못하였고 분석적 주체를 단편적인 몽자나 잠자는 사람으로 생각하지 못하였다....그에게 카우치에 누운 환자는 일단 신경증 환자로 보였고 단지 부수적으로만 몽자였다.'

정신분석 문헌에서는 수면의 세 가지 측면이 자주 논의되었다.

1. 생물학적 욕구로서의 수면(Freud, 1900-1917)과 수면을 유지하는 꿈의 기능.
2. 자아의 방어의 평형을 위협하는 공격적이고 피학적이며 수동적인 충동들에 반하는 분석 상황에서의 퇴행적인 방어 반응으로서의 수면(참조, Bird, 1954; Ferenczi, 1914; Stone, 1947 등).
3. 수면에서의 퇴행을 영유아 발달의 존재론적 단계와 영유아의 젖가슴과의 원초적 관계 회복으로 보기(Isakower, 1938; Lewin, 1955; Spitz, 1955 등).

르윈은 수면-소원과 수면-소원의 퇴행적인 방어 파생물들을 치료와 의식(자기인식)에 대한 자아의 소원과 관계시키는 일을 상대적으로 간과하였다. 그는 분석 상황이 최면 치료로부터 어떻게 진화되어 왔는지 논의하면서 다음과 같이 적절하게 진술한다.

> 최면 치료에서 카타르시스catharsis와 분석으로 전환되는 사이 신경증 환자는 최면의 대상에서 사유를 털어놓는 사람으로 바뀌었고, 치료사는 정신분석가가 되었다...마법의 수면-제조자는 친구가 되었고, 분석 상황은 역사에 남게 되었다....추론컨대 분석가는 잠을 깨우는 자이다.

나는 치료사의 역할을 최면술사로부터 '깨우는 자'(Lewin, 1955)로 옮겨놓은 이 중요한 변화의 함축적 의미를 아직도 우리가 공정하게 평가하지 못하고 있다고 생각한다. 최면 수면을 통해 환자의 저항을 마법처럼 피해가기 보다는 오히려 존중해 줌으로써 프로이트는 인간 의식의 발달에서 새로운 과정, 곧 의식과 무의식 사이의 분열을 잇는 과정을 시작할 수 있었다. 최면에 걸려 자기-분석을 관찰함으로써 분석가로부터 안내받고자 하는 환자의 소원보다는 치료에 적합한 더 많은 상호-작용이 환자의 자아 안에 있음을 인정함으로써, 프로이트는 환자가 수면 중에 꿈을 꾸거나 최면상태에서 억압된 내용을 드러내듯이 분석가의 도움을 통해 수용적일 수 있는 분석 상황을 창출해 낼 수 있다고 보았다. 그것을 모호하게 표현하자면, 최면 치료의 근거는 환자가 대면될 수 있는 "꿈 상태"를 초래하게 하는 것이어야 했다. 말하자면 환자가 잠에 들어 '꿈'을 꾸고, 마지막 단계에서 잠에서 깨어나 변화된 그리고 새로운 분석 상황에서 최면상태의 '꿈'을 기억할 수 있게 될 때, 분석가는 환자로 하여금 억압된 것과 무의식을 소환하도록 도움을 줄 수 있다. 프로이트가 최면이 걸린 수면에서부터 의식적인 기억으로 치료 과정의 기본 도구를 바꾸었을 때, 억압이 풀려나는 것에 대한 자아의 모든 부수적인 저항과 함께, 치료 상황의 본질과 분석가의 역할이 바뀌었다. 이로써 정신 활동의 새로운 영역들이 치료 과정에 들어오게 되었다. 예를 들어 지금까지 꿈의 형성(Freud, 1900)에서 제한하는 검열의 영향으로만 보았던 것을 이제는 임상적으로 환자의 분석 과정에 대한 저항으로 접근하게 하였다. 이 과정에서 우리는 심각하게 교란된 성격 신경증 안에 원초적이고 가학적인 초자아의 발병 원인의 기능이 있음을 깊이 통찰할 수 있었다.

깨어있음, 수면, 그리고 분석·상황

그러나 인간 정신의 무의식적인 과정과 원초적인 이드의 내용에 대해 많은 것을 가르쳐준 꿈 심리학은 우리로 하여금 수면 그 자체의 본질과 인간에 대한 심리적 의미를 상대적으로 간과하게 하였다. 정신분석학자와 생물학자들은 잠을 자고 싶은 소원과 깨어나고 싶은 소원을 어느 정도 인간의 생리적인 필요라고 당연시하였다. 여기서 나는 이 복잡하고 불가사의한 문제에 관심을 기울인 몇몇 분석가들의 가치 있는 연구를 잠깐 언급할 수 있을 뿐이다. 말하자면 제켈스(Jekels, 1945), 페데른(Federn, 1934), 그로트잔(Grotjahn, 1942), 스콧(Scott, 1956)등이 한 연구다. 여기서 우리는 중요한 임상적 사실을 만난다. 예컨대 분석 상황에서 수면과 깨어있음의 교류를 관찰한 결과, 환자에게 치료에 대한 소원과 분석 상황에서 깨어있는 상태로 자유연상을 하고자 하는 의지가 있음을 발견하였다. 특별히 클리포드 스콧(Clifford Scott, 1952; 1960)이 이 문제를 이해하는 데 크게 가치 있는 기여를 하였다. 그는 제켈스, 이사코어 그리고 페데른의 가설에 머물지 않고 분석 상황에서 수면과 깨어있음의 리듬을 직접 탐구하였다. 스콧의 가설은 다음과 같다. '잠의 완전한 만족은 깨어나거나 깨어 일어나는 기술이다'(1952). 그는 더 나아가 정신 안에 깨어 일어나는 행위의 동기로 작용하는 '깨어나려는 소원'wake-wish이 있음을 가정한다.

    스콧의 연구를 르윈(1954)과 제켈스(1945)의 연구와 비교하는 것은 흥미롭다. 제켈스는 다음과 같이 가정한다. '나는 각성 기능이 모든 꿈속에 내재되어 있으며 그것이 꿈의 본질, 즉 근본적인 과제를 구성한다고 생각한다.' 르윈은 '깨어나게 하는 자'의 역할을 분석가에게 돌렸다. 여기에서 깨우는 자인 분석가는 분석 상황에서 꿈의 한 기능을 담당한다. 제켈스는 정신 분열증 상태에 대한 아주 흥미로운 토론에서 꿈과 수면에 드는 과정에서의 자아-활동을 다음과 같이 결론하였다. '깨어나는 것과 동일한 자아의 보상은 정신 자아에 의해, 정신 분열증 상태에서와 마찬가지로 환각 곧 꿈에 의해 시작된다.' 만일 내 추론이 정확하다면, 분석가의 자아는 심각하게 아픈 환자의 퇴행적 상태와 관련하여 이러한 보상적 역할을 떠맡는다(참조. Winnicott, 1954a and b; 그리고 Bion, 1958; 1959). 분석 상황에서 분석가는 환각뿐만 아니라 해석을 통해서도 작업한다. 분석가의 해석 능력은 그의 자아의 힘에 크게 의존한다. 그것은 환자를 돌볼 때 통제된 실험적인 전의식적 활동을 포함한다. 우리는 이것을 보통 공감과 직관으로 묘사한다. 따라서 수면의 나르시시즘이 카우치의 나르시시즘으로 대체된다면(Lewin, 1955), 꿈의 깨어나게 하는 기능은 분석가에게 할당된다. 바로 분석가가 깨어있게 하고 환자의 정서적 과정의 퇴행적인 표류를 안내하며 자신의 해석을 통해 의미와 형태를 준다. 우리는 임상경험에서 심각한 장애가 있는 사례의 급성 퇴행 상태 동안 (신체 활기와 해석을 통해 표현되는) 분석가의 각성 및 자아 활동이 환자를 지속시키고 1차과정 활동에 되돌릴 수 없이 넘겨주는 것을 중단시킨다는 것을 자주 경험한다.

나는 여기서 특정 유형의 정신분열증 퇴행 환자의 수면과 의식의 내용quality과 주관적 경험이 지닌 좀 더 심각하고 심오한 장애에 대해 잠시 주목해보고자 한다. 조증과 관련된 과잉행동이나 극단적인 무력감 및 무관심의 형태로 나타나는 환자들의 경우, 분석가의 깨어있음과 거기 존재함의 기능을 점차적으로 의존하기 시작할 수 있을 때, 비로소 불안감 없이 잠을 잘 수 있다는 것이 종종 드러난다.

그리고 그때에야 그들은 자아의 원초적인 분열 기제를 강요하지 않는 정서적인 상태로 깨어날 수 있다. 수면과 깨어있음의 원초적인 리듬이 다시 확립될 때 환자들은 비로소 좋은 꿈을 꾸고 자유로운 연상을 할 수 있는 능력이 회복된다.

나는 일단 분석 상황이 확립되면, 분석 상황이 파생된 바로 그 과정을 어떻게 관찰할 수 있는지 보여주기 위해 이제까지 긴 논의를 해 보았다. 곧 자고 싶은 소원과 깨어나고 싶은 소원 그리고 꿈꿀 수 있는 능력에 대한 논의를 하였다.

최면 수면을 치료활동으로 받아들이기를 거부하고 분석 상황에서 몽자에게 작용하고 있는 전체 정신적인 힘을 재분배함으로써, 프로이트는 치료 상황과 존재론적 발달 모두에서 수면과 깨어있음의 역할과 기능을 평가할 수 있었다(참조. Fliess, 1953; Isakower, 1938; Lewin, 1954; Federn, 1934; Gifford, 1960; Hofer, 1952; Spitz, 1955; Scott, 1960; Winnicott, 1954a and b).

| '좋은 꿈'에 대한 가설

우리의 문학, 신화, 사회 관습, 의식 및 지적 발견의 대부분은 꿈을 꿀 수 있는 능력에 바탕을 두고 있거나 그 능력에서 파생된다(참조. Sharpe, 1937; Lewin, 1958; Roheim, 1952). 이런 의미에서 꿈을 꾸는 것은 인간 성인의 모든 정신적 창의성의 원형이다. 나는 크리스의 '좋은 분석 시간' 개념의 맥락에서 '좋은 꿈'의 개념을 제안한다. 이제 '좋은 꿈'이 실현될 수 있도록 하는 잠자는 사람의 정신 내적 상황의 몇 가지 주요 특징에 대해 개략적으로 설명해보겠다.

1. 자아가 외부 세계의 리비도 에너지 부착cathexes으로부터 안전하게 철수하여 수면 소원을 강화할 수 있는 안전하고 편안한 물리적 환경.
2. 외부 세계가 수면 소원이 충족된 후 다시 돌아올 것이라는 자아 신뢰의 상태.
3. 수면 소원과 접촉할 수 있는 자아의 능력.
4. 꿈의 원동력이자 꿈-작업을 통해 표현되는 무의식적인 내부 교란의 근거.
5. 잠재된 '꿈 소원'의 형식적인 구조화를 위해 낮의 잔여물을 사용할 수 있는 자아의 능력.
6. 정신 기구 내에 퇴행 과정을 견딜 수 있는 능력: 운동에서 환각으로 멀어져 갈 수 있는 능력(Kris, 1952).
7. 자아 내 통합 과정의 신뢰성. 이 신뢰성은 자아가 형성하는 단계에서 정신-신체 통합의 초기 단계(Winnicott, 1949)가 확고하게 확립되었음을 전제한다.
8. 순수한 수면의 자기애 혹은 구체적인 현실의 만족 대신에 꿈-세계로부터 충족을 느낄 수 있는 자아의 능력. 이 능력은 자아가 좌절을 참아내고 상징적인 만족을 수용하는 능력을 의미한다.
9. 상징화와 꿈-작업을 할 수 있는 자아의 능력. 상징화와 꿈-작업 안에서 1차적 과정에 대항하여 충분히 역 방향으로 리비도 에너지를 부착함으로써 꿈이 정신 내적인 소통의 경험으로 유지된다.
10. 억압 장벽의 완화가 가능하도록 원초적이고 가학적인 초자아 요소로부터 적절한 거리를 둘 수 있는 능력.
11. 혼란스럽고 과도한 유입을 '저항'할 수 있다는 확신을 갖고서 이

드의 소원을 수용하고, 거기에 넘겨줄 수 있는 자아의 능력.
12. 모든 것을 상당히 예측 가능한 간격으로 수행하고 반복하게 하는 신뢰할 수 있는 시-공간 단위.
13. 자아 안에 리비도와 공격성이라는 이드의 침범적인 두 충동을 활용하고 조화시킬 수 있을 만큼 충분히 중성화된 에너지의 가용성(Hartmann, 1954).
14. 만약 이것이 필요하다고 느껴진다면 깨어있는 상태에서 꿈의 '잔상'after-image을 유지할 수 있는 능력.

이러한 정신 내적 상태가 주어진다면 우리는 '좋은 꿈'을 꿀 수 있다. 여기서 '좋은 꿈'은 성공적인 꿈-작업을 통해 무의식적인 소원을 만들어내고, 그럼으로써 한편에서는 수면을 지속하게 하면서 또 다른 한편으로는 몽자가 깨어났을 때 자아에게 정신적 경험을 제공할 수 있는 꿈을 의미한다. 이러한 맥락에서 '좋은 꿈'과 관련된 잠자는 사람의 자아 활동을 위니캇(1951)의 중간대상과 연결하여 유아가 사용한 원초적 정신 기능들과 비교하는 것은 흥미로운 일이 될 것이다(참조. Milner, 1957; 1952).

'좋은 꿈'을 꿀 수 있는 능력은 정신 건강을 위한 필수 조건이지만, 그렇다고 '좋은 꿈'이 정신 건강을 보장하지는 않는다. '좋은 꿈'을 꿀 수 있는 능력은 개인의 정신적 능력을 측정하는 척도이거나, 발렌슈타인Valenstein 박사가 제안했듯이, 자아-힘ego-strength을 지닌 꿈의 증가이다.

| 고전적인 분석 상황과 그 기능들

이제 '분석 상황'이라는 개념을 간단히 살펴보자. 전체 분석 상황은 다음과 같이 세 가지 구성 요소로 다소 임의로 나눌 수 있다.

1. 환자
2. 분석가
3. 분석 환경

이 세 가지 사이의 상호작용은 분석 과정과 절차를 구성한다.

환자는 치료 동맹의 기초를 이루는 치료에 대한 희망을 갖게 된다. 꿈 심리학의 측면에서, 카우치 상황을 허용할 수 있는 환자의 능력은 자기애적인 수면-소원의 파생물이다(Lewin, 1955). 그의 증상은 '잠재적인 꿈-소원', 즉 무의식적으로 억압된 갈등과 소원을 표현한 것이다. 그는 또한 수면 중에 꿈-작업을 할 수 있는 능력에 깊이 기반을 둔 분석 작업 능력을 갖고 있다.(참조. Kris, 1956). 환자의 '꿈 작업' 능력이 자아 왜곡, 원초적인 방어 기제 혹은 정신증적 불안으로 인해 심각하게 방해를 받는 경우(참조. Bion, 1958; 1959), 우리는 항상 그들이 근본적인 규칙에 순응하지도 않고 자유연상을 이어 갈 수도 없다는 것을 발견한다. 이 경우, 수면과 침묵이라는 깊은 방어나 퇴행적 사용이 분석 상황에서 이들의 특징적인 행동으로 나타난다. 또 반대로 정신이 고양되어 있고 행동화하는 경조증적인 상태는 전이 훈습을 방해할 수 있다(참조. 조증 방어에 대해서 Klein, 1946과 Winnicott, 1935).

분석가는 자신의 성격 안에 환자의 자료, 즉 환자의 자유연상을 수용한다. 이러한 방식으로 분석가는 '깨어있음의 소원'을 강화시키고(르윈 - '분석가는 깨어나게 하는 자다.'), 또한 꿈-작업을 표현하는 잠자는 사람의 자아 역할을 담당한다. 환자의 저항을 해석하고 원초적인 죄책감을 완화함으로써 무의식적인 소원을 풀어내고 조직화하도록 돕는다. 분석가는 분석 상황에서 '보조적 자아'an auxiliary ego(Heimann, 1950)로 작용한다. 그는 또한 상징적인 연상이 가능하도록 자신의 더 자유로운 능력을 환자에게 양도해준다. 환자의 자료를 '살아' 있게 하고 시간이 지남에 따라 거기에 초점을 맞춘다. 분석가는 거기에 정신적이고 정서적인 과정의 거짓되고 신속한 방어적인 폐쇄가 없다고 본다. 따라서 분석가는 분석 상황에서 어떤 움직임을 확립한다(Glover, 1928).

분석가는 꿈꾸는 자아와 마찬가지로 전이 신경증에서 발견되는 환자의 무의식적 소원을 구체적으로 만족시키지 않고 환자에 대해 공감, 지지, 이해해 주는 것으로 자신의 역할을 제한한다. 공감, 지지, 이해는 분석가가 제공하는 상징적 만족들이다.

환자의 소원과 행동을 표현하도록 촉진하고 환자 스스로가 창의적이고 자유로이 작동하도록, 분석가는 물리적 환경, 즉 **분석 환경**을 구축한다. 분석 환경이란 분석가가 환자와 더불어 분석 과정을 시작하고 수행하기 위해 구성하는 물리적 환경을 의미한다. 우리의 방대한 문헌에서 여러분은 환자와 분석가에 대한 철저한 논의들을 쉽게 접할 수 있다. 전후 몇 년이 지나서 이 같은 환경을 면밀히 조사하고 살피는 것이 유행처럼 되었다(참조. Winnicott, Spitz, Scott 및 기타). 프로이트가 분석 환경의 물리적 속성을 확립한 방법과 이유는 일반적으로 당연한 것으로 간주되었다. 나는 프로이트가 환자와 눈이 맞추어지는 것을 개인적으로 싫어하여 환자 뒤에 앉는 것을 선택했던 것과 같은 분석 환경에서 프로이트가 특정 요소를 선택했던 주관적인 이유들에는 관심이 없다는 점을 여기서 다시 강조하고 싶다 (1913). 프로이트는 주관적인 자료에서 시작해서 항상 일반적이고 유효한 치료 절차를 추상화하는데 성공했다. 이점이 프로이트의 천재성이다(참조. Eissler, 1951). 분석 환경은 사생활을 보장해주고 외부 세계로부터의 침범 및 침해로부터 보호가 보장된 방으로 이루어진다. 그 방에는 또한 편안함을 느끼게 하는 따뜻한 온도, 빛, 청정한 공기, 편안한 자세로 누울 수 있는 카우치가 있다. 그리고 분석가는 환자에게 시작과 끝이 있을 것으로 예상되는 반복적인 시간을 제공한다. 또한 분석가는 깨어 있어 수용적으로 경계하며, 행동할 수 있는 능력을 갖추고 있지만 침범하지 않는 방식으로 현존한다(Ricroft, 1956a; Winnicott, 1954a).

가벼운 비교조차도 프로이트가 분석 상황의 세 가지 요소, 즉 환자, 분석가, 분석 환경 간에 얼마나 독창적으로 잠자는 사람의 정신 내적 상태를 재분배했는지 보여준다. 전체 분석 상황의 이 세 가지 구성 요소가 인간 성격의 3중 구조의 – 예를 들면 이드와 자아와 초자아 – 전치와 투사에 얼마나 잘 적용되는지는 다양한 분석가들(cf. Fenichel, Bion, Fairbairn, Klein, Strachey 등)에 의해 철저하면서도 독창적으로 상세하게 설명되었다.

잠자는 사람의 상태와 매우 중요하고 결정적인 차이점 중 하나는 분석가가 자신의 성격을 통해서 꿈꾸는 자아의 고립과는 정반대의 자리에 있는 관계(전이)를 사용한다는 것이다. 그리고 바로 이러한 전이 관계가 꿈과 달리 분석을 치료적으로 만든다. 자아의 꿈-작업과 비교되는 것으로서 분석가의 활동(해석)의 또 다른 탁월한 특징은 분석가가 잠자는 사람의 자아가 사용하는 퇴행 기제 – 예를 들면 전치, 압축, 환각 등 — 를 통해서가 아니라 저항과 병인적인 원초적 방어 기제의 사용을 다루는 것을 통해서 무의식적 충동을 다룬다는 점이다. 분석가는 최면술에서처럼 저항을 없애지 않고 저항과 더불어 그리고 저항의 자리에서 작업함으로써 환자의 자아가 점차 새로운 에너지 공급원과 더 효과적인 심리 과정에 접근할 수 있게 한다. 전이 관계를 통해 프로이트는 인간의 자아가 무의식을 최고로 의식화하게 하고, 지금까지 시인, 예술가, 재능 있는 몽자들의 창작을 통해서만 은유적으로 만날 수 있었던 광범위한 영역의 정서와 정신 내적 삶(환상)을 자기-인식, 통찰, 소통의 영역으로 가져왔다. 물리적 환경의 탐구와 정복에만 거의 배타적으로 몰두해야 했던 시기에, 프로이트는 내면의 삶과 인간이 인간에게 해온 것을 탐구하기 위한 기술을 확립했다. 그는 우리를 인간으로 만드는 힘과 요인, 즉 우리의 감정, 본능, 정신, 의식을 창의적이고 끈기 있게 탐구하는 것을 가능하게 했다. 인간의 자아는 그에게서 첫 번째 진정한 동맹을 찾았지만 아직 영감을 받은 또 다른 예언자도 아니었고, 지적이거나 치료적 폭군도 아니었다. 프로이트의 반대파들조차 그가 우리로 하여금 무의식 속으로 치료적인 접근을 할 수 있게 했다는 것을 인정한다. 프로이트 이후 그리고 그의 연구를 통해 인간 의식의 바로 그 기능과 범위가 안과 밖으로 변화하고 넓어졌는지는 분명히 알 수 없다 (Trilling, 1955). 프로이트가 조각품 모세의 창조를 미켈란젤로에게 돌렸다면, 정신에 있어서 프로이트가 스스로와의 투쟁을 통해 분석 상황의 창조를 이끌어 냈다는 것이 맞다.

그러나 미켈란젤로는 역사적 혹은 전통적 모세보다 더 힘 있는 다른 모세를 교황의 무덤에 설치하였다. 그는 부서진 십계명 석판의 주제를 수정했다. 그는 **모세가 자신의 분노로 그것을 깨뜨리도록 내버려두지 않고, 모세가 석판이 깨질 위험으로부터 영향을 받게 하고, 분노를 가라앉히게 하여 어떤 식으로든 그 석판을 깨는 행위가 일어나지 않도록 막는다.** 이런 방식으로 그는 모세의 인간적인 모습과는 다른 뭔가 새로운 어떤 것을 더하였다. 그래서 엄청난 육체적 힘을 가진 거인상은 **그 스스로 헌신한 명분을 위한 내면의 고뇌와 맞서 성공적으로 투쟁하는 사람에게서 가능한 최고의 정신적 성취를 나타내는…그러므로 자기-비판에서 자신의 본성을 뛰어넘는 구체적인 표현일 뿐이다**
(Freud, 1914: 233-4. 강조부분은 필자가 한 것임).

우리의 관심을 분석 상황의 임상적 측면으로 옮겨본다면, 정신분석의 첫 20년 동안 분석 상황은 히스테리 환자의 필요와 요구 조건을 충족시키기 위한 것이었다(Freud, 1919). 다시 말해서, 분석에 적합하다고 여겨진 환자는 상당한 수준의 자아 통합과 리비도적 발달에 도달했다고 여겨지는 환자들이었다. 그 갈등은 자아, 초자아, 전-남근기 충동 그리고 대상관계들 사이의 아직 해결되지 않은 긴장들의 본성에 있었다. 이 환자들의 자아-기능은 다소 온전했고, 그들의 증상은 원초적인 이드 충동 및 죄책감을 갖고서 이러한 온전한 자아 기능이 개입한 결과였다. 갈등은 자아-기능 자체를 심각한 정도로 약화시키거나 왜곡하지 않았다. 이 때문에 히스테리 환자들은 분석 환경의 전이 기능을 사용할 수 있었다. '좋은 꿈'에서처럼, 불안감을 주는 이드 충동은 자아의 퇴행적인 꿈-작업의 통제를 통과해 운동 속으로 돌파해 들어가지 않으며 (그랬더라면 잠자는 이는 잠에서 깨어날 것이다), (정신증에서와 같이) 자아로 하여금 원초적인 전체 방어들을 사용하여 꿈을 다루도록 하지도 않는다(참조. Nunberg, 1920; Bion, 1958). 마찬가지로, 이러한 환자들의 경우, 치료적 과정을 위해서는 회귀적 사고와 소원 리비도 에너지 부착 그리고 말로 표현하는 분석 상황의 전이-가능성만으로 충분하다. 이 경우 환자들은 분석이나 사회생활에 해가 되거나 강렬한 방식으로 행동화하지 않는다. 오히려 내 임상 경험에 따르면 '좋은 꿈'을 꿀 수 없는 환자들은 분석 상황을 창의적으로 사용하지 못한다.

| 경계선 사례들, 퇴행, 그리고 분석 상황에서 요청되는 새로운 요구들

지난 30년 동안 다양한 환자들이 치료를 받기 위해 왔는데, 이들은 질병의 성격 때문에 고전적 분석 상황을 건설적으로 사용할 수 없었다. 그들은 성격 장애로 인해 분석 상황의 '기대'와 규칙을 충족시킬 수 없었다. 그들은 특별히 증상이 무엇인지 알아차리지도 못했거나 심지어 치료를 위해 잘 체계화된 소원도 없이 치료를 받으러 왔다. 이들은 머리로는 분석 상황의 요구 사항을 아주 쉽게 파악할 수 있었지만, 정서적으로 또 자아-과정에서 그들이 머리로 이해한 것을 활용할 수 없었다. 그들은 자유연상을 하는 대신에 얼어붙고, 퇴행적으로 분석 환경의 여러 요소와 분석가의 성격에 고착하여(Fliess, 1953), 치료 동맹(Zetzel, 1956)이나 작동 가능한 전이 신경증을 확립할 수도 없었다(Sterba, 1957; Stone, 1947). 이들은 분석 상황에서 퇴행적 혼돈과 자기, 분석가, 분석 환경의 경계들이 지속적으로 모호해지는 것을 경험했다. 이 환자들은 경계선 환자들(Greenacre, 1954; Stone, 1954), 정신분열성 성격들(Fairbairn,

1940; Khan, 1960b), 자기애적 신경증 환자들(Reich, 1933-49) 등으로, 마치 성격이 (Deutsch, 1942) 장애를(Ericson, 1959; Greenson, 1958) 확인해 주는 것처럼, '자아 고유의 결함'ego-specific defect에서 오는 고통(Gitelson, 1958), '거짓 성격'false personality(Winnicott, 1956; Laing, 1960), '근본적인 오류'basic fault(Balint, 1960) 등으로 다양하게 정의되었다. 이러한 환자들 안에 드러난 원초적인 자아-왜곡은 고전적 분석 상황에서 임상 과정의 성공을 위한 전제 조건인 '좋은 분열'benign split의 확립에 도움이 되지 않았다. 이 경우에, 자기와 대상의 혼동, 운동과 주지적 방어를 통해 정신적이고 정서적인 퇴행 경험을 통제하고자 하는 긴급한 소원(A. Freud, 1952), 망상 전이(Little, 1960; Stone, 1954) 및 공생적 의존 상태가 분석 상황을 신속하게 지배하였다(Sterba, 1957). 그리고 그들은 이러한 충전된 분석 상황을 그들의 전능성의 범위 안에 가져오기 위해 아주 기이하고 원초적인 방어 기제를 갖고 필사적으로 대응하였다(Winnicott, 1960).

지난 30년 동안 분석가들이 제공한 다양한 새로운 기법 절차, 수정 및 혁신은 모두 이러한 임상 상태를 충족시키려는 솔직한 임상 시도에서 비롯된 것이었다.

그러나 잠깐만 살펴보아도 이 내용들이 서로 모순됨을 알아볼 수 있다(참조. Balint, 1950). 일부 분석가들은 환자 성격의 재창조를 위해 환자와 분석 상황에서 발생하는 퇴행 과정을 탐구하는 경향이 있다(참조. Little, 1960). 다른 분석가들은 전이 및 분석 상황의 퇴행적 잠재력을 신뢰하지 않지만 그것을 이용하여 현명하게 선택된 제약과 의무를 적용함으로써 환자가 희망을 갖고 '수정적 정서 경험'을 통해 자아-기능과 정신 건강의 새로운 자유와 활력을 누릴 수 있는 곳으로 안내될 수 있다고 주장한다(참조. Alexander, 1950;

Macalpine, 1950). 오늘날 대체로 우리들 대부분은 이러한 장애의 병리학을 위해서는 오이디푸스 상황이나 남근기 이전의 이드의 갈등 그리고 대상관계보다 훨씬 더 초기를 되돌아봐야 한다는 것에 동의한다. 기텔슨Gitelson에 따르면, 이러한 경우를 고려할 때 '우리의 사유는 자아-고유의 결함ego-specific defect을 가정하는 방향으로 흘러간다.' 우리는 점점 더 자아 분화의 원초적 단계의 교란과 자아 출현이 유아 돌봄 환경에서 자기-단위self-unit로 출현한다는 관점에서 이러한 장애들을 고려하는 경향이 있다. 정의해본다면 이와 더불어 치료 과제의 본질과 분석 환경의 기능이 변한다고 할 수 있다. 더 이상 환자의 잠재적 갈등을 표현하고 해석과 훈습을 통해 그 갈등을 해결하는 분석 환경에서의 전이 신경증의 진보에만 우리의 기법을 집중할 수 없다. 나는 그것들을 따로따로 자세하게 논할 시간이 없다(참조. Eissler [1950] and Khan [1960a]). 내가 여기서 간단히 언급할 수 있는 것은 일단 임상 과정이 분석 상황의 '전이 한계'를 넘어서고 환자가 강박적이고도 구체적인 방식으로 (소원에 반하는 것으로 상징적 언어 관용어로 충분했던) 그의 욕구와 원초적 자아-왜곡을 행동화해 버리면, 수면과 꿈-상황을 분석 상황과 유비시키는 것은 더 이상 가능하지 않다는 것이다. 『꿈의 해석』 제7장 The Interpretation of Dreams, 565-6에서, 프로이트는 꿈에서의 소원 성취가 리비도 에너지 부착을 사용할 수 있는 이전의 욕구 충족의 기억 이미지에만 가능하다는 것을 분명히 한다. 그는 『꿈의 해석』 598쪽에 그것을 다음과 같이 간결하게 요약한다. '첫 번째 소원은 만족의 기억에 리비도 에너지를 부착하는 환각이었던 것 같다.' 우리는 한 사람의 유아-돌봄의 경험에서 그러한 만족이 신뢰할 수 없고 일관되지 못했거나 너무 충분하지 않았을 경우, 꿈의 소원을 끌어내기 위해 이러한 만족이라는 기억 이미지를 사용할 수 있는 능력은 분명히 부족하거나 왜곡되어야 한다고 말함으로써 이에 대해 설명할 수 있다(참조. Winnicott, 1945). 이러한 상황에서 이후의 자아-발달은 초기 만족 경험의 부족을 보충하는 마법의 방법으로 사용될 수 있다. 정신 내적으로 이것은 만족을 위한 외부 대상들의 필요성과 그것들에 대한 의존성을 완전히 부정하면서 현실적인 욕구를 만족시키는 환상을 만드는 것을 목표로 하는 마법의 전지전능한 꿈-세계를 창조하려는 꿈을 남용하는 것을 의미한다. 우리는 이것을 특정한 정신병에서 가장 생생하게 본다. 나의 임상 경험에 따르면 매우 원초적인 자아-왜곡을 가진 환자들은 분석 상황의 상징적인 전이 가치를 다룰 수 없다는 것을 보여준다. 그들은 그것에 대한 의존성을 완전히 부인하거나, 그것을 완전히 마술처럼 생각하도록 강요하거나, 분석가나 분석가의 환경에서 완전히 벗어난 현실적인 욕구-요구를 하는 것으로 퇴행하려 한다. 이러한 환자들의 임상 위기는 분석 상황을 넘어서는 역량을 요구한다는데 있다. 이 상황에서 길을 잃지 않으려면, 매칼파인^{Macalpine}, 알렉산더^{Alexander}, 페어베언^{Fairbairn}이 제시하는 것처럼, 이러한 상태를 만든 것은 분석 상황이 아니라 환자의 욕구라는 점을 분명히 기억해야 한다. 이러한 임상 위기 가운데서도 한 가지 다행스러운 것은 분석 상황에 대한 프로이트의 도구가 이 '욕구'들을 충족시킬 수 있을 만큼 회복력이 있고 충분히 유연하며 환자가 이러한 상황에서 드러내는 모든 원초적 '망상'(Little,1960)과 왜곡을 견딜 수 있다는 것이다. 위니캇, 스피츠, 밀너, 스콧 등이 보고한 바와 같이, 이러한 상황에서 분석 상황에서 말하는 '전이'사용은 유아-돌봄 상황의 본성에서와 같이 보다 원초적이고 일차적인 경험 양식으로 바뀐다. 임상적으로 이것이 통과되면, 특정 치료 절차가 얼마나 초심리학적으로 유효한지는 분석가가 작업하는 '이론'에 따라 달라진다. 또한 이러한 임상 위기에 접근하는 이론, 기대치 및 예상하는 태도에 대해 공개적으로 논의할수록 서로에게 더 큰 이익이 될 것이며 그 절차를 진정한 분석 초점으로 수정할 수 있게 될 것이다.

한편, 1919년 부다페스트에서 열린 제5차 국제정신분석총회에서 프로이트가 청중들에게 주의하라고 역설했던 연설의 일부에 주목하는 것이 최선이다.

우리는 도움을 찾아 우리 손에 스스로를 맡기는 환자를 우리의 사유 재산이 되게 하고, 그를 대신해 그의 운명을 결정하며, 그에게 우리 자신의 이상을 강요하고, 창조주의 자부심을 가지고 그를 우리 자신의 형상으로 만들며, 그것이 보기에 좋다고 하는 이 모든 태도를 가장 강력하게 거부했다.

| 참고문헌

Alexander, F. (1950). 'Analysis of the Therapeutic Factors in Psychoanalytic Treatment.' *Psychoanal. Quart.*, 19.
Alexander, F., and French, T. M. *Psychoanalytic Therapy, Principles and Application.* (New York: Ronald Press, 1946.)
Balint, M. (1950). 'Changing Therapeutic Aims and Techniques in Psycho-Analysis.' *Int. J. Psycho-Anal.*, 31.
—— (1960). 'The Regressed Patient and his Analyst.' *Psychiatry*, 23, 3.
Bion, W .R. (1958). 'On Hallucination.' *Int. J. Psycho-Anal.*, 39.
—— (1959). 'Attacks on Linking.' *Int. J. Psycho-Anal.*, 40.

Bird, B. (1954). 'Pathological Sleep.' *Int. J. Psycho-Anal.*, 35.

Deutsch, H. (1942). 'Some Forms of Emotional Disturbance and their Relationship to Schizophrenia.' *Psychoanal. Quart.*, 11.

Eissler, K.R. (1950). 'The Chicago Institute of Psychoanalysis and the Sixth Period of the Development of Psychoanalytic Technique.' *J. General Psychol.*, 42.

—— (1951). 'An Unknown Autobiographical Letter by Freud and a Short Com-ment.' *Int. J. Psycho-Anal.*, 32.

—— (1953). 'The Effect of the Structure of the Ego on Psychoanalytic Technique.' *J. Amer. Psychoanal. Assoc.*, 1.

Erikson, E.H. (1954). 'The Dream Specimen of Psychoanalysis.' *J. Amer. Psychoanal. Assoc.*, 2.

—— *Identity and the Life Cycle.* (New York: Int. Univ. Press, 1959.)

Fairbairn, W.R.D. (1940). 'Schizoid Factors in the Personality.' In: *Psycho-Analytic Studies of the Personality.* (London: Tavistock, 1952.)

—— (1957). 'Freud, the Psycho-Analytical Method and Mental Health.' *Brit. J. Med. Psychol.*, 30.

—— (1958). 'On the Nature and Aims of Psycho-Analytic Treatment.' *Int. J. Psycho-Anal.*, 39.

Federn, P. (1932). 'Ego-Feeling in Dreams.' *Psychoanal. Quart.*, 1.

—— (1934). 'The Awakening of the Ego in Dreams.' *Int. J. Psycho-Anal.*, 15.

Fenichel, O. *Problems of Psychoanalytic Technique.* (New York: Psychoanal. Quart. Inc., 1941.)

Ferenczi, S. (1914). 'On Falling Asleep during Analysis.' In: *Further Contributions to the Theory and Technique of Psycho-Analysis.* (London: Hogarth, 1926.)

—— (1927). Review of Rank's Technik der Psychoanalysis : I. Die Analytische Situation, *Int. J. Psycho-Anal.*, 8.

Ferenczi, S., and Rank, O. (1925). The Development of Psychoanalysis. *Nerv. and Ment. Dis. Mono.* No. 40.

Fliess, R. (1953). 'The Hypnotic Evasion : A Clinical Observation.' *Psychoanal. Quart.*, 22.

Freud, A. (1952). 'A Connection between the States of Negativism and of Emotional Surrender.' Author's Abstract. *Int. J. Psycho-Anal.*, 33.

Freud, S. *The Origins of Psycho-Analysis.* (London: Imago, 1954.)

—— (1900). The Interpretation of Dreams. *SE*, 4 and 5.

—— (1913). 'On Beginning the Treatment (Further Recommendations on the Technique of Psycho-Analysis, I)' *SE*, 12.

—— (1914). 'The Moses of Michelangelo.' *SE*, 13.

—— (1917). 'Metapsychological Supplement to the Theory of Dreams.' *SE*, 14.

—— (1919). 'Lines of Advance in Psycho-Analytic Therapy.' *SE*, 17.

Freud, S., and Breuer, J. (1893-1895). Studies on Hysteria, *SE*, 2.

Gifford, S. (1960). 'Sleep, Time and the Early Ego.' *J. Amer. Psychoanal. Assoc.*, 8. Gill, M. and Brenman, M. Hypnosis and Related States. (New York: Int. Univ. Press, 1959.)

Gitelson, M. (1952). 'The Emotional Position of the Analyst in the Psycho-Analytic Situation.' *Int. J. Psycho-Anal.*, 33.

—— (1958). 'On Ego Distortion.' *Int. J. Psycho-Anal.*, 39.

Glover, E. *The Technique of Psycho-Analysis.* (London: Baillière, 1928.)

Greenacre, Phyllis. (1954). 'The Rôle of Transference: Practical Considerations in Relation to Psychoanalytic Therapy.' *J.Amer. Psychoanal. Assoc.*, 2.

Greenson, R. (1958). 'Screen Defenses, Screen Hunger and Screen Identity.' *J. Amer. Psycho-anal. Assoc.*, 6.

—— (1960). 'Empathy and its Vicissitudes.' *Int. J. Psycho-Anal.*, 41.

Grotjahn, M. (1942). 'The Process, of Awakening.' *Psychoanal. Rev.*, 29.

Hartmann, H. (1954). 'Problems of Infantile Neurosis.' *Psychoanal. Study Child*, 9.

Heimann, P. (1950). 'On Counter-Transference.' *Int. J. Psycho-Anal.*, 31.

—— (1956). 'Dynamics of Transference Interpretation.' *Int. J. Psycho-Anal.*, 37.

Hoffer, W. (1952). 'The Mutual Influences in the Development of Ego and Id: Earliest Stages.' *Psychoanal. Study Child*, 7.

Isakower, O. (1938). 'A Contribution to the Psychopathology of Phenomena associated with Falling Asleep.' *Int. J. Psycho-Anal.*, 19.

Jekels, L. (1945). 'A Bioanalytic Contribution to the Problem of Sleep and Wakefulness.' *Psychoanal. Quart.*, 14.

Jones, E. The Life and Works of Sigmund Freud, Vol. I. (London: Hogarth, 1953.) *Journal of the American Psychoanalytic Association* (1954), 2, part 4.

Khan, M.M.R. (1960a). 'Regression and Integration in the Analytic Setting.' *Int. J. Psycho-Anal.*, 41.

—— (1960b). 'The Schizoid Personality: Affects and Techniques.' *Int. J. PsychoAnal.*, 41.

Klein, M. (1946). 'Notes on Some Schizoid Mechanisms.' *Int. J. Psycho-Anal.*, 27.

—— (1955). 'The Psycho-Analytic Play Technique: Its History and Significance.' In: *New Directions in Psycho-Analysis*. (London: Tavistock, 1955.)

Kris, E. (1950). 'On Preconscious Mental Processes.' *Psychoanal. Quart.*, 19.

—— *Psychoanalytic Explorations in Art*. (New York: Int. Univ. Press, 1952.)

—— (1954). Introduction to Freud: The Origins of Psycho-Analysis. See Freud (1954).

—— (1956). 'On Some Vicissitudes of Insight in Psycho-Analysis.' *Int. J. Psycho-Anal.*, 38.

Laing, R.D. *The Divided Self*. (London: Tavistock, 1960.)

Lewin, B. *The Psycho-Analysis of Elation*. (London: Hogarth, 1950.)

—— (1953). 'Reconsideration of the Dream Screen.' *Psychoanal. Quart.*, 22.

—— (1954). 'Sleep, Narcissistic Neurosis and the Analytic Situation.' *Psychoanal. Quart.*, 23

—— (1955). 'Dream Psychology and the Analytic Situation.' *Psychoanal. Quart.*, 24.

—— *Dreams and the Uses of Regression.* (New York: Int. Univ. Press, 1958.)

—— (1959). 'The Analytic Situation: Topographic Consideration.' *Psychoanal. Quart.*, 28.

Little, M. (1960). 'On Basic Unity.' *Int. J. Psycho-Anal.*, 41.

Macalpine, I. (1950). 'The Development of the Transference.' *Psychoanal. Quart.*, 19.

Milner, M. *On Not Being Able to Paint.* (London: Heinemann, 1957.)

—— (1952). 'Aspects of Symbolism in Comprehension of the Not-Self. *Int. J. Psycho-Anal.*, 33.

—— (1956). 'The Communication of Primary Sensual Experience.' *Int. J. PsychoAnal..* 37.

Nacht, S. (1957). 'Technical Remarks on the Handling of the Transference Neurosis.' *Int. J. Psycho-Anal.*, 38.

—— (1958). 'Variations in Technique.' *Int. J. Psycho-Anal.*, 39.

Nacht, S. and Viderman, S. (1960). 'The Pre-Object Universe in the Transference Situation.' *Int. J. Psycho-Anal.*, 41.

Nunberg, H. (1920). 'On the Catatonic Attack.' In: *Practice and Theory of Psychoanalysis.* (New York: Nerv. and Ment. Dis. Mono., 1948.)

Orr, D.W. (1954a). 'Transference and Countertransference. A Historical Survey.' *J. Amer. Psychoanal. Assoc.*, 2.

—— (1954b). 'Problems of Infantile Neurosis. A Discussion.' *Psychoanal. Study Child*, 9.

Rank, O. (1924). *The Trauma of Birth.* (London: Kegan Paul, 1929.)

Reich, W. (1933-1949). *Character Analysis.* (London: Vision Press, 1950.)

Róheim, G. *The Gates of the Dream*. (New York: Int. Univ. Press, 1952.)

Rycroft, C. (1956a). 'Symbolism and its Relationship to the Primary and Secondary Processes.' *Int. J. Psycho-Anal.*, 37.

—— (1956b). 'The Nature and Function of the Analyst's Communication to the Patient.' *Int. J. Psycho-Anal.*, 37.

Scott, W.C.M. (1952a). 'Patients who Sleep or Look at the Psycho-Analyst during Treatment. Technical Considerations.' *Int. J. Psycho-Anal.*, 33.

—— (1952b). 'The Mutual Influences in the Development of Ego and Id.' *Psychoanal. Study Child*, 7.

—— (1954). 'A New Hypothesis concerning the Relationship of Libidinal and Aggressive Instinct.' *Int. J. Psycho-Anal.*, 35.

—— (1956). 'Sleep in Psychoanalysis.' *Bull. Philadelphia Assoc.*, 6.

—— (1960). 'Depression, Confusion and Multivalence.' *Int. J. Psycho-Anal.*, 41.

Séchehaye, M.A. (1956). 'The Transference in Symbolic Realization. *Int. J.Psycho-Anal.*, 37.

Sharpe, E. *Dream Analysis*. (London: Hogarth, 1937.)

Spitz, R.A. (1955). 'The Primal Cavity.' *Psychoanal. Study Child*, 10.

—— (1956a). 'Countertransference. Comments on its Varying Rôle in the Analytic Situation.' *J. Amer. Psychoanal. Assoc.*, 4.

—— (1956b). 'Transference: The Analytic Settings and its Prototype.' *Int. J. Psycho-Anal.*, 37.

Sterba, R.F. (1957). 'Oral Invasion and Self-Defence.' *Int. J. Psycho-Anal.*, 38.

Stone, L.(1947). 'Transference Sleep in a Neurosis with Duodenal Ulcer.' *Int. J. Psycho-Anal.*, 28.

—— (1954). 'The Widening Scope of Indications for Psycho-Analysis.' *J. Amer. Psychoanal. Assoc.*, 2.

Strachey, J. (1934). 'The Nature of the Therapeutic Action of Psycho-Analysis.' *Int. J. Psycho-Anal.*, 15.

—— (1937). 'Symposium on the Therapeutic Results in Psycho-Analysis.' *Int. J. Psycho-Anal.*, 18.

Szasz, T.S. (1956). 'On the Experiences of the Analyst in the Psychoanalytic Situation. A Contribution to the Theory of Psychoanalytic Treatment.' *J. Amer. Psychoanal. Assoc.*, 4.

—— (1957). 'On the Theory of Psycho-Analytic Treatment.' *Int. J. Psycho-Anal.*, 38.

Trilling, L. *Freud and the Crisis of our Culture*. (Boston: Beacon, 1955.)

Winnicott, C. (1959). 'The Development of Insight.' *Sociological Rev.*, Mono. No. 2.

Winnicott, D.W. (1935). 'The Manic Defence.' In Winnicott, D.W. (1958).

—— (1945). 'Primitive Emotional Development.' In Winnicott, D.W. (1958).

—— (1949). 'Mind and its Relation to the Psyche-Soma.' In Winnicott, D.W. (1958).

—— (1951). 'Transitional Objects and Transitional Phenomena.' In Winnicott, D.W. (1958).

—— (1954a). 'Metapsychological and Clinical Aspects of Regression within the Psycho-Analytical Set-up.' In Winnicott, D.W. (1958).

—— (1954b). 'Withdrawal and Regression.' In Winnicott, D.W. (1958).

—— (1956). 'Clinical Varieties of Transference.' In Winnicott, D.W. (1958).

—— Collected Papers. (London: Tavistock, 1958.)

—— (1958). 'On the Capacity to be Alone.' *Int. J. Psycho-Anal.*, 39.

—— (1960). 'The Theory of the Parent-Infant Relationship.' *Int. J. Psycho-Anal.*, 41.

Zetzel, E.R. (1956). 'Current Concepts of Transference.' *Int. J. Psycho-Anal.*, 37.

| 제 2 부 |

꿈 논쟁: 오늘날에도 꿈은 여전히 왕도인가?

1969년 찰스 브랜너Charles Brenner의 논문과 1970년 『임상 현장에서의 꿈의 자리』The Place of the Dream in Clinical Practice(Waldhorn, 1967)라는 제목의 논문집에서 중심 논쟁을 이끌어간 그린슨R. R. Greenson의 두 논문은 정신분석 과정에서 꿈의 중심성을 주장하는 고전적 논쟁의 양극을 대표한다. 찰스 브랜너는 특유의 명쾌함으로 꿈이 정신분석적 현장의 중심으로부터 벗어나게 된 정당한 이유를 설명한다. 그는 마음의 구조 모델의 한계 안에서 꿈의 심리를 재공식화하면서, 자아, 이드, 초자아라는 마음의 구조 기관들 사이의 정신 내적 갈등으로 보다 충분하게 개념화된, 소원과 현실적 사유 사이의 심리학적 긴장은 정신적 삶 어디에나 있다고 주장한다. 증상, 농담, 사회 심미적 경험은 모두가 항상 갈등의 산물인 환상을 통해 전달되며, 분석가와 환자가 무의식적인 마음의 활동에 대한 정보를 얻는 데 사용할 수 있다.

하지만 그린슨은 브랜너의 주장에 동의하지 않는다. 그는 무의식적 마음으로 통하는 꿈같은 것은 없으며 환자의 꿈을 다룰 때 형성된다고 믿는 분석가와 환자 사이의 동맹도 존재하지 않는다고 주장한다. 월드혼Waldhorn 보고서에 나와 있듯이, 브랜너는 자아심리학자들이 꿈을 무의식의 평범하고 방어적인 회피라고 본다. 그러나 그린슨은 이러한 브랜너의 주장을 공격한다. 그린슨은 또한 환자의 연상을 적절하게 활용하지 않은 채, [꿈의 의미를] 발견하는 과정에서 환자를 배제하는 꿈 해석을 비판한다.

2장
정신분석 임상 현장에서 만나는 꿈들

찰스 브랜너(Charles Brenner)

프로이트는 히스테리 환자의 증상을 치료하기 위한 시도로 최면술 암시의 도움을 받아 기억상실증 환자들의 기억을 되돌리게 함으로써 시작했다. 그 당시 그는 환자의 꿈에 특별한 관심이 없었다. 히스테리에 대한 초기 논문들, 특히 그가 브로이어(J. Breuer, 1895)와 함께 쓴 『히스테리 연구』 Studies in Hysteria 는 꿈이나 꿈 해석의 주제에 대한 특별한 언급을 포함하고 있지 않다. 하지만 최면을 포기하고 정신분석적 방법을 개발하기 시작한지 얼마 되지 않아 프로이트의 관심은 환자의 꿈과 자신의 꿈으로 향했다. 꿈 심리학에 대한 그의 빠르고 빛나는 성공은 그가 새롭게 발견한 조사와 치료 방법인 정신분석 방법의 가치를 확신하는데 크게 기여했다. 정신분석을 향한 경멸과 저항이 프로이트 자신과 그가 하고 있는 일에 낙담하게 하고 확신할 수 없도록 했음에도 불구하고, 꿈 심리학에서의 성공은 프로이트로 하여금 정신분석에 대한 그의 헌신을 지속할 수 있도록 큰 용기를 주었다. 프로이트(1900)가 『꿈의 해석』 2판 이후의 서문에서 썼듯이, 그러한 발견은 일생에 단 한 번 오는 기회였다.

1900년에 출판된 기념비적인 그 책은 처음에는 의학계나 과학계 둘 다로부터 관심을 거의 끌지 못했다. 1905년 프로이트는 한편의 사례, 곧 히스테리 사례 분석의 단편인 '도라' 사례를 출판했는데, 이것은 주로 정신분석 작업에서 꿈 분석의 실질적인 가치를 예증하기 위한 것이었다. 프로이트 이외의 분석가들이 현장에 나타나기 시작하면서, 그들은 환자의 꿈을 분석하는 것의 유용성에 대한 프로이트의 정확한 강조를 받아들이거나 곧 확신하게 되었다. 꿈 분석의 임상적 사용은 매우 이른 시기에 진정한 프로이트 분석의 특징 중 하나가 되었다. 비록 지금은 이런 점에서, 특히 정신분석학 문헌에서, 명시적으로 언급되는 경우가 적지만, 여전히 많은 사람들이 그렇게 보고 있다. 정신분석가인 우리는 오늘날 꿈 분석을 정신분석 임상의 일부로 당연하게 여기지만, 초기 정신분석 문헌에서 꿈 해석의 임상적 중요성을 매우 강조한 증거를 보는 것은 흥미롭다. 예를 들어, 만약 국제정신분석학회지 초기 판들을 살펴본다면, 학회지가 출판될 때마다 매번 꿈 해석에 관한 짧은 글들을 싣고 있음을 발견하게 된다. 예컨대 학회지의 특별 칼럼에 새로운 상징, 특이한 꿈, 흥미로운 잠재몽의 내용 등을 따로 모아놓은 것을 찾아 볼 수 있다.

현재 내가 아는 한 최근의 정신분석 학술지에는 꿈 분석을 모아 논 칼럼은 없지만, 보편적이지는 않더라도 정신분석 연구소의 교육과정에서 상당한 시간을 꿈 해석 연구에 할애하는 것은 여전히 흔한 일이다. 어쨌든 미국에서의 교육과정은 증상, 성격 특성, 실책이나 농담에 대한 해석 연구에 그렇게 많은 시간을 할애하지 않는다. 꿈과 꿈의 해석은 인정하든 인정하지 않던 여전히 전문가인 우리의 마음 속에 특별한 자리를 차지하고 있다.

1961년 에딘버러 학회에서 있었던 패널 토론이 기억난다. 이 학회에 발린트^{D. Balint} 박사와 안나 프로이트가 참여했다. 토론 과정에서 발린트 박사는 그가 분석하는 모든 정신분석 후보자들에게 그들이 아무리 많은 분석회기를 거친다 해도 최소한 자신의 꿈 중 하나를 택하여 그 꿈이 완전히 분석될 때까지 집중하기를 고집한다고 말했다. 발린트 박사는 이러한 방식으로 자신의 후보자들 모두가 꿈을 완전히 이해하고 무의식의 마음이 실제로 어떤 것인지를 배울 수 있는 최소한 한 번의 기회를 가질 수 있도록 했다고 확신했다. 안나 프로이트는 놀랍게도 비록 자신은 그런 일을 한 적이 없고 그렇게 하는 것이 분석 훈련에서 바람직하지 않을 수 있다는 것을 인정하면서도 발린트의 생각을 지지하였다. 1940년대 초에 내가 들었던 과정 중 하나에서 수업을 같이 들었던, 삭스^{H. Sachs} 박사는 환자가 가져온 하나의 꿈을 갖고서 두 회기 혹은 세 회기에 걸쳐 계속 분석하는 것이 그의 평소 관행이라고 하였다. 말하자면 회기가 끝날 즈음에 환자에게 말하기를, "음, 우리는 아직도 그 꿈을 이해하지 못했어요. 내일 오늘 다루었던 꿈을 갖고 더 많은 시간을 할애하도록 하죠." 그 당시 나는 분석 경력 초기여서 삭스 박사의 말이 내게 특별한 인상을 주지 못했다. 그러나 에딘버러에서 들은 내용은 내 마음에 살아있는 반응으로 꿈틀대고 있었다. 왜냐하면 그것은 내가 받은 훈련과 너무 달랐고 그때 당시 분석가들 사이에서 일반적으로 받아들여지는 절차와는 너무나 상반되었기 때문이었다.

이제 여러분이 준비가 되었다면 꿈 이론, 곧 꿈 심리학 이론의 간단한 토론으로 내 발표를 시작해보고자 한다.

『꿈의 해석』 7장에서, 프로이트는 꿈 심리학, 실책과 농담이 갖는 신경증적 증상 형성의 다양한 현상을 만족스럽게 설명하는 것으로 보이는 정신 조직과 기능 이론을 제안했다. 프로이트는 이 모든 정신 현상들은, 정상적이든 병리적이든, 대부분의 작업이 무의식적이고, 실제로 의식 자체에 접근할 수 없는 정신 장치의 작동을 가정했을 때만 설명될 수 있다고 믿었다. 이 이론은 1915년 출판된 「무의식」 The Unconscious이란 논문에서 검토되었고 어느 정도 확대되었다. 하지만 실질적으로 내용이 바뀌지는 않았다. 편의상 이것은 종종 '지형 이론'topographic theory으로 불려졌다. 그 후에 프로이트는 정신 기구와 그 기능에 대한 그의 이론을 상당히 실질적인 방법으로 수정했다. 이때 그의 수정된 이론은 편의상 '구조이론'structural theory으로 통칭되었다.

나는 지형 이론과 구조이론은 차이가 있으니 프로이트의 초기 이론의 개정을 논의해보자고 제안하는 것이 아니다. 그러한 논의를 위해서라면 알로Arlow와 내가 쓴 『정신분석 개념과 구조이론』 Psychoanalytic Concepts and the Structural Theory, 1964을 언급하는 것으로 충분하다. 이제까지 프로이트의 이론 개정이 꿈 심리학에 대한 새로운 관점을 암시하는 것인지 또는 수반하는 것인지에 대한 논의는 전개된 바 없다.

우리는 개정이 특정 병리 현상에 관하여 이러한 영향을 미쳤다는 사실을 알고 있다. 오늘날 우리는 신경증 증상형성의 심리학과 많은 성격 특징들의 무의식적인 결정요소에 대해 약 50년 전 분석가들이 가졌던 견해와는 매우 다른 견해를 가지고 있다. 특히 증상과 불안의 관계에 대해 다른 관점을 갖게 되었고, 갈등이나 방어의 역할과 신경증의 증상과 정상 그리고 비정상적인 성격의 특징 모두에 대한 초자아적 경향에 대해 보다 정확한 견해를 갖게 되었다. 사실 이러한 현상으로 임상 작업에 적용한 정신분석적 방법의 새로운 자료의 축적과 자료의 재평가는 이론적 수정을 가져왔다. 게다가 우리가 알고 있듯이, 체계적이고 효과적인 방법으로 소위 말하는 방어 분석과 성격 분석을 가능하게 하여 정신분석의 범위를 치료적으로 넓히고 치료 효과를 높여 이전에 정신분석의 사용에 수반된 위험을 감소시켰다.

그렇기 때문에 구조이론의 관점에서, 예컨대 임상적으로 매우 가치 있는 것으로 입증된 정신 기구 이론과 그 기능에 대한 이론적 수정의 빛에서 볼 때, 꿈 심리학에 대한 정신분석 이론을 수정하려는 시도가 거의 없었다는 것이 더욱 흥미롭다. 내가 아는 한, 그러한 시도는 내가 저술한 『정신분석 기초 이론』*Elementary Textbook of Psychoanalysis*, 1955의 꿈에 관한 장에서 시도한 것이 처음이었다. 거기에서 나는 프로이트의 후기 이론 개정에 대한 언급을 포함한 꿈 심리학에 대해 설명했다. 1964년 알로와 나는 1900년 이후 획득한 꿈 이론 수정에 찬성하는 정신분석 자료를 자세히 검토한 후 필요한 개정안을 간결한 형태로 제시했다.

이번 장에서 나는 마음의 구조이론에 바탕을 둔 꿈 심리학에 대한 수정된 이론을 제시하고자 한다. 나의 수정된 꿈 이론은, 구조이론과 같이, 1900년 프로이트에 의해 요약된 꿈 이론보다 정신분석적 방법의 적용을 통해 이용 가능한 정신 기능의 사실과 더 잘 들어맞는다. 수정된 꿈 이론은, 구조이론과 마찬가지로, 꿈을 가지고 임상 작업의 범위를 확장하여 환자에게 가장 유익하도록 꿈 분석을 이용할 수 있는 능력을 정교화한다.

옛 이론과 마찬가지로, 새로운 이론은 잠자는 동안 정신 기능의 일반적인 정지에도 불구하고, 적어도 꿈을 꾸는 그 시간 동안, 즉 꿈-

작업이 계속되고 있는 동안 정신의 특정한 에너지가 여전히 활동한다고 가정한다. 이 에너지들이 꿈을 꾸게 한다. 이것들 혹은 더 정확히는 그들과 관련된 정신적 표현들이 뒤이은 꿈의 잠재된 내용들이다. 이러한 잠재된 내용은 한편으로는 이드의 본능적인 파생물에서 비롯되며 다른 한편으로는 전날의 인상과 관심한 것들에서 비롯된다. 지금까지의 내용은 우리에게 낯설지 않다. 그러나 우리가 꿈의 시작과 그 잠재된 내용에 대한 질문을 뒤로하고 꿈-작업으로 눈을 돌리면, 새로운 이론은 이전의 이론과 몇 가지 중요한 차이를 보여준다.

구체적으로 말하면, 새로운 이론은 잠재몽의 내용과 관련된 정신 에너지가 깨어있는 동안 일어날 수 있는 것처럼 다양한 무의식적인 자아와 초자아 기능을 활성화한다고 가정한다. 어떤 자아 기능들은 본능적인 에너지가 만족을 향하도록 돕거나 인도한다. 우리가 방어라고 부르는 다른 자아 기능(역-본능적 자아-기능)은 초자아적 요구에 따라 행동하면서 방금 언급된 만족에 반대한다. 꿈꾸기의 특징인 본능적 만족은(프로이트가 환각적 소원-성취라고 불렀던) 환상 속 만족이라는 가정을 더할 수 있다. 그러나 때때로 성적 오르가즘과 같은 육체적 만족 또한 발생할 수 있다.

꿈 작업에 대한 우리의 설명을 계속하기 위해, 본능적인 이드 파생요소, 자아 기능, 초자아적 요구와 금지 사이의 상호작용을 논하는 것은 우리가 방금 설명한 것처럼 언제나 그렇게 간단하지 않다. 예를 들어, 방어(자아 기능)는 초자아적 요구와 본능적 파생요소에 대해 반대로 향할 수 있다. 게다가 때때로 초자아적 요구는 피학적인 것이나 가학적인 것과 같이, 이드의 충동과 힘을 합칠 수도 있다. 그러므로 우리의 이론은 꿈-작업이 이드, 자아, 초자아의 상호작용으로 구성된다고 가정한다. 이러한 상호작용은 매우 단순하거나 복잡할 수 있다. 어떤 경우에도, 그것의 최종 결과는 몽자가 자는 동안 의식적으로 경험하는 외현몽이다.

나는 내가 방금 꿈-작업에 대해 설명한 것이 깨어있는 동안 활동하는 우리의 정신 기구의 작동 방식이라는 우리의 이해와 본질적으로 다르지 않다는 점을 강조하고 싶다. 깨어있는 삶에서도 우리는 의식적인 사고, 관념, 환상 등을 본능적인 힘, 자아 기능, 초자아적 요구와 금지의 타협, 상호작용의 최종 결과라고 생각할 만한 이유가 있다. 이것이 웰더(Waelder, 1936)가 처음으로 사용했던 '다기능'의 원리the principle of 'multiple functioning'이다. 정신 기능의 정신분석 이론에 타협 형성의 개념을 도입한 사람은 분명 프로이트였다. 그는 히스테리 증상이란 사실 성적인 소원을 충족시키는 것과 금기된 소원을 충족시키는 것 사이의 타협인 동시에 그 소원 자체가 억압에 의해 의식에서 배제된다는 것을 아주 일찍부터 인식하였다. 하지만 수년이 지나서야 프로이트는 신경증 증상 형성만큼이나 정상적인 정신기능에서도 이드, 자아, 초자아 사이에서 타협을 형성하는 경향이 있다는 사실을 명확하게 인식하였다. 여기서 우리는 정신 기능의 원리에 대한 완전한 의미는 여전히 간과되는 경우가 많다는 것을 다시 한번 가정할 수 있다. 의식적인 환상, 사유, 행동, 더 나아가 증상은 결코 순수한 방어, 자기-처벌 또는 본능적인 만족이 아니다. 그것은 확실히 한 쪽일 수도 있고 다른 쪽일 수도 있다. 분석 기법의 문제로서, 방금 언급한 몇 가지 결정 요소 중 하나에 특정 환자의 주의를 끄는 것이 적절할 수 있다. 하지만 환자이든 아니든 어떤 사람의 의식적인 정신생활에 대해 우리가 관찰한 것은 이드, 자아, 초자아라는 이름으로 가장 편리하게 함축되는 정신 내의 여러 힘과 경향, 곧 이 힘들 사이의 상호작용의 결과라는 것이다.

지금까지 우리는 깨어있는 동안만큼이나 꿈을 꾸는 동안에도 정신생활, 본능적인 에너지와 외부 세계의 영향들, 즉 꿈꾸는 동안 낮의 잔존물들, 깨어있는 삶에서의 지각들이 타협 형성의 방향으로 마음을 충동하거나 몰아간다고 가정하였다. 달리 말하면 다기능의 원리는 깨어있는 삶에서처럼 꿈을 꾸는 동안에도 작동한다. 하지만 우리는 깨어있는 동안 이드, 자아, 초자아의 갈등하고 협력하는 경향 사이의 상호작용의 최종 결과가 꿈이 아니라는 것을 알고 있다. 꿈은 잠들어 있을 때만 생긴다. 그렇다면 어떻게 하면 그 차이를 설명할 수 있을까?

우리의 대답은 다음과 같다. 1) 꿈을 꾸는 동안 자아의 많은 기능들은 퇴행적으로 변화한다. 2) 꿈을 꾸는 동안 초자아의 기능도 유사하게 퇴행적으로 변화한다. 3) 대부분의 성인의 경우 깨어있는 정신 현상보다 이드에서 비롯된 본능적 소원과 환상이 꿈에 더 큰 역할을 한다. 각각의 요점을 차례대로 논의해보자.

첫째, 꿈을 꾸는 동안 자아 기능의 퇴행과 관련하여, 우리는 그것이 수면 상태의 결과라고 가정해야 한다(Freud, 1917). 현재로서는 이 이상 더 말할 수 없다. 그러나 우리는 이러한 퇴행적 변화의 본질과 그 결과에 대해 훨씬 더 많은 것을 말할 수 있다. 가능한 한, 어떤 퇴행적 변화가 수면 중의 자아-기능을 특징하는지 명시하는 것으로 시작해보자.

수면 중에 퇴행적으로 바뀌는 자아 기능의 목록에서, 우리는 현실 검증, 사고, 언어, 방어, 통합 능력, 감각 지각, 그리고 운동 제어를 포함해야 한다. 이들 중 일부는 명백하게 중복되고, 다른 것들은 세분화되어야 한다. 하지만 어떤 목록이든 어떤 자격요건이 적용될 수 있기 때문에, 방금 주어진 것을 가지고 각각의 항목들을 고려해 보자.

먼저 현실 검증으로 시작해보자. 좀 더 구체적으로 말하자면, 우리는 외부 세계에 대해 지각되는 것과 자신의 마음속에서 일어나는 일, 곧 사실과 상상을 구별할 수 있는 능력을 다루어야 하는 현실 검증의 측면에 관심한다. 일반적으로 몽자는 이것을 할 수 없다. 외부 세계로부터의 자극과 내적 세계로부터의 자극을 구별하는 몽자의 현실 검증 능력은 외부 세계와 내적 세계의 사건을 구별할 수 없었던 시기 곧 유아기를 특징짓는 단계로 퇴행했다. 이 단계의 흔적은 적어도 놀이 시간에는 자신의 환상과 게임을 진짜처럼 취급하는 아이의 경향에서 볼 수 있듯이 보통 아동기까지 잘 지속된다. 이러한 경향의 극단적인 예로서, 몇 달 또는 심지어 몇 년 동안이나 어린아이는 자신의 환경의 객관적인 실제 사람처럼 상상의 동료를 받아들이는 경우가 결코 드물지 않음을 알 수 있다. 성인 몽자에게 꿈-작업의 의식적인 결과인 외현몽의 이미지들은 어린아이에게는(앞서 언급했듯이) 환상을 깨우는 것처럼 현실적이다. 몽자의 현실 검증의 기능은 초기 아동기의 특징적인 단계로 퇴행했다.

사고와 언어의 사용은 매우 밀접하게 연관되어 있기 때문에, 자연스럽게 우리는 그것들을 함께 생각할 수 있다. 꿈을 꾸는 동안 이 기능들이 드러내는 여러 퇴행적 변화 현상들이 있다. 예를 들어, 몽자는 아이처럼 생각하는 경향이 있는데, 어른의 깨어 있는 동안의 사유를 표현하는 말보다는 보통 시각적인 구체적 감각 이미지로 생각하는 경향이 있다. 유아적 사유양식으로의 퇴행은 대부분의 외현몽이 시각적인 이미지로 이루어져 있음을 뜻한다. 표면적으로 보면 꿈은 몽자가 수면에서 보고 있는 어떤 것이다. 프로이트(1900)는 원래 꿈-작업의 속성 중 하나로 조형 표상성plastic representability의 필요를 가정함으로써 꿈의 특성을 설명했다.

몽자는 시각적인 이미지를 폭넓게 생각할 뿐만 아니라 단어와 언어를 퇴행적으로 다룬다. 꿈-작업에서 아동기에 그랬던 것처럼 단어들을 갖고 놀고 비슷하게 들리는 단어들을 동일시하는 경향이 분명히 있다. 마찬가지로 사고의 다른 면과 밀접하게 연관된 측면에도 분명히 퇴행이 있다. 꿈-작업은 암시에 의한 표상, 반대편에 의한 표상, 부분에 의한 전체 표상 혹은 전체에 의한 부분 표상으로 가득하다. 한 마디로 꿈-작업은 일반적으로 아동기를 지배하는 그런 종류의 언급으로 특징지어 지는데, 정신분석 문헌은 이것을 일반적으로 '1차과정 사고'라 명명한다. 특히 정신분석적 의미에서 꿈-작업이란 용어는 상징의 사용으로 특징지어진다.

마지막으로, 프로이트가 지적했듯이, 논리와 구문에 대한 일반적인 성인의 요구 사항뿐만 아니라 시간과 공간과 죽음에 대한 현실적인 태도는 심각하게 결함을 보이거나 존재하지 않는다. 이 모든 변화는 언어와 사고에 대한 자아 기능의 다양한 측면이 퇴행적으로 변화하기 때문이다. 각각의 경우에, 몽자의 마음은 원초적이거나 유아적 방식으로 기능한다.

자아의 통합적 기능은 또한 수면 중에 퇴행적으로 바뀐다. 프로이트는 연구를 시작할 때부터 꿈-작업에 이 기능이 참여하는 것에 주목했고, 그 당시 그것을 2차 개작으로 이해했다. 하지만, 많은 예외에도 불구하고, 꿈은 우리가 보통 깨어있는 생각이나 심지어 백일몽과 같은 정도로 꿈의 다양한 구성 요소들을 하나의 규칙으로 균형을 이루거나 통합하지 않는다. 프로이트가 지적했듯이, 비록 자아의 통합적 기능이 꿈의 형성에 영향을 주기는 하지만, 어린아이처럼 몽자는 깨어있는 어른보다는 연합과 일관성에 덜 관심을 갖는다.

꿈을 꾸는 동안 자아 기능의 가장 두드러진 변화 중 하나이자 임상 작업에서 가장 중요한 변화 중 하나는 자아의 방어력 감소이다. 프로이트는 이러한 자아의 방어력 감소와 수면 중 활동의 멈춤을 연관 지었다. 수면 중 활동이 불가능하기 때문에, 소원은 그렇게 위험하지 않다. 그러나 여기에는 수면 중 활동의 멈춤이 지닌 방어적 가치에 대한 몽자의 현실적인 평가보다 더 많은 것이 관련된 것 같다. 본능적인 소원에 대한 몽자 자신의 방어적인 반대가 줄어든 것은 사실 어린아이의 자아가 지닌 제한된 방어 능력과 흡사하다. 만약 이러한 유사성이 중요하다면, 꿈을 꾸는 동안 자아의 방어력 감소는 적어도 자아의 방어 기능이 퇴행적으로 변화되었다고 볼 수 있다.

마지막으로, 우리가 알다시피, 수면 중에는 감각 지각과 운동 조절의 자아-기능도 크게 바뀐다. 그러나 이 두 기능의 경우, 그 변화가 퇴행의 결과인지 명확하지 않다. 그들은 유아기 또는 아동기 초기의 특징인 기능 패턴에 대한 퇴행보다는 문제의 특정 자아-기능의 감소나 중지에 의해 발생하는 것으로 보인다. 어떤 경우든, 이러한 특정한 자아-기능의 변화는 다른 것들에 비해 우리의 흥미를 끌지 않는다. 왜냐하면 이 변화는 본래의 꿈-작업에 직접적으로 관여하거나 영향을 미치는 것 같지 않기 때문이다. 따라서 자아-기능의 변화를 특별히 자세하게 논의할 필요가 없다.

수면 중 자아-기능의 감소와 퇴행의 또 다른 측면은 어떤 특정한 기능의 정도가 꿈마다 그리고 꿈의 어떤 부분마다 상당히 다를 수 있다는 점이다. 이러한 사실은 분석가들에게 특별한 것이 아니다. 분석가는 자신의 분석 환자에게서 매일 그리고 시시각각으로 그러한 변경의 증거를 관찰한다. 꿈에서, 꿈-작업은 꿈의 한 부분에서 비언어적이고 시각적인 사고를 퇴행적으로 활용할 수 있는 반면, 성숙한 정신 기능의 특징인 언어적 사고는 다른 부분에서 나타난다. 사실, 시각적인 요소와 언어적인 사유가 외현몽에 동시에 나타날 수 있다. 임상 현장에서 꿈의 해석을 활용할 때 이 사실을 기억하는 것이 중요하다. 꿈의 잠재된 내용을 만족스럽게 이해하려면 몽자의 외현몽에 나타난 시각적이거나 다른 감각적 요소를 연상하듯이 말로 표현된 몽자의 사유를 연상해야 한다. 외현몽의 요소가 시각적이 아니고 단지 말로만 표현되었다고 해서 무시해서는 안 된다.

또한 자아 기능의 관찰로부터 우리는 깨어있는 정신 작용으로서의 꿈-작업은 성숙한 자아-기능과 원초적 또는 유아적 자아-기능의 동시적 상호작용으로 특징지어진다고 결론할 수 있다. 정확하지는 않지만 좀 더 친숙한 용어를 사용하여 말한다면, 1차과정 사고와 2차과정 사고의 동시적 상호작용으로 특징지어 진다고 결론할 수 있다. 깨어있는 삶에서는 더 성숙한 형태의 자아-기능이 우세하게 나타나고 꿈-작업에서는 덜 성숙한 형태의 자아 기능이 우세하게 나타나는 경향이 있다. 적어도 덜 성숙한 형태의 자아-기능은 정상적으로 깨어있는 삶보다는 꿈-작업에서 보다 두드러지고 상대적으로 더 중요하게 나타난다. 이 모든 고찰을 통해 볼 때, 깨어있는 삶의 정신적 현상 중에 원초적이거나 유아적인 종류의 자아-기능, 예컨대 신경증적인 혹은 정신증적인 증상, 실책, 백일몽, 농담과 몽상 같은 현상들이 꿈과 가장 밀접한 관계를 갖는데 실질적인 역할을 하는지 그 이유가 분명히 드러난다.

초자아 퇴행은 방어 및 현실 검증과 같은 자아-기능의 퇴행보다는 일반적인 관심을 덜 끌었지만, 초자아 기능 역시 꿈을 꾸는 동안 퇴행적 변화의 증거를 명확하게 보여준다. 그럼에도 불구하고 초자아 퇴행은 꿈-작업과 외현몽과 관련된 정신 과정의 유아적 성격에 크게 기여하는 것으로 보인다. 예를 들어, 외현몽에서 불쾌감이 본능적 만족에 대한 직접적이거나 왜곡된 환상을 동반할 때, 그것은 죄책감보다는 불안감이다. 깨어있는 삶에서 죄책감이나 회한을 불러일으키는 것은 보통 초자아가 아직 형성되고 있는 아동기 초기에 그렇듯이 꿈에서 두려움이나 벌을 받는 것으로 나타나기 쉽다. 이와 유사하게 몽자는 깨어있는 성인보다는 아이처럼 '눈에는 눈, 이에는 이'의 원칙에 의해 인도되는 것 같다. 그는 또한 자신의 죄책감의 충동을 다른 사람에게 투사하는 반면, 인정해주지 않고 벌을 주는 판사와 자신을 동일시한다. 마지막으로, 그는 가혹한 고통을 본능적으로 느낄 가능성이 더 높다. 즉, 자학적으로 반응하는 것이다. 이러한 꿈의 특징 각각은 몽자 측의 초자아적 발달과 기능이 보다 어린아이 같은 단계로의 퇴행을 분명히 보여준다.

마지막으로, 본능적인 소원이 종종 깨어있는 삶에서 허용되는 것보다 꿈에서 더 직접적이고 의식적으로 표현된다는 사실은 자아 기능의 감소뿐 아니라 보다 어린아이 같은 수준으로 초자아의 기능이 축소되었다는 것을 의미할 수 있다. 이와 관련하여 우리는 자아에 의한 반 본능적 방어의 보호 및 유지와 초자아 기능 사이에 특별한 연관이 있음을 기억해야 한다. 일단 초자아가 마음의 체계로 확고히 자리를 잡으면, 보통 자아가 초자아의 명령에 따라 충동에 대한 방어를 수행한다.

세 번째 요점은 이드에서 비롯된 본능적인 소원과 환상이 대부분의 성인의 깨어있는 정신 현상보다는 꿈꾸기에서 더 큰 역할을 한다는 사실이다. 이것이 자명한 사실로 보인다. 그에 대한 설명도 마찬가지로 분명해 보인다. 수면 중에는 외부 현실의 정신적 표상들이 대부분 제거된다. 대체로 수면 중 우리에게 중요한 것은 우리 자신의 소원과 욕구뿐이다. 프로이트는 이것을 수면 중에 자기애가 증가한다는 말로 강조했다. 꿈의 잠재된 내용의 이드 측면을 구성하는 본능적 환상이 너무 유아적인 내용을 담고 있기 때문에 그 환상이 자극하는 꿈에도 유아적 성격을 전달한다고 볼 수 있다.

이제 내가 방금 여러분께 설명한 꿈 심리학 이론을 요약해 보겠다. 먼저 수면 중 정신 기능이 일반적으로 정지되어 있음에도 불구하고, 정신의 특정한 에너지가 활성 상태를 유지한다는 것을 반복하는 것으로 시작하겠다. 정신의 특정 에너지들과 그 에너지들과 관련된 정신적 과정들이 잠재몽의 내용을 구성한다. 잠재몽의 내용은 한편으로는 이드의 본능적 파생 요소에서 비롯되며, 다른 한편으로는 낮에 받았던 자극과 관심했던 것에서 비롯된다.

꿈-작업은 서로 강화하거나, 협력하거나, 반대할 수 있는 경향들, 곧 이드, 자아, 초자아의 다양한 경향들의 상호작용으로 구성된다. 이런 상호작용은 깨어있는 삶에서도 규칙적인 상태로 일어난다. 하지만 수면 중에는 자아와 초자아의 다양한 기능들이 퇴행적으로 바뀐다. 게다가, 상대적으로 작은 부분은 외부 현실의 주장에 의해 작동되어 잠자는 동안 대부분 해독되기 때문에, 꿈 작업에서 상대적으로 큰 부분은 유아의 소원을 성취하는 환상에 의해 작동된다. 결과적으로, 꿈을 꾸는 동안의 정신활동은 깨어있는 삶에서의 정신활동보다 여러 면에서 훨씬 더 유아적이다. 압축, 전치, 암시에 의한 표상, 대극에 의한 표상, 상징에 의한 표상, 구체적인 시각적 이미지로서의 표상, 시간, 공간 및 죽음에 대한 간과, 한 마디로 꿈-작업의 친숙한 모든 특성은 자아와 초자아의 퇴행, 그리고 꿈-작업의 기원이 되는 가장 최근의 내용 중 많은 부분의 유아적 성격에 의해 야기된다. 마지막으로, 몽자가 자신의 꿈을 환상이 아니라 현실이라고 믿는 것은 자아의 현실 검증 기능이 퇴행적으로 변화한 결과이다.

지금까지 수정된 꿈 형성의 심리학 이론을 여러분에게 제시하였다. 이어서 나는 그것이 임상 정신분석 작업과 어떤 관련이 있는지 설명해보겠다. 내 생각에, 그것의 관련성은 두 개의 표제로 가장 잘 요약될 수 있다. 첫째, 꿈 분석은 단지 몽자의 무의식적으로 억압된 성적 아동기의 소원이나 환상의 내용 이상의 것을 말해준다. 둘째, 마찬가지로 꿈 분석은 일부 정신분석가들이 생각하는 것처럼 무의식적인 기억과 무의식적인 정신 과정을 조사하는 방법만큼 독특하게 중요하지 않다는 것을 암시한다.

내가 말하는 꿈 분석이 몽자의 무의식적인 유아 소원의 관점 이상을 제공한다는 것은 무슨 뜻인가? 우리는 프로이트가 모든 꿈을 소원 성취라고 묘사했을 때 그가 지적한 것이 무의식적인 유아의 소원들 때문이라는 것을 안다. 꿈을 인간의 무의식적인 정신으로 가는 길이라고 설명할 때, 보통 무의식이 의미하는 것은 억압된 어린 시절의 소원이다. 그것 외에 무엇이 더 있겠는가?

내 생각을 설명하기 위해 예를 하나 들어보겠다. 몇 달 동안 분석을 받아온 35세의 미혼 남성이 터보건 썰매를 타고 빙판길을 빠르게 내려가는 꿈을 꾸었다. 처음에는 놀이기구가 신나고 즐거웠다. 하지만 곧 그에게 겁이 올라왔다. 그는 너무 빨리 가고 있었다. 사고는 불가피해 보였다. 그는 깨어나지 않고 수면을 계속했지만, 꿈이나 그에 대한 기억은 거기까지였다.

환자와 관련해서 정보가 있다. 그 환자는 삶에서 어떤 사건들을 우울하고 불행하게 경험한 것 때문에 분석을 받으러 왔다. 처음 몇 달 동안의 분석 과정 동안, 그는 명랑하게 되었고 심지어 낙관적이 되었다. 그러나 그 꿈을 말하기 바로 전, 그는 그의 가족이 가장 좋아하는 여동생에 대한 질투와 아동기 초기 어머니와의 오랜 이별과 밀접한 관련이 있는, 무시무시한 동성애적 소원을 둘러싼 갈등을 암시하는 기억과 환상을 분석에 가져오기 시작했다. 이 자료가 출현하면서 그는 눈에 띄게 불안해지기 시작했다. 물론 그는 그 자신도 왜 불안해졌는지를 모르고 있었다.

터보건 타기에 대한 그의 꿈과 관련지어, 그는 다른 겨울 스포츠에서 경험했던 많은 경험, 즉 스키에 대해 이야기했다. 그는 꽤 능숙한 스키 선수로서 스키를 타다가 다친 적이 없었다. 그러나 그의 친구들은 부상을 입었다. 그는 내리막길에서 넘어져 쇄골이 골절된 적이 있는 한 의사를 떠올렸다. 그 남자는 어린애처럼, 마치 계집애 같은 사내아이처럼 행동했다. 진짜 남자라면 작은 고통에 그런 짓을 하지는 않을 텐데. 환자 자신이었다면 그런 나약함을 보이는 것을 부끄러워했을 것이라고 생각했다. 다른 연상은 터보건의 좌석 배치와 관련이 있었다. 각 승객들은 뒤에 있는 사람의 다리를 들어 올린다.

한 남자가 두 여자아이들 사이에 있다면 매우 재미있겠지만 자기 앞이나 뒤에 남자가 앉아 있다면 민망할 것이라고 환자는 느낀다.

그 환자의 꿈에서 잠재된 내용 중 일부는 무의식적이고 동성애적인 소원이었으며 아동기 시절에 시작되었고 전이 속에서 다시 살아났다는 것에 여러분도 동의할 것이다. 그는 자기 뒤에 앉은 남자인 내가 마치 그 남자가 여자아이인 것처럼 대하며 그와 사랑을 나누기를 바랐다. 그러나 내가 강조하고 싶은 것은 그 꿈이 우리에게 얼마나 더 많은 것을 말해줘야 하는가이다. 우리는 꿈을 통해 환자가 단순히 자신의 여성적인 소원 때문에 불편을 느끼는 것 이상임을 알게 된다. 그는 이런 결과가 고통스러운 신체적인 부상, 아마도 그의 페니스를 잃는 것은 아닐까하고 매우 두려워하고 있다. 우리는 또한 그가 그의 불안감을 피하기 위해 혹은 적어도 그 불안감을 최소화하기 위해 노력하면서 꿈-작업과 그의 연상에서 그가 사용했던 방어들 중 일부를 배운다. 한 예로, 그는 신체 부상에 대한 기대와 더불어 자신의 사내답지 못함에 대한 느낌을 스키를 타는 동료에게 투사했다. 또 다른 예로, 그는 자신의 금욕주의와 스포츠에 대한 사랑 모두를 강조했다. 우리는 이 두 가지 성격적 특성이 그를 두렵고 동성애적인 소원으로부터 보호하는 중요한 역할을 한다고 추론할 수 있다. 실제로 몇 달 후, 자신의 남자다움을 스스로에게 확신시키기 위해, 그는 일종의 훈련되지 않은 말하자면 전형적으로 공포스러운 상황을 찾아 행동화하는 위험한 운동의 위업을 성공적으로 수행했다.

따라서 이 환자의 꿈에 대한 분석은 단순히 무의식적이고 유아적인 소원을 알아차리는 기회가 아니라 무의식적인 갈등에 대한 어떤 관점을 제공한다는 것이 분명하다. 우리는 꿈의 분석으로부터 소원 그 자체뿐만 아니라 소원이 불러일으키는 두려움과 그 소원에 대항하는 방어를 알게 된다. 환자와의 임상 작업에서 꿈 분석을 최대한 활용하기 위해서는 이 사실을 명확히 인식할 필요가 있다. 위의 소개된 사례에서 내가 환자에게 가장 유용한 해석을 할 수 있었던 것은 그가 의식적으로 깨달은 것보다 최근 그의 분석에서 나타난 동성애에 대한 언급을 훨씬 더 두려워했다는 점이다. 그가 우리가 논의해 온 그 꿈을 보고했을 때, 분석 작업의 상태는 그가 비록 무의식적이었지만 확실히 공포스러운 동성애적 소원을 가지고 있었다고 해석하기에는 시기상조였을 것이다. 마찬가지로 당시 그의 운동기량의 방어기능을 해석하는 것도 부적절했을 것이다. 그러나 당시 무엇이 해석하기에 적절하고 유용한 것인지 결정한 것은 고유한 꿈 해석 이외의 요인에 의해 결정되었다. 환자는 이전 분석 과정, 이미 그에게 해석된 내용, 이전 해석에 대한 반응 방식, 전이 상태, 일반 저항 수준, 분석 밖의 환자 생활에 혼란을 줄 수 있는 특수 사건에 대한 지식에 의해 영향을 받았다. 말하자면 다른 분석적인 상황에서 그에게 동성애에 대한 두려움뿐만 아니라 나를 향한 여성성에 대한 그의 성적 소원이나, 위험한 스포츠에 대한 그의 관심이 그가 소녀로서 사랑받고 싶어하는 소원에 의해 야기된 거세 공포에 대항하여 그를 안심시키는 데 도움이 되었다는 사실을 해석하는 것이 꽤 적절했을 수도 있다. 내가 말하고 싶은 요점은 꿈 분석이 환자의 유아기적 소원보다 더 많은 것을 말해준다는 점이다. 꿈 분석은 또한 우리에게 이러한 소원과 관련된 불안(혹은 죄책감)과 불안을 피하기 위한 노력으로 소원에 반하는 방어를 말해준다. 종종 그것은 방금 인용된 사례에서처럼 혹은 증상의 정신 병리학에 관해서와 같이 성격 특성의 역동에 대해 뭔가를 말해준다.

　나의 두 번째 요점은 현재 우리의 꿈 심리학에 대한 이해는 꿈 분석이 몇몇 정신분석가들이 생각하는 것처럼 무의식적인 정신 과정을 조사하는 방법만큼 독특하게 중요하지 않다는 것이다. 모든 의식적인 정신 현상과 행동은 복합적으로 결정된다. 꿈 사례는 본능적인 (이드) 소원들 사이의 타협형성, 불안이나 죄책감에 의해 동기 부여된 방어, 초자아적인 요구나 금지만이 아니다. 신경증 증상, 실책, 작은 실수, 농담, 여러 성격의 특성들, 직업 선택, 성적 수행과 선호, 백일몽, 의식적인 아동기 기억, 화면 기억, 연극, 영화, 또는 책에 대한 반응, 전반적으로 그리고 무엇보다도 소위 모든 환자의 자유연상에 대한 사회적 습관과 활동도 마찬가지다. 그것들은 외현몽보다 자유롭지 않다. 모든 꿈과 마찬가지로, 그것들은 마음속의 다양한 힘과 경향들 사이의 무의식적인 상호작용의 결과물이다. 이 힘들은 이드, 자아, 초자아라는 이름으로 가장 편리하게 분류된다. 나는 어떤 의식적인 현상이 무의식적인 정신 과정에 대한 가장 완전한 지식으로 가장 빠르고 쉽게 안내할지는 예측할 수 없다고 생각한다. 또한, 내 생각에, 그것은 환자를 분석하는 모든 단계에서 분석에 가장 유리한 동일 현상도 아니다. 때로는 꿈이 최선이다. 그러나 다른 때에는 다른 무언가가 최선일 수 있다. 내가 강조하고 싶은 것은 꿈 분석이 무의식적인 정신 과정에 대해 배우는 가장 좋은 방법이라고 할 수 없다는 점이다. 환자의 꿈에 집중하는 것은 분석에서 필수적이다. 꿈을 분석하는 것은 중요하고 때로는 매우 중요하다. 그러나 환자가 우리에게 말하는 여러 다른 측면에 주목하고 분석하는 것도 마찬가지로 중요하다.

내 경험에 의하면 학생들은 드물지 않게 꿈이 분석 교육에서 다른 분석 자료와 다르게 취급된다는 결론을 내린다. 환자가 꿈을 말할 때, 분석가는 환자가 꿈을 연상하기를 기대한다. 환자가 백일몽, 환상 또는 증상 등을 말할 때는, 그런 연상을 요구하지 않는다. 꿈이나 꿈 분석이 나머지 분석 수행과 다르다는 생각을 분명 드물지 않게 한다. 예를 들어, 나는 이것이 발린트가 에딘버러에서 한 말의 근거라고 생각한다. 나는 이 견해가 틀렸다고 굳게 믿고 있다. 내 경험상, 환자가 꿈을 연상하는 것만큼이나 증상, 환상, 분석 시간 동안 경험한 신체적 감각 및 이미지 등을 연상하는 것이 중요하다. 연상의 결과는 분명한 이해와 보상을 줄 것이다. 환자의 연상 없이 신경증 증상의 무의식적인 의미를 해석하는 것은 몽자의 연상 없이 꿈의 무의식적인 의미를 해석하는 것만큼이나 위험하다. 꿈이 꾸어지고 증상이 나타난 심리적인 맥락에 대한 직접적인 정보를 갖는다면, 오랜 경험에서 탄생한 기법을 올바르게 사용할 수 있을 것이다. 하지만 우리는 멀리 벗어나거나 중요한 것을 놓칠 수도 있다.

예를 들어, 며칠 전 나는 치료를 받은 지 2개월 된 결혼한 젊은 여자가 최근 은행에 가기 전 2~3주 동안 상당히 마음이 불편했었다는 사실을 알게 되었다. 그녀는 함께 일하는 친구와 은행 지하의 창문이 없는 식당에서 점심식사를 하도록 초대받았지만, 출구가 하나뿐인 저 아래 방에서 머물 수 없었다. 출구가 하나라는 것이 그녀를 불안하게 했다. 왜 그녀는 그것을 알지 못했을까? 그 순간 그녀는 자신이 태어나기 전에 죽은 언니에 대한 그녀의 엇갈린 감정, 어린 시절 내내 병실에 보관되어 있었던 언니의 사진, 그리고 종종 그녀가 죽은 언니와 불공정하게 비교 당했다고 느낀 것을 이야기한 직후 그럴 때마다 그녀가 습관적으로 폐소 공포증에 대해 생각했었다는 사실을 깨달았다. 그녀의 첫 번째 생각은, 밀폐된 공간에 대한 두려움과 빠져나올 수 없을지도 모른다는 걱정은 죽은 언니에 대한 자신의 분노의 결과라고 생각했다. 부모는 그 죽은 언니가 죽었다는 사실과 그녀를 떠나보냈다는 사실을 받아들이지 못하고 있었다. 그녀의 두 번째 생각은 언니의 시체가 땅에 묻히지 않고 땅 위 납골당에 있기 때문에 그런 설명이 정확할 수 없다는 것에 이의를 제기하는 것이었다. 이 사실은 그녀에게 그녀가 그렇게 불안감을 느꼈던 지하 은행방이 은행의 금고 옆에 있다는 것을 상기시켰다. 그리고 나서 그녀는 내게 처음으로 터널이나 엘리베이터에 있는 것이 무섭다고 말했는데, 특히 그녀가 나갈 수 없을 때, 즉 터널 안에서 차가 멈추거나 엘리베이터 문이 즉시 열리지 않을 경우 무서움이 올라온다고 말했다.

나는 지금까지의 아주 간단한 설명에서 내가 하고 싶은 요점을 설명하기에 충분한 자료를 주었기를 바란다. 즉, 꿈에 대한 연상이 꿈의 해석에 필요하고 가치가 있는 만큼이나 어떤 증상에 대한 연상이 그 증상의 무의식적인 결정요소를 이해하는 데 필요하고 가치가 있다. 환자가 증상, 백일몽, 환상을 연상하는 것, 한마디로 무의식적 갈등들의 여러 결과들 중 어떤 것을 연상하는 것이 중요하듯이 환자가 꿈의 의식적인 요소들을 연상하는 것이 중요하다.

요약하자면, 나는 정신분석적 꿈 이론의 개정판을 제시했다. 내가 제시한 이론에 따르면, 정신 생활의 다른 많은 특징들과 마찬가지로 꿈은 이드, 자아, 초자아 사이의 상호작용의 결과로 가장 잘 이해된다. 다시 말해서 꿈은 다양한 요소로 결정된다. 꿈 형성에 대한 이러한 이해의 결과는 두 가지이다. 첫째로, 꿈 분석은 꿈이 환상 속에서 성취하려고 노력하는 무의식적이고 유아기적인 소원을 이해하게 할 뿐 아니라 그러한 소원이 속한 무의식적인 정신 기능의 다른 측면들, 즉 그들과 관련된 두려움과 죄책감, 두려움과 죄책감에 대한 방어, 종종 그와 관련된 증상이나 성격 특성들을 이해하게 한다. 둘째, 꿈 분석이 우리가 생각하는 것보다 임상적으로 훨씬 더 유용하지만, 그렇다고 유일한 것은 아니다. 내적 갈등의 다른 결과도 꿈만큼 분석해야 하며, 때로는 환자의 무의식적 내적 갈등을 이해하는 것이 꿈을 이해하는 것만큼 유용할 수 있다.

| 참고문헌

Arlow, J. A. and Brenner, C. *Psychoanalytic Concepts and the Struc-tural Theory*. International Universities Press, New York, 1964.

Brenner, C. *An Elementary Textbook of Psychoanalysis*. International Universities Press, New York, 1955.

―― Some commments on technical precepts in psychoanalysis. *J. Amer. Psychoanal. Ass.*, in press.

Breuer, J. and Freud, S. Studies in Hysteria, *Vol. 2*, 1895.

Freud, S. The Interpretation of Dreams, *Vols 4 and 5*, 1900.

―― Fragment of an Analysis of a Case of Hysteria, *Vol. 7*, 1905.

―― The Unconscious, *Vol. 14*, 1915.

―― Metapsychological Supplement to the Theory of Dreams, *Vol. 14*, 1917.

Waelder, R. The principle of multiple function. *Psychoanal. Quart.* 5: 45-62, 1936

3장
정신분석 임상에서 꿈의 특별한 자리

랄프 그린슨 (Ralph R . Greenson)

| 서론

프로이트는 『꿈의 해석』을 자신의 중심 저작으로 여겼다. 그는 1932년 영어로 출판된 세 번째 개정판에서 '나의 현재 판단으로는, 이 책은 가장 가치 있는 발견을 포함하고 있다. 이 책을 쓸 수 있었던 것은 나의 행운이었다. 이와 같은 통찰력을 얻는 것은 자신의 운명에 달려 있는 것으로 일생에 한 번 주어지는 행운이다'(SE4: xxxii). 7장의 E부 끝부분에서 프로이트는 다음과 같이 말했다. **'꿈의 해석은 마음의 무의식적 작용에 관한 지식에 이르는 왕도이다'**(608). 프로이트가 이 연구를 얼마나 중요하게 여겼는지에 대한 또 다른 증거는 그가 1930년에 마지막으로 여덟 번의 다른 상황들에서 꿈에 관한 책을 수정하고 증폭시켰다는 것이다(SE4: xii)[2].

---

[2] 1969년 11월 11일. 브릴 기념 강연(A. A. Brill Memorial Lecture). 나는 이 논문에 등장하는 여러 개념은 맥스 슈어(Max Schur), 밀턴 웩슬러(Milton Wexler), 앨프레드 골드버그(Alfred Goldberg), 나단 카이츠(Nathan Kites)에게 빚을 지고 있다. 캘리포니아 베벌리 힐스에 위치한 정신분석 연구 재단 덕분에 이러한 공동 작업이 가능할 수 있었다. 이 책의 처음 영어판은 1913년 브릴이 번역하였다.

여러분은 이 모든 것이 상식적인 지식일 것 같은데 왜 내가 꿈의 특별한 자리에 대한 논문을 발표하려 하는지 궁금할 것이다. 그러나 최근 몇 년간 정신분석 문헌을 주의 깊게 읽어본 결과, 지난 40년에 걸쳐 많은 정신분석가들이 꿈이 임상적으로 중요도가 떨어졌으며 정신분석치료에 특별한 가치가 없다고 믿거나 그들이 임상 현장에서 꿈을 이해하고 사용하는데 있어서 프로이트의 이론과 방법을 간과한 기법들을 사용하고 있음을 보여주고 있다. 또한 몇몇 영향력 있는 정신분석가들이 임상 현장에서 꿈의 중요성을 가볍게 여긴 이유는 (1) 구조이론이 소개되었고, (2) 꿈에 대한 프로이트의 위대한 업적이 경쟁이나 정교함에서 좌절을 경험하였으며, (3) 프로이트의 지형 이론의 개념이 쓸모없게 되었기 때문이라고 주장한 것도 내게는 아주 인상적이었다(Waldhorn, 1967: 52, 53).

이러한 결론과 그 외 추가적인 것들은 『임상적 정신분석에서의 꿈의 자리』*The Place of the Dream in Clinical Psychoanalysis, Waldhorn*, 1967라는 제목의 논문 단행본에서 만날 수 있는데, 이 책은 찰스 브랜너와 허버트 월드혼이 회장으로 일하는 크리스 연구 집단이 2년간의 꿈 연구를 보고하여 낸 것이다. 이 집단의 구성원 대부분은 다음과 같이 결론지은 것으로 보인다. 1) 임상적으로 말해서 꿈은 다른 모든 것과 마찬가지로 분석 과정에서의 소통이다. 2) 꿈은 분석과정의 소통을 통하지 않고는 자료에 접근을 제공하지 않는다. 3) 꿈은 분석 연구에 유용한 많은 유형의 자료 중 하나일 뿐이다. 4) 꿈은 억압된 아동기 기억들을 회복하는데 특별히 유용하지 않다. 5) 꿈-작업이 1차과정과 2차과정 사이의 상호작용에 의해 지배된다는 프로이트의 이론은 구조이론과 양립할 수 없으므로 폐기되어야 한다.

나는 위에 언급된 모든 결론에 동의하지 않는다. 리온 알트먼 Leon Altman을 대변인으로 한 크리스 연구 집단의 몇몇 회원들이 이 의견들 중 많은 것에 반대한다는 것을 알게 되었기 때문에, 나는 이런 반대가 나 혼자만의 생각이 아니라는 것을 알게 되어 기쁘게 생각한다. 알트먼은 최근 『정신분석에서의 꿈』 The Dream in Psychoanalysis을 출판했는데, 이 책에서 그는 임상에서 꿈을 사용하는 수가 줄어든 다른 이유들을 제시하고 있다. 그는 자아심리학의 추세가 도래한 이후, 많은 분석가들이 자신의 꿈을 제대로 분석한 경험이 없었고, 이러한 유형의 개인적 경험의 부족으로 인해 정신분석가가 꿈을 해석하는 것이 정신분석에서 탁월하게 중요하다는 확신을 잃었다고 보았다 (Altman, 1969: 1).

『임상적 정신분석에서의 꿈의 자리』에서 보고한 크리스 연구 집단의 연구 이외에도, 프로이트, 이사코워(1938, 1954), 샤프(1949), 르윈(1958, 1968), 에릭슨(1954) 그리고 많은 다른 사람들이 이 주제를 갖고 저들의 연구에서 기술했던 것과는 거리가 먼 방식으로 환자의 꿈을 작업한 클라인 계열의 저명한 분석가들이 있다. 이 논문에서 나는 다른 이론과 기술적 신념을 지닌 분석가들이 꿈의 특별한 자리를 주장하는 분석가들과 어떻게 다른지 보여줄 임상 자료와 공식을 제시해보려 한다.

수년 동안 개인 환자들과 정신분석 훈련을 받는 후보자들과 작업을 한 후에 나는 꿈 해석 기법에 대한 환자와 분석가의 기여뿐만 아니라 꿈 형성의 구조를 이해하지 못한다면 어느 누구도 충분한 깊이를 갖고 진정한 분석을 수행할 수 없다고 생각하게 되었다.

| 몇몇 일반적인 공식들

나는 꿈이 특정의 수면 단계에서 만들어진 독특한 형태의 정신 기능이라고 생각한다. 이 단계는 수면 주기의 다른 단계와 다르며 깨어있는 상태와도 다르다. 디멘트와 클라이트먼(Dement and Kleitman, 1957), 찰스 피셔(Charles Fisher, 1965; 1966), 어니스트 하트만(Ernest Hartmann, 1965) 등이 시도한 정신생리학 연구는 이를 분명히 하고 있다. 최근의 연구에 따르면, 꿈의 결핍은 심각한 정서적 정신적 장애의 원인일 수 있음을 시사하고 있다. 우리는 꿈이 수면의 수호자라는 프로이트의 격언에 꿈을 꾸어야 할 우리의 필요를 위해 수면이 필요하다는 것을 더할 수도 있다.

수면이 외부 세계와의 접촉을 축소하고 자발적인 운동 작용의 가능성을 차단하기 때문에 꿈에서 변화된 정신력의 균형은 감각적 해소를 추구하는 정신 활동의 폭발에 의해 만들어진다. 꿈의 상태는 자아의 의식적인 활동과 초자아의 검열 기능의 감소와 퇴행을 허용한다. 그러나 어떤 의미에서는 완전히 깨어있거나 완전히 잠든 적이 없다는 것을 깨닫는 것이 중요하다. 잠들고 깨어 있다는 말은 상대적인 용어이지 절대적인 용어가 아니다. 큐비(Kubie, 1966), 르윈(Lewin, 1955) 그리고 슈타인(Stein, 1965)은 어떤 종류의 인간 행동을 연구할 때 잠에서 깨는 빈도를 명심하는 것이 지닌 장점을 강조해 왔다. 그것은 꿈에서 수면 중에 외부 세계를 빼앗긴 자아의 지각 기능이 내부의 정신 활동으로 에너지를 전환한다는 사실을 설명하는데 도움을 준다. 프로이트는 사람들이 잠을 잘 때 마음의 옷을 벗고 신체적인 습득물의 대부분을 옆으로 제쳐놓는다고 썼다. 르윈은 몽자가 일반적으로 그의 몸을 벗어버린다고 덧붙였다. 꿈은 보통 우리에게 그림으로 나타나며 오직 무한한 '정신적인' 눈에 의해서만 기록된다(Lewin, 1968: 86).

만약 우리가 잠에서 깨는 비율의 가변적인 개념을 따른다면, 우리는 즉시 자유연상, 실책, 농담, 증상 형성, 행동화 등과 같은 꿈과 유사한 현상들을 떠올릴 것이다. 하지만 결정적인 차이점들이 있다. 어떤 환자에게도 그렇게 규칙적으로 꿈만큼 무의식적인 마음의 힘이 생생하게 일어나거나 드러나지 않는다. 꿈 해석은 무엇이 숨겨져 있는지, 왜 그리고 어떻게 숨겨져 있는지를 더 즉각적이고 설득력 있는 방법으로 밝혀낼 수 있다. 우리는 일차적인 과정에 의해 지배되는 무의식적인 정신 활동과 이차적인 과정의 법칙을 따르는 의식적인 현상 사이의 상호작용과 전환에 특별히 다가갈 수 있다. 보고된 현상과 무의식적 자료의 습득된 지식의 측면에서, 입력과 출력 사이의 비율은 다른 어떤 유형의 정신 현상보다도 꿈에 잘 나타난다(Eissler 와의 사적 대화).

정신분석 치료의 결정적인 요소들이 무의식적인 신경증적 갈등의 해결에 초점을 맞추는 한, 환자의 모든 요소들이 이와 동일한 가치를 갖는다고 생각하는 것은 말이 안 된다. 정서, 신체 언어, 꿈 모두는 분석 작업에서 우리가 추구하는 것 보다 더 깊은 곳에 이르게 한다. 우리는 환자의 삶의 방식에 대한 더 나은 이해와 변화의 기회를 제공하기 위한 희망으로 환자의 의식적이고 합리적인 자아를 위해 우리의 연구 결과를 제시하고자 한다.

이 동일한 내용들은 꿈이 이드, 억압된 것, 무의식적인 자아와 초자아의 다양한 측면을 명료하게 드러내며, 보다 덜 의식적인 자아

기능, 특히 자아의 관찰 활동들을 드러낸다고 말함으로써 구조적으로 표현될 수 있다. 하지만, 꿈에 대한 접근을 구조적인 관점에 제한하는 것은 부당하다. 왜냐하면 그럴 경우에 우리는 꿈에서 역동적이고, 유전적이며, 기본적으로 중요한 경제적 자료들에 보다 개방적으로 접근한다는 사실을 소홀히 할 수도 있기 때문이다. 종종 해석 없이 꿈의 경험 자체가 다른 어떤 임상 자료보다도 환자의 정서와 충동으로 직접 강렬하게 이어진다고 해서 놀랄 일은 아니다. 이것은 다른 임상 경험과는 비교될 수 없을 정도로 무의식적인 정신 활동의 현실에 대해 확신을 갖게 한다. 이것은 특별히 전이 꿈에서 그렇다.

꿈은 본질적으로 그림의 표상을 사용한다는 사실 때문에 아동기 기억과 더 가까운 곳에 있다고 할 수 있다. 프로이트(1900-01, 1923)와 르윈(1968)은 원초적인 정신작용은 그림에서 일어나고 그림이 언어적 표상보다 무의식적인 과정에 가깝다고 강조하였다. 아이가 말하기를 배운 후에도, 그의 사고는 본질적으로 그림 표상의 지배를 받는다. 우리가 특정한 화면 기억에서 알 수 있듯이, 들은 것들은 그림들로 바뀐다(Lewin, 1968; Schur, 1966). 어떤 사건이 아동기 초기의 기억이 되려면 그것은 결국 구체화되어 정신적 표상과 기억의 흔적이 되어야 한다. 르윈은 우리가 어딘가에서 찾아질 수 있는 것처럼 잃어버린 기억을 찾는다고 말한다. 이러한 유형의 기억, 즉 객관화된 경험의 회상은 생의 1년이 끝나는 지점이나 2년이 시작하는 지점에서 발생하는 것으로 보이는 단계이다(Spitz, 1965; Waelder, 1937). 기억될 수는 없지만 꿈속에서 정신적 이미지와 감각을 일으킬 수 있는 유아의 신체와 감정 상태에서 파생된 보다 원초적으로 '새겨진 것들'imprintings이 있다. 텅 빈 꿈blank dream과 꿈 화면에 대한 르윈의 생각과 관련 문제에 대한 그의 논의는 특히 주목할 가치가 있다 (1953; 1968: 51-5).

몽자와 꿈 해석가가 가져야 할 정신적인 눈의 특별한 중요성으로 잠시 돌아가 보자. 꿈은 본질적으로 시각적인 경험이고 아동기 초기에 대한 대부분의 어른들의 기억은 우리에게 그림이나 장면으로 다가온다. 그의 환자에게 해석해주는 분석가는 종종 그가 기억하기를 바라면서 역사적 경험의 단편에 기초하여 작업한다. 그러한 단편이나 세부사항들은 꿈에 나타날 수도 있다. 분석가는 단일 해석들 간의 공백을 메우려고 할 때, 그는 어떤 구성을 하고 있으며, 상호 연관된 일련의 잊혀진 경험을 재현하고 있는 것이다. 이러한 접속은 기억을 불러일으킬 수 있지만, 그렇지 않더라도 재구성이 옳다는 개연성이나 확신으로 이어질 수 있다. 그렇게 되면 이것은 꿈에서 하나의 사건으로 나타날 수 있다(Freud, 1937). 르윈은 이것을 환자의 잊혀진 과거의 그림에서 이야기를 재현하려고 노력하는 것으로 묘사한다. 그렇게 함으로써 우리는 환자가 우리와 함께 그의 과거를 꼼꼼히 살피도록 시도한다. 우리는 연계하여 살피는 일에 참여하고 있는 것이다(Lewin, 1968: 17). 일부 꿈의 상세한 부분들이 극도로 명확하게 드러나는 것 또한 보는 것의 리비도 에너지 부착과 기억을 찾는 것 사이에 특별한 관계가 있음을 보여준다. 실제로 무슨 일이 일어났는지 보기 원하고 그 '안'에 거하기를 원하는 소원은 정확한 꿈 해석을 통해 갖게 되는 특별한 확신과 합해진다.

크리스Ernst Kris는 일방적인 방어 분석에 대한 강조를 비난하고 환자가 친숙한 그림으로 '인식'할 수 있도록 과거의 역사적 사건들을 재구성하는 것이 중요하다고 강조했다(1956a: 59). 그는 기억력이,

통합될 경우, 환자가 자신의 전체 전기적인 그림을 재구성하고, 자신의 자기-표상과 그의 세계에 있는 중요한 사람들에 대한 관점을 바꿀 수 있게 해주는 순환 과정에서 중심적인 역할을 한다고 생각했다. '좋은 분석 시간'을 그의 논문에서, 크리스가 얼마나 자주 꿈을 담아내고 기억을 회복한(1956b) 시간에 관심했던지 그 점을 주목해 볼 만 하다.

꿈의 정신 활동 중 지배적인 요소들은 이드의 측면, 억압된 기억, 자아의 원초적인 방어 기제, 그리고 초자아의 유아적 형태와 기능들이다. 때때로 사람들은 더 성숙한 차아 기능을 관찰할 수 있지만, 지배적이지는 않다. 이 모든 것은 꿈에서 일어나는 높은 퇴행의 정도를 보여준다. 그러나 모든 퇴행현상들에서와 같이, 퇴행의 질과 양은 1917년 프로이트의 『꿈 이론에 대한 초심리학적 보충』*A Metapsychological Supplement to the Theory of Dreams*, 1945년 페니켈의 『신경증에 대한 정신분석적 이론』*The Psychoanalytic Theory of Neurosis*, 그리고 1964년 알로우^{Arlow}와 브랜너^{Brenner}의 『정신분석 개념과 구조이론』*Psychoanalytic Concepts and the Structural Theory*에서 지적하였듯이, 다양한 정신 구조들 안에서 간헐적이면서도 선택적으로 나타난다. 퇴행의 불균형과 선택성에 대한 가장 명확하고 포괄적인 설명은, 내가 생각하기에, 안나 프로이트의 저서, 『아동기의 정상성과 병리학』*On Normality and Pathology in Childhood*, 1965: 93-107에서 찾을 수 있다.

자유연상 역시 유사한 퇴행적 현상이다. 그것은 잠에서 깨어난 것과 수면 사이의 무엇인가에 다가가려는 시도이다. 몸을 눕히는 자세의 사용, 외부 산만함의 부재, 환자가 일상적인 검열을 의식적으로 중단하려 하는 것, 소통에서 엄격한 논리와 일관성을 버리려는 시도,

이 모든 것이 그것을 증명한다. 그러나 실제 자발적인 자유연상은 거의 대부분의 환자에 의해 달성되지 않으며 훨씬 더 큰 주지화를 통해 방어된다. 내가 말하고자 하는 요점은 꿈은 자유연상 중에서도 가장 자유롭다는 것이다. 실언은 곧 깊은 무의식적인 통찰력을 드러낼 수 있지만 좀처럼 일어나지 않는다. 통찰력은 국지화되고 오래된 방어들은 쉽게 재조직된다. 행동화는 기본적으로 환자에게 자아-동조적이며, 그 유아적 기원은 강하게 합리화되어 사라지고 방어된다. 이와는 대조적으로, 꿈이 이상하고 이해할 수 없는 것처럼 보일지라도, 환자는 꿈을 자신의 것으로 인식하고, 꿈이 자신의 창조물이라는 것을 안다. 비록 꿈의 이상한 내용이 그것을 낯설게 보이게 할 수도 있지만, 그럼에도 불구하고, 그것은 돌이킬 수 없을 정도로 그의 증상처럼 자신의 것이고, 분석가가 꿈을 위해 함께 일하는 것이 환자의 알려지지 않은 자기를 더 잘 인식할 수 있는 도움을 준다면, 그는 자신의 꿈에 대해 기꺼이 알아보려 할 것이다.

　몇 가지 임상 사례를 살펴보기 전에 몇 마디 하겠다. 1923년, 프로이트 자신은 지형학적인 입장으로 정리한 그의 생각 중 일부가 무의식적인 정신 활동의 서술적이고 역동적인 특성과 상충된다는 것을 인지하고 구조적인 관점(1923)을 도입했다. 정신 기구를 이드, 자아, 초자아로 나누는 이 새로운 분할은 의식적이고 무의식적인 자아와 초자아가 완전히 무의식적이기만 한 이드와의 갈등에서 그 역할이 무엇인지를 분명히 했다. 나는 신경증적 갈등의 기원과 운명에 대한 보다 명확하고 논리적인 설명을 제공하는 데 있어 구조이론의 우월성을 강조하는 알로우와 브랜너(1964)뿐만 아니라 라파포트와 길(1959)과 함께 페니켈(1945)에 동의한다. 하지만 나는 1차과정, 2차과정, 그리고 전의식에 관한 프로이트의 가설은 버려야 한다거나 그들이 구조적인 관점과 양립할 수 없다고 말하는 알로우와 브랜너의 의견에는 동의하지 않는다. 지형학적 관점이 개념적으로 다른 초심리학적인 관점과 같지 않다고 믿는 머튼 길(1963) 조차도 일부 지형학적 개념이 임상적으로나 이론적으로 중요한 위치를 가지고 있다는 데 동의한다. 나는 이것이 특히 꿈을 가지고 분석할 때 사실이라고 생각한다. 그것은 자아 형성의 결함과 결핍과 지속적인 내면의 대상 표상, 그리고 정신 신경증의 갈등 이론 아래 또는 그 너머에 있는 문제들을 구축하는 데 있어 병행되는 어려움으로 고통 받는 환자들을 다루는데 있어 똑같이 중요하다. 나는 이론에 머물고 싶지 않다. 이론 분야는 나의 강점이 아니다. 그러나 이론에 관심 있는 사람들은 이 주제에 대해 보다 철저한 논의를 위해 하트만(1951), 로웬슈타인(1954), 벤자민(1959), 아이슬러(1962), 슈어(1966), 로월드(1966), 말러(1968)의 저술들과 『정신분석적 사고 이론』(The Psychoanalytic Theory of Thinking, 1958)의 패널에 나오는 피셔의 주장을 참조할 수 있다.

| 임상적 예들

다른 분석가들이 꿈을 가지고 어떻게 분석하는지에 대한 몇몇 임상적 예들은 기법과 이론적 기초의 차이를 보여준다. 나는 비생산적이고 낭비적이며 때로는 해로운 것처럼 보이는 방식으로 꿈을 분석하는 정신분석가들의 저술에 나타난 임상적 자료로 시작하겠다.

월드혼이 쓴 『임상적 정신분석에서의 꿈의 자리』*The Place of the*

Dream in Clinical Psychoanalysis, 1967: 59-67에 소개된 임상 사례는 분석 2년 차에 있었던 서른 살 작가에 대한 사례였다. 본질적으로, 그녀는 지나치게 미성숙하고 의존적인 '마치 —인 것과 같은'as-if 성격인 것 같았다. 환자는 자신의 무능함과 가식성 때문에 여동생과 경쟁하면서 사회적 실패를 경험한 아동기의 역사를 갖고 있었다. 환자는 청소년기에 얼굴, 목, 등에 심한 여드름이 있었고 자주 상처가 재발했다. 몸은 날씬했고 가슴이 작았다. 그녀는 가벼운 우울증, 집중력 저하, 그리고 남자와의 친밀한 관계 유지 능력 부족 때문에 치료를 받기 시작했다. 환자는 남자를 잃을까 봐 두려워하는 짧은 연애경험이 몇 번 있었고, 연애경험이 끝날 때면 항상 후회와 자존감 상실로 가득 차 있었다. 꿈을 보고하기 전 몇 주 동안, 환자는 그녀가 알고 지낸 존이라는 남자와 성관계를 가졌다. 존이 몇 주 동안 도시를 떠나 있었고, 과거에 실망하여 떠나갔었다는 사실을 잘 알고 있었으면서도, 그녀는 존이 그녀를 사랑하고 있으며 자기와 결혼할 것이라고 상상하고 있는 자신을 발견했다. 이 기간 동안에 그녀는 꿈을 가져왔다. 이제 나는 그 단행본에 실린 대화록을 인용해보겠다.

그녀는 다음과 같이 분석 시간을 시작했다. '나는 아주 나쁜 꿈을 꿨습니다. 내가 유방암에 걸려 여의사께서 내 유방이 제거되어야 한다고 하셨어요. 의사는 수술 후 내가 목에서 후유증을 느낄 것이라고 말해주었어요. 내 친구 R이 이 수술을 받았어요. 나는 겁이 났고 당황했고, 어떻게 빠져나가 도망갈 수 있을지 생각했어요. 어떻게 하면 수술을 받지 않아도 되는지 궁리를 했지요.' 그녀는 다음과 같은 연상을 계속했다. '나는 왜 내가 그런 꿈을 꾸었는지 생각해

보려고 했어요. 나는 이것이 나 홀로 완전하며, 내 자신이 완전해지기 위해 뛰어난 남자와의 어떤 결합이 필요하다는 내 생각과 분명 관련이 있을 것이라고 생각했어요. 이것은 존이 떠났다는 나의 걱정과 관련이 있을 수 있고, 어쩌면 이것은 내 가슴이 제거되는 것으로 상징되었을 수도 있어요. 사실, 나는 그런 것들에 매우 겁을 먹었어요. 많은 사람들이 그러한 두려움에 대해 강박관념을 가지고 있지요. 예를 들면, 폴이 그랬어요. 어떤 사람들은 큰 용기와 힘을 가지고 이러한 것들에 맞설 수 있지만, 나는 그렇지 않아요. 나는 멕시코에 있는 전갈의 위험을 생각할 때 매우 겁이 나요[그녀는 몇 달 뒤 여행을 계획하고 있었다].' (1967: 61쪽 이하)

환자는 깨어났고, 잠이 들어 또 다른 꿈을 꾸었지만, 발표자와 집단이 그 꿈을 다루지 않았기 때문에 그 꿈에 대해서는 생략하겠다. 몇 차례 별 의미 없는 연상을 한 후에, 분석가는 마침내 입을 열었고 나는 분석가가 한 첫 발언을 그대로 인용해 보겠다.

이 때 분석가가 개입하며 말을 시작했다. '당신의 꿈에 대해 묻습니다. 의사가 하는 일과 관련해 당신은 무엇을 연상하십니까?' 환자가 대답했다. '의사는 엄격한 아줌마 같은 유형의 여자였어요. 그녀는 나나 다른 환자들에 대해 미안함을 느끼지 않는 것 같았어요. 그저 해야 할 일을 말해주었어요. 나는 한쪽 가슴이 없는 나와 어느 남자가 사랑을 나눌 수 있겠어 하고 생각하고 있었어요. 그때 나는 끔찍스럽게도 자-의식이 깨어 있었어요...' 잠시 침묵이 흐른 후 분석가가 물었다. '꿈에서 목둘레 부분은 어땠어요?' 그녀가 대답했다. '때로는 내가 잘못 움직여서 목 근육이 아플 수 있어요. 그 부분은 제 턱과 목과 관련된 안색 문제 때문에 내게 늘 상처로 남아 있지요. 그 부분에 대해서는 항상 너무 민감하다고 느낍니다....' 그러고 나서 분석가는 다음과 같이 덧붙였다. '피부와 목에 대해 민감하다고 말할 때, 가슴 발육 전에 얼마나 끔찍했는지를 최근에 말해주었던 그 자의식적 민감함을 떠올리게 하나요?' 환자가 말했다. '그래서, 존이 나에게 전화를 하지 않았다는 사실이 내가 그러한 부적절함의 감정을 다시 경험하게 했다고 생각하시는 거예요? 그 부적절함의 감정이 여전히 남아 있을 수도 있죠.' (1967: 62쪽 이하)

그런 다음 분석가는 이런저런 점을 짚어가며 해석을 제시했고 환자는 이에 반응했다. 다음의 발췌문은 이 발제에 대한 연구 집단이 토론했던 내용의 일부이다.

이 보고서에 대한 논의는 자료를 제시한 분석가의 발언으로 시작되었다. 그는 임상 자료가 꿈이 분석 시간에 다른 연상들과 같은 방식으로 다루어 질 수 있다는 생각을 뒷받침한다고 보았고 일부에서 주장하는 것처럼 특별하거나 완전히 상세한 절차적 주의를 기울일 필요는 없다고 주장했다. 여기서 말한 분석시간 동안에 이루어지는 분석 작업은 환자의 반복적인 삶의 경험에 의해 드러난 문제들에 초점이 맞춰진다. 따라서 꿈의 어떤 부분들은 다른 것에 집중하느라 무시될 수 있으며, 자발적인 연상이 약하여 꿈 분석이(다른 자료와는 반대로) 보상을 줄 것 같지 않게 보인다면, 꿈의 욕구에 특별히 주의를 기울일 필요가 없게 된다. 첫 번째 꿈의 후반부에서 상징적으로 이해할 수 있는 풍부한 양의 요소는 전혀 탐색되지 않았지만, 분석가는 그 과정에서 잃은 것이 없다는 임상적 판단을 하였다. (1967: 64쪽 이하)

여기서 나는 환자의 외현몽, 그녀의 연상, 분석가의 개입 및 집단 토론에 대한 몇몇 언급에 한정하여 다뤄보겠다. 첫 번째 꿈에서 환자는 자신이 유방암에 걸렸다는 것을 알고 공포에 떨었다. 그녀는 그녀에게 후유증이 있을 것이라는 여의사의 경고를 듣는다. 환자의 연상은 주지화 되어 있고 내게는 이것이 그녀의 남성 분석가가 그녀에게 준 오래된 해석의 반복으로 들린다. 분석가로서 그녀의 주지화를 지적하거나 그녀 내부에서 자라고 있는 이 끔찍스러운 것에 대한 공포를 다뤄보려는 시도는 없는 것 같다. 분석가는 환자의 유일한 자발적인 자유연상, 즉 멕시코에서 경험했던 전갈에 대한 공포를 다루지 않았다. 환자가 두 번째 꿈과 몇 가지 별 의미 없는 연상을 보고했을 때, 분석가는 물었다. '당신의 꿈의 내용으로 의사에 대한 일과 관련해 무엇을 연상합니까?' 나는 그 질문에서 분석가가 방어적이고 적대적이거나 심지어 경멸적이라는 인상을 받았다. 그렇지 않다면 그는 '의사에 대한 일과 관련해서?'와 같은 문구를 사용하지 않았을 것이다. 더군다나 모든 내용이 지적이다. '무엇이 연상되느냐?'같은 질문은 환자를 지적인 순응의 방향으로 밀어 붙인다. 이 방법은 감정을 얻는 최선의 방법이나 진정으로 자유로운 자유연상을 얻기 위한 최선의 방법이 아니다. 일반적으로, 치료사가 환자의 감정에 도달하거나 접촉을 시도했다는 징후가 보이지 않는다. 치료사는 그녀의 감정에 '적응'된 징후를 보이지 않는다. 반대로, 그는 환자의 주지화 된 방어에 휘둘리는 것처럼 보인다.

두 번째 꿈에서는 환자가 언니와 이모에 대한 시기심을 분명히 상징적으로 표현한 것처럼 보이는데, 분석가는 이것을 완전히 무시하였다. 분명히 분석가와 집단은 암, 유방, 어머니 그리고 시기심 사이의 어떤 가능한 연관성도 주목하지 않았다. 또한 융합을 일으키거나 남근기 이전의 어머니와 재-연합하는 것에 대한 충동과 두려움으로 인해 무력한 아동기 의존성 욕구를 방어하기 위해 이성애적 문란함이 얼마나 자주 사용되는지에 대한 분명한 인식도 없었다. 또한 그녀의 남성 분석가를 향한 적대적인 전이나 여성 분석가를 만나고 싶다는 소원에 대한 언급도 없었다. 분석가와 집단은 환자와 매우 지적인 접촉을 유지하는 것에 만족하는 듯 보였고, 환자의 환상의 삶을 열어주고, 환상이 이끄는 곳 어디든 따라가는 것을 꺼려했다. 이 단편집의 마지막 부분에서야 특별히 언급할 가치가 있는 문장들이 몇 개 등장한다.

> 비전이 nontransference 자료가 나오기 이전에 전이 요소로 분석하는 것이나 정서가 담기지 않은 자료에 앞서 정서가 담긴 자료로 분석하는 것의 바람직함 혹은 분명하게 생략된 것이나 부차적인 것에 환자가 주의를 기울여야 하는 필연성 같은 자명한 절차들이 모두 언급되었다. 이 절차들이 치료가 진행됨에 따라 변화하게 되는 분석 수행의 전체적인 전략을 따르는 최고의 전술적인 묘책이라는 데에 이견이 없었다. (1967: 66)

나는 정신분석 치료를 하려고 할 때 '정해진 절차'를 위한 자리는 없다고 생각한다. 우리들 중 일부는 꿈을 연상하거나 일반적인 자유연상에서 발생할 수 있는 것처럼 자주 되풀이되는 임상적인 역동에 대한 탐구를 시작함에 있어서 일정 시간 동안 시험을 거친 기법적 지침을 따른다. 이 접근 방식은 탐구를 위한 도구들이다. 나는 '분석 수행의 전반적인 전략'이라는 개념이 인상 깊은 고음절 문구로 인식되지만, 실제로 현재 우리의 지식 상태에서는 이러한 '전반적인 전략'은 기껏해야 느슨하고 잦은 변경과 수정이 필요한 알 수 없는 내용들로 가득 차 있다고 본다. 선입견과 엄격한 이론적 개념을 가진 정신분석가들만이 '전반적인 전략'을 확신한다. 그리고 그들은 또한 모든 유형의 환자에 대한 사전 조작적인 해석을 가지고 있고, 각각의 인간이 유일하다는 사실뿐만 아니라 우리 중 최고들도 여전히 환자에 대해 알지 못하고 예측할 수 없다는 사실을 무시한다. 프로이트는 환자가 시간의 문제를 주체적으로 결정하도록 허락해야 한다고 겸손하게 말했다(1905). 그는 환자의 자유연상들을 따르는 것에 큰 중요성을 부여했다. 1950년에 아이슬러는 알렉산더와 그의 추종자들이 어떤 사례를 다루면서 확정적인 전략을 결정한 것에 대해 혹독하게 비판했다. 아이슬러는 알렉산더가 그의 환자들을 실제로 분석하는 것보다 자신의 가설을 입증하는 데 더 관심이 있다고 생각했다.

이러한 오류는 몇몇 클라인 학파 분석가들의 글에서 볼 수 있는 또 다른 형태의 꿈 왜곡으로 이어진다. 검사 불안examination anxiety 문제를 연구한 한스 토머Hans Thomer는 환자, 꿈, 그리고 그의 해석을 기술함으로써 그의 관념을 설명했다. 지면의 한계로 인해 여기서 나는 중요한 부분만을 제시해 보겠다.

중년 초반의 한 남자는 무력감을 호소했고 그의 모든 연애는 성숙한 관계로 발전하기 전에 일찍 끝났다고 말했다. 때때로 그는 연애를 시작할 수 있었지만, 여자가 그에게 관심하는 것을 느끼자마자 헤어져야만 했다. 그는 삶의 다른 방면에서도 무력감을 느끼고 있었다. 그는 높은 수준의 음악 실력이 있었지만 대중 앞이나 친구들 앞에서 연주할 수 없었다. 이 모든 상황은 시험 상황에 가까웠다. 그가 새로운 직장에 지원했을 때, 그는 '전과'black record라고 생각되는 것 때문에 면접을 보는 것이 두려웠다. 하지만 현실적으로 그에게는 전과라고 할 만한 것이 거의 없었다. 이 기간 동안 그는 자신의 전과 기록의 본질을 새롭게 밝히는 꿈을 보고했다. 꿈속에서 붉은 거미들이 환자의 항문을 들락날락하고 있었다. 의사가 그를 진찰했고 환자에게 아무런 이상이 없다고 말했다. 환자는 대답했다. '의사 선생님, 선생님은 아무것도 볼 수 없을지 모르지만, 그것들이 거기에 있어요.'

토머는 환자에게 다음과 같이 해석을 해주었다.

여기서 환자는 자신이 나쁜 대상(빨간 거미)을 품고 있다는 확신을 표현하고 있으며 의사의 의견조차도 이 확신을 흔들 수 없다. '전과'와 '빨간 거미' 사이의 연관성은 그의 '전과'의 항문적 의미를 보여준다. 그 자신도 꿈에 나온 사람처럼 이런 대상들이 두렵기 때문에 이 대상들을 제어할 수 있기를 위해 도움을 청하고 있다. 이러한 해석은 대상을 부정하는 것이 아니라 인식하는 것에 기초해야 한다. 달리 말하면 그는 대상들을 제어하는 데 도움을 받아야 한다. 여기서 우리는 명백하게 나쁜 내적 대상들에 의한 박해 감정을 다루고 있다. (1957: 284 쪽 이하)

나는 이것이 외현몽의 내용을 분석가의 이론적인 신념에 따라 해석하는 가장 좋은 예라고 생각한다. 환자의 연상은 좁은 선입견으로 해석된다. '의사 선생님, 당신은 아무것도 볼 수 없을지 모르지만, 그것들은 거기에 있어요.'라는 진찰하고 있는 의사를 향한 환자의 비난은 적의가 담긴 전이로 인식되지 않으며, 분석가에게 그가 정말로 무언가를 놓치고 있을 수도 있다는 타당한 비난으로 인식되지도 않는다. 나는 환자의 항문을 드나드는 붉은 거미가 분석가의 침범적이고 고통을 주는 해석에 대한 환자의 반응이 아닌지 궁금하다. 하지만 나의 이런 해석 또한 연상 없이 해석하는 것일 수 있다.

비슷한 유형의 또 다른 예는 한나 시걸Hanna Segal의 책(1964)에서 찾을 수 있다. 그녀는 환자, 환자의 꿈, 그리고 그녀의 개입을 다음과 같이 기술한다.

강력한 무의식적인 시기심envy는 종종 부정적인 치료적 반응과 끝이 없는 치료의 근저에 놓여 있다. 우리는 이전 치료의 오랜 실패 역사를 가진 환자들에게서 이것을 관찰할 수 있다. 그것은 수 년 간의 다양한 정신 치료와 심리 치료 후에 분석을 받으러 온 환자에게서 분명히 나타났다. 각각의 치료 과정은 개선을 가져올 것이지만, 그 치료 과정이 끝난 후에는 악화되기 시작할 것이다. 그가 분석을 시작했을 때, 그의 부정적인 치료적 반응의 강도strength가 가장 큰 문제였다. 나는 주로 성공적이고 능력 있는 아버지를 표상하였고, 아버지에 대한 그의 증오와 경쟁심이 너무 강해서, 분석가로서의 내 능력을 표상하는 분석은 그에 의해서 계속해서 무의식적으로 공격을 당하고 파괴되었다….분석 첫

해에 그는 (그의 차 보다 큰) 내 차에 딸린 도구들을 그의 작은 차 트렁크 안에 넣었지만, 그가 목적지에 도착해서 트렁크를 열었을 때, 모든 도구들이 산산조각이 나 있는 꿈을 꾸었다.

다음은 시걸 박사의 해석이다.

이 꿈은 그의 동성애 유형을 상징했다. 그는 아버지의 페니스를 항문에 넣고 훔치고 싶었지만, 그렇게 하는 과정에서, 페니스에 대한 그의 증오 때문에, 몸 안에 가지게 되었을 때조차도, 그가 그것을 산산조각 내어 사용할 수 없게 되는 것이었다. 같은 방식으로, 그가 완전하고 도움이 된다고 느꼈던 해석들은 즉시 갈기갈기 찢겨져 분해되었고, 그래서 특히 안도감을 가져다 준 좋은 회기들 이후, 파편화되고 왜곡되어 기억되지 않는 해석들이 그를 혼란스럽게 하고 내부적으로 공격함에 따라 혼란과 박해를 받는다고 느끼기 시작하곤 했다. (1964: 29-30)

여기서도 나는 어떻게 통찰력과 해석의 정확성에 대한 분석가의 확신이 확정적인 임상 증거를 위해 환자의 연상을 하지 않은 채 상세한 해석을 하도록 유혹하는지 발견할 수 있다고 생각한다. 다시 한 번 말하지만 나는 이 사례 발표에서 분석가와 환자가 함께 꿈을 분석하고 있다는 어떠한 증거도 보지 못했다. 대신 분석가가 환자에게 자신의 해석에 따르도록 강요하는 것을 보고 있다. 그렇게 함으로써 분석가는 환자가 정말로 증오하고 시기하는 잠재적 아버지와 같다는 것을 증명하는 방식으로 행동하고 있다. 환자가 모든 도구가 산산조각이 나는 꿈을 꾸는 것도 당연하다. 프로이트의 말을 인용하자면, '그러나 몽자의 연상에 대한 언급 없이 이루어지는 이러한 종류의 꿈 해석은, 최악의 경우, 매우 의심스러운 가치를 지닌 비과학적인 기교의 한 부분으로 남게 될 것이다'(1925: 128) 클라인 계열을 따르지 않는 많은 분석가들 역시 환자의 연상을 간과한다는 점을 덧붙여야겠다.

이 시점에서, 나는 꿈의 특별함을 잘 알고 있는 분석가가 자신의 임상 현장에서 어떻게 꿈 분석을 활용하는지를 몇몇 예를 소개해 보겠다. 명확성과 입증 가능함을 예증하기 위해 최근 임상 경험에서 얻은 꿈들을 해석하면서 나는 큰 성과를 경험할 수 있었다. 여기 소개하는 꿈 분석은 내가 일상적으로 하는 꿈 분석이 아니다. 내가 만난 꿈 중에는 막연하고 부분적으로만 이해할 수 있는 꿈들이 많고 또 그중의 얼마는 전혀 이해할 수 없는 꿈들도 있다. 꿈이 분석 시간 중 가장 생산적인 소재가 아닐 때도 있지만, 내 경험으로는 그런 경우는 드물었다. 프로이트는 1911년 꿈의 해석은 꿈 해석 그 자체만을 위해서 추구되어서는 안 되며 치료에 적용되어야 한다고 하였다. 우리 모두는 프로이트의 분명한 이 주장에 동의한다.

나는 꿈 해석의 가치에 대한 임상적 입증이 이론 보존이나 이론 혁신에 주로 헌신하는 사람들의 의견을 바꿀 수 없을 것이라는 것을 깨달았다. 그들에게는 그들의 이론이 환자의 삶의 이력에 대한 기억과 재구성보다도 더 사실적으로 보인다. 꿈을 분석하는 것은 환자에게 깨달음을 주는 경험일 뿐만 아니라, 열린 마음을 가지고 있다면, 분석가에게 새로운 임상 및 이론적 통찰의 원천이 될 수 있다. 게다가 분석가들 중에는, 시의 아름다움을 듣고 시각화하는 것을 어려워하는 사람들, 음악의 특별한 이미지와 언어를 감상할 수 없는 음치들, 재치와 유머에 재능이 없는 사람들처럼, 꿈에 대한 귀나 눈이 없는 분석가들이 있다. 그러한 분석가들은 여러분이 어떤 증거를 제시하든 꿈 해석의 중요성을 떨어뜨릴 것이다. 마지막으로, 몇몇 다른 이유들로 인해, 분석가들 중에는 꿈을 듣고, 이해하고, 분석하는 방법을 배울 기회를 갖지 못한 이들도 있다.

내가 제시할 두 꿈은 같은 환자의 분석에서 나온 것인데, 서른살의 작가 M씨는 끊임없는 우울감, 잦은 사회적, 성적 관계에서의 불안감, 직업에서의 상당한 성공을 이루고 아내와 자녀들과의 좋은 관계를 가진 것처럼 보임에도 불구하고 실패자로 보이는 감정 때문에 분석 치료를 받으러 왔다. 그는 자유연상을 전혀 할 수 없을까 봐 두려워했고, 만약 그가 그렇게 한다면 분석가인 내가 그에게서 비어 있거나 혐오스러운 것을 발견하고는 그를 떠나보낼까 봐 두려워했다. 우리는 몇 주 동안 이러한 저항들에 대해 분석하였고 이어서 카우치에서 비교적 자발적인 자유연상을 어느 정도 할 수 있었다. 처음에 그의 저항의 주요 원인 중 하나는 현재 정신분석 치료를 받고 있는 몇몇 친구들과의 경험이었다. 그들은 오이디푸스 콤플렉스, 긍정적이고 부정적인 전이 반응들, 거세 불안, 초자아, 근친 욕망 등에 대해 자유롭게 종종은 집단적인 상황에서 이야기했는데, 내 환자는 이 모든 것을 '교과서에 나오는 것들'이고 '인위적'이며, '쓰레기 더미'일 뿐이라고 생각했다. M은 자신이 진정으로 그러한 해석을 받아들일 수 없을까 봐 두려워했으며 자신도 모르게 사회적으로 '주니어 정신분석가'가 될 수도 있다고 우려했다. 그는 분석 6주차 첫 시간에 처음으로 꿈을 보고했다. 그 때 했던 분석의 중심 내용을 소개하겠다. 그는 종종 꿈을 꾼다는 느낌이 들었지만, 그때까지 꿈을 전혀 기억하지 못하고 있었다.

어느 날 그는 '나는 꿈을 꾸었지만 그것은 우리가 이야기 해 온 그 어떤 것과도 관련이 없어 보인다.'고 말하면서 분석 시간을 시작했다.

남성복 매장에 있는 남자에게 전화를 하고 있었어요. 옷을 주문했는데 주문해서 온 옷이 몸에 맞지 않았어요. 나는 그 남자에게 옷을 도로 가져가라고 했지만 그는 내가 직접 들어와야 한다고 말했어요. 나는 그에게 옷이 맞을 때까지 돈을 내지 않을 것이라고 말했어요. 방금 옷을 선반에서 가져온 것 같다고 했지요. 나는 다시 한 번 옷이 맞을 때까지 돈을 내지 않겠다고 말했어요. 내가 토하기 시작했다고 말하고는 전화기를 떨어뜨리고 입을 씻기 위해 화장실로 달려갔어요. 수화기를 떨어뜨린 채로 놔두었기에 나는 그 남자가 말하는 것을 들을 수 있었어요. '뭐라고 했니?' '뭐라고?' '뭐라고?'

나는 침묵을 지켰고 환자는 자발적으로 말하기 시작했다. '내게 가장 인상적인 것은 구토예요. 토할 수도 없고, 결코 토한 적도 없어요. 마지막으로 언제 토했는지 기억도 안 나요. 아마 어렸을 때 그랬을 거예요. 그것은 생물학적인 것과 같아 매우 강렬하지요. 어제 분석 시간에서처럼, 나는 말하고 싶은 마음이 없어요. [침묵] 자유연상은 구토와 같아요.' 이 시점에 내가 개입을 했다. '네, 자유연상은 나를 멀리하고 당신 스스로 안에 있는 것이 낫다는 생각이 들 때 그것은 마치 토하는 것 같아지지요. 그 꿈은 그것이 당신에게 맞지 않는 것과 관련이 있다고 말합니다.' 환자가 재빨리 대답했다. '맞아요. 꿈은 옷에 대한 이야기여요. 하지만 그건 너무 어리석어요. 왜 옷을 입죠? 옷이 안 맞는데? [침묵] 세상에, 이건 분석과 아무 관련이 없어요. 그 남자가 그게 뭐야? 뭐, 뭐, 그게 당신일 수도 있어요. [침묵] 나는 당신이 말하라고 놔둔 채 화장실에 토하러 갔지요. 하지만 왜, 왜 내가 그렇게 해요?' 나는 대답했다. '내가 당신에게 맞지 않는 해석을 할 때, 당신은 분개하고 당신이 들었던 다른 "교과서적" 분석가들처럼, 내가 그것을 방금 "정신분석 선반"에서 가져왔다고 생각하는 것이지요.' 환자가 답했다. '오 맙소사, 믿을 수가 없어요. 이런 일들은 책에서나 일어나는 줄 알았어요. 정말 웃기네요!'

이때부터 환자가 크게 웃기 시작했고 눈물이 얼굴을 타고 흘러내렸다. 그는 마음을 가다듬고 말했다. '나는 나에게 이런 일이 일어날 줄은 생각도 못했어요. 선생님 말이 맞아요. 선생님이 나한테 맞지 않는 말을 하면 가끔 짜증이 나긴 하지만, 난 그 짜증을 잘 참아내었지요. [침묵] 나는 화가 나면 여기가 무섭게 느껴졌어요. 내가 어렸을 때 아버지를 두려워했던 것 같아요. [침묵] 내가 서너 살 때 같은데 그 때 갑자기 제가 구토를 하는 모호한 그림이 떠올려지네요. [침묵] 어머니와 함께였는데, 어머니의 오른 쪽 품에 날 안고 계셨던 게 틀림없어요. 어머니는 그 일을 잘 처리해주셨어요. 나를 화장실에 데려가서 씻기고 어머니도 씻었어요. 놀랍네요. 이 모든 것이.' 나는 이렇게 대답했다. '맞아요. 어머니 앞에서 토하는 것을 두려워하지 않았지만, 아버지가 계신데서 토하는 것을 두려워했을 거여요. 지금은 나랑 같은 기분을 느끼고 있는 것 같네요. 하지만 이런 종류의 것들은 꿈이나 이번 달에 내게 상담비를 지불해주는 것을 잊어버리는 것과 같은 것으로 드러나는 경향이 있다는 것을 알 수 있지요.' 환자는 놀라서 불쑥 말했다. '이건 너무 심하네요. 지갑에 선생님께 드릴 수표가 있었는데, 마지막 순간에 재킷을 바꿔 입고 오는 바람에 지갑을 집에 두고 왔어요. 내가 꿈 얘기를 할 땐 그런 것은 선생님께 상담비를 주고 싶지 않다는 그런 생각을 해 보지도 않았어요. 내 안에서 뭔가 정말 일어나고 있는 게 틀림없어요.' 환자는 잠시 멈추고 한숨을 쉬었고, 잠시 후 나는 그에게 무슨 일이 일어나고 있는지 말해 달라고 부탁했다. 그러자 그는 화장실에서 대소변을 보는 것, 자위, 치질, 치핵 이력, 그리고 다른 문제들을 드러내는 것에 대해 수치심이 올라오는 것들로 연상을 이어갔다.

M의 첫 번째 꿈은 『임상적 정신분석에서의 꿈의 자리』 *The Place of the Dream in Clinical Psychoanalysis, Waldhorn*, 1967에서 표현된 주장들과 상반된다. 그런데 여기 소개하는 임상 사례는 이 첫 번째 꿈이 어떻게 생산적으로 분석될 수 있는지를 보여주고 있다. 꿈 내용에 대한 분석가의 두려움을 환자가 느낄 수 있기 때문에, 분석가가 꿈 해석을 피하는 것은 환자를 두렵게 할 수 있다. 꿈에 대한 분석가의 소심한 접근은 특히 환자 자신이 내적인 악으로 가득 차 있다는 환자의 의심을 증폭시키거나, 그의 분석가가 겁에 질려 있다고 확신하게 할 수도 있다. 반면에 너무 이른 해석은 환자로 하여금 두려움을 느껴 분석상황을 떠나게 하거나 분석가를 전지전능한 존재로 여겨 분석가의 분석 동료가 아니라 충실한 추종자가 되게 할 수 있다. 우리는 초기의 꿈들과 자료를 갖고서 얼마나 많이 분석할 수 있는지 또 얼마나 적게

분석할 수 있는지 환자 각자와 함께 평가해야 한다.[3]

이제 내가 첫 번째 꿈을 가지고 무엇을 하려고 했었는지 좀 더 자세히 살펴보자. 환자가 구토에 대한 두려움과 자유연상에 대한 두려움을 자연스럽게 연관 지을 수 있게 되자, 나는 먼저 그가 이미 의식하게 된 것을 큰소리로 말하게 하였다. 이로써 그가 어떤 저항의 표상을 갖고 있는지 확인시켜주었다. 구토하는 것은 자기 안의 끔찍한 것들에 대한 통제력을 잃는 것에 대한 두려움이다. 말하자면 구토는 자유연상을 말한다. 그는 세면대에 대고 구토를 하고 있을 뿐 전화기, 곧 분석에 대고 구토를 하지 않는다. 그때에 나는 무엇이 그를 토하게 하는지 알아차리는 쪽으로 그를 이끌 수 있다고 생각했다. 맞춤복이 아니라 몸에 맞지 않는 기성복의 상징은, 그 자신이 이해할 수 있었던 상징들은, 나의 정신분석적 선반에서 꺼낸 기성품 같은 나의 정확하지 않은 해석에 대해 환자 안에 나를 향한 억눌린 분노가 있었다는 것을 내가 밝히도록 지지해 주었다. 그의 웃음은 그에게 무의식적인 정신이 부족하고 기이하다는 두려움에서 벗어나게 하였고 또한 그런 생각에 대해 내가 그를 가혹하게 대할 수도 있다는 두려움에서 벗어나게 해주었다. 그것은 나의 해석의 정확성에 대한 확인이었고 또한 그의 정신에는 활발하지만, 구체적이고 개인적인 의미를 담고 있으면서 그가 상상했던 것만큼 그렇게 끔찍하지 않은 무의식적인 부분이 있다는 확신의 초기 신호이기도 했다.

나는 환자에게 맞는 해석을 할 수 없는 '교과서적인 사람'이라고 언급한 것은 M이 어머니에게 구토를 했던 아동기 초기의 기억을

---

[3] 참조. 이 미묘한 문제를 다루는 방법의 예를 보려면 베르타 보른슈타인(Berta Bornstein, 1949), 로웬슈타인(Loewenstein, 1951) and 그린슨(Greenson, 1967)을 참조할 것.

떠올릴 수 있도록 M에게 나의 모성성에 대한 신뢰를 충분히 제공해 주었음이 분명했다. 여기서 구토는 미움이 아니라 사랑을 받고 있다. 그러고 나서 그는 이것을 아버지 앞에서 토하는 것에 대한 두려움과 대비시킬 수 있었다. 나중에 그가 화장실, 자위 등을 연상하게 된 것은, 내가 있는 데서 자유연상을 할 수 있는 능력이 증가했고, 저항은 줄어들었음을 보여준다. 나의 소통 방식은 환자의 합리적이고 관찰력 있는 자아와 동맹을 맺도록 분명한 도움을 주었다.

이 꿈에는 내가 M에게 지적하지 않았지만 꿈-작업의 기능, 1차과정과 2차과정의 상호작용, 이드, 자아, 초자아의 상호작용의 예로서 우리의 관심을 끄는 많은 요소들이 있다. 환자가 그 꿈을 말하기 전 첫 번째 문장인 '나는 꿈을 꾸었지만 그것은 우리가 이야기 해 온 그 어떤 것과도 관련이 없어 보인다.'는 것은 꿈의 본질, 즉 그것이 나와 분석에 대한 그의 감정과 관련이 있다는 바로 그 본질에 대해 반박하고 부인하려는 시도이다. 정신분석 상황은 말로서만 소통하는 그마저도 멀리 떨어져 통화가 진행되는 전화 통화로 묘사된다. 그가 통화하고 있는 남자는 정신분석가의 가장 멋지거나 고양된 표상이 아닌 '가게에서 일하는 남자'로 언급된다. 내가 그에게 준 통찰과 해석은 옷으로 표상되었고, 옷은 드러내기보다는 감추기 때문에, 반전의 예와 대극의 사용을 보여준다. 정신분석은 당신을 벗겨놓지 않고, 재-확신과 소원 성취로 옷을 입힌다. 분석가와의 긴밀한 감정 접촉에 대한 그의 두려움은 그가 직접 상점에 오는 것을 거부한 것에서 드러난다. 그가 전화기를 떨어뜨린 채 '뭐야, 뭐야, 뭐야'라고 말하는 '남자의 목소리'를 듣는 것은 내 분석 기법에 대한 아름답고도 적대적인 희화화이다. 매 시간 그를 매달리게 한 나를 향한 그의 복수이기도 하다. 필사적으로 물음을 계속하는 것은 그가 아니라, 나다. 구토하는 것은 그의 금지된 본능적 충동의 표현일 뿐만 아니라 그의 적대감에 대한 자책이기도 하다. 그것은 또한 내가 그에게 삼키도록 강요해 온 해석에 대한 거부이자 또한 그의 악의에 찬 순응이기도 하다. '너는 내가 말을 꺼내기를 원하지. 자, 여기 있어.' 이것은 일차적인 과정에서 드러나는 대극의 공존의 한 예이다.

우리는 구토가 이드와 초자아 둘 다로부터 발생한다는 것을 알 수 있다. 그것은 또한 우리의 통신선을 끊음으로써 자아의 방어 기능인 저항에도 도움이 된다. 꿈과 환자의 연상에서 이 모든 것은 해석에 의해 촉진된다. 분석 시간 동안 이 자료의 극히 일부만 환자에게 의미있게 전달할 수 있다. 하지만 이 자료가 분석가에게는 미래에 유용할 단서를 위한 원천 자료가 된다.

M은 옷과 은닉을 주제로 향후 몇 회기 동안 이야기를 계속했다. 가난에 찌든 부모의 자녀로서 그는 초라하고 더러운 옷차림을 부끄러워했다. 그는 또한 말랐다는 것이 수치스러웠고 어렸을 때 여러 장의 스웨터를 껴입음으로써 이것을 숨기려 했다. 나중에 부자가 되었을 때 그는 부피가 큰 트위드 스포츠 코트를 샀고 종종 가죽 재킷과 부츠에 터틀넥 스웨터를 입었다. 꿈을 꾸고 난 후 학교 무도회에서 좋은 인상을 남기고 싶어 젊은 시절 유행했던 멋진 정장을 사기 위해 아버지로부터 돈을 훔쳤던 기억이 떠올랐다. 그는 또한 자위 때문에 생겼다고 생각한 심각한 여드름과 그 여드름을 다양한 얼굴 크림과 로션으로 덮으려고 했던 일을 기억했다. 그는 아버지가 가끔 고객들을 속였다는 것을 상기시켜 아버지로부터 자신의 도둑질을 합리화하려고 했다. 이 모든 자료는 의미가 있었다. '나는 나의 진짜 모습을 숨

겨야 한다. 만약 누군가 내 표면 아래를 본다면 그는 나를 못생기고 사랑스럽지 않다는 것을 알게 될 것이다. 나는 사기꾼이지만 세상 대부분도 마찬가지이다. 선생님이 나에 대한 치료에서 진실하고 진실하다는 것을 어떻게 알 수 있을까요? 그리고 내가 모든 피상적인 변장을 벗겨내면 선생님의 태도가 바뀔까요?' (그 다음 날 나는 외현몽뿐만 아니라 환자의 연상과 나의 개입이 밝혀낸 잠재몽의 사유를 분석하고 있었다.)

M은 약 2년 반 후에 두 번째 꿈을 가져왔다. 환자는 해외 근무 때문에 6개월 동안 분석을 중단해야했고 꿈을 꾸기 3개월 전쯤에 돌아왔다. 분석 작업을 하는 3개월 동안 M은 조용하고 수동적인 만성적 우울 상태에 있었다. 나는 이것이 그의 아내의 네 번째 임신에 대한 반응으로 해석했는데, 이 해석은 그가 태어난 후 어머니의 세 번의 임신에 대한 기억과 감정을 불러일으켰을 것이다. 그는 어머니가 가장 아끼는 아이이자 외동아들이면서 가장 사랑받는 아이라는 느낌과 환상의 상실을 다시 경험하고 있는 것이 분명해 보였다. 환자는 내 해석을 순순히 받아들였고 그럴 만한 가치가 있다고 인정했다. 하지만 6살이 넘었을 때 막내가 태어난 일과 세 남매의 출생이나 반응 등은 전혀 기억하지 못했다. 나의 해석은 그의 기분에 특별한 영향을 주지 않았다.

M은 어느 날 분석 회기에 와서 슬프고 조용하고 다소 애절한 어조로 그가 꾸었던 꿈을 이야기해 주었다. 이제 그 꿈을 소개해보겠다.

나는 큰 매점, 백화점에 있어요. 빛나는 오렌지색과 녹색 비닐 비옷이 많이 전시되어 있어요. 한 중년의 유대인 여성이 다른 물품들을 정리하

고 있습니다. 근처에는 회색 플란넬 드레스를 입은 여성 마네킹이 보입니다. 나는 밖에 나가서 매우 친숙한 여성을 보지만 그녀가 누구인지 구체적으로 말할 수 없습니다. 그녀는 작은 사륜마차 근처에서 옷을 입으며 나를 기대하며 간절히 기다리고 있습니다. 가엾은 말이 불쌍하다고 느끼고 있고 순간 사륜마차가 말에서 떨어져 있다는 것을 깨닫습니다. 나는 사륜마차를 연결하려고 들어 올립니다. 사륜마차가 가벼운 것에 놀랐지만 어떻게 말을 매야 할지 모르겠어요. 나는 그때 내가 말이 안쓰럽다고 느낀 것이 어리석었다고 생각합니다.

M의 연상은 다음과 같이 이어졌다. '꿈속의 세 여성은 서로 너무 달랐어요. 나이든 유대인 여성은 일을 하고, 뭔가를 하고, 정리하는 병석에 들기 전의 어머니 같았어요. 마네킹은 내가 어렸을 때 생각했던 온순한 여자들을 상기시켜주었지요. 마네킹은 내 아내처럼 아름답고, 순수하고, 냉철합니다. 하지만 온순한 여자들은 내게 다른 것을 가르쳤지요. 내가 경험한 최고의 섹스는 오직 온순한 소녀들과만 했어요. 유태인 여성들은 나의 관심을 끌지 못했지요. 그들은 결코 내게 매력적이지 않았어요. 아내가 임신한 이후로 우리의 성생활은 사실상 전무했지요. 그녀는 몸이 안 좋아서 나는 아내와 섹스할 기분이 아니었어요. 나는 침대에서 그녀와 가까이 있고 싶지만, 그녀가 이것이 성적 요구라고 생각하지 않기를 바라기 때문에 성을 하고 싶다는 것에 대해서는 대화조차 하지 않았으면 합니다. 그냥 가까이서 껴안고 싶어요. 내 아내는 요즘 아주 조용해요. 나는 그녀가 나의 모든 과거의 잘못에 대해 복수하고 있다고 느낍니다. 나는 아내가 성질이 고약한 나를 두려워하고 있었다는 것을 전에는 결코 깨닫지 못

했었지요. [침묵] 나는 그 큰 집에서 혼자라고 느끼고 있어요. 큰 집에 들어가는 돈을 지불하기 위해 말처럼 열심히 일하고 있고요. 아마도 나는 내가 미안하다고 느꼈던 꿈속의 말일 것입니다.'

내가 개입했다. '그럴 수 있지요. 당신은 그가 운반해야 할 짐이 너무 많다고 생각하지만, 마차를 들어 올리면서 마차가 크게 가벼운 것을 알고는 놀랐어요.' 환자가 내 말을 가로막았다. '저 마차가 너무 가볍다?! 유모차에요. 유모차. 어쩐지 그렇게 가벼웠고, 너무 작았고, 그 여자는 기저귀처럼 옷을 걸치고 있었어요.' [침묵] 내가 끼어들었다. '유모차는 어린 소년에게는 매우 무겁지요. 그는 그것을 밀기 위해 말처럼 일해야 하지요.' M이 말을 툭 뱉었다. '어. 여동생이 있는 유모차를 밀려고 낑낑댔던 것이 기억나네요. 유모차는 그때 나에게 너무 무거웠어요. 지금 마치 장난감인 것처럼 유모차를 들고 아래층으로 내려가는 아버지가 보이네요. 동생과 내가 함께 밀어붙이려고 했던 것까지 기억할 수 있어요.' 나는 다음과 같이 해석하고 재구성해 주었다. '나는 당신이 아내가 임신한 이후로 우울증에 시달려왔다고 생각합니다. 왜냐하면 그것은 당신이 어린 소년이었을 때 그리고 당신의 어머니가 임신해서 당신의 형제자매를 분만했을 때 어떻게 반응했는지에 대한 기억을 불러일으켰기 때문입니다. 당신은 아기들이 태어날 때까지 아버지가 결혼했다는 사실을 마주하고 싶지 않았을 거예요. 당신이 아기들의 아버지가 될 수 있었으면 좋았을 텐데. 하지만 당신이 아기들의 아버지가 아니었어요. 당신은 어렸을 때 그걸 어떻게 다루어야 할지 몰랐고 차갑고 소외된 곳에 남겨졌다고 느꼈어요. 그 이후로 줄곧 이 일로 우울해하고 있지요.' 잠시 침묵을 한 후에 M이 말했다. '나는 항상 내가 진짜 남자가 아니라고 느꼈어요. 나는 남자처럼 행동하지만, 내 마음속에서는 여전히 진정한 남자는 내 아버지처럼 되어야 한다고 생각하고 있었지요. 아버지는 신체적으로 강하고, 강인하고, 두려워하지 않는 남자예요. 나는 비행기를 조종할 수 있지만 제 아내를 안고 싶을 때마다 손에 땀이 나요.'

다음 회기에서 녹색과 주황색의 비옷이 의미하는 바가 무엇인지 분명해졌다. 환자는 자발적으로 '우비'와 '고무'라는 용어가 콘돔을 가리키는 데 사용되었던 사춘기 초반의 추잡한 농담을 떠올렸다. 그 후 그는 아버지의 서랍장에서 콘돔을 발견하고 나중에 기회가 찾아올 때를 대비해 콘돔을 훔쳤던 것을 기억했다. 그는 콘돔을 사용할 수 있는 일이 '몇 년 동안 일어나지 않았다.'고 아쉬워했다. 그때에 우비인 고무가 그의 지갑에서 분해되어 있었다. 환자의 연상에서 숨겨져 있던 오래된 '고무' 조각들이 어떻게 꿈에 진열된 빛나는 새 우비로 변했는지 주목할 필요가 있다. 여기서 우리는 외현몽의 내용 안에 소원 성취의 시도가 드러나 있는 것을 볼 수 있다. '나는 백화점이나 분석에서 눈에 띄는 성적 능력을 살 수 있지요.' 나중에 그는 큰 짐을 짊어진 불쌍한 말이라는 것이 명백해졌고, 나 또한 그가 그의 아내나 다른 여자들과 적절한 성적인 관계를 맺는 것을 도울 수 없는 '쓸모없는 사람'인 것이 분명했다.

외현몽에서 내가 주목한 것은 매우 작고 가벼운 것으로 밝혀진 사륜마차였다. 내가 사륜마차를 유모차로 해석한 것은 중요한 기법적 요점이었다. 나는 실제 삶에서는 본 적이 없지만 인기곡 「술장식이 달린 사륜마차」A Surrey with a Fringe on Top를 떠올리게 하는 사륜마차를 시각화하자 사륜마차가 유모차로 변했다. 이것은 나를 술 장식이 달린 유모차로 안내했다. 유모차에 대한 내 연상에 환자를 밀어 넣고 싶지 않아서, 나는 아기 부분을 언급하지 않은 채 그것이 어디로 이끌어 가는지 보려고 그냥 유모차만을 언급하였다(이 모든 것이 순간적으로 내 마음에 올라왔고 여기에서 말하는 것처럼 그렇게 조심스럽게 내 생각을 쏟아내지는 않았다). 하지만 환자가 유모차를 그림으로 표현하는 데 도움이 되었기 때문에 나는 내가 올바른 방향에 있었다고 생각한다. 그리고 이것은 그로 하여금 억압되었던 어린 시절의 기억들을 떠올릴 수 있게 했다. 일단 그의 연상이 좀 더 자유로워지자, 나는 그가 함께하기를 간절히 기다리는 매력적인 여성을 그려냄으로써, 꿈-작업이 어떻게 압축되고, 반전되었는지 그리고 사랑받지 못하고, 서투르고, 우울한 느낌의 괴로움을 어떻게 변장하고 있는지 볼 수 있었다. 그 작고 가벼운 사륜마차를 유모차로 바꾸고 어른 M을 큰 아버지처럼 아기를 만들 수 없는 질투심 많고 경쟁적인 작은 소년으로 바꾼다. 꿈-작업은 아버지가 어머니의 임신과 연관되어 있다는 사실을 부정하려고 한다. 즉, 사륜마차와 말이 서로 연결되어 있지 않기 때문에 환자는 남자와 여자를 함께 묶을 수 없다. 친숙하지만 알아볼 수 없는 이 여성은 그의 어린 시절의 어머니로서, 그의 기억과 성생활, 그리고 분석에서 어머니를 떠올리는 것을 피하려고 노력했었다. 백화점의 거대함은 그 상황에서 어린 소년인 그에게 너무 크게 보여지는 조형 표상plastic representation이다. 이것은 지금의 큰 집이 그로 하여금 지친 옛 말처럼 느끼게 하는 것과 같다. 그는 질투, 시기심, 우울함으로 가득 차 있고 스스로에게 미안해하고 있다.

    한 회기 안에 이 모든 것을 분석할 수는 없었지만, 사륜마차-아기-유모차 꿈은 다음으로 이어지는 회기들에서 현재의 우울증과 그를 분석하게 했던 어린 시절부터의 오래된 우울증이 어머니의 임신과 분만과 직접 연결되고 묶여 있다는 확신으로 이어졌다. 억압, 고립, 부정은 이 꿈 분석으로 인해 일시적으로 해소되었고 지난 몇 달 동안의 조용한 슬픔과는 대조적으로 분석회기 동안 눈물이 터지고 분노가 올라왔다. 환자의 의식적인 자아를 사용하여 유모차를 밀려고 했던 것과 관련된 기억과 정서는 우리가 꿈을 분석에서 다루기 전까지 그에게 감정적으로 접근할 수 없었던 M의 아동기 초기 갈등의 중요한 단계를 재구성하도록 하였다.

나는 M을 분석한 임상적 이야기가 꿈의 특별한 자리를 보여준다고 생각한다. 수개월 동안 환자의 행동화나 소아 우울증의 재현에 대한 훌륭한 정신분석적 작업이 통찰과 어느 정도의 이해를 제공해 주었다. 그러나 비록 그것이 사륜마차-유모차가 되는 꿈을 위한 길을 준비했다고 꽤 확신하였지만 정서적 또는 행동적 변화는 없었다. 그럼에도 숨겨진 기억과 정서에 돌파구를 만들어준 것은 꿈과 더불어 환자와 분석가가 함께 한 꿈에 대한 분석이었다. 이 분석이 있고 나서야 환자는 재건에 대한 확신과 확실성을 갖게 되었고, 이상하고 멀리 떨어져 있고 상징적으로 보이는 꿈의 요소와 현재와 과거 삶의 사건들 사이의 연관성을 명확히 이해하고 느낄 수 있었다. 나에게 이것은 꿈이 아동기의 기억과 정서 사이에 특별한 근접성을 갖는다는 확실한 증거가 되었다. 이것은 상당 부분 환자와 분석가가 자신의 역량을 활용하여 1차과정과 2차과정 사이를 오가며 서로가 외현몽 아래에 숨겨진 잠재몽의 사유에 도달하도록 도울 수 있는지에 달려있다. 환자는 자신의 자유연상으로 기여한다. 분석가는 자신이 환자인 것처럼 연상함으로써, 현재 의식 할 수 있는 환자의 생생하고 살아있는 정신 활동에 연결 또는 다리를 제공하는 방식으로 그가 발견한 것을 해석해줌으로써 기여한다. 이는 공감할 수 있고, 환자의 언어적 표현들을 시각화할 수 있으며, 환자에게 현실적이고 개연성 있는 스타일과 형태로 자신이 발견한 것을 적시에 해석할 수 있는 분석가의 능력에 달려있다(Greenson, 1960; 1966; 1967).

| 결론

꿈은 예외적이고 독특한 환자의 산물이다. 꿈은 몽자의 특별한 창작물이지만, 분석가와 환자가 환자의 자유연상과 분석가의 해석을 통해 함께 분석을 할 때에만 꿈의 의미가 완전히 이해될 수 있다. 환자의 꿈을 가지고 효과적으로 분석하기 위해 분석가는 자신의 이론적인 관심과 개인적인 호기심을 내려놓아야 하고 그 당시 환자의 정신적 삶에 살아있고 접근할 수 있는 지배적인 것과 접촉을 시도해야 한다. 분석가는 마치 환자의 삶을 살아온 것처럼, 환자의 자료를 갖고 공감적으로 연상해야 한다. 그러고 나서 그는 환자가 꿈사고를 원초언어로 표현해서 얻은 꿈 이미지들을 다시 사유, 관념, 의식의 언어로 해석해야 한다. 마지막으로, 그는 이 모든 것이 환자의 의식적이고 합리적인 자아를 위해 가치가 있을 것인지 그리고 어떻게 그것을 환자에게 효과적으로 말할 수 있는지 자문해야 한다.

교육 및 감독 분석가가 환자의 꿈을 분석할 수 있는 능력이 있다면 환자에게 분석된 것을 효과적으로 전달할 수 있는 능력은 분석가 자신의 개인분석과 임상 작업 감독에서 학습될 수 있다. 만약 저술가가 숙련된 교사이고 자신의 경험에서 임상적인 예를 사용한다면, 낮은 정도이기는 해도 이 능력이 꿈의 세미나에서 심지어 책과 논문을 통해서도 학습될 수 있다. 우리는 무의식적인 정신 활동의 형태와 내용에 편안해 하지 않거나 익숙하지 않은 사람들에게는 꿈의 해석을 가르칠 수 없다. 꿈의 형성, 자유연상, 해석의 혼합 속에서 아름다움과 재치에 눈과 귀가 먼 사람들도 꿈의 해석을 가르칠 수 없다.

꿈을 분석하는 일은 환자와 분석가에게 엄청난 요구를 한다. 어떤 의미에서 꿈은 환자의 가장 친밀하고 이해하기 힘든 창조물이다. 그것은 매우 쉽게 잊혀진다! 그러고 나서 환자는 그의 정신분석가 앞에서 이 이상한 자료의 다른 요소들과 더불어 가능한 자유롭게 연상하도록 요청받는다. 그는 예기치 않게 표면으로 떠오른 숨겨진 내용물을 드러내고 싶은 욕망과 감추고 싶은 욕망 사이에 서게 될 것이다. 분석가는 환자의 1차과정과 2차과정, 그리고 분석가 자신의 1차과정과 2차과정 사이를 오가며 자유로이-떠다니는 연상free-floating association에 주목하며 들어야 한다. 결국 분석가는 환자가 이해할 수 있고, 의미를 느끼는 생생한 말로 자신의 관념을 공식화해야 한다. 때때로 그는 '나는 그 꿈을 이해할 수 없어요. 아마도 우리는 언젠가 이해하게 되겠죠.'라고만 말한다.

일부 정신분석학자들은 꿈 해석의 기법을 배우는 데 특별한 어려움을 겪기 때문에 꿈의 특별한 자리를 부정한다. 다른 사람들은 특정한 이론적인 확신을 강화하거나 몇몇 존경받는 선생의 신념을 공격하거나 방어하기 위해 꿈 해석의 중요성을 축소시킨다. 나는 정신분석가가 기법적 또는 이론적 편견으로 좁은 길과 막다른 길에 들어서는 유혹을 받지 않는다면, 꿈은 환자와 분석가 모두에게 무의식적인 활동에 대한 지식에 이르는 왕도라고 생각한다. 꿈의 특별한 자리에 대한 나의 확신은 매일 매일 환자들과의 분석 작업, 특히 그들의 즉각적이고 장기적인 임상 반응으로 확인되었다. 이러한 확신은 플리스(1953), 알트만(1969)의 저서, 정신분석 연간 조사(프로쉬와 로스, 1968), 정신분석 저술 지수(그롯슈타인, 1959), 정신분석 분기 누적 지수(1932-66), 시카고 정신분석 문학 지수(1953-69)에 말 그대로 수백의 분석가들이 제시한 그들의 꿈 분석에 대한 결과로 입증되었다.

두 개의 인용구를 소개하며 마치겠다. 커트 아이슬러Kurt Eissler는 나와 개인적으로 나눈 대화에서 했던 말을 표현을 바꿔 사용하도록 은총을 베풀어 주었다.

> 근면과 행운의 상황에서 분석은 모든 신경증적 증상, 행동화, 신경증적 말실수와 오류를 멈출 수 있다. 분석은 이전에 환자였던 사람을 정상의 전형으로 만들 수 있다. 그럼에도 불구하고, 그 사람은 무의식의 끊임없는 활동을 보여주는 비이성적이고 본능적인 기이한 꿈을 꾸는 것을 멈추지 않을 것이다.

그리고 다음은 1933년 프로이트가 쓴 글에서 따온 것이다.

> 주저하며 결론의 정확성을 의심하기 시작할 때, 몽자 속에서 의미도 찾을 수 없고 뒤죽박죽인 꿈을 논리적이고 이해하기 쉬운 정신 과정으로 성공적으로 변형시킨 것에서, 비로소 나는 올바른 방향에 있다는 자신감을 새롭게 발견하곤 하였다(Freud, 1933: 7).

| 참고문헌

Altman, Leon L.: *The Dream in Psychoanalysis*. New York: International Universities Press, Inc., 1969.

Arlow, Jacob A. and Brenner, Charles: *Psychoanalytic Concepts and the Structural Theory*. New York: International Universities Press, Inc., 1964.

Benjamin, John, D .: Prediction and Psychopathological Theory. In: *Dynamic Psychopathology in Childhood*. Edited by Lucie Jessner and Eleanor Pavenstedt. New York: Grune & Stratton, Inc., 1959, pp. 6-77.

Bornstein, Berta: The Analysis of a Phobic Child: Some Problems of Theory and Technique in Child Analysis. In: *The Psychoanalytic Study of the Child, Vol . III-IV*. New York: International Universities Press, Inc., 1949, pp. 181-226.

Chicago Psychoanalytic Literature Index. Chicago Institute of Psychoanalysis, 1953-69.

Dement, William C. and Kleitman, Nathan: The Relation of Eye Movements during Sleep to Dream Activity: An Objective Method for the Study of Dreaming. *J. Exper. Psychol., LIII*, 1957, pp. 339-46.

Eissler, Kurt R.: The Chicago Institute of Psychoanalysis and the Sixth Period of the Development of Psychoanalytic Technique. *J. Genet, Psychol.*, XLII, 1950, pp. 103-57.

── On the Metapsychology of the Preconscious: A Tentative Contribution to Psychoanalytic Morphology. In: *The Psychoanalytic Study of the Child*, Vol. XVII. New York: International Universities Press, Inc., 1962, pp. 9-41.

── Personal Communication.

Erikson, Erik H.: The Dream Specimen of Psychoanalysis. *J. Amer. Psa. Assn.*, II, 1954, pp. 5-56.

Fenichel, Otto: *The Psychoanalytic Theory of Neurosis*. New York: W.W. Norton & Co., Inc., 1945.

Fisher, Charles: Discussion in Panel Report on The Psychoanalytic Theory of Thinking. Reported by Jacob A. Arlow, *J. Amer. Psa. Assn.*, VI, 1958, pp. 143-53.

—— Psychoanalytic Implications of Recent Research on Sleep and Dreaming. *J. Amer. Psa. Assn.*, XIII, 1965, pp. 197-303.

—— Dreaming and Sexuality. In: *Psychoanalysis - A General Psychology*. Essays in Honor of Heinz Hartmann. Edited by Rudolph M. Loewenstein, Lottie M.Newman, Max Schur, and Albert J. Solnit. New York: International Universities Press, Inc., 1966, pp. 537-69.

Fliess, Robert: *The Revival of Interest in the Dream*. New York: International Universities Press, Inc., 1953.

Freud, Anna: *Normality and Pathology in Childhood. Assessments of Development*. New York: International Universities Press, Inc., 1965.

Freud, S.: The Interpretation of Dreams (1900-1902). *SE IV-V*.

—— Fragment of an Analysis of a Case of Hysteria (1905 (1901]). *SE VII*.

—— The Handling of Dream-Interpretation in Psycho-Analysis (1911). *SE XII*.

—— Introductory Lectures on Psychoanalysis. Part II. Dreams (1916 [1915-16]). *SE XV*.

—— A Metapsychological Supplement to the Theory of Dreams (1917 (1915]). *SE XIV*.

—— Remarks on the Theory and Practice of Dream Interpretation (1923 (1922]). *SE XIX*.

—— Some Additional Notes on Dream-Interpretation as a Whole (1925). *SE XIX*.

—— New Introductory Lectures in Psycho-Analysis (1933 [1932]). *SE XXII*.

—— Constructions in Analysis (1937). *SE XXIII*.

Frosch, John and Ross, Nathaniel, Editors: *Annual Survey of Psychoanalysis*, Vol. IX. New York: International Universities Press, Inc., 1968.

Gill, Merton M.: Topography and Systems in Psychoanalytic Theory. *Psychological Issues*, Vol. III, No. 2, Monograph 10. New York: International Universities Press, Inc., 1963.

Greenson, Ralph R.: Empathy and Its Vicissitudes. *Int. J. Psa.*, XLI, 1960, pp. 418-24.

―― That 'Impossible' Profession. *J. Amer. Psa. Assn.*, XIV, 1966, pp. 9-27.

―― *The Technique and Practice of Psychoanalysis*, Vol. I. New York: International Universities Press, Inc., 1967.

Grinstein, Alexander: *The Index of Psychoanalytic Writings*. New York: International Universities Press, Inc., 1959.

Hartmann, Ernest: The D-State. *New England J. Med.*, CCLXXIII, 1965, pp. 30-35, 87-92.

Hartmann, Heinz: Technical Implications of Ego Psychology. *The Psychoanalytic Quarterly*, XX, 1951, pp. 31-43.

Isakower, Otto: A Contribution to the Pathopsychology of Phenome-na Associated with Falling Asleep. *Int. J. Psa.*, XIX, 1938, pp. 331-345.

―― Spoken Words in Dreaming. A Preliminary Communication. *The Psychoanalytic Quarterly*, XXIII, 1954, pp. 1-6.

Kris, Ernst: On Some Vicissitudes of Insight in Psycho-Analysis. *Int. J. Psa.*, XXXVII, 1956a, pp. 445-55.

―― The Recovery of Childhood Memories in Psychoanalysis. In: *ThePsychoanalytic Study of the Child*, Vol. XI. New York: International Universities Press, Inc., 1956b, pp. 54-88.

Kubie, Lawrence S.: A Reconsideration of Thinking, the Dream Process, and 'The Dream'. *The Psychoanalytic Quarterly*, XXXV, 1966, pp. 191-8.

Lewin, Bertram D.: Reconsideration of the Dream Screen. *The Psychoanalytic Quarterly*, XXII, 1953, pp. 174-99.

―― Dream Psychology and the Analytic Situation. *The Psychoanalytic Quarterly*, XXIV, 1955, pp. 169-99.

—— *Dreams and the Uses of Regression.* Freud Anniversary Lecture Series, New York Psychoanalytic Institute. New York: International Universities Press, Inc., 1958.

—— *The Image and the Past.* New York: International Universities Press, Inc., 1968.

Loewald, Hans W.: Review of: Psychoanalytic Concepts and the Structural Theory, by Jacob Arlow and Charles Brenner. *The Psychoanalytic Quarterly*, XXXV, 1966, pp. 430-6.

Loewenstein, Rudolph M.: The Problem of Interpretation. *The Psychoanalytic Quarterly*, XX, 1951, pp. 1-14.

—— Some Remarks on Defences, Autonomous Ego and Psycho-Analytic Technique. *Int. J. Psa.*, XXXV, 1954, pp. 188-93.

Mahler, Margaret S.: On Human Symbiosis and the Vicissitudes of Individuation: Volume I, *Infantile Psychosis*. New York: International Universities Press, Inc., 1968.

—— *Psychoanalytic Quarterly Cumulative Index*, Vols. 1-XXXV, 1932-66. New York: The Psychoanalytic Quarterly, Inc., 1969.

Rapaport, David and Gill, Merton M.: The Points of View and Assumptions of Metapsychology. *Int. J. Psa.*, XL, 1959, pp. 153-62.

Schur, Helen: An Observation and Comments on the Development of Memory. In: *The Psychoanalytic Study of the Child*, Vol. XXI. New York: International Universities Press, Inc., 1966, pp. 468-79.

Schur, Max: *The Id and the Regulatory Principles of Mental Functioning*. New York: International Universities Press, Inc., 1966.

Segal, Hanna: *Introduction to the Work of Melanie Klein*. New York: Basic Books, Inc., 1964.

Sharpe, Ella Freeman: *Dream Analysis, A Practical Handbook in Psycho-analysis*. London: Hogarth Press, 1949.

Spitz, Rene A.: *The First Year of Life*. New York: International Universities Press, Inc., 1965.

Stein, Martin H.: States of Consciousness in the Analytic Situation. In: *Drives, Affects, Behavior*, Vol. II. Edited by Max Schur. New York : International Universities Press, Inc .. 1965, pp. 60-86.

Strachey, James: Editor's Introduction: The Interpretation of Dreams (1900). *Standard Edition, IV*, pp. xi-xii.

Thomer, Hans A.: Three Defences against Inner Persecution. In: *New Directions in Psychoanalysis*. Edited by Melanie Klein, Paula Heimann, and Roger E. Money-Kyrle. New York: Basic Books, Inc., 1957, pp. 282-306.

Waelder, Robert: The Problem of the Genesis of Psychical Conflict in Earliest Infancy *Int. J. Psa.*, XVIII, 1937, pp. 406-73.

Waldhorn, Herbert F., Reporter: Indications for Psychoanalysis: The Place of the Dream in Clinical Psychoanalysis. (Monograph II of the Kris Study Group of the New York Psychoanalytic Institute.) Edited by Edward D. Joseph. New York: International Universities Press, Inc., 1967.

제 3 부

꿈-공간

이 책 3부의 모든 장에서는 마수드 칸Masud Khan이 말하는 '꿈 공간'의 본질과 기능을 다룬다. '꿈 공간'은 발달 과정에서 정신 내적으로 구성되며 정신분석 과정에서 드러나거나 확보된다. 위니캇의 중간 현상의 형성에 기초하고 있는 마수드 칸은 특정한 정신 내적 구조를 '일반적인 생물학적 꿈꾸기 경험이나 상징적인 창조물로부터 분리한다.' 두 임상 사례에서 그는 분석 작업을 통해 환자들이 회복을 주는 '꿈 공간'을 구축하면서 각각의 꿈의 삶을 사용할 수 있는 능력을 증가시켰음을 보여준다. 해롤드 스튜어트Harold Stewart는 매우 불안한 여성의 분석적 진보에 대한 조사에서, 그녀에게 꿈의 기능과 꿈-공간의 관계의 변화가 있을 때 전이에 진화가 있음을 보여준다.

　　내용이 집약되어 역사적으로 영향력을 끼쳤던 한나 시걸의 논문은 특별히 상징적인 사고의 진화를 이해하려는 멜라니 클라인Melanie Klein의 기여를 언급하면서 상징적인 과정을 이해하는 것에 대한 정신분석적 기여를 정리해주고 있다. 그녀는 원초적인 정신 기제, 구체화, 그리고 방출과 관련된 상징적 동등시symbolic equation에 대한 독특한 개념을 제공한다. 그녀는 '알파기능' 또는 상징적인 정교함이 일어날 수 있는 내적 공간의 내재화인 비온의 유용한 담아주기 모델을 빌려온다. 마지막으로, 그녀는 임상 자료를 통해 어디에서 이 기능이 무너지는지, 어디에서 꿈이 정신분석적 통합의 과제를 위해 사용되지 않고 퇴출되어야 할 구체적인 대상이 되는지를 보여준다.

퐁탈리스Pontalis의 아름답게 환기되는 '대상으로서의 꿈'Dream as object은 분석가와 환자 모두를 생각나게 하는 꿈과의 관계를 기술한다. 그는 환자의 꿈이 분석가와 환자 둘 사이의 관계로 아무리 가득 차 있다 하더라도, 수면과 꿈이 경계 없는 상태를 아무리 많이 불러일으킨다 하더라도, 꿈 대상에 의해 담겨진 경계와 한계 곧 환자와 분석가 사이를 분리하는 경계표시를 강조한다. 그는 또한 '꿈이 분석에서 대상인 한, 꿈은 어머니의 몸을 가리킨다.'는 가설을 제시한다. 이 개념은 꿈의 임상적 의미, 꿈 분석의 진단 가능성, 특히 꿈 해석의 비뚤어진 사용을 이해하는 데 특정한 관점을 추가한다. 앙지외를 염두에 둔 그는 꿈 화면을 투사를 위한 표면뿐만 아니라 프로이트가 공간, 성역, 보상의 장소를 경계 짓는 것으로 개념화한 자아 경계 곧 '보호 장벽'protective shield의 표현으로도 기술한다.

제임스 갬밀James Gammill은 투사적 동일시를 안아주고 변형시키는 비온의 내재화된 담아주는 것internalized container 혹은 빅Bick의 피부 관념과 르윈의 개념화를 연결하면서, 의미있게 사용 가능한 꿈의 구성을 추적한다. 정신분석에서 '분석적 경청'의 기능은 이러한 능력을 확립할 수 있는 가능성을 만들어낸다. 그는 분열증 환자의 분석을 통해 분석적 경청의 진화를 설명한다. 갬밀에게서 확인된 연결들을 발전시키고 있는 디디에 앙지외는 그의 최근 책 『피부 자아』The Skin Ego에 수록된 '꿈의 필름'The Film of the Dream에서 '피부 자아'의 한 측면을 내면화하는 것과 꿈 화면을 연결시킨다. 피부 자아 그 자체는 담아주기, 안아주기, 보호와 자극에서 비롯된다. 여기서 꿈 화면은 민감한 덧없는 막, 즉 피부 자아의 손상을 매일 복구하려고 꿈을 담아주는 기능을 하는 시각적 싸개visual envelope가 된다. 앙지외는 위니캇, 클라인, 비온으로부터 진화되어 나온 발전들과 함께 그에 앞서 등장했던 많은 사고와 고전적인 관심사들을 함께 묶어 종합한다.

4장
정신 경험에서 꿈의 사용과 오용

마수드 칸 (M. Masud R. Khan)

꿈 해석 혹은 꿈꾸기에 대한 정신분석 이론은 최근 폴 리쾨르의 기념비적인 책 『프로이트와 철학: 해석에 관한 에세이』*Freud and Philosophy: an Essay on Interpretation*, 1965[4]에서 논의되었다. 리처드 존스 Richard M. Jones는 그의 책 『꿈꾸기의 새로운 심리학』*The New Psychology of Dreaming*, 1970에서 정신생리학 입장에서 고전적 꿈 이론을 위한 수면과 꿈꾸기에 대한 최근 연구의 의미에 대해 신중하게 논의하였다.

나는 앞서 이 책 1장에서 프로이트와 플리스 사이에 교환된 서신에 기초해 다음과 같이 제안했다.

> 프로이트가 영웅적인 자기-분석의 주관적 경험을....치료적 절차로 바꿀 수 있던 것은 추상관념에 대한 그의 천재성이었다. 이것은 분석적 환경 안에 몽자 상황의 모든 중요한 요소들을 재현하게 만들었다. 그래서 깨어있는 의식 상태에서 분석 중에 있는 사

---

[4] 역자주. 우리말로는 김동규, 박준영에 의해 『해석에 대하여』(인간사랑)라는 제목으로 번역되어 출판되었다.

람은 자아 기능과 정서적인 자유를 왜곡하는 속박 상태와 무의식
적인 정신의 동요를 전이-신경증을 통해 정신적으로 다시 경험
할 수 있다.

그러고 나서 나는 '좋은 꿈'의 개념을 제공해주었고 '좋은 꿈'을
꾸게 하는 잠자는 사람의 정신 내적 상황의 전제조건이 무엇인지 자
세히 설명해주었다. 거기서 논의했던 14개 특징 중 여기서는 내가 논
의하고자 하는 내용과 관련이 있는 2개만을 반복해 다루겠다.

1. 순수한 수면의 자기애 혹은 구체적인 현실의 만족 대신에 꿈-세
계로부터 충족을 느낄 수 있는 자아의 능력. 이 능력은 자아가
현실에서 생기는 좌절로 인한 고통을 참아내고 상징적인 만족
을 수용하는 능력을 의미한다.
2. 상징화와 꿈-작업을 할 수 있는 자아의 능력. 상징화와 꿈-작업
안에서 1차적 과정에 대항하여 충분히 역방향으로 리비도 에너
지를 부착함으로써 꿈이 정신 내적인 소통의 경험으로 유지된
다.

그 논문이 작성된 이후 10년 동안 나의 임상 작업은 분석 임상
의가 꿈과 환자가 경험한 꿈이 꿈 자체로 보고된 꿈의 의미를 찾는
것이 중요하다는 것을 진술할 필요가 있음을 밝혀 주었다. '좋은 꿈'
의 반대는 '나쁜 꿈'이 아니라, 정신 내적으로, 삶이나 분석 과정에서
나타나고 진행 중인 일부 과정의 정신 내적인 실현을 방해하는 꿈이
다. 그러므로 나는 두 가지 범주의 꿈-경험을 제시하고자 한다. 하나

는 꿈 형성에 수반되는 상징적인 과정을 사용할 수 없는 능력에 관한 것이고 다른 하나는 꿈이 실현되는 꿈-공간에 관한 것이다.

| 꿈을 꿀 수 없는 능력

모든 분석 임상의는 환자의 억압된 무의식에 접근하기 위해 꿈에 의존하며, 우리 모두는 분석 과정 동안 환자에 의해 꿈의 질과 용도의 변화를 경험한다. 꿈은 무의식적 환상과 대상관계와 접촉하게 할 뿐만 아니라 꿈이 아니라면 관찰할 수 없는 혹은 환자의 성찰적 이야기를 통해 자아의 전의식적 방어기제를 우리와 환자에게 드러나게 한다. 우리가 무의식적 자료의 주요 매개인 꿈에 대한 강조를 조금만 변경해도 현대 분석 치료의 기법에서 전이를 보다 크고 미묘하게 사용할 수 있을 것이다.

본 논문의 제목은 이미 내가 위니캇의 이론에서 빌려온 동사 '사용하다'use의 의미를 담고 있다. 위니캇의 두 글은 이 분야에서 내 사고에 큰 영향을 미쳤고 최근 몇 년 동안 내 관심을 끌었던 어떤 유형의 임상 경험을 정리하는 데 도움을 주었다. 위니캇의 두 글은 「꿈꾸기, 환상하기, 그리고 살아가기」Dreaming, Fantasying and Living와 「대상 사용과 동일시를 통해 관계하기」The Use of an Object and Relating through Identifications이다(두 글 다 『놀이와 현실』에 실려 있다). 위니캇의 논쟁의 핵심을 아주 간략하게 소개하겠다.

첫 번째 논문에서 위니캇은 공상과 '백일몽에 기인한 어떤 것'에 사로잡혀 있었던 한 중년 여성의 사례를 제시한다. 그의 자료에서 위니캇은 다음과 같이 추론한다.

꿈은 현실 세계에서 대상-관계하기와 어울리고, 현실 세계에서 사는 것은 특히 정신분석가들에게 친숙한 방식으로 꿈-세계와 어울린다. 그러나 반대로 환상하기는 에너지는 흡수하지만 꿈꾸기나 살아가기에 기여하지 않는 고립된 현상으로 남겨진다. 환상하기는 환자의 일생에 걸쳐 말하자면 아주 어릴 때부터, 그녀가 두세 살 때쯤 확립된 패턴이 변하지 않고 어느 정도 정적인 상태를 유지해왔다. 그것은 훨씬 더 이른 시기에 나타났고 아마도 엄지손가락을 빠는 것과 더불어 시작되었을 것이다.

이 두 현상들 사이의 또 다른 구별되는 특징은, 삶에 속하는 많은 꿈과 감정들이 억압되기 쉽지만, 이것은 환상하기의 접근 불가능성과는 다른 종류의 것이라는 것이다. 환상하기의 접근불가능성은 억압보다는 해리와 관련이 있다. 점차 환자는 온전한 사람이 되기 시작하고 경직되게 구조화된 해리를 떠나보내기 시작하면서, 환상하기가 항상 자신을 위해 간직해온 꼭 필요한 것이었음을 깨닫게 된다. 동시에 환상하기는 꿈과 현실에 관계된 상상화로 변한다.

그의 두 번째 논문에서 위니캇은 대상-관계하기와 대상사용 사이를 신중하게 구분한다. 그는 자신의 주장을 다음과 같이 요약한다.

대상을 사용하려면 주체는 대상들을 사용할 수 있는 능력을 발달시켜야 한다. 이것은 현실 원리로의 변화change의 일부이다.

이 능력은 타고난 것이라 말할 수도 없고, 개인 안에 이 능력의 발달이 당연한 것으로 여겨질 수도 없다. 대상을 사용할 수 있는 능력의 발달은 촉진적 환경에 의존하는 것으로 성숙 과정의 또 다른 예이다.

순서상으로는 먼저 대상-관계하기가 있고, 그 다음에 대상-사용이 있다고 할 수 있다. 그러나 그 사이에는 아마도 인간 발달에서 가장 어려운 것이거나, 후에 회복을 위해 등장하는 초기 실패 중 가장 성가신 것이 있다. 대상-관계하기와 대상-사용 사이에 존재하는 것은 주체가 주체의 전능 제어 영역 외부에 대상을 위치시키기이다. 즉, 주체가 대상을 투사적 실체로서가 아니라 외부 현상으로서 지각하는 것이며, 사실 대상을 그 자체의 실체로 인식하는 것이다.

위니캇의 이 개념들에 대해 생각할수록 나는 그것들이 환자들의 특정 유형의 꿈에 대한 이해를 위해 유용하게 사용될 수 있다는 것을 더욱 확신하게 되었다. 나는 지금까지 고통스러운 기억과 환상에 대한 정신 내적인 방어의 한 종류라고 여겼던 꿈들 또는 특별한 유형의 조적 방어 manic defence 의 변종이라고 생각되었던 꿈들을 이제는 다른 방식으로 평가하고 임상적으로 이 접근법이 도움이 된다는 것을 알게 되었다.

젊은 남성 환자의 분석 첫 몇 달 동안, 아동기의 외상적 경험과 더불어 환자가 기억과 전이에 깊이 몰입했을 때, 그는 매우 길고 복잡한 기이한 세부 내용들로 가득 차 있는 첫 번째 꿈을 보고했다. 그는 그것을 말하는 데 회기 대부분을 사용하고 나서 이렇게 말했다. '나는 선생님께 전체 꿈 중의 일부만 말할 수 있었어요. 밤새도록 꿈을 꿨는데 그 세부 내용과 사건들이 정말 생생했어요.' 그는 내 의견을 듣기 위해 잠시 멈췄고 내가 그에게 한 말은 '나는 당신이 우리의 최근 분석을 보여주는 꿈을 꾸는데 실패했다는 인상을 받았어요. 대신 이 터무니없는 여러 이미지들을 넘겨받은 것이지요. 나는 당신이 어젯밤에 잠을 제대로 잤는지 궁금하네요.' 그는 이 말에 당황했고, 사춘기 이후 평생 그런 꿈들을 꿨으며, 그 꿈들은 항상 그를 비인격적이게 하였고 질리게 만들었다고 내게 말해주었다. 더 나아가 그는 그런 꿈을 꾸고 난 후에는 잠을 전혀 못 잤다는 느낌을 항상 가졌지만 이야기 내용도 없이 더 복잡하게 강박적으로 돌아가는 끔찍한 세계에 빠져 있었다고 덧붙였다. 그렇게 많은 시간동안 그는 이 꿈들에 대해 이야기하고 싶었지만 그가 분석회기를 위해 도착했을 때는 꿈의 내용이 기억나지 않았다. 내가 어떤 꿈의 요소든 그것을 연상하도록 했더라면, 환자는 꽤 의미 있는 해석을 할 수 있는 풍부한 자료로 반응했을 것이라고 말할 수도 있다. 하지만 갑자기 나는 전체적인 꿈이 하찮은 정신적 사건이며 이 단계에서 그의 계속된 분석 과정에 크게 방해가 된다는 인상을 받았다. 여기서부터 그는 그가 읽었던 것이나 텔레비전에서 보았던 것 혹은 심지어 친구들에게서 들은 것에 대한 상상력의 공감 부족에 책임이 있다고 느낄 수 있는 매우 구체적이고 숨겨진 자신 안에 내재되어 있는 해리를 논하고 탐구하는 것이 가능해졌다. 그는 이런 종류의 즉 읽거나 듣거나 보는 동안 그의 머리를 스쳐 지나가는 기이한 이미지들의 빠른 복합체 형태의 꿈-정신작용으로 쉽게 퇴행하곤 하였다. 그는 이런 꿈에 빠져들기 위해 잠을 제대로 잘 수가 없었다고 말했다. 그가 꿈을 꾸기 위해서는 스트레스나 피곤함으로부터 그가 약간 탈인격화되는 것이 필요했다. 그리고 그는 꿈이 그의 사고와 사람들과 실제 삶의 관계에 미치는 해로운 영향을 항상 의식하고 있었다. 더욱 괴로웠던 것은 그가 사회적 관계에서조차 이런 종류의 꿈꾸기에 빠져들었고 종종 그의 친구들이 그가 하는 말을 들으면서 그가 잠자고 있는 것인지는 아닌지 언급했던 사실이었다.

내가 이런 꿈의 사용을 자위적 환상의 변형으로 해석하는 것을 단념하게 한 것은 그 안에 특별한 성적 요소나 흥분이 없다는 것이었다. 그것은 그 자체로 진정한 꿈꾸기나 환상 혹은 심지어 창조적인 사고의 기능을 빼앗는 고도로 조직화된 정신 내적 구조였다. 그것은 마리온 밀너가 레브리 상태라고 묘사한 것과는 정반대였다.

분석이 진행되면서 우리는 이 질환의 기원을 더 명확하게 볼 수 있었다. 그는 아동기 내내 얼마나 끔찍한 악몽에 시달렸는지 기억하기 시작했다. 하지만 악몽의 내용은 어느 것도 기억할 수 없었다. 악몽은 사춘기 무렵에 이르러서야 멈췄다. 환자는 긴 꿈을 보고하고 나서야 아동기의 끔찍함에 대해 이야기하기 시작했다. 그는 부유한 전문직 가정에서 자랐고 외아들이었다. 성공한 사업가였던 아버지는 알코올 중독자였고 환자는 아버지의 끝없는 알코올 분노 현장을 목격했다. 아동기 동안 어머니는 남편의 알콜 중독의 소란으로부터 벗어나기 위해 아들의 침실로 도망쳐 그곳에서 잠을 자곤 했다. 부모는 환자가 10살 때 별거에 들었고, 어머니는 아들과 함께 지냈다.

내 의도는 이런 유형의 꿈꾸기를 하게 된 복잡한 결정 요인들을 살피는 것이 아니다. 그러나 몇 가지 지적할 필요가 있다. 아동기에 경험한 급성 외상은 그로 하여금 소원 성취나 수면 연장을 위해 꿈을 사용하는 성숙한 능력을 가질 수 없게 하였다. 내가 이전 논문에서 언급했던 꿈꿀 수 있는 능력을 촉진하는 두 가지 전제조건이 그에게는 결여되어 있었다. 그는 악몽만 꿀 수 있었다. 가정 상황이 변한 사춘기에 그는 남근기 성욕과 근친상간이라는 새로운 성인의 위협에 직면해 있었다. 그는 이러한 분위기에서 리비도적 갈등과 소원 성취를 모두 부정하고, 정신의 내적 현실에서 본능의 상상적 정교함(꿈작업에 담긴 상상적 정신화의 활동)을 제한하는 길고도 기이한 꿈들을 꾸기 시작했다.

그 결과 성격에 해리가 자리를 잡았다. 그는 매우 성공적인 변호사가 된 아주 똑똑한 청년이었다. 그러다가 고객에 집중하는 능력이 약해지기 시작하면서 치료를 받으러 왔다. 처음에는 이러한 꿈의 존재를 모른 채 졸린 상태에서 꿈속으로 빠져들곤 했다. 분석이 진행되면서 매우 고통스러운 기억과 특히 분노에 대항하기 위해 해리가 방어적인 역할을 한다는 것이 아주 분명해졌다. 하지만 여기서 강조하고 싶은 것은 창의적 정신 내적 기능과 구조로 꿈을 사용할 수 없는 능력이다. 환자는 자신 안에 있는 이 구조로부터 스스로 거리를 둘 수 없었다. 그는 말 그대로 그것에 사로잡혔다고 느꼈다. 그는 꿈이 자신의 혼합물이었고 꿈 그 자체였다. 동료들이 그의 성취를 칭찬할 때 이러한 상태는 항상 그를 비현실적으로 느끼게 했다. 그는 누구에게도 '내가 일을 끝냈습니다.'라고 말한 적이 없었다. 그는 언제나 "일이 이제 끝났습니다."라고 말하였다. 그는 이러한 해리 때문에 자신이 한 일에 대한 자기 경험에서 '나는 —이다'[I am]의 지위를 확립할 수 없었다.

다음 질문은 왜 그가 퇴행적인 환상을 하는 대신 이 복잡한 꿈의 구조를 만들었을까 하는 것이다. 사실 그는 매우 빈틈없고 논리적인 사람이었다. 그에 대한 부분적인 대답은 아주 어릴 때부터 꼼꼼한 객관성을 가지고 열심히 공부할 수 있었던 그의 높은 IQ에 있다. 그는 가족 악몽에서 도망치기 위해 공부에 매진했다. 하지만 점점 더 미숙하고 전의식적이며 상상적인 과정들이 분리되었고, 사춘기가 되었을 때는 그 과정들이 정신적 현실과 자신에 대한 경험에 대해 강박적이고 비현실적인 꿈의 구조로 종합되었다.

   위니캇의 개념으로 돌아가서 나는 꿈-기제들과 꿈 자체를 정신적 경험으로 사용할 수 있는 능력은 단계에 맞는 성숙 과정들을 촉진하는 적절한 환경 제공의 결과라고 제안하고 싶다. 이 능력이 부족할 때, 꿈꾸기와 개인의 꿈 사용을 부정하는 다양하고 기이한 정신 내적 구조들이 조직화된다.

| 꿈-공간의 실현

내가 생각하는 두 번째 주장은 환자의 내적인 정신 현실에서 꿈꾸기의 과정과 꿈이 실현되는 꿈-공간을 구별해야 한다는 것이다. 프로이트의 기념비적인 연구에 의하면 꿈꾸기의 기본 기능 중 하나는 소원 성취이다. 또한 꿈꾸기는 하나의 능력이다. 그리고 꿈을 꿀 수 있는 능력은 꿈-형성의 본질인 상징적인 담론을 사용할 수 있는 특정한 자아 기능의 가용성뿐 아니라 주어진 시간 안에서 성격의 내적인 정신 환경에 의존한다(참조. 이 책 1부와 리쾨르, 1965). 나는 이 주장을 설명하기 위해 임상적인 예를 제시해 보겠다.

I 임상적 자료

약 3년 정도 분석 치료를 받고 있는 23세의 젊은 여인에 대해 보고하겠다. 그녀는 냉담하고 무기력한 사람이었고 언젠가 이상적인 연인을 만나 행복하게 살 것이라는 얼빠진 낭만적 유형의 지속적인 백일몽 상태에서 살아왔기 때문에 분석을 받아야 했다. 그녀는 이런 종류의 지속적인 백일몽에 모든 리비도를 소모했고 따라서 다른 사람들과 관계를 맺거나 기술이나 교육을 배워 경영 활동에 쓸 수 있는 에너지는 거의 남아있지 않았다. 그녀는 아름답고 매우 총명한 여인이었다. 이러한 탈인격화된 자기 몰두 상태를 제외하면 그녀는 아무런 증상도 없었고 자신에 대해 정상적이며 편안하다고 느꼈다. 분석을 시작한 지 18개월여쯤 되었을 때에 그녀의 인생에 아주 끔찍한 일이 벌어졌다. 처녀였던 이 여인은 파티에 갔다가 술에 취한 적이 있는데, 그것은 그녀에게 흔치 않은 일이었다. 그때 한 정신병적인 젊은 남자가 그녀를 집에 바래다주겠다고 차에 태우고는 아주 거칠고 갑작스런 방식으로 그녀를 유혹했다. 그녀는 다음날 분석에서 그 경험을 보고했을 때, 그 사건을 개인적인 것으로 전혀 경험하지 않았기 때문에 그것에 대한 수치심과 죄책감이 거의 없었다. 이 모든 일이 그녀에게 일어났거나, 오히려 그녀가 그런 일이 일어나도록 허락한 것이어서, 우리는 분석에서 그것을 몇 달 동안 다룰 수 없었다. 그녀는 그것을 제쳐두었고 나도 그녀를 내버려 두었다. 나는 환자 개개인이 자신의 경험에 대해 사생활 보호권을 가지고 있으며, 환자에게 어떤 일이 일어났다는 사실과 그 행동에 임상적으로나 이론적으로 잠재적인 의미가 있다고 우리가 알지만, 우리가 아는 것을 환자에게 강요할 권리가 허락되지 않았음을 분명히 알고 있다. 사건 전체가 역겹고 터무니없는 행동화인 것이 명백했지만, 환자가 정신 발달의 어떤 지점에 도달해서 그녀에게 어떤 의미인지 발견할 수 있을 때까지 설명이나 해석 없이 나는 그것을 담아주어야 한다고 생각했다. 그녀는 금욕 상태에 빠졌다.

약 3개월 전에 환자는 자신을 매우 좋아하게 된 어린 청년을 만났고 점차 그들 사이에 애정과 감정적인 관계를 발전시킬 수 있었다. 물론, 그녀는 그가 그녀와 사랑을 나누도록 허락했고, 이것은 그녀의 경험에 있어서 본능과 애정이 있는 사랑이었다. 그녀가 꿈꾸던 이 젊은이와 첫 성관계를 가졌던 밤, 이른바 그들의 성행위는 (그녀의 표현대로라면) 소위 '강간 장면'의 가장 생생한 재연이었다. 다음은 그녀가 꿈을 보고하면서 서술했던 꿈 내용이다.

내 꿈에 나는 내 방에 있고 피터는 나를 욕보이고 있다. 나는 무슨 일이 일어나고 있는지 깨닫고는 그것을 멈추었다.

나는 그녀가 '내 꿈에'라는 표현을 사용한 것에 매우 감명을 받았다. 왜냐하면 나는 그녀가 원래의 유혹 사건이 일어났던 공간이나 방 공간과는 뚜렷한 대조를 이루는 현재 꿈-공간을 언급하고 있다고 느꼈기 때문이었다. 그녀의 연상으로부터 두 가지가 아주 분명해졌다. 첫째, 부드럽게 사랑하도록 허락한 경험은 그녀로 하여금 사춘기 이후 이성애의 대상에게 본능적인 만족이나 정서적인 관계를 위해 그녀의 몸을 사용하도록 허락하지 않았던, 그녀 안에 내재되어 있던 격노와 분노에 다다를 수 있게 하였다. 그녀에게 위협적인 것은 만약 그녀가 성적인 감정을 느낀다면 그것은 그녀의 격노와 분노도 동시에 표출될 것이라는 것이었다. 이 꿈에서처럼, 강간 장면의 재연은 그녀가 남자친구와 가졌던 부드러운 감각적 경험을 못하게 한다. 그녀는 그 꿈을 꾼 것에 대해 매우 죄책감을 느꼈고 남자친구에게도 매우 슬펐다. 하지만 우리가 주중에 그 꿈을 분석하면서 그녀에게 더 중요한 꿈의 두 번째 측면이 있었다는 것이 점차 분명해졌다. 즉, 3개월 전쯤에 그녀는 자신의 꿈-공간에서 제멋대로 행동했던 경험에서 자신의 자기와 본능을 경험할 수 있었다는 점이다. 그녀는 자신의 내적 세계와 꿈-공간을 사용하여 자신의 삶-공간에서 파괴적이고 안녕과 성격에 지장을 줄 뿐인 본능적인 경험과 대상관계를 실현할 수 있는 완전히 새로운 능력에 도달했다고 느꼈고, 나도 그녀의 느낌에 전적으로 동의하였다.

이 꿈을 꾼 후 그녀에게 생겨난 중요한 변화 중 하나는 이제 모든 것이 직접적으로 위험에 처해 있다는 느낌 없이 공격적이고 적대적일 뿐만 아니라 남자친구를 향한 사랑도 참을 수 있다는 것이었다. 그녀의 성격의 모든 경직이 완화되었고 무의미한 백일몽에서 훨씬 자유로워졌고 심지어 그녀 자신의 표현으로, 그녀의 꿈-공간에서 새로운 경험을 실현하기를 기대할 수도 있었다. 이것은 지금까지 그녀에게 삶의 부재를 강요하고, 깨어났을 때 그녀에게 거의 휴식과 활력을 주지 못했던 잠의 질을 바꿔주었다.

| 논의

내 생각에 꿈-공간이라는 개념은 위니캇이 스퀴글 게임을 사용하

는 어린아이들과의 치료 상담을 보고 연구하는 것에서 점차 구체화되었고, 그는 이를 『아동 정신 의학에서의 치료 상담』*Therapeutic Consultations in Child Psychiatry*, 1971a이라는 책에서 진지하고도 생생하게 보고했다. 나는 성인들과의 임상연구를 통해 아이들이 중간 영역을 사용하여 종이에 낙서하는 것과 정확히 같은 방식으로 꿈-공간을 사용할 수 있다는 것을 발견하기 시작했다. 더 나아가 무의식적인 충동과 갈등을 표현하는 꿈꾸기의 과정과 그 꿈을 실현하는 꿈-공간을 구분하는 것이 중요했다. 나 또한 많은 환자들에게서 오랜 시간 동안 꿈꾸기의 과정은 그들이 사용할 수 있지만 꿈-공간은 그럴 수 없다는 것을 점차 깨닫기 시작했다. 그래서 그들은 꿈에서 만족감을 거의 얻지 못하고 꾼 꿈의 경험적 현실에 대한 감각이 매우 떨어진다. 이러한 맥락에서, 꿈 과정을 지나치게 자세히 설명하는 것은 환자 안에 꿈-공간을 세울 수 없도록 차단하기 때문에 꿈 내용에 대한 임상적 해석을 최소한으로 줄이는 것이 바람직하다. 더군다나 내가 임상경험에서 배운 것은 환자들이 그들의 내적 현실 안에 꿈-공간을 형성할 수 없을 때, 꿈들을 행동화하기 위해 사회적 공간과 대상관계를 이용하는 경향이 있다는 것이다. 나는 이 자리에서 꿈-공간에서 실현되는 꿈이 사회적-공간에서 꿈들을 행동화하는 것을 막는다고 제안한다. 환자의 꿈-공간에서 실현되는 꿈은 꿈의 경험 그리고 본능과 대상관계를 통해 꿈 경험 안에 수반된 모든 것의 성격화 personification로 이끌어 간다.

내 생각에 따르면, 꿈-과정은 인간의 정신에서 비롯된 생물학적인 것이지만 꿈-공간은 유아 돌봄과 환경적 안아주기에 의해 촉진된 성격 안에 있는 발달 과정의 성취다. 나의 또 다른 제안은 꿈-공간은 위니캇이 아이가 자신의 자기와 외부 현실을 찾기 위해 만든 중간 영역으로서 개념화했던 것과 동등한 내적인 정신 공간이라는 점이다.

나는 또한 버트램 르윈(Bertram Lewin, 1946)의 교훈적인 꿈 화면 개념과 꿈-공간 개념을 구분하고 싶다. 꿈 화면은 꿈의 이미지가 투사되는 곳이고 꿈-공간은 꿈-과정이 경험적인 현실로 실현되는 정신 영역이다. 그 둘은 서로 보완적이긴 하지만 구분되는 정신 구조들이다.

꿈을 꿀 수 없는 능력 및/또는 꾸어진 꿈을 담을 수 없는 능력이 우리 환자들에게 행동화하도록 이끈다는 것은 일반적으로 받아들여지는 분석 개념이다. 나는 환자가 꿈을 행동화하여 사회적 공간으로 가져가는 것은 꿈-과정의 경험을 실현할 수 없을 만큼 꿈-공간을 활용할 수 없기 때문이라고 생각한다. 나는 또한 환자가 강박적으로 꿈을 꾸고 그것을 분석에서 보고하는 것은 특별한 유형의 행동화라 생각한다. 이러한 행동화는 환자의 내적 정신적 현실에서 꿈-공간의 부족을 숨긴다.

꿈-공간에 대한 가설은 한 개인이 특정한 유형의 경험을 실현하는 특정한 정신 내적 구조로 제시된다. 이러한 유형의 현실화는 꿈꾸기의 일반적인 생물학적 경험과 상징적인 정신 창조물로서의 꿈과는 차별화된다. 임상자료가 이 가설의 설명을 뒷받침한다.

꿈-공간에서 그러한 경험을 성격 안에 실현할 수 있는 정신 능력이 무의식적인 내적 갈등의 행동화를 줄일 수 있게 한다는 주장도 있다.

| 참고문헌

Freud, S. (1900) The Interpretation of Dreams, *Standard Edition of the Complete Psychological Works of Sigmund Freud, SE* 4/5.

Khan, Masud (1962) 'Dream Psychology and the Evolution of the Psychoanalytic Situation', *International Journal of Psycho-Analysis* 43: 21-31.

Lewin, Bertram (1946) 'Sleep, the Mouth and the Dream Screen', *The Psychoanalytic Quarterly* 15: 419-34.

Ricoeur, P. (1965) *Freud and Philosophy*, New Haven, CT: Yale University Press (1970).

Winnicott, D. W. (1951) 'Transitional Objects and Transitional Phenomena', in *Playing and Reality*, London: Tavistock (1971).

—— (1971a) *Therapeutic Consultations in Child Psychiatry*, London: Hogarth press.

—— (1971b) *Playing and Reality*, London: Tavistock Publications.

5장
꿈의 기능

한나 시걸(Hanna Segal)

어니스트 존스Ernest Jones는 그의 삶이 끝날 때까지 프로이트는 『꿈의 해석』The Interpretation of Dreams을 자신의 가장 중요한 저술로 생각했다고 말한다. 놀랄 일이 아니다. 『히스테리 연구』Studies on Hysteria가 증상의 의미를 드러냈다면, 우리에게 보편적인 꿈-세계와 꿈-언어에 대한 이해를 열어준 것은 꿈에 대한 그의 연구였다. 왜냐하면 꿈의 구조는 성격의 구조를 반영하기 때문이다. 다음은 고전적인 꿈의 이론에 대한 간략한 개요다.

억압된 소원은 간접적인 표상, 전치, 압축, 그리고 상징의 사용으로 꿈에서 성취된다. 프로이트는 이 상징들을 다른 간접 표상 수단과는 약간 다른 범주에 넣었다. 꿈-작업은 이 과정에 투입되는 정신적 작업이다. 꿈-작업을 통해 억압하는 힘과 억압된 힘 사이에 타협이 이루어지며, 금지된 소원은 억압 기관을 방해하지 않고 성취될 수 있다. 프로이트는 후기 연구에 맞추어 꿈의 이론을 수정하지 않았다. 예를 들어, 그는 자신의 꿈에 대한 관점이 본능의 이중성과 리비도 환상과 파괴적 환상 사이의 갈등이라는 그의 공식에 의해 어떻게 영향을 받았는지 우리에게 말하지 않았다. 또한 꿈에 대한 기본적인 공식을 제시할 당시에 프로이트는 아직 훈습의 개념을 사용할 수 없었다. 나는 꿈을 단지 타협에 불과한 것으로 인식하는 것에 대해 다소 불안감을 느낀다. 꿈은 그저 신경증 증상과 동등한 것이 아니다. 꿈-작업 또한 정신적 훈습의 작업이다. 이는 분석 과정에서 '좋은' 꿈이 나타날 때 왜 분석가가 만족해하는지를 해명한다.

꿈의 기능에 대한 고전적인 이론은 적절한 억압과 꿈꾸기의 정신적 활동을 수행할 수 있는 자아를 당연하게 여긴다. 내 생각에 이것은 자아가 내적 문제들을 어느 정도 해결해 나갈 수 있다는 것을 암시한다. 또한 고전적인 이론은 상징화 능력도 당연하게 받아들인다. 우리가 정신분석적 연구를 확장해 가다보면, 꿈꾸기가 의존하고 있는 이 기능들이 방해받거나 불충분한 것으로 경험되는 환자들을 만난다.

우선 나는 상징화에 대해 몇 가지 말하겠다. 프로이트는 상징의 존재를 보편적이고, 바꿀 수 없는, 주어진 것으로 생각했다. 그가 융과 스위스의 분석학파와 결별하기 전에 특별히 더 그랬다. 존스는 상징의미symbolism에 관한 논문에서 스위스 학파와의 주요 단절을 언급했다. 그는, 비록 명시적으로 언급하지는 않았지만, 상징화는 억압과 관련된 정신적 작업을 수반한다는 것을 암시했다. '억압된 것만이 상징화 되고, 억압된 것만이 상징화 될 필요가 있다.' 멜라니 클라인(1930)은 이후 큰 발걸음을 내디뎠다. 그녀는 상징 형성에 관한 논문에서 상징을 형성할 수 없거나 사용할 수 없는 자폐아 소년에 대한 분석을 소개했다. 그녀의 관점에서 보면, 어머니의 신체에 대한 관심의 억압과 전치로 인해 상징화가 일어나게 되고, 이로써 외부 세계의 대상들은 상징적 의미를 부여 받게 된다. 딕의 사례에서, 어머니의 몸에 대한 환상화와 가학적이며 투사적인 공격이 그에게 마비될 정도의 불안감을 유발하여 상징화 과정이 정지되고 어떤 상징 형성도 일어나지 않았다. 그 아동은 말하거나 놀거나 관계를 형성할 수 없었다. 나는 이 현상들을 더 탐구하여 상징적 동등시 symbolic equation 혹은 정신증의 구체적인 사고 특성의 정신 역동을 기술하였다. 나는 또한 승화와 의사소통의 목적에 적합한 본래적 상징을 기술하였다. 간단히 말해서, 이 이론은 투사적 동일시가 우세하여 자아가 대상과 동일시되고 혼동될 때, 자아의 창조물인 상징이 상징된 것과 더불어 동일화되고 identified 혼동된다는 것이다. 상징과 상징된 대상은 구체적인 사고를 낳으면서 동일한 것이 된다. 분리와 분리성이 허용되고 훈습될 때에만 상징은 대상과 동등시되기 equated 보다는 대상의 표상이 된다. 내 생각에 이것은 완전한 우울적 발달, 즉 그 상징이 애도 과정의 침전물이 되는 것을 암시한다. 자아와 대상 간의 관계의 교란은 자기, 상징된 대상, 그리고 상징 사이의 관계에서의 교란에 나타난다. '상징적 동등시'와 '상징'이라는 용어들은 제8장 [초판 출판물]에서 좀 더 충분히 다뤄지고 논의될 것이다.

나는 존스의 '억압된 것만이 상징화될 필요가 있다' only what is repressed needs to be symbolized 라는 말에 '적절히 애도될 수 있는 것만이 적절히 상징화될 수 있다 only what can be adequately mourned can be adequately symbolized'라는 말을 더한다. 따라서 구체적이지 않은 상징 형성의 능력은 그 자체로 자아의 성취, 곧 프로이트의 이론이 말하는 꿈의 종류를 형성하는데 필요한 성취이다.

우리는 정신증, 경계선, 정신병에서 꿈이 이런 방식으로 기능하지 않는다는 것을 안다. 급성 정신증자에게는 종종 환각과 꿈 사이가 구분되지 않는다. 사실 그에게는 잠든 상태와 깨어있는 상태가 명확히 구분되지 않는다. 꿈이라는 이름으로 통할 수 있는 망상, 환각, 야간 사건들도 때로는 동일한 정신적 가치를 가질 수 있다. 급성적인 상태는 아니라도 정신증적 과정이 일어나면, 꿈은 현실적이고 구체적인 사건으로 경험될 수 있다. 비온(1958)은 꿈에 분석가가 나타난 것 때문에 공포에 떨고 있는 환자의 경우를 보고하면서, 이것을 분석가를 실제로 집어삼켰다는 증거로 받아들였다. 꿈은 대변과 동일하고 배설 목적으로 사용될 수 있다. 또는 미세한 내부 파편이 발생했을 때, 꿈은 소변의 흐름으로 경험할 수 있고 환자는 요실금 사고에 대해 꿈을 꾸는 것에 반응할 수 있다(Bion, 1957). 환자는 자기와 대상의 원치 않은 부분들을 해결하기보다는 제거하기 위해 꿈을 사용할 수 있고, 분석에서는 투사적 동일시를 위해 이들을 사용할 수 있다. 우리는 꿈을 가지고 와서 홍수가 나게 하고 흘러넘치게 하여 분석가와의 관계와 분석을 방해하는 환자들에 아주 익숙해 있다.

나는 두 명의 경계선 정신증 환자들에게서 이러한 유형의 꿈의 기능을 관찰할 기회를 가졌는데, 그들은 꿈을 많이 꾸었지만 주의를 기울여 주목해야 했던 것은 꿈의 내용보다는 기능이었다. 이 환자들에게 꿈은 종종 구체적인 사건으로 경험되었다. 이것은 특히 내 여자 환자에게서 분명하게 나타났다. 편집증적인 방식으로 걸핏하면 싸우려 들었던 이 여성은 X나 Y, 또는 때때로 나에게 공격당하는 꿈을 꾸곤 했다. 만약 내가 꿈의 어떤 측면을 이해하려고 노력하려 하면, 그녀는 꿈에서의 사건을 완전히 실제 사건처럼 생각하면서, 분개하여 '하지만 나를 공격한 것은 X나 Y나 당신이야!'라고 말하곤 하였다.

그녀는 그 꿈을 꿨다는 사실을 전혀 인식하지 못하고 있었다. 이와 유사하게 한 남자가 그녀를 뒤쫓는 야한 꿈을 꾸었을 경우 그녀는 실제로 꿈에 나타난 내용이 그의 사랑을 증명하는 것으로 느꼈다. 사실 그녀의 꿈은, 비록 꿈이라고 불렸지만, 그녀에게는 꿈이 아니라 현실이었다. 여기에서 그들은 그녀의 삶에서 병행하는 또 다른 정신 현상을 만났는데, 그녀는 비슷한 오해의 소지가 있는 단어를 사용했다. 그녀는 이상하고 기이한 성적 환상을 경험했고 그것들을 '환상'이라고 자유롭게 이야기했지만, 만약 누군가가 이것들에 대해 더 자세히 물어본다면, 이것들은 환상^{phantasies}이 아니라 환각^{hallucinations}으로 판명될 것이었다. 그 환각들은 실제 경험으로 느껴졌다. 예를 들어, 그녀는 페니스가 질에 끼었다고 느꼈기 때문에 매우 어색하게 걸었다. 그녀가 누군가와의 관계를 상상할 때, 그녀는 '판타스'^{phantas}라는 단어를 사용했지만, 사실은 그것이 현실인 것처럼 믿고 행동했다. 예를 들어, 그녀는 사실 성생활이나 관계가 없는데도, 내가 자신의 성생활을 시기하고 있고 그녀의 관계를 망치고 있다고 비난했다. 그래서 그녀가 '환상'이라고 불렀던 것과 '꿈'이라고 불렀던 것은, 비록 약하게 부인했지만, 사실 현실로 경험되었다. 소위 이런 꿈들은 끊임없이 외부 현실 상황을 침범했다. 예를 들어, 그녀는 내 방의 가스 냄새에 대해 불평했는데, 나중에 알고 보면 그녀가 풍선을 터뜨리거나 폭탄을 터트리는 꿈을 꾸었다는 것이 밝혀졌다. 꿈에서 일어난 배설은 현실 지각을 침해하는 것처럼 보였다.

이러한 구체화된 꿈들은 특히 방출의 목적에 적합하다. 이것은 특히 작은 공책에 자신의 꿈을 상세하게 기록하곤 했던 남자 환자에게서 분명히 드러났다. 그는 여러 권의 공책을 보관하고 있었다. 예를 들어, 어머니의 죽음 이후에 어머니를 이겨내고, 공격성, 죄책감, 상실에 대한 꿈을 꿨지만, 의식적인 삶에서는 어머니를 향한 애도가 충분히 없었다. '꿈속에서 어머니에 대한 감정을 없앴네요.'와 같은 해석이 꿈에 대한 어떤 상세한 분석보다 그의 정서에 대한 의식적인 경험을 일으키는데 더 효과적이었다. 그는 마음에서 그에게 아픔을 주는 부분을 없애기 위해 꿈을 사용하고 있었다. 그는 아픔의 감정을 공책에 풀어 옮겨 놓았다. 통찰도 비슷한 방식으로 다루었다. 통찰이 있는 회기가 끝나고는 종종 그것과 밀접하게 관련이 있는 것처럼 보이는 꿈이 뒤따랐다. 다른 환자들에게 있어서 이러한 종류의 꿈은 보통 훈습의 단계이다. 그러나 이 환자의 경우, 그러한 꿈은 종종 이전 회기를 꿈으로 만들어 그 회기에 대한 생각을 버림으로써 이전 회기에 느꼈던 모든 감정을 제거한다는 그런 의미였다.

마찬가지로, 이 여성 환자에게서 꿈은 방출 과정의 일부였다. 예를 들어, 내 방에서 가스 냄새가 난다고 불평하면서, 그녀는 가스를 방으로 배출하였다.

두 환자의 꿈은 매우 부실하고 조잡한 상징화로 특징지어 있었다. 나는 마음과 바깥세상 사이에 차이가 없는 것처럼 펼치는 그들의 경험의 구체성과 현실의 침범에 의해 충격을 받았다. 그들에게는 꿈이 담길 수 있는 내적 정신 영역이 없었다. 칸(Khan, 1972)은 위니캇의 중간 영역 개념을 자세히 설명하였고 이 개념을 꿈-공간으로 묘사했다. 이런 점에서, 나는 비온에게서 정신 기능에 대한 가장 유용한 모델, 특히 그의 알파요소와 베타요소 그리고 투사적 동일시를 담아줄 수 있는 어머니에 대한 개념을 발견했다.

비온은 정신 기능의 알파요소와 베타요소를 구분했다. 베타요소는 투사적 동일시에만 적합한 날것의 지각 및 감정이다. 이러한 경험의 날것 요소들은 제거되어야 한다. 베타요소들은 알파기능에 의해 알파요소로 변형 된다. 알파요소들은 기억에 저장될 수 있는 요소들로서 억압될 수 있고 분석될 수 있다. 그들은 꿈 사유의 상징화와 형성에 적합하다. 이 말을 이해하건데, 베타요소는 기이한 대상이나 구체적인 상징이 될 수 있다. 나는 이들 기이한 대상과 구체적인 상징을 정신증 유형 꿈의 요소라고 생각한다. 알파요소는 신경증적이고 정상적인 꿈의 자료다. 알파기능 또한 정신 영역과 연관되어 있다. 비온의 모델에서 유아의 첫 번째 기능 양식은 투사적 동일시에 의한 것이다. 이것은 죽음 본능으로 방향을 바꾼 프로이트의 관념과 클라인의 투사적 동일시 개념을 정교화한 것이다. 유아는 불편함과 불안을 어머니에게 투사함으로써 그것들을 다룬다. 이것은 단지 환상 작용만이 아니다. 좋은 어머니는 유아의 불안에 반응한다. 투사적 동일시를 담아줄 수 있는 어머니는 자신의 무의식 안에 투사를 변형하여 적절히 반응해 줌으로써 불안을 줄여주고 그 불안에 의미를 부여해 줄 수 있다. 이 상황에서 유아는 어머니 대상을 불안, 갈등 등을 담아낼 수 있는 자로 내사하여 그것을 의미있게 발전시킨다. 이 내재화된 담아주는 것은 정신적인 공간을 제공하며 이 공간에서 알파기능이 수행될 수 있게 한다. 정신적 공간을 바라보는 또 다른 방식은 그 공간이 담아주는 것 안에 있다는 것을 보는 것일 것이다. 담아주는 것 안에 알파기능이 일어날 수 있고, 1차과정들이 2차과정들로 만들어지기 시작한다. 그것을 바라보는 또 다른 방법은 알파기능이 발생할 수 있는 담아주는 것 안에서 1차과정이 2차과정으로 정교해지기 시작하는 것이다. 담아주는 것과 알파기능의 실패는 꿈-작업을 수행할 수 없게 하고, 그렇게 되면 구체적인 것을 포함한 정신증적 꿈들이 출현한다.

꿈꾸기의 기능과 그 실패가 구체화 된 것을 생생하게 보여주는 예를 하나 들어보겠다. 이 자료는 특별하게 재능 있고 능력 있지만 성격의 정신증적 부분과 끊임없이 투쟁하고 있는 남자에게서 나온 것이다. 금요일에는 환자가 큰 안도를 표하며 그 분석회기의 모든 것이 그에게 좋은 반향을 불러일으켰다고 말하면서 마쳤다. 월요일, 그는 매우 심란해져서 분석회기에 왔다. 금요일 오후와 토요일 아침의 일과는 매우 좋았지만 토요일에 꾼 꿈이 그를 매우 심란하게 했다고 말했다. 꿈의 첫 부분에서, 그는 스몰 부인과 함께 있었다. 그녀는 침대에 있었고 그는 그녀를 가르치거나 치료하고 있었다. 어린 여자 아이도 있었다(여기서 그는 말끝을 흐렸다). 글쎄, 젊은 소녀일 수도. 그녀는 그와 함께 있는 것을 매우 즐거워했다. 아마도 약간 섹시했을 것이다. 그때 갑자기 누군가 푸드 트롤리 a food trolley와 커다란 첼로를 방에서 치웠다. 그는 겁에 질려 잠에서 깼다. 그는 자신을 놀라게 한 것은 꿈의 첫 부분이 아니라 두 번째 부분이었다고 말했다. 그는 그 꿈이 내적 구조의 상실과 관련이 있다고 느꼈다. 일요일에도 여전히 분석을 할 수 있었지만, 그는 그의 분석에 깊이와 공명이 부족하다고 느꼈고 무언가 매우 잘못되고 있다고 느꼈다. 일요일 한밤중에. 꿈을 꾸고 깨어났지만, 꿈을 붙잡을 수가 없었고 대신 허리의 아래 부분, 아마도 등의 잘록한 부분에 통증이 있음을 알게 되었다.

그는 꿈에 등장한 스몰 부인이 그를 심란하게 한 것은 아니라고 말했다. 왜냐하면 그는 꿈을 빨리 꿰뚫어 볼 수 있었기 때문이었다. 꿈에 대수롭지 않게 여기는 스몰 부인은 과거에 그가 클라인 부인을

173

얕잡아 보았던 것을 표상하고 있었다(클라인klein = 작은small). 그는 그것을 이해했고 꿈에 나온 스몰 부인은 환자이면서 성적 매력이 있는 작은 소녀로 변한 나를 표상한다고 추측했다. 그는 그것이 시기심이 담긴 공격이라고 생각했다. 왜냐하면 금요일에 그는 나에게서 많은 도움을 받았다고 느꼈기 때문이다. 그러고 나서 그는 첼로와 관련해 몇 가지 연상을 하였다. 그는 첼로를 갖고 있는 조카딸이 있었고, 첼로 연주자 카살스와 다른 몇 사람들에 대한 존경심이 있었다. 이것은 나로 하여금 잠정적으로 첼로가 매우 양성애적인 악기인 것 같다는 제안을 하게 했다. 그 해석은 다소 별 의미가 없어보였다. 오히려 나의 주목을 끈 것은 그가 첼로가 주변에서 가장 큰 악기 중 하나라고 말하고 나서 내가 아주 깊은 목소리를 갖고 있다고 말했던 부분이었다. 그를 놀라게 한 또 다른 것은 그가 꿈에서 깨어났을 때 우리가 분석회기에서 무슨 이야기를 하고 있었는지 기억할 수 없었다는 점이었다.

첫날 밤 꿈으로 표상되었던 모든 상황이 둘째 날 밤에 구체적으로 일어난 것 같았다. 나를 스몰 부인으로 바꿈으로써 그는 깊은 반향을 가진 내면화된 악기로서 나를 상실했다. 첼로는 환자의 투사를 담아낼 수 있고, 좋은 반향을 줄 수 있는 깊은 반향을 가진 어머니를 표상했다. 이 악기의 상실과 함께, 상황에 대한 즉각적인 구체화가 있었다. 토요일 밤 꿈에서 그는 나를 스몰 부인으로 바꿔서 업신여겼다. 이것은 '주변에서 가장 큰 악기 중 하나'인 첼로의 손실로 이어졌다. 그는 불안한 채 잠에서 깨었다. 불안을 담아주고 자세히 설명할 수 있는 꿈의 기능이 실패하기 시작했다. 다음날 밤, 그는 꿈 대신에 등의 잘록한 부분이 아팠다. 지금은 훨씬 덜해진 저-체온증은 한때 대표적인 정신증적 이상 증상이었다. 반향하는 악기로 표상된 분석가의 담아주기의 기능에 대한 공격은 환자 자신의 반향(이해의 깊이)과 기억을 상실(회기를 기억할 수 없었음)하는 결과를 초래했다. 이 일이 일어났을 때, 그는 구체적인 신체적 증상만 경험할 수 있었다. 꿈에서 스몰 부인으로 표상된 그 멸시받은 분석가는 그의 등 아래 부분인 허리에 구체적인 아픔이 되었다.

나는 최근에 앞서 언급한 두 명의 경계선 환자에 의해 현저하게 나타난 경계선 현상에 주목했다. 두 환자 모두 내가 예상한 꿈을 자주 가지고 왔다. 그들의 꿈은 행동을 예측했고, 꿈꾼 것은 행동화되어야만 했다. 물론 모든 꿈이 어느 정도까지는 실행된다. 그 꿈은 문제들과 해결방안도 비슷한 삶의 수단으로 표현한다. 하지만 이 환자들에게서 꿈의 행동화는 문자 그대로 아주 세밀하게 수행되었다. 예를 들어 남자 환자는 종종 분석에 늦게 도착했고, 놀랍지 않게도 꿈에서도 종종 늦는 꿈을 꿨다. 그의 꿈의 예측적인 성격이 내 관심을 끌었던 것은 꿈이 그의 지각 시간을 예측하게 해주는 특별한 정밀함이었다. 그는 2분, 6분 또는 45분 늦게 와서 그럴듯한 이유를 대곤 했지만, 분석회기 후반부에 실제로 그날 정확히 늦었던 그 시간 동안 꿈에 식사나 회의에 늦는 꿈을 보고하곤 했다. 나는 아침에 먼저 그가 말한 것들을 꼼꼼히 적었기 때문에 그가 꿈에 대한 사후 해석을 내게 해준 것이라고 생각하지 않는다. 또 주말 활동 계획이 담긴 목요일이나 금요일 꿈이 어떤 활동을 대신하는 꿈이 아니고, 종종 정확한 세부 사항으로 수행되었다. 물론 이것은 주말 전의 꿈에 대한 나의 분석의 실패였을 수도 있다. 다른 환자도 분석가에게 경고를 하고 도움을 받기 위해 유사한 행동 계획을 가지고 오기도 한다. 이때 효과적인 분석은 행동으로 옮길 필요를 없애준다. 하지만 이 환자의 강박관념에는 꿈을 행동화하려는 강력하게 자동적인 어떤 것이 있어서 분석가가 꿈을 다루지 못하게 한다. 종종 그는 주말이 지나서야 그 꿈을 보고하곤 했다.

어느 여성 환자에게서, 이러한 예측된 꿈들은 특히 편집증적인 드라마와 관련이 있었다. 내가 익숙하게 된 일종의 소동이 있었다. 그것은 내 대답에 전혀 영향을 받지 않는 놀라운 자동 진행으로 특징 지어졌다. 분석회기는 다음과 같은 방식으로 진행될 수 있었다. 그녀는 비난의 목소리로 '당신이 나를 보고 얼굴을 찌푸렸어요.'라고 말하곤 했다. 내가 시도했던 응답은 여러 번 있었다. 예를 들어, 나는 '당신이 어제 문을 쾅 닫아서 내가 당신에게 찡그렸던 것에 두려워하고 있는 것이지요.'라고 해석할 수 있었다. 아니면 '내가 무엇 때문에 얼굴을 찌푸리고 있다고 생각하세요?'라고 물어볼 수도 있었다. 여기서 그녀가 이렇게 대답할지도 모른다. '내가 문을 쾅 닫아서 선생님이 나를 보고 얼굴을 찌푸렸군요.' 아니면 나는 침묵을 지키고 상황의 진전을 기다릴 수도 있지만, 내 침묵은 내가 그녀에게 몹시 화가 났다는 것을 확인하는 것으로 받아들여질 것이다. 그렇게 되면 나의 침묵은 '선생님은 나에게 얼굴을 찌푸릴 뿐만 아니라, 이제는 더 심각하게 침묵까지 하시네요.'라는 말이 될 것이다. 나는 '얼굴을 찌푸리지 않았다.'고 말한 적은 없지만, 나는 그녀에게 그녀의 지각이 잘못 인식할 수도 있음을 지적하려고 노력했다. 이것은 상황을 더 악화시킬 수밖에 없었다. 왜냐하면 지금 나는 얼굴을 찌푸렸을 뿐만 아니라, 그녀가 화가 나 있다고 그녀 탓을 한 것이 되었다. 어느 경우든, 나는 내 반응이 전혀 적절하지 않다고 느꼈고, 어떤 역할이 내게 배정되든, 싸움은 완전히 자동으로 지속될 것이라고 느꼈다. 하지만 어느 순간, 어떤 근본적인 불안감에 대한 해석이 나올 때면, 그녀는 나에게 꿈을 말하곤 했다. 그러고 나서 우리가 분석회기에서 해야 할 말이 그녀가 꿈에서 실제로 나나 그녀의 어머니, 아버지 또는 선생님과 같이 어떤 전이 인물과 했던 말들 속에 거의 똑같이 반복되어 나왔다. 하지만 내게 꿈을 말해주는 해석에 대한 이러한 반응은 적어도 한동안은, 그 논쟁이 진로를 벗어났을 때만 일어났다. 분석회기 앞부분에서 했던 다른 유사한 해석은 무시되거나 논쟁이 되었다. 이제, 나는 그 역전이의 특정한 느낌을 인식하게 되었다. 마치 남의 악몽에 빠진 꼭두각시가 되어 배정된 역할, 대개 박해자의 역할 외에는 아무것도 할 수 없는 것과 같았다. 그래서 나중에 이런 식으로 말다툼이 시작되면, 나는 '당신이 꿈에서 나나 나 같은 사람과 다퉜어요.'라고 간단히 말하곤 했고, 가끔은 이것이 그녀가 그 분석회기에서 행동화로 가져갈 필요를 없애주었다. 그것은 마치 두 환자의 예측적 꿈에서 비온(1963)이 말한 '정의적 가설'definatory hypothesis로 기능하는 것과 같았다. 그들은 분석회기가 어떻게 전개되어야 할지 상세하게 정의했다.

    나는 남자 환자에게서 묘사한 것과 같은 꿈인지, 아니면 그 여자가 경험한 꿈인 것처럼 현실로 흘러들어간 꿈인지, 이들 배설하는 꿈들과 예지몽이 어떻게 다른지 궁금했다. 나는 그들이 다소 다르다고 생각한다. 나는 배설하는 꿈이 실제로 환자의 내적 지각으로부터 무언가를 성공적으로 배설한다고 생각한다. 그래서 내 환자가 그의 어머니를 애도하는 꿈을 꾼 후에, 그는 어머니를 애도할 필요가 없었다. 하지만 예지몽은 배설에 완전히 성공하지는 못하는 꿈으로, 환자가 그 꿈을 실행에 옮겨 없애야만 하는 나쁜 대상처럼 환자의 정신에 머물러 있는 것처럼 보인다. 꿈이 꾸어지고 그 꿈이 행동으로 실현되고 나서야 배설이 완료되는 것 같다. 이것은 그 여자 환자에게서 매우 두드러졌다. 꿈을 말하면서 논쟁을 통과하고 해석을 얻게 되는 것은 그녀에게 엄청난 안도감을 주었지만, 나는 그 안도감이 실제로 습득한 통찰 때문이라고 좀처럼 확신하지 못했다. 그것은 오히려 완전한 배설의 느낌 때문인 것 같았다.

결론: 우리는 프로이트에 의해 열린 꿈의 세계를 이해하는 가능성을 결코 다 소진했다고 볼 수 없지만, 우리의 관심은 꿈의 내용보다는 꿈의 형식과 기능에 점점 더 끌리고 있다. 꿈의 형식과 기능이 자아의 기능에서 혼란을 성찰하고 조명하도록 돕는다.

| 참고문헌

Bion, W.R. (1957). Differentiation of the Psychotic from the Non-psychotic Personalities. *International Journal of Psycho-Analysis* 38: 266-75. In W.R. Bion, *Second Thoughts*. New York: Jason Aronson, 1977.
—— (1958). On Hallucination. *International Journal of Psycho-Analysis* 39: 341-9. In W.R. Bion *Second Thoughts*. New York: Jason Aronson, 1977.
—— (1963). *Elements of Psycho-Analysis*, London: Heinemann Medical Books. In W.R. Bion, *Seven Servants*. New York: Jason Aronson, 1977.
Jones, E. (1916). The Theory of Symbolism. In E. Jones, *Papers on Psycho-Analysis*. 2nd ed. London: Balliere, Tindall and Cox, 1918.

Khan, M. (1972). The Use and Abuse of Dreams. *International Journal of Psychotherapy* 1.

Klein, M. (1930). The Importance of Symbol Formation in the Development of the Ego. *International Journal of Psycho-Analysis* 11: 24-39. In M. Klein, *Contributions to Psycho-Analysis* 1921-1945, pp. 236-50. London: Hogarth, 1948.

6장
대상으로서의 꿈[5]

J-B. 퐁탈리스 (J-B. Pontalis)

『꿈의 해석』*Die Traumdeutung*, 1900: 이 제목 자체가 이미 꿈과 꿈의 의미 해석을 돌이킬 수 없을 정도로 연결하며 통합하고 있다. 프로이트는 이 책을 전면적으로 개정하는 동시에, 자신을 세속적이며 종교적인 여러 선견자들의 전통에 위치시킨다. 개정판 논문에서 프로이트는 경험으로서의 꿈을 어느 정도 간과하면서 꿈의 의미에 집중한다. 몽자가 자신의 주관적인 경험과 꿈을 분석가에게 가져옴으로써 치료 상황에서 꿈을 상호주관적으로 경험하는 것은 말하면서 침묵하고, 제안하고 철수하는 이중의 경험이다. 프로이트와 더불어 해석을 통해 꿈을 완전한 지위 definitive status로 옮겨놓게 될 때, 그리고 이미지로 표현된 꿈을 언어로 표현하게 될 때, 어쩌면 거기에서 우리는 무엇인가를 상실할 수 있다. 모든 승리는 망명으로 끝나고 소유했던 것은 잃게 되는 결과로 이어진다.

내 의도는 나 자신을 『꿈의 해석』 이전 상태로 위치시켜, 프로

---

[5] 캐롤 마틴-스페리(Carol Martin-Sperry)와 마수드 칸(Masud Khan)이 프랑스어로 된 원문을 영어로 번역했다.

이트의 꿈 해석 방법이 그것의 효율성을 최대한 발휘하기 위해서 포기해야 했던 것을 다시 회고해 보는 것이다. (꿈에 관한) 나의 안내 표지를 찾기 위해 나 자신을 분석의 자리에 위치시킴으로써, 곧 의미와 경험의 대립적 사이에 위치시킴으로써, 나는 내 정신에 무엇이 나타나는지를 이해하고자 한다. 나는 몇몇 포스트 프로이트 학파의 연구들이 이런 이해를 갖고 있었던 점과 내 입장에서 꿈이 경험으로서 혹은 경험의 거부로서 무엇을 표상했던 것인지 지각할 수 없었을 때, 임상적 만남에서 꿈의 의미를 해석하지 않고 침묵했던 것은 정당했다고 생각한다. 우리가 분석 과정에서 꿈이 성취하는 **기능**을 인식하지 못할 때, 그리고 주관적인 지형에서 꿈이 채우는 **자리**가 정해지지 않은 채 남겨 있을 때, 꿈의 **메시지**의 모든 해석은 아무래도 비효율적이다. 최악의 경우 꿈 해석은 분석가와 환자 사이의 명료하지 않은 리비도 에너지 부착에 남아 있는 특정 **대상**에 대한 끝없는 공모 complicity를 유지한다. 이는 더 이상 [주체와 주체 사이를] 순환시키는 언어가 아니라 화폐. (역자 주. 그것은 인간의 실재성[원 경험, 실재가치]을 반영하기보다 상징의미[명목가치]만 반영하는 일종의 화폐다.)

어떤 사건들이 나를 이런 관점으로 이끌었다. 1971년 10월에 분석적 학회가 열렸는데, 주제는 '치료에서의 꿈'Dreams in Therapy이었다. 이 회의는 13년 전에 '성인 정신분석 치료에 꿈 재료의 사용'The Use of Oneiric Material in Adult Psychoanalytic Therapy이라는 훨씬 더 과학적인 제목으로 열린 회의를 상기시켰다.[6] 다소 미묘하긴 하지만 둘의 제목의

---

6 첫 번째 회의는 1958년 파리 정신분석협회가 주최한 회의로, 그 내용은 『프랑스 정신분석학회』(La Revue francaise de Psychanalyse)'(1959년 1호)지에 게재되었다. 두 번째 회의는 1971년 10월 프랑스 정신분석협회와 파리정신분석협회의 공동 주최로 개최되었다.

차이는 단순히 반복을 피하기 위해서 고안해 낸 것이 아니었다. '꿈'과 꿈 자료'의 동일성을 전제함으로써, 나아가 그 '사용'에 대한 논의를 집중함으로써, 전체 논의는 이 자료를 다룰 때 다른 기법으로 향할 위험이 있었다. 예측 가능한 개별적인 의견 차이는 회의에 참여한 사람들이 이미 다루었던 영역의 범위로 제한되었다. 대체로, 두 개의 반대되는 경향이 있었는데, 이런 경향은 종종 동일한 분석가에게서 발견되기도 했다. 더 이상 검토하지 않은 채 고전적이라 부르면 틀릴 수도 있는 첫 번째 경향은 꿈을 '왕도'라고 주장했고, 이에 대한 관심 때문에 꿈을 치료에 사용할 경우 꿈은 심지어 언어와 분리되어 이해되어야 한다고 제안했다. 첫 번째 경향과 다른 경향을 따랐던 분석가들은 꿈을 분석회기의 전체 내용과 성격상 다르지 않다고 보았다.

새로운 관심을 끌기 있게 보여주는 제목의 변경은 또한 강조의 변화를 나타내고 있었다. 강조의 변화는 '분석에서 꿈이 어때?'와 같이 더 모호해지고 급진적이 되었다. 사람들은 분석 상황에서 더 이상 꿈의 **임상적** 지위를 전제하지 않았다. 왜냐하면 프로이트가 꿈은 환각적인 소원 성취라고 정의했는데, 일단 소원성취와 방어의 조직이 효과적으로 전이 안에서 이루어지게 되면(여기서 이루어진다는 말은 무대 연극의 한 장면에서 실연되는 것과 같은 의미다.), 프로이트의 꿈에 대한 이론적 지위는 제기된 모든 질문들에 대해 답을 주지 않은 채로 남겨지기 때문이다.

1971년 꿈이 학회에서 분석가들에게 발표될 때는 1958년의 꿈 발표 대와는 학회 분위기가 달랐다. 이러한 결과는 학회가 내건 제목으로 이미 예견할 수 있었다. 또한 꿈에 대한 우리의 인식도 시간이 지남에 따라 바뀌었다. 나는 모임에서 나와 대상으로서의 꿈, 자리로서의 꿈, 메시지로서의 꿈을 구분하는 제안을 정신적으로 검토했던 기억이 난다. 나는 꿈이 왕성하게 제시되었던 과거에 대한 약간의 향수nostalgia를 갖고서 '꿈은 더 이상 예전 같지 않네!'라는 결론에 이르렀다. 다음날 카우치에 누운 환자가 벽에 낙서를 보았다며 다음과 같은 말을 던졌다. '향수는 더 이상 예전 같지 않네요.' 이 말은 꿈에 대한 우리의 명제처럼 들렸다.

    이 명제는 사건들을 해석하는데 아주 중요한 의미를 갖는다.

    꿈을 하나의 대상 곧 그 자체가 무한히 자기-성찰적인 향수의 대상과 밀접하게 관련되는 것으로 생각한다면, 이 대상은 하나의 관계를 불러일으키는 것이 아니라 다양한 '사용 방향'을 불러일으킨다. 또한 이 대상은 모든 사람에게 동일한 기능을 갖는 것도 아니다. 어쨌든, 대상이 갖는 기능에 대해서는 프로이트와 오늘날의 분석가들 사이에 차이가 있을 수밖에 없다. 진부한 말이지만, 그렇게 기능의 차이가 있다면 그 결과는 어떻게 될까?

    『꿈의 해석』을 읽을 때, 우리는 **조사 대상인 꿈과 꿈의 해석 방법** 그리고 꿈이 꿈 저자에게 형성하도록 허락한 **정신 기구의 이론**을 혼동하는 경향이 있다. 그러나 이 세 가지 용어 사이의 상호의존성에 대해 절대적인 것은 없다. 꿈의 분석, 무엇보다도 프로이트 자신의 꿈에 대한 분석은 프로이트에게는 현미경을 통해 보듯이 1차과정의 기능을 인식하는 수단이었다. 그러나 다른 꿈에 관한 책들과 편승한다는 오해를 불식시키기 위해서, 프로이트는 낭만주의, 몽환의 신비주의, 출생되는 특권에 의해 꿈이 직접 무의식과 관계된다는 관념의 신비주의로부터 빠르게 자신을 분리하여 거리를 두고자 했다. 나는 처음에는 놀랄만한 것으로 보일 수도 있는 특정한 한 문장을 생각하고 있다. 이 문장에서 프로이트(1923)는 '신비로운 무의식'의 장소에 대해 유보적인 자세를 보여준다. 이 점에서 프로이트는 아마도 융과는 반대의 입장에 서 있었다고 할 수 있다. 1914년 프로이트는 『꿈의 해석』에 나오는 '꿈을 외현몽의 내용과 동일한 것으로 보아온 오랜 습관이 있지만 우리는 이제 동일하게 꿈과 잠재몽의 사유를 혼동하는 실수를 인식해야 한다.'라는 문장에 각주를 달고 있다. 프로이트는 꿈이 '사고의 형식'form of thinking 즉 '다른 것과 같은 사유'thought like any other에 지나지 않는다는 관념을 강조하면서 그리로 여러 번 되돌아간다. 이 관념은 비록 분석가들이 '꿈 사유'의 많은 부분에 대해 영향을 미칠 수 있지만, 적어도 '꿈-형성 그 자체에 대해, 용어의 엄격함에서 보면 꿈-작업에 대해 결코 어떤 영향력을 행사하지 않는다는 확신과 비교되어야 한다. 예컨대 '이 점에 대해서 우리는 분명히 확신할 수 있다.' 꿈을 숙달하려는 프로이트의 욕망은 꿈의 **창조**creation 조건과 꿈이 증언하는 창조적인 힘의 조건 속으로 탐구해 들어가기보다는 꿈이 만들어진 방식, 곧 꿈의 **구축**construction을 분석하도록 하였다. 그의 관심을 끈 것은 **꿈-작업**이었다. 그는 꿈-작업 혹은 달리 말해서 본능적 충동과 낮의 잔여물에서 최종 산물에 이르기까지 그들을 촉발시키는 초기 요소에서부터 일어나는 일련의 변화들에 관심하였다. 예컨대 서술되고 기록되고 말로 표현된 꿈에 관심하였다. 일단 그것이 꿈 기제에서부터 온 것이라면 그 결과 무슨 일이 일어나던지, 기제가 활동하기 전에 무슨 일이 성취될 수 있던지, 잠을 자고 싶은 소원이 추정된 원초적 자기애로 정말 환원될 수 있을까?

프로이트는 수면과 꿈의 관계를 연구함으로써 『꿈의 해석』을

'완전하게' 해야 함을 확실히 알고 있었다. 그러나 '꿈 이론에 대한 초심리학적 보충'은 프로이트가 보기에 꿈의 해석에 어떤 영향도 주지 않는 것으로 보였고, '잠의 수호자'의 기능에 의문을 제기하지도 않았다. 반면에 잠을 자려는 욕망, **꿈을 꾸고자 하는** 욕망, (꿈에 표상된) 꿈의 욕망 사이의 연결은 프로이트 사유의 결절점nodal point이 아니었다. 프로이트의 관심을 끌었던 것은 변형과 변형의 기제와 법칙에 대한 연구만이 아니었다. 이 연구의 **전**과 **후**는 이차적인 것으로 보인다. 그러나 이 꿈-작업이 스스로 꿈 **모델**에서 모범적으로 분석되도록 허락함에도 불구하고, 꿈-형성dream-formation을 위해서만 사용되지는 않는다. 프로이트 자신은 꿈 작업이 망각, 증상, 데자뷰 현상 등 무의식의 다른 형성과 관련될 때 그만큼 명료하게 꿈-작업을 분석했다. 이것은 무의식적인 환상과 전이와 관련될 때 더 어려운 과제이다. 왜냐하면 구성composition의 **과정**이 끊임없이 구축construction의 엄격함을 흐릿하게 하기 때문이었다.

일단 무의식의 다른 형성들 사이에 구조적 상동성이 확립되면, 모든 정신분석적 연구는 이러한 다름이 어떻게 다른지 구체적으로 명시하는 것을 목표로 한다. 이것은 『꿈의 해석』에 의해 그 길이 열려졌는데, 『꿈의 해석』은 꿈 분석의 책도 심지어 꿈들을 수집해 놓은 꿈들**의** 책도 아니었다. 『꿈의 해석』은 꿈의 **로고스**의 법칙의 매개로써 모든 담론의 법칙을 발견하여 정신분석의 토대를 마련한 책이었다.

1차과정을 꿈의 텍스트에 위치시키기보다는 전이 관계에 위치시키는 것이 더 어렵다는 주장에 아무도 이의를 제기할 수 없다. 이는 더 이상 텍스트의 문제가 아니다. 그러나 정신분석은(나는 이를 분석이라고 하지 않는다) 움직이는 것 속에 존재한다. 곧 그 스스로를 억제하지만 전이 안에 정신분석이 존재하고, **말**로만 나타나더라도 그 **행위**로 풀려지는 것 안에 정신분석이 존재한다. 비록 근본적이기는 하지만 나는 '분석회기'와 꿈 사이를 동등하게 보는 적법성의 질문을 다루고 있지 않다. 이러한 편견은 지금까지도 남아 있어서 분석회기의 텍스트 전체가 관통하는 해석에 순응하는 것으로 간주될 수 있다. 원칙적으로 이것은 이미 논쟁의 여지가 있다. 임상에서 이것은 박해와 순응이라는 테러를 조장할 위험이 있다. 클라인 학파는 언제나 이점을 고려하지 않은 것처럼 보인다. 프로이트는 꿈 자체에 집중했고 꿈을 꿀 수 있는 능력을 소홀히 했다.

꿈은 자체로 분석을 위해 뽑힌 대상이 될 필요는 없다. 우리는 꿈의 해석이나 기여 없이도 하나 이상의 치료가 진행되었다는 것을 잘 알고 있고, 치료가 무한정 계속될 때는 그 반대인 경우가 많다는 것을 알고 있다. 그러나 프로이트는 의심할 여지없이 꿈 해석에 열정적이었다. 그래서 오늘날 우리 모두는 프로이트가 자신의 꿈을 체계적이고 지속적으로 해독함으로써 자기-분석을 마쳤다는 것을 알고 있다(참조. Anzieu, 1959). 일정 시간 동안 그는 문자 그대로 자신의 꿈과 약속을 했고, 더욱 놀랍게도 그의 꿈은 약속을 지켰다. 프로이트가 '오이디푸스 갈등에 대한 완전한 인식'과 그 밖의 것들을 허용한 **중재자**의 단순한 기능을 꿈에게 귀속시키는 것은 꿈을 왜곡시키는 것이고 그저 경시하는 것이 될 것이다. 그것은 완전히 다른 문제다. 프로이트에게 꿈은 전치된 어머니 몸이었다. 그는 **꿈의 몸으로** 근친상간을 범하여 꿈의 비밀을 파고들었고, 그는 책을 써서 **미개척 땅**의 정복자와 소유자가 되었다.

이름 할 수 없는 메두사의 머리에서 수수께끼를 말했던 스핑크스까지 - 다른 모든 것에게 명령하는 첫 번째 변형이 성취되었다. 남겨진 것은 수수께끼를 해독하는 것 밖에 없었다. 프로이트는 마지막에 오이디푸스로 나왔다. 정서적 강도는 한 세기의 4분의 3이 지난 후, 그의 후계자들은 **몸**이 꿈의 신체가 되는 것을, 곧 **몸을 문자적으로 취하는 것**을 재검토하고 있는 것 같았다.

꿈은 몽자에 의해 리비도적으로 투자된 대상이며 두려움과 즐거움을 담고 있는 것이라는 것을 입증하기 위해 프로이트의 오이디푸스나 오이디푸스가 되는 프로이트를 불러 올 필요는 없다. 그것이라면 매일의 경험으로 충분하다. 그러나 적어도 그들의 연구 논문들에서 정신분석가들은 꿈-대상dream-object과의 관계에는 거의 관심을 기울이지 않았던 것 같다. 그들은 더 이상 정확하게는 아니더라도 순응이나 유혹의 꿈들에 대해 말한다. 이것이 어떤 식으로든 프로이트 학파의 귀에 들려진 모든 꿈에 대한 진실이다. 우리 각자는 꿈이 아무리 내용을 오도하고 있다고 해도 분석가와 분석주체 사이에 놓여있다는 것을 확인할 수 있다. 비록 어떤 것도 확실하지 않지만, **무인지대**no man's land[7]는 분석가와 분석주체 그 둘을 보호한다. 만약 누군가가 어떤 분석회기를 휴전, 소강상태, 매혹적인 공모an enraptured complicity라고 말할 때, 꿈을 소개하는 일은 종종 차분한 흥분으로 경험된다. 그 공모는 부분적으로 시각과 청각의 감각적 교환에서 분석할 수 있는 어떤 공통점이 있다는 사실에서 비롯된다. 그러나 소강상태는 우리의 이중적인 시선과 청취로부터 지평선에 없는 무언가가 지각되는, 즉 부재에 머무름으로써 현존하게 되는 사실에서 비롯된

---

[7] 역자주, 주인이 없거나 두려움과 불확실성 때문에 당사자 간 분쟁을 겪고 있는 땅.

다. 그러나 사실은 연상적 방식으로 확립된 많은 연결망들이 수렴된다. 그 정서가 바뀌질 수는 없다 하더라도, 이미지로 표현된 꿈과 단어로 표현된 꿈 사이에는 여전히 간극^{divergence}이 남는다. 그러나 우리는 이런 간극이 거의 죽어 없다고도 말할 수 있다. 나는 앞서 꿈과 향수의 끝없는 대상 사이에 낭만적 전통을 키우는 관계성을 환기시켰다. 그것은 모든 꿈, 꿈의 퇴행적인 목표, 그리고 간극 그 자체 안에 적어도 두 번 새겨져 있다. 꿈의 공헌은 분석가와 분석주체 쌍방 모두에서 상실되고-찾아진, 부재하며-현존하는, 그렇지만 대상을 가리킴으로써 그것을 멀리 옮겨버리는 표지에 의해서 결코 완전히 도달되지 못한 소멸하는 대상 찾기를 만족시키는 경향이 있다. 이 안에서 찾아지는 어떤 위안이 있다. 가장 날것의 꿈은 이미 길들여진 꿈이 아닌가? 뜻밖의 것이 벽으로 둘러싸인 정원, 다른 시대의 건축 양식이 나란히 놓여 있는 마을, 밀폐된 바다와 같은 보호구역 안에 피난처를 찾는다....무의미한 것이 형태를 취했고, 불협화음의 여러 것들이 마침내 **하나의** 꿈에서 멈추어 선다. 그 불확실한 모양은 나를 내 안의 대상과 현실의 요구들로부터 동등한 거리에 있게 한다. 그것은 부분적으로 다소 초자아와 연결되어 있다. 이때 초자아는 특별히 내가 더 이상 그 안에 갇혀 있지 않고 그것을 말함으로써 그것으로부터 나를 해방시키고 있을 때 제 값을 하는 역설이다. 초자아는 각성 상태보다 훨씬 더 달콤하고 욱신거리는 불확실성을 유지할 수 있는 꿈의 상태를 부수는 악몽이다.

이제 나는 이런 식으로 나흐트^{Nacht}의 말을 해석할 것이다. 말하자면 '꿈은 결국 꿈일 뿐이다.' 그러나 마찬가지로 이 말을 한 나흐트는 정신적 **실재**$^{psychic\ reality}$를 환상으로 실현하는 전이를 논박할 수 없었다. 그러나 제안의 모호한 성격이 여전히 남아있으며, 대상으로서의 꿈하고만 관계할 수 있다고 주장한다. 예컨대 대상으로서의 꿈은 꾸어지는 순간에 포착됨에도 불구하고 또 낮의 잔여물의 영향이 무엇이든지, 그 꿈은 확실히 **현실적**actual이지는 않지만, 종종 놀라운 것으로 되살아나 억압된 것을 현실화할 수 있다. **우리가 맺는 꿈과의 관계가 꿈의 효력을 발휘한다.** 그러나 모든 꿈은 바로 꿈의 목표, 즉 실패 없이 소원과 소원 **성취**의 완전한 만족을 이룬다. 그리고 모든 꿈은 '진실한'true 환각을 제공한다. 이점에서 진실한 환각이란 분석 주체에게 언제나 문제로 남아 있는 진짜genuine 환각과는 차이가 있다. 아마도 꿈의 지각은 각성 상태의 어떤 지각보다도 **더 생생한 지각** 곧 모든 지각의 모델일 수 있다.

현재의 공식을 생각해보자. '내가 어젯밤에 꿈을 꾸었지만 꿈의 찌꺼기만이 남아있다.' 우리는 그것에 별로 신경을 쓰지 않고 뒤따라오는 것을 기다린다. 그러나 그 꿈이 뭔가를 강조하면서 반복된다면, 그리고 그 꿈의 후속 서술이 꿈 틈새를 특별히 주목하지 않는다면, 그 꿈은 다르게 이해될 수 있다. 몽자가 제 3 자로서 꿈을 응시하는 순간 꿈은 주체가 꿈-대상과 유지하려고 하는 관계를 나타낸다. 이어서 분석 상황의 표상에 기초한 오이디푸스 언급이 나타난다. '당신은 당신이 당신인 것을 내게 확신시키는 방식으로 나는 이 꿈에, 곧 내가 당신에게 흘끔 쳐다보도록 허락하고 있는 이 몸에 적절하지 않다는 것을 알아야 한다. 꿈을 해석하고, 관통할 수 있는 힘은 당신에게 있다. 그러나 결코 만족되지 않는 절묘한 즐거움은 내가 경험한 나의 것이다. 당신은 그저 엿보기만 할 뿐이다.' '나의 가설은 모든 꿈은 분석의 대상인 한 어머니의 몸을 가리킨다는 것이다. 내가 제시한 예에서, 분석주체는 그것을 **아는 것**을 자신에게 용납하지 않는다. 다른 사례들에서, 주체(피험자)는 상황을 숙달하기 위해 꿈의 몸의 **파편들**을 통해 요소들을 해체하는 '**분석적**' 방법을 사용한다. 주체의 병리학 자체는 내용에서가 아니라 꿈의 '사용'에서 드러난다. 꿈-대상은 구강기, 항문기, 남근기 조직에서 2차적으로 잡히지만 꿈의 과정은 원래 어머니와 연결되어 있다. 그 안에 표상된 대본의 변형, 그리고 그가 치료에 투자하는 의미의 범위(똥, 선물, 예술 작품, '상상적인 아이', 숨겨진 보물, '흥미로운' 장기, 주물숭배)까지도 이러한 독점적인 관계를 배경으로 해서 펼쳐진다. 꿈꾸기는 무엇보다도 어머니와의 불가능한 연합을 유지하고, 분열되지 않은 전체성을 보존하며, **시간에 앞서 공간속으로 이동하려는** 노력이다. 이런 이유에서 어떤 환자들은 자신의 꿈에 너무 가까이 다가가서는 안 되고, 꿈의 몸을 만지거나 씹어서는 안 되며, '사물의 표상'을 '말의 표상'으로 옮겨서도 안 된다고 암묵적으로 요구한다. 그들 중 한 명이 나에게 말했다. '이 꿈은 나를 흥미롭게 하기 보다는 기쁘게 한다. 그것은 마치 조각으로 만들어진 그림, 하나의 콜라주 같다.'

그림의 유비는 우리를 장소의 문제로 안내한다. 꿈의 장소인 공간은 그림 그리는 것을 그려진 그림에 한정시키려는 것과 무관하지 않다. 지금까지 꿈에서 보이는 것의 일차적인 본성에 대해 충분히 강조하지 않았다. 꿈은 가시적이게 하여, 그 보이지 않게 된 기시감[旣視感, deja vu]에 가시적인 장소를 부여한다.

역설적인 단계에 대한 신경생리학적 연구는 이제 가시적인 것의 원초적 성질을 실험적으로 확인했다. 꿈은 깊은 수면과는 대조적으로 각성 단계에 해당되는 것으로 보이며, 이것은 꿈을 꾸고 있는 몽자가 보고 있어야 하는 것처럼 급속 안구 운동으로 확인된다. 이것은 또한 필름 화면으로서의 꿈의 개념이 완전히 중요하게 주어진 곳 - 비록 임상실험이 르윈(1953) 자신이 강조하는 것처럼 '텅 빈 꿈'blank dream으로 우리를 대면하는 경우는 거의 없더라도 - 에 자리한다. 적어도 르윈의 관찰은 모든 꿈 이미지가 화면에 투사되거나, 내가 언급했듯이, 표상이 그 자체로 영향을 미칠 수 있는 공간을 가정한다는 것 - 경계선 사례인 텅 빈 꿈 - 을 명백하게 한다. 주요 요점은 꿈이 필름처럼 풀리는 것이 아니라는 것이다(종종 몽자에 의해 만들어진 비교, 실언). 그것은 또한 드라마, 연재소설 또는 폴립티크의 형태를 취할 수 있다. 그러나 화면이 없는 필름, 장면이 없는 연극, 상상의 선 하나, 캔버스나 틀이 없는 그림이란 있을 수 없다. 꿈은 수수께끼그림rebus이지만, 수수께끼그림을 새길 수 있으려면 종이 한 장 같은 것을 요구하고, 퍼즐을 재구성하기 위해 얇은 판지가 필요하다. 프로이트는 꿈-작업에 의해 수행된 기제 중 하나로 표상가능성을 고려하였다. '꿈-사유'는 시각적 이미지로 변경해야만 꿈에 나타날 수 있다. 즉 소원 성취의 '표상들'은 시각적으로 표상될 수 있어야 한다. 그러나 다시 말하지만, 무의식은 표상되어야 한다고 요구하지 않는다. 반대로 꿈이 시각적으로 표상하라고 요구한다. 그러나 프로이트는 내가 아는 바로는, 특히 눈으로 볼 수 있는 것과 눈으로 볼 수 없는 것의 쌍the visible-invisible pair과 소원과 장면의 쌍the wish-sight pair의 안정된 자리valorization로 알려진 제한된 요구가 불러오는 결과에 집착하지 않는다. 그는 추상적인 것이 구체화되기 위해 거쳐야하는 수정사항만 검토한다.

이 시점에서 화가들이 꿈의 과정의 미해결만큼이나 그림 그리기의 요구와 관련하여 논쟁의 여지가 있는 목표, 곧 꿈을 그리는 의도적인 목표에 도달하는 데 너무 오랜 시간이 걸렸다면 그것은 꿈-작업과 화가의 작업 사이에 매우 심오한 상동성이 있기 때문이라고 말할 수 있다.

꿈의 자리에 대해 이야기하면 처음에는 다음과 같은 모순을 고려하게 된다. 한편으로는 압축과 전치의 효과, 대체와 반전의 게임, 1차과정 기능의 전체 양식이 꿈-작업을 위해 남겨져 있지 않으며, 프로이트(1900)가 지적하듯이 '마음의 특별한 상징화 활동의 존재를 인정할 필요'도 없다. 반면에 꿈은 특정한 내면공간에서 그 자체를 성취한다. 그리고 우리는 이드가 자신을 표상하지 않은 채 자신을 표현하는, 곧 본능이 자신을 표상하는 다른 장소들이 있다는 것을 잘 알고 있다. 예컨대 본능이 강박적인 행동으로 직접 자신을 실현하거나 운명에 의해 반복되는 '표상들"에 고정되어 있을 때, 즉 '여기로의'over here의 표상과 항상 현재하는 본능적인 것이 작업과 활동의 열린 공간을 생성하는 좀 더 문제가 있는 '저기로의'over there의 표상이 있다. 꿈은 여전히 중간 상황을 차지한다.

프로이트가 쾌락원리의 '너머'beyond 그리고 '더 멀리'further than'에 대해 스스로에게 질문하면서 외상적 꿈의 문제로 되돌아갔을 때, 소원성취로서의 꿈을 확립하기 전이라는 조건의 필요성을 부여한다. 말하자면 프로이트는 꿈을 꿀 수 있는 능력이 '다른 과제보다 먼저 이루어져야 한다.'고 요구한다. 생물학적 은유를 사용하는 분석 경험에 매우 가까운 『쾌락 원리를 넘어서』(1920)에 대한 전체적인 결론은 궁극적으로 꿈을 꿀 수 있는 능력을 정의하는 것을 목표로 하고 있다. 잠시 다음과 같은 가설을 생각해보자. 꿈은 일종의 '제본-이

전'pre-binding의 단계가 확립된 후에야 '제본'의 기능을 성취할 수 있다. 꿈의 과정은 꿈-공간인 '정신체계'가 그렇게 구성되지 않는다면 꿈 과정 자체의 논리에 따라 기능할 수 없다.

현실에 의지하는 전이의 장과는 떨어진 '지정된 영역'reserved sector을 유지한다는 주장에서 볼 수 있듯이, 분석가와 분석주체에 의한 치료에서의 꿈의 안정된 자리valorization[8]는 꿈에 의해 효과적으로 대답된 어떤 관심, 곧 마치 그것이 어떤 특정한 곳에 머물 수 있는 것처럼, 어떤 **형태**(게슈탈트)로 1차**과정**에 제한을 두기 위해 무의식에 한계를 부여하는 관심의 표시로 생각할 수 있다.

꿈-대상과 꿈-공간이라는 꿈의 두 차원 사이에는 관련성이 크지 않다. 임상에서 우리는 끊임없이 한 차원에서 다른 차원으로 넘어간다. 도식적으로 나는 꿈-대상과의 두 가지 관계 양상을 구분할 것이다. 이 두 가지 관계 양상은 꿈-공간의 개방이 허용하는 실제에 반하는 두 가지 유형의 특정 방어를 표상한다. 즉 꿈 기제를 조작하는 방어와 꿈을 내적 대상으로 환원하는 방어를 표상한다. 나는 신중하게 묘사적인 자세를 견지한다.

최근에 암호처리와 암호풀기에 전문가이자 낱말놀이word games에서 창의적인 그리고 모든 종류의 조합에 대해 잘 알면서, 분석가들의 최고의 미묘한 감각을 가지고 '해체'의 능력에 기초하여 이의를 제기할 자격을 갖춘 분석하는-분석주체the analysand-analysing, analyses-sants를 만나는 일이 더 많아졌다. 물론 그런 분석주체를 만나는 것은 최근만의 일이 아니다. 저항에 대해 말해보자. 저항에서 우리는 오랫동안 알려져 왔고 공격적 전이 속에서 정서를 부정하는 분

---

8 역자주, 가치를 매기는 자리

명한 정신화 아래 자리한 '지적 저항'의 현대적 아타바르atavar를 만난 다. 우리는 주지화intellectualization와는 대조적으로 정신화mentalization에서 대화의 도치를 볼 수 있다. 예컨대 마음의 정신the psychic으로부터 몸의 정신the mental으로의 '불가사의한 도약'이 이루어진다. 주목할 것은 정신분석이 몸 안에서 보다 쉽게 그 도약을 발견했어야 했다. 저항의 목표는 분석가의 해석을 중단시키거나, 앞서 분석가에게 도전하거나, 가능한 해석의 범위에 분석가로 하여금 분석가 자신을 삽입하게 하는 것이다. 하지만 무엇에 대한 저항일까? **의미**에 대한 저항일까? 우리는 이런 환자들에게 부족한 것으로 보이는 것, 바로 꿈의 **느낌**인 경험에 호소함으로써만 의미에 대한 저항을 찾아낼 수 있었다. 꿈의 텍스트를 존중하다보면 글로 기록된 꿈(또는 분석회기 전에 기억된 꿈)과 분석회기 중에 다시 발견하는 꿈의 차이를 지우게 되는 경우가 많다. 꿈의 내용에 대한 해석의 길을 따라 환자를 따라가는 것은 지적 곡예에서 재미있는 경쟁의 관계만을 유지할 수 있다는 것이 분명하다. 이들의 꿈에 대한 보고를 들으면서 우리는 종종 실제로 그들이 그 꿈을 살았는지, 아니면 그것들을 직접 꿈으로 꾸었는지, 마지막으로는 꿈을 말하기 위해서 꿈을 꾸었는지 우리 스스로에게 묻는다.

프로이트(1923년)는 '분석에서 꿈을 사용하는 것은 꿈의 원래 목표와는 매우 거리가 먼 것'이라고 썼다. 프로이트의 이 주장은 내가 방금 언급한 꿈의 왜곡에서 분석의 '책임'을 밝혀주는 부수적이고도 심오한 발언이다. 왜냐하면 우리는 꿈 왜곡에 관심이 있기 때문이다. 우리는 꿈을 조작함으로써 그리고 꿈을 여러 요소로 분해하여 장악함으로써, 꿈-대상의 주인이 되기 위해서, 분석가-증인을 자신의 쾌락의 공범자로 만들기 위해서, 꿈을 왜곡시킨다. 꿈 왜곡은 다른 사람의 몸을 자신의 환상을 욕망하기 위해서 기계로 취급하는 성적 도착자를 떠올리게 하지 않는가? 이 소원이 그 성취를 찾을 수 있을까? 해석이 만족을 줄 수 있을까? 이런 종류의 환자는 꿈에 꿈을 이어서 꾸고, 이미지와 단어를 끈질기게 조작할 것이다. 꿈은 끊임없이 자신을 자기-인식에서 멀어지게 할 것이고, 반면에 몽자는 자동-해석으로 자기-인식을 찾는다고 주장한다. 이런 경우 몽자는 자기 자신의 꿈을 스스로 훔친다고 말할 수 있다. 꿈은 분석과 우리의 문화에 따라 변한다. 예를 들어, 빅터 휴고의 몇 안 되는 꿈에 대한 이야기를 사후 출간된 메모 모음집 *Choses vues*에서만 읽어야 한다. 비록 이 꿈 이야기들이 특히 2차적인 정교함으로 특징지어 졌다고 말할지라도, 그 이야기들은 여전히 휴고와 우리에게, 낮의 사건들과 조화를 이루는 밤의 사건들이다. 어떤 면에서 정신분석은 꿈의 삶이 지닌 감동적인 힘을 질식시키고 있다.

    조작과 묵인을 위한 대상으로서의 꿈 사용(물론 그렇게 인식되는 성도착자의 전유물이 아닌 사용)은 꿈-대상과의 관계의 한 측면이다. 나는 그것을 하나의 캐리커처처럼 대담한 윤곽으로 그렸다. 왜냐하면 나는 임상의 영역에서 이런 꿈 사용을 우리가 별로 주목하지 않는다고 생각하기 때문이다. 꿈의 또 다른 측면은 이야기하는 사람이 꿈의 실제 내용에는 거의 관심을 갖지 않음에도 불구하고 자신의 쾌락을 연장하기 원하는 것처럼 보인다는 점이다. 꿈의 산물과 특별히 꿈에 대한 기억이 분석의 (일반적인 관찰의) 증상들 가운데 하나일 정도로, 우리는 분석된 주체가 증상들로부터 1차적, 2차적 이득을 얻기를 기대해야 한다. 따라서 몽상적인 활동 가운데 어떤 측면이 안정되게 균형이 잡혀 있고, 투자된 것이며, 심지어 에로틱하게 되었는지를 파악하는 것이 중요하다. 그것은 그 자체로, **타인의** 표상으로, 영원한 **이중**의 보증인으로, 무대 위의 상연으로, 또는 누구도 결코 그 역할을 맡지 못하게 역할의 치환을 가진 '사립극장'으로서의 꿈일 수 있고, 아니면 꿈의 기제 중 하나일 수 있다. 꿈의 기제일 경우는 해석을 위한 더 많은 근거가 나타날 것이다. 작가가 자신의 글쓰기 기법에서 유용한 뭔가를 찾듯이 우리는 이러한 기제의 기능에서 유용한 뭔가를 찾을 수 있다. 다양하면서도 모순된 기록들로부터 얻은 인상을 한 이미지 안에 모으는 압축은 근본적인 차이를 부정하려는 우리의 욕망을 만족시킨다. 달리 말하면 그로덱^{Groddeck}이 소중하게 여겼던 것으로, 압축은 새로운 연결고리를 무한정으로 확립하려는 소원, 그리고 그렇게 할 때 아무것도 잃지 않으려는 소원을 상징화하려는 충동을 만족시킨다. 전치는 특정한 가치를 갖는 것처럼 보일 것이다. 사실 전치는 분석 주체에게 결코 고정된 지점에 머물지 않아도 되는 가능성을 제공한다. 하지만 전치는 또한 스스로와 포착하기 어려운 소멸점을 할당할 수 있는 가능성과 채택된 관점에서부터 자리를 바꾸어 항상 다른 장소에 있을 수 있어서 '상실이 없이 모험에서 벗어날' 준비가 될 수 있는 가능성을 제공한다. 꿈 주체는 마치 어디든 존재하며 또한 편재성보다 더 크고 무한하여 어디에도 존재하지 않는 팔루스와 동일시하듯이 전치 자체와 자신을 동일시한다. 꿈-대상과의 이러한 구체적인 관계는 종종 분석가가 자신이 관중(자신의 것이 아닌 꿈의 관중)의 위치를 배정받았다고 느낀다는 점에서 발견된다. 사실 '도래하는 관념들'의 궁극적인 풍요로움은 꿈 주체에게 꿈이 **공유**될 수 없다는 것을 상기시키면서 그를 배제하는 것을 목표로

하고 있다. 따라서 꿈-공간은 동물 행동학animal ethology의 의미에서 어떤 **영역**이다. 꿈은 마치 몽자가 꾼 꿈에 연연하는 유아론을 자신에게 유리하게 돌리는 것처럼 몽자 스스로를 위해 간직하는 내적 대상이다. 꿈은 몽자 자신의 것이고 몽자에게 속한 것이다. 몽자는 길을 보여주기 위해서가 아니라, 그의 영역을 둘러싸기 위해서, 그리고 스스로가 꿈이 자기에게 속한 것이라는 점을 확신하기 위해, 그의 작은 연상적 조약돌을 그 주위에 놓는다. 이 때문에 해석이 추구되더라도 파열 없이 즉시 한정된다. 결국 꿈-과정은 - 소원을 성취하거나 표면으로 떠오르게 하는 - 주요 기능에서 그 자체가 목표가 되는 것으로 전환된다. 몽자는 표류하지 않기 위해 자신의 꿈에 자신을 부착시키고, 항상 안정된 대상인 분석가 안에서 자신의 정박을 보증하는 보완책인 정박 장치corps mort를 발견한다.

그런 태도는 저항과 전이라는 용어로 쉽게 묘사될 수 있다고 정확히 말할 수 있다. 그러나 쾌락과 공포의 영역, 즉 꿈-작업과 꿈과의 관계에서 공동으로 지각할 수 있는 리비도적 경제에서 무엇인가가 상실될 것이다. 해석은 꿈꾸는 동안 증가한다고 생각되는 소원(쾌락)과 공포가 이 관계 안에서 스스로를 현실화 할 때 결실을 맺는다.

꿈의 **왜곡**이나 꿈의 내적 대상에로의 **환원**을 환기시킴으로써, 우리는 꿈의 진실한 **본성**이 존재하고, 꿈은 그 자체의 궁극성을 가지고 있으며, 꿈은 그 촉진이 치료의 목표 중 하나가 될 실제를 가지고 있다고 확실하게 제안해야 한다.

위니캇을 읽으면서, 우리는 마치 고기를 낚아채듯이 꿈을 실현시키는 방식에 충격을 받는다. 다음은 위니캇의 글이다. '나는 이제 꿈을 찾아 낚시를 시작했다. (꿈을 찾아 나서기 시작했다.)'

(Winnicott, 1971). 이 접근은 저자가 완곡한 표현으로 해석을 제시하기를 꺼려한다는 것을 알게 될 때 더욱 의미있게 다가온다. 완곡한 표현의 해석들은 상징적 언급들을 전달하게 되고 이로써 그 언급들 속에서 자신의 **거짓자기**를 강화할 기회를 발견한 환자는 항상 이에 순응할 위험을 갖게 된다. 이러한 위니캇의 해석의 유보는 '치료적 상담' 전반에 걸쳐 나타난다. 그것은 꿈의 '진실한' 문제를 주목하고 존경하는 것과 대조되는 불신 곧 '환상적인 것'에 대해 불신을 품는 데까지 이른다. 그러나 꿈에서 추구되는 것은 다른 곳에서 – 때로는 면담 중에 아이의 행동에서 – 드러날 수 있는 갈등의 **의미**가 아니라 꿈이 증거를 제시하는 **능력**이다. 위니캇(1971)은 아이들과의 스퀴글 게임을 논할 때 다음과 같이 명시적으로 말한다.

> 이 게임의 목표 중 하나는 아이의 편안함에 도달하여 그의 환상과 꿈에 도달하는 것이다. 꿈이 치료에서 사용될 수 있다. 그 이유는 꿈이 **꾸어지고 기억되고 보고된다**는 사실이 꿈 재료가 흥분과 불안과 함께 아이의 수용 능력 안에 있음을 나타내기 때문이다.

이 비유를 끝까지 따라가면, 결국은 우리가 시작한 가설로 이어진다. 잠이 들기 위해 작은 담요 조각을 빠는 아이(Winnicott, 1953), 그리고 잠을 계속 잘 수 있기를 위해서 꿈을 꾸는 성인, 이들은 서로가 얼마나 가까이 있는지! 우리는 그들이 거의 지각할 수 없는 이 작은 것, 즉 털실 조각들, 꿈 조각들을 빼앗긴다면 아프거나 미쳐버릴 것이라고 확신한다. 그들은 어머니를 부재하게 함으로써 어머니와 그들을 연결하는 것으로부터 분리되는 것을 참을 수 없다. 중간 꿈이 박탈된 그들은 자신을 다른 사람에게 넘겨주고 누군가가 있어 홀로 있을 수 있는 자신의 능력을 빼앗기어 외로움에 빠지게 될 것이다(Winnicott, 1958). '그 조각들만 남아 있다.' 그러나 불평의 배후에 있는 믿음을 인정하자. 남겨진 것이 적을수록 그 대상의 환기적 능력은 더욱 더 내게 속하게 된다. 나는 부족한 것을 얻었기 때문에 필요한 모든 것을 얻었다.

이제 꿈의 화면을 생각해 보자. 르윈(1953)은 그것을 잠을 자고 싶은 욕망과 연결하는데, 그 원형은 젖을 충분히 먹은 유아의 수면이다. 어떤 시각적 이미지도 없는 텅 빈 화면은 젖가슴과 동일시된다. 시각은 다른 욕망들, 곧 수면의 방해자들에 의해 채워지고, 이것들이 꿈을 형성한다.

프로이트는 잠자기와 꿈꾸기를 분명히 구분된 것으로 인식하고 사용하지만, 구분된다고 해서 이 둘을 서로 **반대**가 되는 것으로 정의하지는 않는다. 우리는 이 구분이 신경생리학적 연구에서 나온 것이라는 것을 알고 있다. 그리고 나는 르윈의 연구가 동일한 결론으로 안내한다고 생각한다. 르윈에 따르면, 한때 우리는 만족의 경험이 지닌 바로 그 모호함에서 발견되는 모호한 성질을 고려했다. 예컨대 구강적 포만과 배고픔/갈증을 풀어주는 것뿐만 아니라 동시에 욕구를 달래주는 **상태**보다는 과정의 전체를 재발견하고자 하는 갈증도 고려했다. 전체적인 과정을 통해 불안과 흥분을 담고 있는 이 과정이 몽자가 찾고 있는 과정이다. 반면 수면은 긴장의 해소로 만족한다.

이때에 꿈은 성취된 만족이 아니라 소원의 정지 곧 영속성을 목표로 하고 있는 것으로 보일 것이다. 소원의 대상은 소원 자체인 반면, 잠을 자고 싶은 소원의 대상은 달래기의 절대, 곧 달래기의 영점 zero point이다.

그렇다면 꿈의 화면은 투사를 위한 표면으로 이해되어야 할 뿐만 아니라 보호를 위한 표면이기도 하며 꿈의 화면이 하나의 화면을 형성한다. 잠자는 사람은 화면에서 과도한 흥분과 파괴적인 외상으로부터 그를 보호하는 얇은 필름을 발견한다. 확실히 이것은 프로이트(1920)가 살아있는 세포의 은유에서 가정하는 '보호막'protective shield을 환기시킨다. 그러나 보호막은 외부로부터 우리를 보호하지만, 꿈의 화면은 내부로부터 우리를 보호한다. 꿈의 화면은 '생물학적인 것'과 '문화적인 것'이 어우러지는 곳이다. 죽음 충동을 막는 장벽은 또한 기쁨과 공포, 침투와 삼켜버리는 행위, 발생기의 몸과 석화된 몸을 결합한 근친상간, 곧 어머니와 관계를 하는 근친상간을 막는 장벽이기도 하다.

우리는 이제 왜 꿈의 '제본'binding이 표상할 수 있음에 의존하는지 더 잘 이해할 수 있게 되었다. 내가 볼 수 있는 것, 내가 나 자신에게 표상할 수 있는 것은 이미 내가 유보할 수 있는 어떤 것이다. 예컨대 주체의 해체인 멸절은 우리가 제쳐 놓은 것이다. 꿈은 '봄과 볼 수 있는 것'voyant-visible, 메를로-퐁티의 배꼽이다. 나는 내 꿈을 보고 그것을 통해 볼 수 있다. 우리 모두가 알다시피 죽음은 직면하여 볼 수 있는 어떤 것이 아니다. 악몽은 전환점의 신호다. 위니캇(1971년)의 아동 환자가 마녀에 대한 그의 '공포' 꿈 중 하나에 담긴 주제에 대해 가졌던 명료한 확신과 이를 비교해 보라. '때때로 나는 꿈에서 깨어나는 대신 계속 꿈을 꾸면서 공포스런 것이 무엇인지 찾아내고 싶다.' 그때 나는 내 왕국에 악령이 침투했다는 느낌이 든다. 나는 어디에 있든 더 이상 편안하지 않다. 나는 내 '내륙지역'에서 배회할 수 있을 정도로 빼앗기고 (속임을) 당한다. 그러나 나는 어디론가 이끌려져 악의적이고 죽음을 다루는 **전능한 힘을 가진 힘들에** 내 손과 발이 묶이게 되었다는 느낌을 갖는다.

물론 잠자기와 꿈꾸기 사이 혹은 다른 표현을 선호한다면 열반원리와 쾌락원리 사이는 절대적인 반대가 존재하지 않는다. 즉 잠을 자고 싶은 소원과 꿈을 꾸고 싶은 소원은 둘 다 서로에 의해서 스며들 수 있다. 잠을 자고 싶은 소원의 무언가가 다양한 형태로 퇴행에 전념하는 꿈의 과정 자체의 풀림 속으로 침투한다. 그리고 기원으로의 회귀인 잠을 자고 싶은 소원의 대상들은 꿈을 꾸고 싶은 소원의 형태들을 흡수하는 경향이 있다. 반대로 우리의 꿈은 우리의 모든 잠에 색깔을 입히고 수정한다. 우리는 심지어 어떤 종류의 균형을 이룰 수 있었다. 말하자면 잠을 자고 싶은 소원이 잠을 자고 싶은 욕구보다 더 강할 때, 꿈을 꾸고 싶은 소원은 꿈을 꾸고 싶은 욕구로 변한다. 그리고 더 나아가서, 갈등이 세상의 현장에서 끊임없이 **행동화** 될 때, 우리는 꿈의 장면으로 들어가는 것을 거부한다. '실제' 공간이 모든 방을 차지한다. 우리의 투자 대상들은 혼란스럽게 하고 우리의 모든 에너지를 가동시킴으로써 자아와 성적 본능의 관심을 사로잡는다. 이때 수면은 무엇보다도 회복자이다. 여기서 회복자라는 말은 클라인 학파가 말하는 자기애 회복의 의미, 파괴적인 증오에 의해 산산조각 난 내적 대상의 보상이란 의미로 사용된다. 꿈-작업의 조건은 자아가 '바로 되는'repaired 것이다.

마지막 질문: 꿈이 본질적으로 모성적이라면, 꿈의 해석은 자리에 있어서 부성적이 아닌가? 우리가 살펴보았듯이, 꿈은 마치 '조용

히 해, 너는 나로 하여금 내 꿈을 잃게 하는 데 성공할 거야, 꿈은 희미하게 사라질 거야.'라는 것처럼 종종 회피되고 미리 도전을 받는다. 그리고 진실은 모든 해석이 '상징적 상처'라는 점이다. 그렇지만 상처와 마찬가지로 해석은 뭔가를 바라는 소원이 될 수도 있다. 정의상 해석은 이름 할 수 없는 것을 거리를 두어 멀리두지만, 동시에 가시적인 것을 지워 버린다. 즉 '내 꿈은 희미하게 없어질 것이다.' 해석은 암시하고 싶어도 이미지의 다가성多價性, multivalence에 관한한 의미를 축소하는 기구라는 점에서 부성적이다. 해석은 무의미한 것**의** 법칙과 무의미한 것 **안에** 법칙을 도입한다. 마지막으로 성적 의미에서 분석가의 말은 그 자체를 관통하고 있는 꿈의 몸을 관통한다. 따라서 분석가의 힘은 꿈의 해석의 분야에서 가장 잘 발휘된다. 말의 힘은 꿈의 상상력에 대한 하나의 대답이며 그 상상력의 자리를 차지한다. 해석은 살인이며, 분명코 어떤 대체라고 말할 수 있다. 그러나 이 대체는 어떤 언어적 해석보다 훨씬 앞서 진행 중이다. 말하자면 꿈 자체는 이미 해석이며, 번역이다. 꿈이 표상하는 것은 이미 새겨지고 포착되어 있다.

    꾼 꿈이 우리에게 주는 환상은 아무것도 분리되지 않는 신화적인 장소, 곧 현실이 상상적이고 상상적인 것이 현실인 곳, 단어가 사물이고 몸이 영혼이며 동시에 몸-모체와 몸-팔루스인 곳, 현재가 미래이고 바라봄이 단어인 곳, 사랑이 음식이고 피부가 심층의 표면인 속질인 곳, 그러나 이 모든 것이 **자기애적 공간**에 존재하는 세계에 도달할 수 있다는 것이다. 확실히 꿈을 꿰뚫고 싶은 소원은 꿈에 의해 침투되는 죄의식적 공포에 대한 대답이며, 악몽에 대한 – 성공적인 – 방어다. 그러나 꿈의 깊은 수면은 우리를 관통하지 않고, 우리를

실어 나른다. 실제로는 처음 수면의 꿈을 꾸었으면서, 인류가 항상 마지막 수면이라고 부르는 척했던 순간에 이르기까지, 낮의 텅 빔 안에 있는 그림자의 구멍, 밤하늘을 가로지르고 우리의 낮과 밤을 교차하는 빛나는 광선, 곧 낮과 밤의 상호 침투에서 – 우리가 무한히 재생 가능한 순환의 **표면 위로 오는 것**을 보는 것은 꿈 덕분이다.

| 참고문헌

Anzieu, D. (1959). *L'auto-analyse*. Paris: Presses Univ. de France.
Freud, S. (1900). The Interpretation of Dreams. *SE* 4/5.
―― (1920). Beyond the Pleasure Principle. *SE* 18.
―― (1923). Remark on the Theory and Practice of Dream Interpretation. *SE* 19.
Lewin, B. D. (1953). Reconsideration of the Dream Screen. *Psychoanal. Q.* 22, 174-99.
Winnicott, D. W. (1953) Transitional Objects and Transitional Phenomena. In *Playing and Reality*. London: Tavistock Publications, 1971.
―― (1958). The Capacity to be Alone. *Int. J. Psycho-Anal.* 39, 416-20.
―― (1971). *Therapeutic Consultations in Child Psychiatry*. London: Hogarth Press.

7장
꿈 경험과 전이

해롤드 스튜어트(Harold Stewart)

내가 여기서 논의하고 싶은 정신분석에서 꿈의 역할의 측면은 꿈속의 사건들과 관련된 몽자 자신의 경험과 분석 과정에서 일어날 수 있는 경험의 가능한 변화와 관련이 있다. 나는 몽자가 보고한 외현몽의 한 측면과 꿈의 전이 상태와의 관계에 대해 관심한다. 꿈의 이러한 경험적인 측면은 몽자가 꿈을 꾸는 동안 느낄 수 있는 다양한 감정과 혼동되어서는 안 된다. 따라서 건강한 사람은 꿈에서 다양한 사건에 적극적으로 관여한 것처럼 꿈을 경험할 수도 있고, 수동적으로 관찰하거나, 능동성과 수동성을 번갈아 경험하는 것처럼 꿈을 경험할 수도 있지만, 꿈에서 오직 한 종류의 경험을 했다고 해서 다른 모든 것을 배제하도록 허락되었다고 느끼지는 않을 것이다. 그는 꿈을 꾸는 동안 분노, 두려움, 질투와 같은 다양한 감정을 경험할 수 있지만, 이 감정들은 분석 과정에서 경험하는 감정들과는 다른 것으로, 본 논문이 관심하는 종류의 감정들이다.

이 주제에 대한 나의 관심은 6년 정도 계속된 한 환자의 분석 과정을 관찰하면서 처음 떠올랐다. 환자는 정신 병원에 3년 동안 갇혀 있었고, 분석을 받도록 허락되기까지 심각한 요로 장애를 가진 경계선 정신분열증을 앓고 있는 젊은 여성이었다. 그녀는 자아에 대한 감각이 거의 없었고, 현실감각이 없는 아픔을 겪었으며, 거의 망상에 가까운 수많은 기이한 환상을 가지고 있었다. 머나먼 시골 마을에 살던 악마의 어머니 모습이 그녀를 박해했고, 하늘에 있는 인자한 아버지 신을 숭배했다. 이 모든 것에도 불구하고, 그녀는 자신이 아팠는지 안 아팠는지 분석하는 첫 2년 동안 불확실했다. 이 기간 동안, 전이에서 그녀는 분석가인 나를 뭔가 도움이 되거나 해로울 수 있고, 아마도 불필요한 것으로, 오히려 비현실적이고, 그녀로부터 멀리 떨어져 있는 것으로 경험하였다. 간단히 말해서, 분석에서 환자는 나와 관계하고 있다는 감각이 거의 없었다.

그녀는 오랫동안 꿈을 많이 꾸었고, 꿈들을 해석하고 분석하는 일이 분석 과정에서 본질적인 부분이 되었다. 분석 초기의 대부분에서 그녀는 자신이 꿈을 꾼 것인지, 아니면 실제 삶에서 그 꿈들을 삶으로 산 것인지 확신할 수 없었다. 일부 정신증 환자들은 꿈을 현실로 경험한다는 것이 일반적인 관찰이며, 이는 상징화 과정의 사용을 바탕으로 이론적으로 개념화될 수 있다. 시걸(1957)은 정신증 환자들이 상징을 본능적 활동의 대체물로 사용한다고 본 반면, 신경증자들과 건강한 사람들은 꿈을 본능적 활동의 표상들로 사용한다고 보았다. 꿈의 형성에 있어서 본질적인 과정은 상징화의 과정이기 때문에, 신경증 환자의 꿈 상징 사용과 정신증 환자의 꿈 상징 사용의 차이가 꿈에서 분명하게 드러난다. 내 환자는 대체substitution와 표상representation 사이의 경계에 있어서 그들을 구별하는 데 어려움을 겪고 있었다. 따라서 그녀가 꿈에서 경험한 한 가지는 꿈이 아니라 현실의 한 조각이었다. 그러나 동시에 그녀는 그것을 꿈으로 경험했고 나는 지금 방향을 바꾸어 이 점에 주목할 것이다.

꿈에서 그녀는 항상 극장에서 영화 화면이나 연극 무대에서 진행되고 있는 것들을 바라보고 있는 느꼈다. 그러나 꿈에서 그녀는 영화 혹은 연극 속의 배우처럼 꿈의 무대에 직접 참여하고 있었음에도 불구하고 그녀가 화면이나 무대의 활동에 참여하고 있다는 느낌을 전혀 느끼지 못하였다. 그녀는 항상 소극적인 구경꾼이었을 뿐 적극적인 참여자로 경험한 적이 거의 없었다. 사건들은 항상 거리를 두고 저기에 일어나고 있었고, 이 사건들은 다른 사람들과 관계를 갖는 자신의 분열되고 거부된 측면, 거리를 두고 투사된 측면, 수동적으로 관찰된 측면을 표상했음이 분명했다. 이것은 전이 관계 가운데 있는 그녀와 분석가의 관계, 지방에서 그녀를 박해하고 있는 악마 어머니와의 거리두기, 이상화된 아버지인 하늘에 있는 신과의 거리두기를 거울처럼 비춰주고 있었다. 그녀는 일반적으로 꿈에 연상 자료를 제공할 수 있었다. 하지만 해석의 상당 부분은 특별히 전이의 측면에서 외현몽의 내용의 상징적 의미를 직접 해석하는 것에 기초해야 했다.

그런데 2년이 지났을 때 상황이 달라졌다. 그녀는 자신이 정말 아프다는 것을 알았고, 병으로부터 회복하기를 원한다면 분석가와의 분석이 정말 필요하다는 것을 깨달았다. 우리는 이제 망상 전이의 단계 혹은 (그 용어 사용이 허락된다면) 전이 정신증의 단계에 들어갔다. 정신증 단계란 분석가인 나를 도움이 되고, 필요하며, 이상화된 분석가로 경험할 뿐 아니라, 박해하는 살인적인 악마-어머니나 어머니의 대리인으로 경험하는 단계를 말한다. 그녀는 대부분의 시간 동안 공포 상태에 있었다. 이 논문의 중요 요점은 꿈에 대한 그녀의 경험 역시 바뀌었다는 점이다. 그녀는 꿈은 그저 꿈일 뿐이라는 것을 완전히 깨달았다. 뿐만 아니라 꿈에서 그녀는 더 이상 영화관이나 극장에 있는 것처럼 느끼지 않았고, 더 이상 먼 곳에서 일어나는 사건들을 바라보는 수동적인 방관자가 아니었다. 대신 그녀는 꿈에서 일어나는 사건들에 관여하여 종종 그 사건들을 갖고 격렬하게 씨름하면서 거기에 압도당했다고 느꼈다. 꿈에서 그녀는 여전히 종종 둘로 등장하곤 했고, 둘 다에 적극적으로 관여하고 있었다. 때때로 그녀는 압도당한 경험으로 인해 너무나 공포에 사로잡혀 불안 상태로 꿈에서 깨어나곤 했다. 따라서 전이에서 일어났던 정신 내적이며 상호 인격적인 변화는 꿈에서의 경험의 변화에 반영되었다. 분열되어 부인된 측면들은 더 이상 먼 곳에 투사되지 않고, 완전히는 아니더라도 전이 관계로 다시 받아들여졌다. 그래서 경험된 투쟁과 불안은 특히 그녀의 악마 같은 살인 충동에 의해 압도당하는 것에 대한 두려움으로 드러났다. 임상적으로 그녀는 이제 자신의 상태에 대한 통찰력을 얻기 위해 그녀의 꿈을 분석하는 것에 더 많이 관여했다. 몇 달 동안 이 단계가 진행되었고 우리는 세 번째 단계인 전이 신경증으로 접어들었다. 이때 그녀는 현실을 꽤 분명하게 이해하는 완전한 사람이 되어 있었다. 기이한 환상과 탈인격화 현상이 사라지면서 그녀는 자기감이 좋아졌고 적당히 우울한 감정을 참을 수 있었다. 우리는 그녀의 요로 장애와 성적 억제를 해결해야 하는 과제를 떠안게 되었다. 이제 다시 한 번 그녀의 꿈의 경험이 바뀌었다. 이전 단계의 자아-압도적인 꿈 대신, 그녀는 이제 대부분의 사람들이 꾸는 논문 초반에 설명한 그런 유형의 꿈을 경험하였다. 그녀는 꿈에서 보고 있었고, 구타를 당하고 있었으며, 불안함 또는 자유를 경험하고 있었지만, 어떤 특정한 유형의 경험에 묶이지 않았다. 대체로, 그녀의 경험은 참을 만하고 참여할 수 있는 것이었다. 따라서 그녀의 꿈에 대한 경험은 전이에서 보듯이 정신 내적이고 상호 인격적인 영역 모두에서 향상된 기능과 자아의 새로운 통합을 포함하고 있었다.

이러한 관찰은 우리가 이미 알고 있는 것, 즉 정신 내적 기능과 상호 인격적 관계가 밀접하게 연결되어 있다는 것을 보여주었다. 정신 내적인 기능인 자신의 꿈에 대한 몽자의 경험은 상호 인격적 기능인 전이의 상태를 반영한다. 어느 하나에 대한 해석은 점차적으로 다른 하나에 영향을 미쳐 양쪽 모두에 변화를 초래한다. 임상의 측면에서, 이러한 꿈-경험의 변화는 통합을 위한 자아의 능력에 따른 분석의 또 다른 진척 지표를 구성한다. 이것은 변화의 다른 꿈 지표인 외현몽의 내용에서 상징적인 변화의 관찰을 보완할 것이다. 지금까지, 나는 두 명의 환자를 기술하면서 세 단계를 관찰했다. 다른 사례에서는 첫 번째와 세 번째 단계만 보았는데, 이들은 자아-압도적인 단계를 거치지 않은 것 같았다. 이것은 이 세 단계가 특정한 종류의 정신 병력을 가진 특정 환자들에게만 발생한다는 것을 의미할 수도 있고, 아니면 다른 환자들이 내가 이해할 수 있는 방식으로 이 두 번째 단계에 대해 말해주지 않았다는 것을 의미할 수도 있다. 나는 보통 이러한 현상들을 분열, 부인, 투사 기제를 과도하게 사용하는 심각한 히스테리성, 공포성, 경계성 정신 분열증 성격에서 발견하였다.

르윈(1946)이 처음 제안한 꿈 화면의 개념은 첫 번째 단계의 꿈 체험에 딱 들어맞는다. 그는 모든 꿈이 때때로 볼 수 있는 화면에 투사된다고 생각했고, 그 화면을 수면과 자아가 무의식적으로 동일시되는 평평한 형태의 젖가슴과 융합하는 것의 상징이라고 해석했다.

그는 꿈의 시각적인 이미지가 수면 상태를 방해하는 소원을 나타낸다고 생각했다. 라이크로프트(Rycroft, 1951)는 꿈 화면은 모든 꿈에 존재하는 것이 아니라 조증 단계에 접어드는 환자들의 꿈에서 발생한 현상이라고 생각했다. 그것은 젖가슴과 황홀한 융합의 조증 감각과 젖가슴을 향한 적대감의 부인을 상징했다. 나는 꿈 화면이 모든 꿈에 나타나지는 않으며 그것이 젖가슴과 융합을 그리고 젖가슴을 향한 적대감의 부인을 상징할 수 있다는 라이크로프트의 의견에 동의한다. 그러나 황홀한 융합에 대한 조증 감각에 대해서는 확신할 수 없다. 내 환자는 분석을 시작하기 훨씬 전에 이러한 꿈을 꾸고 있었고 나는 황홀감과 같은 어떤 것을 암시하는 어떤 정서도 탐지할 수 없었다. 나는 또한 꿈 화면이 융합과 젖가슴을 향한 적대감의 부인 외에도, 자기의 원치 않는 투사된 면들을 살아내고, 담아주며, 돌볼 수 있는 어머니(젖가슴)에 대한 욕망을 표상한다고 가정하고 싶다.

앞서 말했듯이, 꿈에서 자기의 경험이 거의 압도되었던 두 번째 단계는 이러한 원치 않는 투사된 측면의 자기로의 복귀와 이러한 측면의 수용을 찬성하거나 반대하는 투쟁에서 일어났던 자기 안의 격변을 나타낼 것이다. 그 투쟁은 전이에서 이루어진다. 세 번째 단계에서, 자기는 꽤 온전했고 그래서 꿈의 경험은 꽤 온전한 사람의 경험이었다. 즉, 보통의 건강한 혹은 너무 신경증적이지 않은 사람의 경험이었다.

이 현상에 대해 다소 다른 접근법은 셰퍼드와 사울(Sheppard & Saul, 1958)의 접근법이었다. 그들은 자아 활동, 특히 무의식적인 활동에 대한 연구를 위해 외현몽의 내용을 사용했다. 그들은 자아 기능을 10가지 범주로 구분하고 각각의 범주를 네 개의 하위 그룹으로

세분화했는데, 이 하위 범주는 충동이 충만한 꿈에서 자아 인식의 다른 정도를 보여준다. '충동'은 꿈 화면에 표현된 충동, 욕동 욕구 또는 다른 원동력으로 정의되었다. 몽자가 충동을 자신의 일부가 아닌 것으로 묘사할수록, 그는 충동을 자신의 자아와 거리가 있는 곳에 두어 '자아-거리두기'라는 개념을 만들어 냈다는 소리를 듣게 된다. 그들은 자아 기능의 이런 측면에 대한 일종의 정량적 평가를 얻기 위해 '자아 평가 체계'ego-rating system를 고안했고 정신증 환자의 자아가 정상인의 꿈보다 외현몽에 사용된 방어 기제의 수에서 더 큰 차이를 보인다는 것을 입증해 주었다. '자아 거리두기'의 가장 큰 정도는 정신증 환자들의 꿈에서 얻어졌다. 그들은 친분 관계가 없는 사람들의 꿈을 조사하고, 몽자가 정신증인지 아닌지를 합리적으로 정확하게 예측할 수 있었다.

첫 단계에서 내 환자의 꿈 경험은 확실히 '자아-거리두기'라는 개념을 매우 생생하게 묘사했다. 특히 '참여'라고 제목을 붙인 저자들의 범주에서 그랬다. 그러나 저자들은 내 환자가 '자아-거리두기'에서 '자아-압도적인'이라는 느낌으로 발전하는 것에 대해서는 더 이상 기술하지 않았다.

이 논문을 결론하면서, 나는 오직 우리의 치료의 범위를 넓힌 정신 내적 기능과 대상관계에 대한 지식의 모든 확장과 더불어, 꿈의 역할이 세기가 바뀔 때(1900)만큼이나 오늘날에도 중요하다고 말하고 싶다.

참고문헌

Lewin, B. D. (1946). Sleep, the Mouth and the Dream Screen. *Psychoanal. Q.* 15, 419-34.

Rycroft, C. (1951). A Contribution to the Study of the Dream Screen. In *Imagination and Reality*. London: Hogarth Press, 1968.

Segal, H. (1957). Notes on Symbol Formation. *Int. J. Psycho-Anal.* 38, 391-7.

Sheppard, E. and Saul, L. L. (1958). An Approach to a Systematic Study of Ego Function. *Psychoanal. Q.* 27, 237-45.

8장
분석적 경청과 꿈 화면에 대한 고찰들

제임스 갬밀(James Gammil)

βοῆς δὲ τῆς σῆς ποῖος οὐκ ἔσται λιμὴν ποῖος κιθαιρών
οὐχὶ σύμφωνος τάχα[9]

20년이 넘도록 나는 몇 년 동안 꿈을 꾸지 않은 것 같다고 보고하는 환자들에게 관심하였다. 이 현상은 분열성 성격에서 정상적인 사람에게 이르기까지 광범위한 임상적 범위(신경증 또는 정신증이라기 보다는 성격구조의 문제)에서 발견된다. 정상적인 사람은 현실의 삶에서 매우 효율적인 삶을 산다. 마티Marty와 드 무잔(de M'Uzan, 1963)은 그들의 심각한 심신증psychosomatic 환자들 중 다수가 꿈을 꾸지 않거나, 꿈을 말할 능력이 없어 보이거나, 혹은

---

9 '폐 속 깊은 곳으로부터 올라오는 고통스런 외침'인 이 문구는 오이디푸스의 의미로 읽을 때 더 깊은 의미로 다가온다.

　도움을 구하는 당신의 슬픔에 찬 외침의 피난처는 어디인가?
　어떤 키테론인들 이 외침을 조화롭게(symphonos) 반향해 주지 않을까?

　우리는 키테론 산이 오이디푸스의 '요람이자 유모이며 심지어 어머니'라고 노래하는 합창단을 기억하고 있고 '시타라'가 수금, 하프 또는 루트를 의미한다는 것을 기억하고 있다(Gammill, 1978).

능력이 있다 하더라도 꿈들을 연상하는데 큰 어려움을 겪는다고 강조한다. 일부 만성 우울증 환자의 경우, 이 문제는 종종 상담을 예약하거나, 초기 면담에서 보살핌 또는 '분석에 참여'한다고 느끼면서 누군가의 말을 듣는 경험으로 인해 빠르게 사라진다. 한 우울증 여성의 첫 번째 꿈에 등장한 '죽은 거울'은 어머니의 품에 안긴 그녀의 모습을 반영하고 있었다.

하지만, 20대 중반의 분열성 성격이 지배적이었던 젊은 남자와의 경험은 의미있게 사용할 수 있는 꿈 화면의 분석 과정동안 발달장애 때문에 생겨난 성격의 구조를 보는데 큰 도움을 주었다. 이 환자는 성격의 중요한 부분을 상실하고 그에 따른 내적인 정신적 삶의 피폐함을 가진 채, 만성적으로 안정되고 '강박적인' 방식으로 투사적 동일시의 기제를 과도하게 사용했다(Klein, 1946).

| 첫 번째 꿈 이전의 역사와 분석 과정의 측면

면담 방문에서 B 박사는 마치 다른 사람의 사례를 말하는 것처럼 무색의 단조로운 어조로 덤덤히 사례-이력을 얘기해 주었다. 그는 반복되는 우울증 증세로 외과 의사였던 그의 아버지를 치료했던 정신과 의사의 의뢰로 상담실을 찾았다. B 박사는 우유부단함과 현실적인 조치를 취할 능력이 없다고 느껴 이혼을 고려하고 있었다. 그는 의학 연구의 공식적인 검증에 필요한 논문을 쓸 힘이나 진취성도 없었고, 자신의 정서 부족*'mon flegme britanniqueh'*을 선천적인 기질 때문으로 돌렸다. 하지만, 나는 아름답지만 간질과 히스테리 그리고 충동적 성격을 가진 그의 아내의 선택을 매우 중요하게 생각했다. 무의식적으로 그는 자신 안에 결여하고 있는 감정을 그녀에게서 찾고 있었다. 그들의 결혼이 실패한 것은 주로 그가 아내의 극화dramatizations, 애정에 대한 강렬한 열망, 보살핌 받고 싶은 욕구를 견딜 수 없었기 때문이었다.

그는 잘생긴 젊은 남자였지만, 표정은 경직되어 있었고, 왠지 텅 빈 사막의 이미지를 떠올리게 했다. 멀리 떨어진 깊은 곳에서 일어난 정신적 지진 때문인지, 희미한 그의 내면세계를 감지하기 위해서는 지진계를 필요로 할 정도였다. 나는 그의 어머니에 대해 물었다. 그의 묘사에 따르면 어머니는 매우 강박적이어서 가구는 (절대 옮겨서는 안 되고) 언제나 청결상태여야 하며 아이들 또한 깨끗함과 바른 행동을 유지해야 한다고 요구했다. 그는 한 살 어린 여동생이 있다는 것을 마지못해 대답하면서 여동생은 자신에게 중요하지 않다고 하였다. 몇 달 후, 그는 만성 구토와 생명을 위협할 정도인 여동생의 심각한 거식증에 대해 말해주었고, 이 때문에 그의 여동생은 끊임없는 부모의 걱정과 보살핌을 불러일으킨다고 하였다.

내가 분석을 위해 그를 받아들이기로 한 후, 그는 카페의 카운터에 다가가서 술을 주문하는 것조차도 큰 어려움을 겪고 있고, 또한 목소리가 너무 약해져서 지인들은 그의 말에 더 이상 집중할 수 없다고 하였다. 분석 첫 몇 달 동안 나는 의자를 카우치 가까이로 끌어당기고, 그가 말하는 이야기를 듣기 위해 앞으로 몸을 숙였다. 그 내용은 지루하고 불분명하여 나는 어디에 관심을 두어야 할지 애를 먹고 있었다.

약 두 달이 지난 후, 자발성이나 불안의 기색도 없이 다소 차갑고 형식적인 공손함으로 얼룩진 어느 날, 그는 내게, 내가 브리태니

커 백과사전을 모두 가지고 있다는 것을 알아채고는, 책을 많이 가지고 있는 그의 아버지와 똑같다고 아주 가식적으로 말했다. 우리 둘 다 **그에게** 무엇이 중요한지 의논하는 것은 완전 불가능했다. 그는 그의 아버지가 아시리아와 바빌로니아의 역사와 건축에만 관심이 있었고, 아들이 이런 과목들에 관심이 없다는 것을 인식하지 못한 채 항상 역사와 건축 이야기를 그에게 들려주었다고 주장했다. 갑자기 짧은 기간 동안 적대적이고 다소 편집증적인 아버지에 대한 전이가 있은 후, 그는 아버지처럼 분석가인 나를 경험했다는 사실에 놀랐다고 말했다. 동시에 그는 내가 진정한 관심을 갖고 그와 그의 어려움에 경청했다는 것에 놀라워했다. 하지만, 그는 긍정적인 감정들이 올라오자 급히 겁을 먹고는 곧바로 나태한 자기로 돌아갔다.

분석회기에서 나와 함께 있을 때 환자는 성격의 중요한 부분들이 자신 안에 없었다는 것을 조금씩 깨닫게 되었다. 거의 달릴 수 없을 정도로 상태가 좋지 않은 그의 듀쉐보$^{\text{Deux Chevaux}}$ 차에 대한 그의 묘사는 그가 알아보지 못한 우울한 부분이 차에 있다는 것을 분명히 했다. 그는 이혼에 필요한 절차를 밟을 수 없었다. 주된 이유는 아내가 자신의 중요한 본능적인 부분을 지니고 있었기 때문이었다. 한편으로는, 그는 그것들을 없애고 싶어 했고, 다른 한편으로는, 무의식적으로 자신의 성격의 중요한 측면을 자신으로부터 분리하는 것을 두려워했다. 그녀의 간질 발작과 히스테리적인 위기는 통제할 수 없었고, 정신적으로 두려운 그의 일부를 나타내었다. 따라서 (죄책감을 느끼지 않은 채) 그녀가 죽기를 바라는 그의 의식적인 소원은 본질적으로 그녀에게 투사된 자신의 일부를 죽이고 싶은 욕망과 연결되어 있었다.

그 후 그는 사춘기를 떠올렸다. 그의 부모님은 가난에 대한 우울한 두려움이 있었다. 이 때문에 여동생과 그는 연료의 절약을 위해 겨울에 같은 침실을 써야 했다. 그는 그녀가 옷을 벗는 것을 보는 것을 피했지만 최소한의 성적 감각이나 생각이 올라와 혼란스러웠다. 그는 종종 먼 집에서 옷을 벗은 소녀를 보았고, 이것이 사실상 아무것도 볼 수 없었기 때문에 왜 그것이 그에게 그렇게 중요한지 궁금해 했다. 분석에서 처음으로 그의 목소리 톤은 이해하는데 도움을 받고 싶은 욕구를 내비쳤다. 나는 한 가지 측면이[10] 그의 성 대상을 멀리 떨어뜨려 놓음으로써 그의 성을 생생하게 유지하려는 노력처럼 보인다고 제안했다. 왜냐하면 여동생과 함께 방을 쓰는 상황에서 그는 자신의 성욕, 곧 자신의 중요한 부분의 발기를 잠재워야 한다고 느꼈기 때문이다. 그 순간부터 나와 그의 관계 그리고 분석과 그 자신의 관계가 훨씬 더 생생해졌다.

| 첫 번째 꿈

곧이어 그는 항상 따분하고 지루했던 부모의 방문에 대해 말했다. 이번 회기에서 그는 어머니가 그를 위해 구운 케이크를 가져왔다고 말했다. 다음 회기에서, 그는 어머니를 향해 따뜻한 감사를 표현하면서 삶에서 더 큰 기쁨을 보여주었다. 분석 작업과 더불어 케이크를 선물로 받은 것이 충분한 모유 수유와 연관된 사랑스런 어머니에 대한 좋은 내적 경험에 기여했었음이 분명해 보였다. 하지만 내가 이렇게 해

---

10 이 점에서 그에게 자신의 일부와 다른 곳에 투사된 중요한 대상관계와의 연결 유지를 보여주는 것이 가장 적절해 보였다. 나중에 그의 관음증과 잠재된 전시주의의 내용이 분석에서 매우 중요해졌다.

석했을 때, 그는 여유 있는 웃음을 지어보이며 프랑스에서는 시골 어머니들이 파리를 방문할 때 심지어 성인 자녀들에게까지 케이크를 가져다주는 의식이 있으며 이는 별 의미 없는 의식이라고 (외국인인) 내게 확인시켜주었다. 그럼에도 불구하고, 다음 회기에, **그는 그를 더욱 놀라게 하는 자신의 분석을 내용으로 하는 첫 번째 꿈을 가져왔다. 그가 놀랐던 이유는 지난 수년 동안 꿈을 꾸었다는 느낌조차 기억에 없었기 때문이었다.**

> *그는 영화관 로비에 있었지만 들어가서 영화를 보는 것을 망설인다. 기다리는 동안 한 젊은 여성이 그에게 다가와 무릎을 꿇고 바지를 내리고 그의 페니스를 입에 넣고 열정적으로 빨고 있다. 그는 다소 쾌락을 느꼈지만 그 소녀의 열정적인 시도에 놀라는 것이 주된 즐거움이다. 다른 사람들이 알아채지만 특별한 관심을 보이지 않는다.*

첫 번째 연상들은 분석과 관계가 있었다. 그는 분석 로비에 남아서 더 깊이 그의 삶의 내막을 탐구하는 것을 주저하는 성향이 있었다. 우리는 (분석가를 나타내기도 하고, 또한 그의 여동생을 나타내기도 하는) 꿈속의 여자가 몽자 자신의 열정적인 욕망을 담아주고 있었고, 다른 한편 그는 자신의 욕망의 대상 곧 페니스-젖가슴을 갖고 있음을 이해하게 되었다. 많은 암묵적 연상들이 이미 전이에 나타났고, 나는 이번 회기와 이후로 이어지는 회기들에서 많은 연상들이 떠오르는 것에 놀라워했다.

분석의 약 3분의 1은 그의 꿈과 관련이 있었다. 그러나 이 복잡한 자료에서 나는 오직 하나의 주제, 곧 그의 수동적인 여성성만을 강조해보겠다. 이렇게 그의 수동적인 여성성을 구분하여 주목하는 이유는 정상적인 수용성이 정상적인 여성적 자리(Klein, 1932)의 확립과 그의 전체적인 성격으로의 통합(Begoin and Gammill, 1975; David, 1975)을 막는 수동적으로 공격적이고 고도로 통제적인 측면을 대신할 수 있게 하기 위해서이다. 오이디푸스 콤플렉스의 가장 초기를 구성하는 주로 구강기의 충분한 경험을 위해 필요한 이러한 통합은 - 직접적이고 반전된 형식 모두에서 - 성공적인 우울적 자리의 발달에서 비롯된다. 그 결과 초기 아버지의 페니스와의 동일시는 후에 아동분석에서 놀이방 탁자에서 작은 장난감들을 움직이는 손 안에서 그리고 좀 더 큰 아이가 종이에 그림을 그리는 손안에서 경험한 동일시, 곧 꿈 화면의 적절한 기능을 위해서 필요한 것으로 보인다.[11]

| 논의

꿈 화면이 밤에 잠을 자러 갈 때 젖가슴을 빠는 것, 볼록한 표면에서 평평한 표면으로의 변형과 관련이 있다는 르윈(1946)의 논문은 이론적으로는 흥미로웠지만 임상적으로도 중요하고 유용한지에 대해서는 의문이 제기되었다. 한 가지 중요한 암시가 있었다. '잠자는 사람은 자신을 젖가슴과 동일시하였고 외현몽의 내용에서 윤곽이 드러나지 않거나 상징되지 않는 자신의 모든 부분을 먹어 간직했다.' 이후 르윈은 '우리는 꿈이 소원 성취이고 소통이라는 것을 안다...' 그리고 '외현몽의 내용은 진행된 형태로 표현하는 드러난 분석 자료와 일치하며, 잠재된 사유들은 전의식적이 된다. 꿈 형성은 "분석 상황 형성"

---

[11] 1972년에 나는 이 단락에서 제시된 꿈 화면에 대한 의미를 깨닫지 못했었다.

과 비교되어야 한다.'고 말한다. 또한 그는 텅 빈 꿈blank dream의 내용이 **'육아 상황에서 젖가슴에 머리를 묻고 잠이든 것을 포함해 아기의 강렬하고 원초적이며 직접적인 경험'**을 의미한다고 제안했다(강조는 필자가 한 것).

나는 임상 재료와 관련하여 몇 가지 중요한 요점을 강조하고 싶다. 환자의 사적이고 진정한 자기의 흔적과 관련된 정서와 자료의 아주 미미한 암시조차 포착하기 위해서는 매우 세심한 주의를 기울여야 했다. 환자로부터 강렬한 적대감의 표현을 수용하는 것뿐만 아니라 분석 과정에서 되살아난 증오하는 아버지 이미지의 투사를 담아줄 수 있어야 했다. 이후 그의 아버지는 책에 대한 자기애적인 집착에 빠져 있었고, 그의 어머니의 이미지를 덮어버렸으며, 한때 폭력적이었던 사랑과 증오의 감정과 절망 상태의 소통을 두려워하며 어머니의 강박적 방어 뒤에 숨어있었다는 것이 분명하게 드러났다.

그러나 분석 초기 단계에서 자신의 투사된 좋은 부분을 담아준 착한 심지어 이상화되기 까지 한 어머니의 투사를 수용할 수 있는 것도 똑같이 중요했다. 클라인(1946)은 '자기의 좋은 감정과 좋은 부분을 어머니에게 투사하는 것은 유아가 좋은 대상-관계를 발달시키고 자아를 통합할 수 있는 능력에 본질적'이라고 강조했다. 우울한 어머니나 아버지는 죄책감을 통해 선량하고 사랑스런 부모가 된다는 느낌에 중요한 **기여**를 적절히 수용할 수 없게 한다. 강박적 방어는 또한 이상화된 투사와 연결된 강렬한 원초적 사랑과 박해적 투사와 연결된 격노와 증오 사이의 갑작스러운 **변동**을 수용하고 다루는 능력에 지장을 준다.

환자가 자신의 내적 부모뿐만 아니라 자신의 중요한 부분들의 투사를 담아내는 분석가의 능력을 확신하게 되면서, 자신의 내적 세계와 감정을 억누르거나 다른 곳에 투사할 필요가 줄어들었다. 그가 아내나 자동차와 같은 어떤 사람이나 물건에 투사했던 자신의 일부를 찾아내고[12] 투사했던 이유를 이해하는 것이 중요했다. 이처럼 분산된 부분들이 전이로 모아지기까지는 상당한 시간이 요청된다.

비온(1962, 1963)과 클라인의 연구를 발전시킨 다른 사람들은 (예를 들어 환상 발달에 관한 시걸의 연구. Segal, 1964) 아기가 어머니와 갖는 가장 초기의 정신적 소통 형태로서 정상적인 투사적 동일시의 중요성을 강조했다. 이 관점에서는[13] 어머니가 아기의 원초적인 부분, 감정, 불안 상황의 투사를 수용해주고 그것들을 직관적으로 이해하기 위해 담아주며 그리고 어머니의 보살핌, 사랑, 이해로 적절하게 반응할 수 있어야 한다는 것이 본질적이다. 정상적인 발달에서 아기는 점차 이러한 모성 기능들과 동일시한다. 이러한 모성 변형 능력의 한 요소로서, 비온(1962)은 분석가가 환자에 대해 '떠다니는 주의'floating attention를 갖는 것과 유사한 것으로 간주할 수 있는 '모성적 몽상'maternal reverie[14]의 필요성을 강조한다.

임상 자료로 돌아가 첫 번째 꿈에 앞서 진행된 회기들의 주요 단계를 살펴보자. (1) 분석가가 환자에게 돌려주는 효과가 있는 자신의 중요한 리비도 부분을 거리를 두고 하는 해석, (2) 케이크를 가져

---

12 정상적인 몽자에게는 (투사적이며 내사적인, 프로이트가 이 용어들을 사용하지 않더라도) 동일시의 놀이를 통해, (프로이트 당시에는 자아라 불렀던) 자기의 다른 측면들이 꿈 텍스트에 존재한다.
13 관심 있는 독자는 1962~1970년 사이 비온이 출간한 책들이나 멜처(1978)가 최근 발표한 비온의 연구를 참고하라. 여기서 나는 이 문제를 일반적인 방식으로만 언급하였다.
14 '몽상(reverie)은 어머니의 알파-기능의 요인이다.' (36)

오고 있는 어머니의 도착은 분명 상징적 의미로 내사됨. (3) 현재의 사건과 최근의 전이 그리고 과거를 연결하는 분석가의 해석. 아이작스 엘름허스트(Isaacs Elmhirst, 1978)는 변화 유발 해석의 유용성이 비온과 빅(Bick, 1968)의 해석과 어떻게 연관될 수 있는지를 보여주었다.

단계적으로 과정을 따라갈 수 있는 나의 사례들에서, 첫 번째 꿈은 항상 암묵적이거나 명시적인 전이의 언급을 하면서 좋은 젖가슴의 내사를 가리키는 자료를 다룬 이후에 등장하였다. 하지만 좋은 젖가슴은 좋은 음식의 원천뿐만 아니라 담아주기의 능력(멜처는 '변기 젖가슴'toilet breast이라고 묘사함. 1967)을 입증하는 이해의 원천과도 연결되어 있었다. 어릴 적 어머니는 주로 젖가슴으로 경험되며, 어머니의 이해는 기본적으로 아기를 먹이고, 다루고, 안아주는 방식으로 전달된다(Winnicott, 1960).

르윈(1955년)은 꿈 화면을 만들 때 젖가슴과의 내사적 동일시만을 공식화했지만, '마치 환자들이 분석가 속으로 혹은 분석가를 통해 걸을 수 있는 것처럼, 분석가와 동일한 공간을 점유한다는 환상에 의해 젖가슴에서 잠들고 싶어하는 전-오이디푸스기 소원을 표현한 환자들의 전이 발언을' 환기시키면서 투사적 동일시의 증거를 제시한다. 이것은 환자를 수면의 자리에 있게 하는 분석가의 특별한 작업 mapping이다.

클라인(1946)은 '자아의 초점으로서...그리고 자아 형성에 있어 중요한 요소로서' 내재화된 좋은 젖가슴의 중요성을 강조했다. 정신분석적 꿈 이론에 대한 주요한 기여에서, 페인과 데이빗(Fain and David, 1963)은 꿈의 삶에서 충분히 정교화 할 수 있는 능력은 '스스로를 아이에게 이용할 수 있게 한 대상과의 친밀한 접촉이…그에게 [정교화 할 수 있는] 능력을 전해주어…그렇게도 바라던 그의 개념 세계에 소개된 것'의 반영이라고 생각한다. 이와는 대조적으로, 부족한 꿈 생활과 환상 활동을 가진 심각한 정신-신체적 사례에서, 마티 외 연구진(1963)은 '살아 있는 내적 대상에 대한 언급의 결여'에 주목한다.

페인과 데이빗(1963)은 꿈 삶에 수반하여 진화한다는 나의 관점과 만족스러운 분석의 분석 과정을 공유한 것으로 보인다.

> 리비도 진화의 각 순간은 분석회기의 감정적 분위기와 동일한 분석회기에서 보고된 꿈에 나타나는 감정적 분위기 사이의 구조적 유추를 강조함으로써 해석된다. 따라서 꿈은 더 이상 분석회기에서 이상한 몸으로 나타나지 않고 분석회기와 조화를 이루게 된다. 이 상태는 환자의 개념적 세계에서 정신분석가가 지속적으로 존재함으로써 도움을 받고 활성화된다. (249)

르윈(1946)은 꿈 화면에 피부 기여가 포함되어 있다고 제안했는데, 이는 빅(1968)의 중요한 연구와 관련하여 더욱 의미심장하게 되었다. 또한 우리는 – 많은 저자들로부터 구강 성욕이 지배하는 시기 동안 – 젖가슴은 정신적으로 아기가 어머니와 관계하는 어떤 측면과 접촉점에 연결되고 심지어 동화된다는 것을 알고 있다. 아기는 어머니의 얼굴 표정과 눈[15]을 통해 자신의 몸과 피부가 자신과 어떻게 연결되고 반응하는지 느낄 수 있다. 따라서 아기는 어머니의 반응의 수

---

15 이 원시적인 수준에서 볼과 눈은 종종 젖가슴과 가슴과 젖꼭지와 동일시된다.

신자일 뿐 아니라 그의 원초적인 소통에 어머니가 어떤 변화를 일으키는지에 대한 증인이기도 하다.

이런 관점에서 모체의 부분과 기능을 나타내는 모든 것과 젖가슴의 내재화는 아기의 첫 내재화된 사랑 대상과의 내적 '대화'의 시작을 허용하기 때문에 **일차적인 중요성**을 갖는다. 그래서 나는 다음과 같이 말하는 칸저(Kanzer, 1955년)의 주장에 전적으로 동의한다. '그러므로 잠자는 사람은 진정으로 혼자가 아니라, 그의 투사된 좋은 대상과 더불어 자는 것이다. "꿈 화면"은 꿈 동반자의 유물이자 징표이다.' 그는 또한 꿈속에서 내적 소통이 중요하며 대상관계는 '구조적, 역동적, 경제적으로 마음의 기본 단위'라고 주장한다. 그러나 그는 앞서 내가 제안한(1970) 것처럼 이러한 내적 소통을 투사적 동일시와 연관시키지는 않는다.

내가 발전시켜보고자 했던 관점에서 보면, 몽자는 그의 초기 대상관계에서 파생된 욕망과 갈등의 표상들을 시각적 이미지의[16] 퇴행적 언어로 투사할 수 있는 내적 정신적 공간을 가질 수 있을 것이며, 유아기 때처럼 내재화된 어머니의 젖가슴에 의해 그의 소원이 성취되고 불안이 누그러질 수 있기를 희망할 것이다. 그러나 만족의 내적 상황은 종종 불완전하다. 따라서 르윈의 주장을 반복해본다면, 몽자의 '외현몽의 내용에서 간략하게 혹은 상징화되어 나타나는(나타나야 하는)' 부분들이 있다. 그리고 (종종 두려움, 죄의식 혹은 수치심에 빠진 채) 기억된 꿈을 다른 사람에게 말해주고 싶은 어떤 소원이 항상 존재한다. 폰 허그-헬뮤스(Von Hug-Hellmuth, 1921)는 잠재기

---

16 아이작(Isaacs, 1952: 104-5)은 그 기원을 구체적인 신체 내부 사물로 그려내고 이후에 "마음 속 표상들인" 좁은 의미의 "이미지"로 변환되는 시각적 이미지의 진화를 가리키고 있다.

아동의 불신하는 태도에도 불구하고, **'분석가가 동정적이고 객관적 감정의 경청을 통해 비밀스러운 아버지나 어머니 이상을 실현한다는 사실 때문에**(강조는 필자가 한 것임), 치료 시작 시 아이의 첫 번째 태도는 일반적으로 강한 긍정적인 전이를 갖는다.'고 지적했다. 그러므로 이 영역에서도 내적 세계와 외부 세계의 상호작용에 상호보완성이 있음을 알 수 있다.

프로이트(1926)는 다음과 같이 쓰고 있다. '자아에게 의미가 있으려면 외부의 (현실적인) 위험도 내면화되도록 했어야 했다.' 내가 보기에 감정적으로 중요한 어떤 상항이 '자아에게 의미가 있으려면' 꿈의 삶 안에서 그 표상을 포함하면서 내재화되어야 한다는 점을 프로이트는 암묵적으로 표현하는 것 같고 클라인은 명시적으로 표현하는 것 같다. 그러나 자아에게 의미가 있으려면 비온이 알파-기능으로 그 기원을 개념화한 사고능력의 복잡한 발전이 포함되어야 한다. 알파기능은 성격에 영향을 미치는 사건들을 사고의 중심 전제조건인 '꿈 사유'로 변형시킨다. 비온(1962)은 다음과 같이 말한다. '만약 환자가 자신의 감정적 경험을 알파요소로 변형시킬 수 없다면, 그는 꿈을 꿀 수 없다. 알파-기능은 감각 인상을 우리가 꿈에서 친숙한 시각적 이미지와 유사하고, 실제로 동일할 수도 있는 알파요소로 바꾼다.' 그는(1963) 또한 '의미의 관점에서, 사고는 원래 알파기능의 수행에 책임이 있는 좋은 젖가슴의 성공적인 내사에 달려있다.'고 말한다.

나는 좋은 내적 젖가슴의 안정은 우울적 자리(Meltzer 1967)의 오랜 훈습을 필요로 한다는 점을 강조하고 싶다. 첫 번째 긴 여름 휴가 동안, 내 환자는 이전의 정신분열 상태로 퇴행했고, 일시적으로 꿈을 꿀 수 있는 능력을 잃었다. 이 기능을 재확립하기 위해서는 몇 주간의 분석 작업이 필요했으며, 이후에도 이 작업은 그대로 유지되었다. 우울적 자리의 발달을 위해 많은 작업이 필요하지만, '꿈 화면'과 구조적이고 역동적이며 경제적인 역할인 상호 관련된 '알파기능' 안에서 좋은 내적 젖가슴은 잘 정착되었다고 말할 수 있다.[17] 동시에 환자는 자신과의 의미 있는 관계 속에서 훨씬 더 살아났고, 정서는 더 풍부해지고 다양해졌다. 또한 다른 사람들과의 관계도 개선되었는데, 분석적인 상황에서도 좀 더 활발한 환상적 삶이 분석 작업을 촉진시켰다.

| 요약

여러 해 동안 꿈을 꾸지 못했다는 인상을 받았던 한 젊은 정신분열증 환자의 분석에서 관련 자료들이 제시된다. 저자는 비온의 연구에 따라 분석 청취의 가장 기본적인 측면은 유아기 초기의 정신적 소통을 받아 정교하게 하는 모성적 능력, 본질적으로 불안 상황의 투사적 동일시, (긍정적으로 부정적으로) 압도하는 감정, 아기로부터 오는 정신적 우울과 유사하다고 제안한다. 초기 단계에서 이 모성적 능력은 어머니의 젖가슴과 그 내적 공간으로 구체적으로 표상된다. 곧 모성적 능력은 아이의 마음속에서 어머니의 얼굴 표면 및 머리 공간(정신적이 되는)과 연결된다. 이런 관점에서 젖가슴의 내사는 꿈 화면을 내재화된 젖가슴을 표상하는 것으로 보는 르윈의 개념에 더욱 풍부하고 역동적인 의미를 부여한다고 느껴진다. 이 환자와 다른 환자들

---

[17] 1975년 런던 대화 의회의 대화 모임에서 1975년 커티스와 삭스가 보고했던 "정신분석적 임상에서 변화하는 꿈의 사용"이란 주제를 중심으로 발표된 논문들과 이 논문에 표현된 견해를 비교하는 것을 흥미로울 수 있다.

을 다루면서 내린 저자의 결론과 꿈의 소통 기능에 대한 칸저의 결론 뿐 아니라 꿈 삶의 기능적 측면에 대한 페인과 데이빗의 중요한 프랑스 분석가들의 작업 사이에는 서로 상통하는 어떤 영역이 제시되어 있다.

| 참고문헌

Begoin, J. and Gammill, J. (1975). La bisexualite et le complexe d'Oedipe. *Rev. Franc. Psychoanal.* 39, 943-56.
Bick, E. (1968). The Experience of the Skin in Early Object-Relations. *Int. J. Psycho-Anal.* 49, 484-6.
Bion, W. R. (1962). *Learning from Experience.* London: Heinemann.
―― (1963). *The Elements of Psycho-Analysis.* London: Heinemann.
Curtis, H. C. and Sachs, D. M. (reporters) (1976). Dialogue on 'The Changing Use of Dreams in Psychoanalytic Practice'. *Int. J. Psycho-Anal.* 57, 343-54.
David, C. (1975). La bisexualite psychique. Elements d'unc reevaluation. *Rev. Franc. Psychanal.* 39, 713-856.
Fain, M. and David, C. (1963). Aspects fonctionnels de la vie onirique. *Rev. Franc. Psychanal. Supplement.* 27, 241-343.
Freud, S. (1900) The Interpretation of Dreams. *SE* 4.
―― (1926). Inhibitions, Symptoms and Anxiety. *SE* 20.
Gammill, J. (1970). Commentaire sur The Psychoanalytical Process de D. Meltzer. *Rev. Franc. Psychanal.* 34, 168-71 .
―― (1978). Les entraves d'Oedipe et de l'oedipe. In H. Sztulman (ed.), *Oedipe et Psychanalyse d'Aujourd hui.* Toulouse: Privat.
Isaacs, S. (1952). The Nature and Function of Phantasy. In J. Riviere (ed.), *Developments in Psycho-Analysis.* London: Hogarth Press.

Isaacs Elmhirst, S. (1978). Time and the Pre-verbal Transference. *Int. J. PsychoAnal.* 59, 173-80.

Kanzer, M. (1955). The Communicative Function of the Dream. *Int. J. Psycho-Anal.* 36, 260-6.

Klein, M. (1932). *The Psycho-Analysis of Children.* London: Hogarth Press.

—— (1946). Notes on Some Schizoid Mechanisms. *Int. J. Psycho-Anal.* 27, 99-110.

Lewin, B. D. (1946). Sleep, the Mouth, and the Dream Screen. *Psychoanal. Q.* 15, 419-34.

—— (1955). Dream Psychology and the Analytic Situation. *Psychoanal. Q.* 24, 169-99.

Marty, P. and M'Uzan, M. de (1963). La 'pensee operatoire'. *Rev. Franc. Psychanal. Supplement.* 27, 345-56.

Marty, P., M'Uzan, M. de and David, C. (1963). *L'Investigation Psycho-somatique.* Paris: Presses Univ. France.

Meltzer, D. (1967). *The Psychoanalytical Process.* London: Heinemann.

—— (1978) *The Kleinian Development.* Perthshire: Clunie Press.

Segal, H. (1964). Fantasy and Other Mental Processes. *Int. J. Psycho-Anal.* 45, 191-4.

Von Hug-Hellmuth, H. (1921). On the Technique of Child-analysis. *Int. J. PsychoAnal.* 2, 287-305.

Winnicott, D. W. (1960). The Relationship of a Mother to her Baby at the Beginning. In *The Family and Individual Development.* London: Tavistock, 1965.

9장
꿈의 필름

디디에 앙지외(Didier Anzieu)

l 꿈과 꿈의 필름

프랑스어 '펠리큘레'*pellicule*의 첫 번째 의미는 식물이나 동물 유기체의 특정 부분을 보호하고 감싸는 미세한 막을 의미하며, 더 나아가 액체 표면이나 다른 고체의 외부 표면에 있는 고체 물질의 얇은 층을 의미한다. 두 번째 의미는 사진에 사용되는 필름을 의미하며, 필름에서 얇은 막은 인상impression을 수용해야 하는 감광 코팅의 기초 역할을 한다. 이 두 가지 의미에서 꿈은 '펠리큘레'이다. 꿈은 잠자는 사람의 정신을 감싸는 하나의 보호막을 구성한다. 그리고 낮의 잔여물들(아동기의 만족되지 못한 욕망과 결합된 전날의 만족되지 못한 욕망)의 잠재 활동 및 장 기요맹(Jean Guillaumin, 1979)이 '야간 잔여물'(광택, 소리, 열, 촉감, 전신감각, 신체적 욕구의 감각들 등등)이라고 불렀던 것의 흥분으로부터 보호막을 구성한다. 이 보호막은 동일한 평면에 외부 자극과 내부 본능적 압력을 가하여 차이를 평탄하게 만드는 미세한 막이다. (그러므로 이 보호막은 피부 자아처럼 안쪽 면과 바깥 면을 분리할 수 있는 접속기가 아니다). 그것은 깨지고 소멸되며 부서질 수 있는 막이고 (따라서 불안한 깨어있음이고), 수명이 짧은 막이다(이 막은 꿈이 지속되는 동안에만 지속된다. 그리고 이 막의 존재는 잠자는 사람을 충분히 안심시켜 그 막을 무의식적으로 내사하면서 그 속으로 숨어들어가 지복, 0에 이르기까지 긴장의 감소, 죽음, 깊은 꿈 없는 수면으로 가라앉는 것의 혼합인 일차적 자기애 상태로의 퇴행, 깊고 꿈 없는 상태로 가라앉게 한다고 가정할 수 있다. 참조. Green, 1984).

게다가 꿈은 인상을 보여줄 수 있는impressible '펠리큘레'이다. 꿈은 종종 자막이나 사운드 트랙을 가지고 있지만 자연에서 시각적으로 보이는 이미지들을 등록한다. 때로는 사진처럼 정지된 이미지들이지만, 대부분의 경우 영화 촬영이나 최근의 비디오 영화에서와 같이 애니메이션 시퀀스에 함께 묶여 있다. 여기서 활성화되는 것은 흔적과 비문을 등록할 수 있는 민감한 표면의 기능인 피부 자아의 기능 중 하나이다. 그렇지 않으면 피부 자아, 또는 적어도 물질화되지 않고 납작하게 된 신체 이미지는 꿈속에서 갈등하는 심리적 힘과 기관을 상징하거나 의인화하는 인물들에 배경 화면을 제공한다. 필름에 결함이 있을 수 있고 엉키거나 빛에 노출될 수 있다. 그런 경우 꿈은 지워진다. 모든 것이 잘 진행된다면, 우리는 깨어나자마자 필름을 현상하고, 보고, 재편집하고, 심지어 다른 사람에게 들려주는 이야기 형태로 투사할 수 있다.

꿈은 피부 자아의 이전 체질을 전제로 한다(아기들과 정신증자들은 꿈을 꾸지 않는다. 엄밀한 의미에서, 그들은 잠을 자는 것과 깨어나는 것, 현실과 환각 사이의 확실한 구별을 얻지 못했다). 반대로,

꿈은, 다른 것들 중에서, 피부 자아가 수면 중에 분해되는 위험뿐만 아니라, 주로 깨어있는 시간 동안 피부 침범으로 인해 생긴 구멍들로 인해 어느 정도 뒤죽박죽이 되어 있기 때문에, 피부 자아를 회복하려고 하는 기능을 가지고 있다. 내 생각에, 매일 정신적 싸개 the psychical envelope를 재구성하는 이 꿈의 중요한 기능은 왜 모든 사람 또는 거의 모든 사람이 매일 밤 또는 거의 매일 밤 꿈을 꾸는지 설명해준다. 이 기능은 정신 기구에 대한 프로이트의 첫 번째 이론에서는 어쩔 수 없이 생략되었지만, 두 번째 이론에서는 암묵적으로 표현되어 있다. 나는 이것을 명시적으로 표현해 보겠다.

| 프로이트 학파의 꿈 이론 다시 보기

플리스와의 열정적인 우정과 정신분석의 발견에 자극을 받아, 1895년과 1899년 사이에 프로이트는 밤에 꾸는 꿈을 상상의 소원 성취로 해석했다. 그는 꿈에 의해 수행된 정신적인 작업을 통해 세 단계로 정신 기구가 구성된다고 보았다, 그는 무의식적인 활동이 사물-표현에 연결되어 본능적인 충동에 영향을 미쳐서 그러한 충동을 표상할 수 있게 만든다고 결론지었다. 전의식적인 활동은 한편으로는 단어-표현을 명료하게 하고, 다른 한편으로는 방어 기제들과 표상적이고 감정적인 표현들을 묶어 상징적 형체와 타협 형성으로 발전시킨다. 마지막으로 운동방출의 발전적 극 progredient pole에서 지각의 역류적 극 retrogredient pole으로 수면 중의 작동을 전환하는 지각-의식 체계는 감각적이고 정서적인 생생함으로 이러한 형상들에게 환영적 실재 illusionary reality를 부여해 환각화 한다. 이 꿈 작업은 검열의 연속적인 두 장벽을 넘을 때 성공하는데 하나는 무의식과 전의식 사이에, 다른 하나는 전의식과 의식 사이에 있다. 따라서 두 유형의 실패가 있을 수 있다. 금지된 욕망이 숨어 있는 변장이 2차 검열을 속이지 못하면 불안에 떨게 된다. 무의식의 표상들이 전의식을 거치는 우회로를 생략하고 바로 의식으로 통과해 들어가면 야경증 *pavor nocturnus*이나 악몽이 나타난다.

프로이트는 두 번째 정신 기구 모델을 만들었을 때 자신의 꿈 이론 전체를 새로운 관점에서 다시 쓸 시간이 없었고 특정 부분에서만 수정하는 것으로 만족했다. 그러나 이 개정은 보다 완전한 체계화의 방향으로 이어진다.

꿈은 두 번째 모델 당시 프로이트가 확장한 성적, 자기애적, 공격적, 자기-파괴적 욕동 모두를 포함한다는 점에서 이드의 욕망을 실현한다. 꿈은 이드의 심리적 기능을 지배하고 본능적인 요구의 즉각적이고 무조건적인 만족을 요구하는 쾌락원리에 부합하면서 또 억압된 것의 회귀 성향에 부합하면서 이 욕망들을 실현한다. 꿈은 초자아의 꿈들을 실현한다. 어떤 꿈이 소원 성취에 더 가깝게 보인다면, 다른 꿈은 위협의 성취에 더 가까워 보인다. 꿈은 잠자야 하는 자아의 욕망을 실현하고, 두 주인의 종으로서 이드와 초자아 둘 다에게 동시에 상상의 만족을 가져다줌으로써 자아의 욕망을 실현한다. 꿈은 또한 프로이트의 후계자들 중 몇 명이 이상적 자아라고 불렀던 자아와 대상의 원초적 융합을 재정립하고, 유아가 어머니와 함께 누리는 자궁 내 유기 공생의 행복한 상태를 회복하려는 욕망을 실현한다. 깨어있는 상태의 정신 기구는 현실 원리를 준수하며, 자기와 비자기, 신체와 정신 사이의 한계를 유지하고, 가능성의 한계를 받아들이고,

개인의 자율성에 대한 주장을 확인하는 반면, 꿈에서는 전지전능함을 주장하며, 무한한 포부를 표현한다. 그의 단편 중 하나인 『불멸자들』의 도시를 묘사하는 보르헤스^{Borges}는 그들이 꿈을 꾸며 시간을 보내는 모습을 보여준다. 꿈을 꾸는 것은 사실 자신이 죽을 운명이라는 것을 부정하는 것이다. 적어도 자기의 일부가 불멸한다는 밤의 믿음이 없다면, 우리의 낮 생활을 견뎌낼 수 있을까?

프로이트(1920)가 두 번째 정신 지형을 소개하며 논의한 외상 후 꿈에서 몽자는 사건^{accident} 이전의 상황을 반복해서 되살린다. 이들은 불안 꿈이지만, 마치 마지막 순간에 그것을 소급해서 미루고 피할 수 있는 것처럼 사건을 표상하는 것으로 항상 멈춰 선다. 이러한 꿈은 앞의 꿈과 비교하여 네 가지 새로운 기능을 수행한다.

—— 외상 경험이 있는 자기애적 상처를 치료하는 기능
—— 정신적 충격에 의해 찢겨진 정신적 싸개를 회복시키는 기능
—— 소급해서 외상을 초래한 상황을 통제하는 기능
—— 반복강박의 지배를 받는 외상의 충격 아래로 퇴행한 정신 기구의 기능 안에 쾌락원리를 다시 확립하는 기능 [*Widerholungszwang*]

외상성 신경증을 앓는 사람들의 꿈에서 일어나는 일이 특별한 경우로 여겨질 수 있지 않을까? 아니면, 이것은 나의 개인적인 신념인데, 적어도 우리는 여기서 모든 꿈의 근저에 놓여있고 단지 외상의 경우에만 확대되는 보다 일반적인 현상을 다루고 있는 것은 아닐까? (그 목표와 대상과는 별개로) 단순한 압력으로서의 욕동은 깨어있는 시간뿐만 아니라 잠자는 시간에도 반복적으로 정신적인 싸개에 침

입한다. 여기서 욕동은 어떤 문턱을 넘어서 질적 다양성과 양적 축적에서 - 마수드 칸(Masud Khan, 1974a)이 '누적 외상'cumulative trauma이라고 칭했던 - 미세 외상micro-trauma을 만들어낸다. 정신 기구가 한편으로는 이러한 과부하를 배출하고 다른 한편으로는 정신적 싸개의 온전함integrity을 회복할 필요가 있다.

이를 위해 가능한 수단의 범위 중, 종종 나란히 발견되는, 가장 직접적인 두 가지는 불안의 싸개 형성과 꿈 필름pellicule이다. 외상이 발생할 때 정신 기구는 보호막을 침범하는 외부 흥분의 급증에 의해 압도당한다. 그 이유는 외상이 보호막에 비해 너무 강하기 때문이고 또한 프로이트(1920)가 강조했듯이 그러한 급증을 예상하지 못한 정신 기구의 준비불능 상태 때문이다. 아픔은 이 기습적인 침범의 징표다. 외상이 있으려면 내부와 외부의 에너지가 수평을 이루어야 한다. 확실히 충격이 너무 클 경우는 주체의 태도에 관계없이, 그들이 야기하는 유기적 장애와 피부 자아 파열은 치료될 수 없다. 그러나 일반적으로 누군가가 불시에 침범하지 않고, 상처 입은 사람의 말과 상처에 주목하여 그들의 보조적 혹은 대체적 피부 자아로써 가능한 빨리 기능할 수 있다면, 야기된 아픔이 덜하게 된다(여기서 내가 언급한 '상처'라는 말은 정신적 상처와 동일하게 신체적 상처를 언급하기 위해서 사용한다). 『쾌락 원리를 넘어서』Beyond the Pleasure Principle에서, 프로이트는 외상에 대한 이러한 방어를 에너지의 내부 리비도 에너지 부착cathexes과 갑자기 나타난 흥분들에 의해 유입된 외부 에너지의 양을 균등화하기 위해 상응하는 강도의 리비도 에너지의 역-부착을 동원하는 것이라고 묘사한다. 이 작업은 여러 가지 결과를 낳는다. 다음 목록의 처음 3개는 프로이트가 주로 관심을 가졌던 종류로 경제적이다. 네 번째는 위상적이고 지형학적인 것이다. 프로이트는 단지 그것의 중요성을 감지했을 뿐이며, 이제 이것을 발전시켜야 하는 것은 우리의 몫이다.

1. 이러한 역 리비도 에너지 부착counter-cathexes은 나머지 정신적 활동, 특히 성적 및/또는 지적 삶의 빈곤 때문이다.
2. 신체적 외상의 결과로 지속적인 상처가 있다면, 외상성 신경증의 위험이 감소된다. 그 이유는 상처가 손상된 기관의 자기애적 초과-리비도 에너지 부착hyper-cathexis을 불러와 과도한 흥분을 묶기 때문이다.
3. 리비도 에너지 부착의 정도와 결합 에너지(즉, 대기 에너지)의 양이 클수록 결합 능력이 커지고 따라서 외상에 저항할 수 있는 능력이 커진다. 따라서 보호막의 마지막 층인 내가 말하는 불안 싸개의 구성이 커진다. 불안은 그 수용체의 초과-리비도 에너지 부착에 의해서 외상의 발생 가능성을 예측하게 해서 가능하다면 내부 에너지의 양을 외부 흥분과 거의 동일한 양으로 옮겨가도록 정신을 준비시킨다.
4. 현재 지형학적 관점에서 볼 때, 영구적인 역-리비도 에너지 부착에 의해 둘러싸이고 봉인된, 외상적 침범의 아픔은 무의식적인 정신적 고통의 형태로 지속되며, 자기의 주변부에 자리하고 둘러싸이게 된다(참조. 니콜라스 아브라함[Nicolas Abraham, 1978]이 묘사한 '지하 동굴'crypt)의 현상이나 위니캇 학파가 말하는 '숨겨진 자기'hidden self의 개념).

(첫 번째 방어이면서 정서에 의한 방어인) 불안 싸개는 (표상에 의한 두 번째 방어인) 꿈 필름의 출현을 위한 기반을 준비한다. 심각한 외상에 의해 발생하든, 낮으로부터 온 혹은 수면 중에 발생하는 미세 외상의 축적에 의해서 발생하든 피부 자아의 구멍은 표상의 작업에 의해 꿈 장면이 펼쳐지는 위치로 옮겨진다. 따라서 구멍은 기본적으로 시각적인 이미지의 필름에 의해 메꿔진다. 피부 자아는 원래 소리와 미각-후각적인 싸개와 연결된 촉각적인 싸개이다. 근육질의 싸개와 시각적인 싸개는 나중에 발달한다. 꿈-필름은 부족한 촉각 싸개를 더 미세하고 유연하면서도 민감한 시각적인 싸개로 대체하려는 시도를 나타낸다. 말하자면 보호막 기능이 최소로 다시 설정된다. 반면 흔적을 새기는 기능과 기호로 변환하는 기능은 강화된다. 페넬로페Penelope는 매일 밤 구혼자들의 성적 욕망을 피하기 위해 낮에 짠 수의의 실을 풀었다. 밤의 꿈은 반대 방향으로 작용 한다. 밤에 꿈은 외생적exogenous이며 내생적endogenous인 자극들의 영향으로 낮에 풀어진 피부 자아의 부분들을 밤에 다시 짠다.

꿈-필름에 대한 나의 개념은 두드러기 사례에 대한 샤니-알리(Sarni-Ali, 1969)의 연구와 관련이 있다. 두드러기가 발병하고 있을 때 꿈에서는 두드러기가 없어지는 것으로 바뀌는 여성 환자의 사례를 관찰하면서, 샤니-알리는 꿈이 불쾌한 신체 이미지를 감출 수 있다는 가설을 발전시킨다. 나는 그의 통찰을 다음과 같이 표현한다. 꿈의 환영적인 피부는 자극적이고 날것의 피부 자아를 감춘다.

이러한 사항들이 나로 하여금 잠재몽의 내용과 외현몽의 내용 사이의 관계를 재고하게 하였다. 니콜라스 아브라함(1978)과 애니 앙지외(Annie Anzieu, 1974)가 각기 다른 방식으로 언급했듯이, 신체적 기구는 서로 맞물리는 층의 구조이다. 실제로 내용물이 존재하려면 담는 그릇이 있어야 하며, 한 차원에서는 그릇이 되지만 다른 차원에서는 그릇 안의 내용이 될 수 있다. 잠재몽의 내용은 본능적인 압박감을 무의식적인 사물-표현$^{thing-presentations}$과 연관시켜 본능적 압박감을 담아내는 그릇이 되는 것을 목표로 한다. 외현몽의 내용은 잠재몽의 내용의 시각적 그릇이 되는 것을 추구한다. 잠에서 깬 후 꿈의 이야기는 외현몽의 내용을 언어에 담는 언어적 그릇이 되는 것을 추구한다. 한편 환자의 꿈에 대한 정신분석가의 해석은 (양파의 연속된 껍질을 벗겨낼 수 있듯이) 그 꿈을 다양한 층으로 분해하고, 다른 한 편으로는 본능적 압박과 외상적 침범의 표상적인 표상들과 정서적인 표상들을 담는 그릇으로 기능하면서 현재의 분리되고 의식적인 자아를 회복시킨다.

| 사례 연구: 제노비아

나는 로마에 의해 폐위된 고대 팔미라의 화려한 여왕을 추모하며, 제노비아라는 가명의 이 여인이 외동딸로서의 자신의 지위를 잃은 것 때문에 슬픔에 빠져 있었던 한 환자를 소개한다. 이 환자는 가정에서 장녀였다.

환자와의 첫 분석에서 나는 오이디푸스기의 감정들, 그 감정들의 히스테리 조직, 뒤이은 애정생활의 갈등과 불감증이 줄어들었지만 사라지지 않은 것에 대해 본질적으로 관심했던 것 같다. 첫 번째 분석 이후 그녀는 억압할 수 없는 반영구적인 불안 상태로 인해 복잡한 관계에 자신을 던져 치유해보려 하고 또 부정해보려고 하느라 얼게 된 그 끈질긴 불감증을 호소하며 두 번째 분석을 위해 상담실을 찾았다.

그녀의 두 번째 분석의 처음 몇 주는 강렬한 전이 사랑에 의해 지배된다. 더 정확히 말하자면, 그녀가 나이든 남자들에게 습관적으로 접근하는 치료 속 전이에 의해 지배된다. 비록 내가 그녀에게 그렇게 말하지는 않지만, 나는 이 모든 명백한 유혹의 근간이 되는 히스테리적인 계략을 알아차린다. 그녀는 성적 만족을 제공함으로써 잠재적 파트너의 관심과 주의를 얻으려 하고 있다, 그녀가 진정으로 그에게서 자아 욕구의 만족을 얻고자 하는 것은 그녀의 초기 환경에서 만난 사람들에 의해 무시되었던 것이다. 조금씩 나는 제노비아에게 그녀의 히스테리적인 방어 기제가 그녀의 기본적인 자기애적 안전의 결함으로부터, 어머니에 대한 사랑을 잃을지도 모른다는 강렬한 불안과 심리적 욕구의 초기 좌절과 연관되어 있는 결함으로부터 헛되이 그녀를 보호하고 있음을 보여준다. 제노비아는 경쟁자 형제가 태어나기 전까지 어머니가 육체적 욕구를 충족시켜주었던 관대함이나 즐거움과 초기의 심리적 좌절들 사이에서 준-외상적 아픔을 경험하고 있었다.

분석가가 성적 쾌락의 권리를 주장하지 않고 분석가 자신이 그녀의 자아 욕구에 적응할 준비가 되어 있다고 제노비아가 확신하는 순간 그녀에게서 유혹적인 전이가 사라진다. 동시에 그녀의 불안의 내용이 바뀐다. 예컨대 어머니의 사랑을 잃은 경험이나 두려움과 연관된 우울적 불안은 이제 더 오래되고 심지어 무시무시하기까지 한 박해 불안에게 자리를 내준다.

외국에서 여름휴가를 보내고 돌아와 파리에서 사는 것보다 크고, 환한, 더 좋은 환경에서 보냈던 아주 즐거운 경험을 이야기한다. 나는 이 모든 세부사항들을 그녀에게 말하지 않았지만, 그녀의 이야기는 그녀의 신체 이미지와 피부 자아의 발전을 반영하는 것으로 이해한다. 그녀는 피부에서 더 편안함을 느끼고 의사소통이 깊이 필요한 것을 경험한다. 하지만 지금 형태를 취하고 있는 이 피부 자아는 그녀에게 충분한 보호막도, 그녀가 흥분의 기원과 본질을 분별할 수 있는 여과장치도 제공하지 않는다. 실제로 낮에 밋밋했던 꿈이 밤이면 적극적인 악몽이 되었다. 그녀는 휴양지에서 꿈을 꾸지 않았을 뿐만 아니라 잠을 잘 수도 없었다. 그녀는 도둑들이 들어올지도 모른다고 상상했다. 파리로 돌아온 후에도 이런 불안감은 지속되고 있었다. 그녀는 다시 제대로 잠을 자지 못했다.

나는 침입에 대한 그녀의 두려움에는 두 가지 측면이 있다고 해석한다. 한편으로, 그녀는 외부에서 오는 침입을 두려워하고, 그녀의 신체의 은밀한 부분에 대한 알려지지 않은 남자의 침입(강간 불안)을 두려워할 뿐 아니라 분석가가 자신의 정신의 은밀한 부분 속으로 침입해 들어올까 봐 두려워한다. 다른 한편으로, 그녀는 자신의 내면에서 오는, 그녀가 알지 못하는 자신의 욕동에 의한 침입을 두려워한다. 그중에서 주된 두려움은 현재와 과거 둘 다에 의해 야기되는 좌절감에 대한 격렬한 분노이다. 나는 그녀에게 불안의 강도는 성적인 침투와 정신적 침투사이 뿐만 아니라 외부의 침범과 내부의 침범 사이의 혼란이 누적된 결과라고 설명한다. 이 해석은 그녀의 피부 자아를 내적 흥분으로부터 외적 흥분을 분리하는 접속기로, 그리고 신체적 자아로부터 정신적 자아를 구분하는 싸개들의 단일 자기 내에서의 상호 잠금으로 공고히 해주기 위한 것이다. 이것의 효과는 즉각적이고 꽤 지속적이다. 그녀는 다시 잠을 잘 자기 시작한다. 하지만 그녀가 지금까지 경험했던 불안은 그녀의 분석으로 전이되어지는 경향이 있다.

다음 회기들은 거울 전이로 특징된다. 제노비아는 내가 말하는 것을, 내가 무엇을 생각하고 사물을 어떻게 보는지를, 그녀가 말하는 것에 대해 반향을 해주고, 그녀가 말한 것에 대한 내 생각을 말해 달라고 거듭 요구한다. 나의 역-전이는 나에게 거의 육체적 제약을 가하고 나의 사유의 자유를 박탈하는 끈질기면서도 끝없이 새롭게 일어나는 압력으로 시험대에 오른다. 그녀는 공격적인 거부 반응을 통해 자신의 성장 중인 피부 자아를 파괴하겠다고 위협하고 있기 때문에, 나는 침묵을 지킬 수 없다. 또한 내가 환자가 되고 그녀가 분석가가 되는 히스테리적인 상황을 반전시키는 게임에 들어갈 수도 없다. 시행착오를 거치면서 나는 양날의 해석 절차를 개발한다. 한편으로, 내가 이전에 그녀에게 했던 해석을 상기시키거나 설명해 주기도 하는데, 이것은 그녀가 나에게 무엇을 요구하는지, 그리고 분석가로서 내가 생각하는 것과 그녀가 말하는 것이 어떻게 내 안에 공명하는지를 보여주는 부분적인 대답이 될 수 있다. 다른 한편으로, 나는 그녀의 요구의 의미를 설명하려고 노력한다. 때때로 나는 그녀가 말하는 것이 내 안에 반영되어 있다는 것을 확인하는 것은 그녀가 다른 사람으로부터 자신의 이미지를 받아 그녀 자신의 이미지를 만들어내야 한다는 것을 표현하는 것이라고 그녀에게 설명한다. 때로는 그녀의 어머니가 무엇을 생각하고 있는지, 그녀의 남편과 함께 사는 것이 어떠했는지, 그녀가 사촌과는 어떤 관계였는지, 그리고 그녀가 왜 다른 아이들을 낳았었는지 등은 제노비아가 아무런 대답도 받지 못한 고통스러운 질문들에 남겨지게 하였다. 그리고 때때로 그녀는 나에게 빗발치는 질문을 하는 것을 통해, 아주 작은 아이가 너무 일찍 심한 자극의 빗발에 시달려 그녀의 생각으로는 너무 강렬해 감당할 수 없었던 것과 같은 상황에 - 그런 상황을 극복하려는 시도로서 - 그녀 스스로를 처하게 하는 것을 재연하고 있었다.

지속적인 분석 작업은 그녀가 핍박받는 입장에서 어느 정도 벗어날 수 있게 해주었다. 그녀는 나와 함께 좋은 어머니의 젖가슴과의 첫 관계의 안전을 재발견하고, 그 젖가슴이 다른 아기들이 생길 때 느꼈던 환멸로 인해 파괴된 안전을 다시 발견하게 해주었다.

긴 연휴는 혼란스러운 무의식적 행위 표출 *passages àl'acte*없이 아무 어려움 없이 무사히 지나갔다. 우리가 분석을 재개하자마자 그녀는 심각한 퇴행 상태에 빠졌다. 분석회기의 4분의 3 동안 그녀는 엄청난 우울의 상태를 드러냈다. 그녀는 어머니에게 버림받은 모든 아픔을 다시 느꼈다. 그러고 나서 그녀가 그 고통의 질에 대해 상기할 수 있고 이야기할 수 있는 세부사항의 양은 그녀의 피부 자아가 진보했음을 보여 주었다. 그녀는 그녀의 심리 상태를 담아낼 수 있는 싸개를 얻었고, 의식적인 자아가 두 배로 늘어나면서 자신을 관찰하고 자신의 아픈 어떤 부분을 상징화 할 수 있게 되었다. 그녀는 해석에서 매번 나와 함께 그렸던 세 가지 세부사항을 내 놓았다. 첫째로, 나는 그녀가 외동딸로서의 위치를 빼앗김으로써, 어머니의 유기로써 상처를 받았다는 것을 설명해 주었다. 우리는 이미 이것을 머리로는 알고 있었지만, 그 당시 그녀가 느꼈던 그러나 지워졌던 극심한 고통의 정서를 다시 발견해야 할 필요가 있었다. 두 번째로, 나는 거울 전이의 초기시기에 그녀가 나에게 제안한 가설을 발전시켰는데, 그녀가 외동딸이었던 시기에도, 그녀의 어머니와의 소통이 부족했고, 어머니는 제노비아에 대한 음식을 제공해주고 육체적 관심을 아낌없이 주었지만, 아기의 내적인 느낌에는 충분한 주의를 기울이지 않았다. 이에 대해 제노비아는 그녀의 어머니가 아주 작은 사소한 일로 소리 쳤다고 말해주었다(여기서 나는 소리로 침범되는 것에 대한 그녀의 두려움과 어떤 연결을 제시해주었다). 제노비아는 한동안 그녀의 어머니에게서 오는 것과 자신의 내면에서 오는 것 사이를 확실히 구분하지 못했다. 분노가 표현된 시끄러운 소리가 있었는데 그녀는 그게 누구에게서 온 소리인지 알지 못했다. 셋째, 나는 그녀의 일차적인 감정/정서/환상을 고려하지 않은 것이 의심의 여지없이 내 환자가 그 시점부터 공개적으로 논의할 수 있는 질투심 많고 폭력적인 성격을 가진 그녀의 아버지에 의해 강화되었다고 제안하였다.

이 회기는 장기간 감정적 격렬함을 보였던 회기들 중 하나였다. 제노비아는 흐느껴 울며 무너지기 일보 직전이었다. 나는 미리 회기가 끝났음을 알렸고, 그렇게 함으로써 내적으로 중단되는 것을 준비할 수 있게 하였다. 나는 그녀에게 그녀의 고통을 환영한다고 말해주고, 지금까지 느끼지 못하게 하고, 그것을 봉인하고, 추방하여, 자신의 주변부에서 그것을 암호화했던 아마 처음으로 너무 무서운 감정을 경험하는 과정에 있다고 말해주었다. 그녀는 떠나면서 발을 딛고 일어서는 데 눈에 띄게 불안정하였지만 울음을 그쳤다. 그녀의 자아는 그 아픔 속에서 마침내 그녀의 자기의 일체감과 연속성에 대한 감정을 강화하는 그녀 자신의 싸개를 만들었다.

그 다음 주, 제노비아는 습관적인 방어 기제로 돌아갔다. 그녀는 자신의 분석에서 그런 고통스러운 경험을 다시 겪고 싶지 않다고 말했다. 그리고 그녀는 휴가에서 돌아온 이후 매일 밤 많은 꿈을 꾸고 있다는 사실을 언급하였다. 그녀는 나에게 말할 의도가 없었다. 다음 분석회기에서 그녀는 자신의 꿈에 대해 말하기로 결정했다고 발표했지만, 그 수가 너무 많아서 '미의 여왕' 유형, '공들의' 유형, 그리고 내가 잊어버린 세 번째 유형 범주로 나누었다. 그 당시 나는 모든 것을 적어놓지 못하고 너무 많은 자료에 압도당했다는 것을 알게 되었다. 그녀는 자신의 꿈을 떠올리는 대로 나에게 자세히 보고하며 분석회기의 시간을 보냈다. 나는 압도당하거나 오히려 모든 것을 기억하고 이해하며 해석하려는 노력을 포기한 채 흐름에 이끌려 나 자신을 내버려두었다.

첫 번째 범주의 꿈에서, 그녀는 그녀 자신을 혹은 어떤 남자들이 그녀의 아름다움을 조사한다는 핑계로 벌거벗으려는 아름다운 소녀를 꿈에서 보았다.

그 공들은 그녀 스스로가 젖가슴이나 고환과 관련이 있다고 해석해주었다. 그녀는 나중에 그들에게 돌아와서 공이 젖가슴/고환/머리라는 결론을 내렸다. 그녀는 또한 여기서 '미치다'(공을 잃어버리다 *perdre la boule*)라는 뜻이 속어로 분별을 잃다(머리를 잃어버리다 *perdre la tête*)라는 뜻을 갖는다고 말해주었다.

제노비아의 꿈은 그녀의 부족한 보호막을 대체하기 위해 새로운 심리적 피부를 짜는 것이었다. 그녀는 내가 그녀의 청각적 박해를 해석한 순간부터 피부 자아를 회복하기 시작했고, 밖에서 들려오는 소음과 그녀의 분열되고, 파편화되어 투사된 내면의 분노로 인해 머릿속에서 일어나는 소음 사이에서 그녀가 경험했던 혼란을 강조했다. 그녀는 이제 그녀의 꿈에 대한 이야기를 내 앞에서 멈추지 않고 펼쳐나갔고, 내가 해석할 수 있는 시간이나 자료도 허락하지 않았다. 그녀가 준 것은 개요였다. 좀 더 정확히 말하자면, 그녀의 꿈이 그녀의 위 어딘가로 날아다니며 이미지들로 그녀를 감싸고 있는 것 같은 인상을 받았다. 고통의 싸개는 그녀의 피부 자아가 더 큰 일관성을 띠는 꿈의 필름에 자리를 내주었다. 그녀의 정신 기구는 심지어 공의 은유를 통해 상징 형성의 재생을 상징화할 수 있었다. 이것은 여러 표상들을 압축하였다. 예컨대 완성되고 통일되는 과정에서 심리적인 외투의 표상, 비온의 표현을 사용해서 말한다면 자신의 사유를 다루기 위한 기구인 머리의 표상, 그녀가 지금까지 퇴행적으로 살아왔던 내면의 모든 힘을 잃은 전능한 어머니 젖가슴의 표상, 남동생이 태어남으로써 어머니의 사랑의 특권적인 대상으로서 그녀의 자리를 동생에게 내어주었을 때 그것이 없어 그녀를 아프게 한 남성 생식 기관의 표상 이런 여러 표상들을 압축했다. 이런 식으로 그녀의 정신 병리학 두 차원 즉 자기애적인 차원과 객관적인 차원이 이어지는 분석회기에서 그녀에게 주었던 교차 해석을 미리 구성하면서 서로 나누었다. 이어지는 회기 동안 그녀의 남근기 이전의 성적 환상과 오이디푸스기 성적 환상에 대한 주의와 그녀의 자기애적 싸개의 오류와 과대-리비도 에너지 부착에 대한 염려(예를 들면 유혹적 본성에 대한 염려)가 번갈아가며 교차적으로 나타나곤 했다. 사실 주체가 성적 정체성을 획득하기 위해서는 두 가지 조건이 충족되어야 한다. 하나는 꼭 필요한 조건이다. 곧 그는 그 안에서 실제로 그 정체성을 담아낼 수 있는 스스로를 주체라고 느낄 수 있는 자신의 피부를 가지고 있어야 한다. 또 다른 조건은 다형성 성도착과 오이디푸스 환상과 관련하여 피부의 생식 영역과 거기서 즐길 수 있는 주이상스에 대한 충분한 경험이 있어야 한다.

몇 차례의 분석회기가 지난 후, 드디어 우리가 분석 작업을 할 수 있는 꿈이 등장하였다.

그녀는 집을 떠나려 하고 있고 포장도로가 붕괴되어 있다. 당신은 집의 기초를 볼 수 있다. 그녀의 남동생은 그의 온 가족과 함께 도착한다. 그녀는 매트리스 위에 누워 있다. 다들 침착하게 그녀를 조용히 지켜보고 있다. 그녀 자신이 역겨움을 느끼고 있다. 비명을 지르고 싶다. 그녀는 끔찍한 시련을 겪고 있다. 그녀는 다른 모든 사람들 앞에서 그녀의 남동생과 사랑을 나누어야 한다.

그녀는 피곤함을 느끼며 일어났다.

그녀의 연상은 그녀를 크게 당혹스럽게 했던 수간獸姦, bestiality에 대한 최근 꿈으로 되돌아가게 하고, 그녀가 아동기, 그리고 사춘기 첫 이성 관계에서 겪었던 성욕에 대한 혐오스러운 경험이 역겨운 고통이었다고 말하게 한다. '사랑을 나눌 때 우리 부모님은 동물들 같았어요.' (침묵) '당신으로부터 받은 신뢰가 의심받게 될까봐 특히 두렵습니다.'

나: '당신 밑에 붕괴되고 있는 포장도로가 있을 거예요. 기반들이 위협을 받고 있지요. 당신은 내가 아동기부터 당신 안에 있었던 과도한 성적 흥분을 당신 안에 담아내고 당신의 분석이 당신을 점점 더 강하게 인식하도록 돕기를 원합니다.' 그녀의 분석에서 '성욕'sexuality이라는 단어가 처음으로 사용되었고, 내가 그 용어를 사용하였다.

그녀는 아동기와 사춘기 내내 자신이 떨쳐버릴 수 없었던 영구적이고 혼란스러운 불쾌한 흥분 상태에서 살았다고 설명했다.

나: '이것은 성적 흥분이었지만, 주변의 아무도 그 주제에 대해 알려주지 않았기 때문에 당신은 그것을 성적 흥분으로 규정할 수 없었지요. 게다가 당신은 그렇게 하기에는 충분히 명확한 여성 해부학적 그림을 가지고 있지 않았기 때문에 신체의 어느 곳에서 그런 흥분을 느꼈는지 식별할 수 없었고요.' 그녀는 매우 침착한 상태로 떠났다.

다음 분석회기에서, 그녀는 나에게 쏟아냈던 풍부한 꿈의 자료로 돌아갔다. 그것은 사방에서 흘러나와 그녀는 내가 그것을 다루는 것이 내 능력을 넘어설까봐 두려워했다.

나: '당신이 성적 흥분에 잡혀 있듯이 나를 당신의 꿈에 압도당하는 것과 같은 상황에 나를 처하게 하네요.'

제노비아는 분석회기 시작부터 억눌러왔던 자신의 질문을 공식화할 수 있었다. 나는 그녀의 꿈에 대해 어떻게 생각하는가?

젊은 시절 그녀의 주위 사람들이 성욕에 대한 질문에 대답해주지 않았고 그 이후로 다른 사람들에게 자신이 어떤 느낌이고 어떤 느낌인지 물어봐야 한다는 걷잡을 수 없는 욕구를 느꼈기 때문에, 나는 지금 여기서 그녀의 꿈에 대해 대답할 용의가 있다고 선언하였다. 그러나 나는 그녀의 꿈이나 행동에 대한 판단을 내리지 않을 것임을 분명히 해주었다. 예를 들어 근친상간이나 수간이 악인지 선인지 결정하는 것은 내가 할 일이 아니다. 그런 다음 그녀에게 두 가지 해석을 전해주었다. 첫 번째는 애착의 대상과 유혹의 대상을 구별하는 것이다. 앞선 꿈에서 자신을 끌어안는 개와 함께 원초적이고 본질적인 수

준, 촉각적 접촉, 털의 부드러움, 몸의 열기, 핥기의 애무 등을 경험하고 있었다. 자신을 감싸지도록 스스로에게 허용해주는 행복의 감정은 그녀가 자신의 몸 안에서 충분히 잘 느낄 수 있도록 해주었다, 비록 문제가 되기는 하지만, 침투당하고 싶은 특별한 성적, 여성적 욕망을 경험할 수 있게 해주었다. 최근 꿈에 나온 그녀의 남동생과 함께, 성욕은 다른 의미에서 동물적이었다. 그것은 잔인했다. 그녀는 태어날 때부터 그를 싫어했고, 그는 그녀를 소유함으로써 복수할 수 있을 것이다. 그리고 이것은 그와 함께 끔찍한 근친상간의 동물적 행위를 저지르는 것이 될 것이다. 그녀의 남동생은 그녀가 어린 소녀였을 때 그로부터 성적 입문식을 받을지도 모른다고 상상했던 용감한 연인이었다.

둘째, 나는 아직 완전히 발달되지 않은 그녀의 신체에 대한 성적 욕구와 이해받고 싶다는 심리적인 욕구 사이의 간섭을 강조했다. 이것이 그녀를 당황스럽게 했다. 그녀는 이것이 그 남자의 관심을 끌기 위해 요구되고, 그녀가 그에게 주는 쾌락의 대가로 그녀가 때때로 가상적이고, 불가능한 만족, 곧 그녀의 자아의 욕구의 만족을 얻기 위해 요구된다고 믿는 희생자로서 그 남자의 잔인한 성적 욕구에 자신을 내맡긴다(이것은 그녀의 성생활 역사에서 서로 서로 계승해온 두 유형의 경험을 암시한다). 그러므로 남자들과의 관계에서 전면에 드러나는 유혹은 오직 그녀 자신만을 갉아먹는 게임이었다. 나는 나와 함께했던 분석의 첫 몇 달 동안이 이 게임을 재연하고 재생하는데 사용되었던 것을 그녀에게 상기시켜주었다.

이 일련의 분석회기에서 시작된 분석 작업은 몇 달 동안 계속되었다. 그것은 그녀의 직업 생활과 애정 생활에서 (휴식과 갑작스런 재구조화를 통한 발달의 궤적을 따르면서) 일련의 충격을 통해 몇 가지 중대한 변화를 가져왔다. 한참의 시간이 지난 후 제노비아는 구강기에서 남근기로 직접 도약하는 것과 그녀의 사례를 특징짓는 항문기를 지름길로 통과하는 것을 분석할 수 있게 되었다.

| 흥분의 싸개, 모든 신경증의 히스테리적인 배경

위의 논의된 내용은 성적 정체성에 순응하고 문제가 있는 오이디푸스기 문제를 대면하기 위해서뿐만 아니라, 무엇보다도 성적인 흥분 부위를 정확히 식별하기 위해서, 피부 자아와 자기의 일체감과 연속성의 동반 감정을 모두 획득해야 할 필요성을 예증해준다. 그런 다음 그러한 흥분에 한계가 설정될 수 있고 동시에 만족스러운 배출 경로, 그리고 심리적 자아와 애착 욕동의 필요를 통해 고통 받은 초기 좌절의 역-리비도 에너지 부착으로서의 역할로부터 해방된 성적 욕구에 한계가 설정될 수 있다.

    본 사례연구는 또한 과거의 자아 욕구 충족 부족을 겪고 그 이유로 상당한 자기애적 결함을 보이는 환자들에게 피부 자아를 충분히 담아주고 걸러주고 상징화하는 데 필요한 고통의 싸개 - 꿈 필름 - 단어 피부의 순서를 보여준다. 우리는 제노비아의 남성들에 대한 무의식적인 공격성을 그녀의 어머니, 아버지, 그리고 마침내 그녀의 형제자매들의 손에 고통 받았던 연속적인 좌절감과 연관시킬 수 있었다. 그녀의 피부 자아가 지속적이고 유연하며 단단한 접속기로 발전하면서, (성적이고 공격적인) 욕동은 그녀가 사용할 수 있는 힘을 위한 것이 되고, 특정한 신체 영역에서 더 적절하게 선택된 대상들에게 힘이 향하게 하며, 신체적 그리고 심리적 쾌락을 모두 약속하는 목표가 된다.

욕동이 표상되는 어떤 수단으로 인식하기 위해서는 3차원적 심리 공간에 담겨져야 하고, 신체 표면의 특정 지점에 위치해야 하며, 피부 자아가 제공하는 지면에 대한 인물로 등장해야 한다. 자유롭고 생명적인 만족감을 느끼면서 대상과 목표를 찾을 수 있는 힘, 곧 욕동의 압력의 완전한 힘이 느껴지는 것은 욕동에 경계가 그어지고 둘레가 쳐져 있기 때문이다. 제노비아는 히스테리 성격의 몇 가지 특징을 보여준다. 그녀의 치료는 애니 앙지외가 만든 표현대로 '흥분의 싸개'에 주목하게 했다. 제노비아는 어머니가 그녀에게 전달한 감각적 신호로부터 자신을 위한 정신적 싸개를 구성할 수 없었다(특히, 어머니와 그녀와의 촉각적 접촉의 따뜻함과 그녀가 발산하는 소리의 잔혹함 사이에 심각한 불일치가 있었다). 제노비아는 공격적이고 성적인 욕동에 의해 확산되는 일반적인 방식으로 리비도 에너지가 부착된 영구적인 흥분의 싸개 안에서 피부 자아를 찾으려고 노력했다. 그 싸개는 젖을 먹이고 기저귀를 갈아주는 시간 동안 사랑스런 자극을 주는 어머니의 내사 과정에서 비롯되었다. 이런 식으로 제노비아의 자기는 자신의 육체적 욕구와 제노비아가 영원한 존재를 누리고 있다고 느낄 수 있게 하는 지속적인 본능적 자극에 주의를 기울이는 어머니의 이중적 존재를 자신의 정신적 기능 안에 영속화하는 흥분의 띠로 둘러싸여 있다. 하지만 아이의 신체를 자극하는 것에 관한 한, 어머니는 아이의 심리적 욕구에 불충분하게 반응하고, 그것이 너무 오래 지속되고 있다고 느끼거나, 너무 쾌락적이 되거나, 너무 의심스럽거나, 단순히 너무 많은 문제를 일으킬 때 그녀가 야기한 신체적 흥분이 갑자기 종식된다는 점에서 두 배로 실망을 경험한다. 역설적이게도 어머니는 그녀가 초래한 것으로 짜증이 생기고, 이로 인해 그녀는 아이를 벌한다. 이 벌은 결과적으로 죄책감으로 가득 찬 아이가 되게 한다. 이 흥분-실망의 연속은 욕동의 차원에서 동시에 일어나며, 완전히 만족스러운 방출 상태에 도달하지 못한 채 과-활성화over-activated된다. 애니 앙지외는 그러한 신체적 흥분을 담는 정신적 싸개가 히스테리의 피부 자아를 특징지을 뿐만 아니라 모든 신경증에 공통적으로 나타나는 히스테리적 배경을 구성한다고 생각한다. 어머니와 아이는 첫 번째 감각적 소통을 구성하고 이후 상호 이해의 기초가 되는 그러한 징후들을 교환하는 대신, 항상 나쁘게 끝나는 단계적인 과정 속에서 자극들만 교환한다. 어머니는 자신이 기대했던 모든 즐거움을 아이가 가져다주지 못하는 것에 실망하고, 아이는 어머니에게 실망하고, 그 실망은 그 안에 만족스럽지 못한 흥분을 계속 쌓아가게 하기 때문에 이중으로 실망한다.

나는 이 히스테리 싸개가 피부 자아의 세 번째 기능을 뒤집어서 왜곡시킨다고 덧붙이고 싶다. 히스테리 환자는 보호막 싸개 안에 자기애적으로 몸을 숨기는 대신 자기 자신이 괴로워서 다른 사람에게 책임을 돌리고 그들에게 분노를 느낄 정도로 엉뚱하고 공격적인 흥분의 싸개 속에서 행복하게 살고, 흥분이 다시 흥분의 욕구를 재생시키는 실망을 만들어내는 이 순환 게임을 반복하도록 그들을 끌어들이려고 한다. 마수드 칸(1974b)은 '그루지와 히스테리 환자'Grudge and the hysteric라는 논문에서 이 변증법에 대한 훌륭한 분석을 내놓고 있다.

| 참고문헌

Abraham, Nicolas (1978) *L'Ecorce et le noyau*, Paris: Aubier-Montaigne.

Anzieu, Annie (1974) 'Emboitements', *Nouv. Rev. de Psychanal.*, 9: 57-71.

Freud, S. (1920) Beyond the Pleasure Principle, *Standard Edition of the Complete Psychological Works of Sigmund Freud, SE* 18.

Green, A. (1984) *Narcissism de vie, Narcissism de mort*, Paris: Editions de Minuit.

Guillaumin, J. (1979) *Le Rêve et le moi*, Paris: Presses Universitaires de France.

Khan, Masud (1974a) *The Privacy of the Self*, New York: International Universities Press.

―― (1974b) 'La Rancune de l'hysterique'; *Nouv. Rev. de Psychanal.*, 10: 151-8.

Sami-Ali, M. (1969) 'Etude de l'image du corps clans l'urticaire', *Rev. franc. Psychanal.*

| 제 4 부 |

적응적 자아와 꿈

4부는 주로 미국에서 진화하고 발전한 자아심리학의 발달을 담은 내용을 다룬다. 꿈에서 분명히 드러나듯이, 적응을 고전적인 구조적 갈등과 타협의 관점에서 보든, 자기 정체성의 유지에 대한 자기심리학자의 관심에서 보든, 자아의 적응적 기능은 4부에 실린 글들의 주제이다.

1969년에 쓴 스팬야드Spanjaard의 글은 외현몽의 내용에 대한 프로이트의 모순된 주장을 검토하면서 몽자 자신의 관점에서 외현몽의 통합적 중요성을 주장하는 에릭슨의 열린 사고의 맥을 이어간다. 그는 다음과 같이 기술한다. '우리는 거의 모든 환자들에게서 꿈을 접하게 된다. 그리고 그들의 꿈속에서 갈등의 특징이 이미 외현몽의 내용 속에 표현되고 있음을 볼 수 있다.' 더구나 프로이트가 해석한 꿈들을 조사하면서, 스팬야드는 프로이트가 해석에서 활용했던 적절한 자아나 자기-상태 느낌의 지속적인 현존에 대해 말한다. 꿈에 표현되는 자기-상태에 대한 강조는 나중에 코헛과 그의 후계자들에 의해 발전되어 정신분석에서 중요한 별개의 발전을 이루었다.

그린버그와 펄만R. Greenberg and C. Pearlman은 한 남성의 수면 연구 보고서를 활용한 실험 대상자의 분석에서 얻은 전이 자료를 포함하여 감정적으로 유의미한 주제-자료에 대한 비교적 변장이 없는 언급을 꿈 재료에서 찾아냄으로써 외현몽의 내용의 중요성을 밝혀준다.

세실리 드 몽쇼Cecily de Monchaux의 훌륭하고 광범위한 내용을 다룬 글, '꿈꾸기와 자아의 조직화 기능'Dreaming and the organizing function of the ego은 꿈을 잠재적 외상이나 압도적 감정 경험의 숙달mastery 또는 재통합re-integration을 촉진하는 일시적인 해리로 묘사한다. 비록 그녀의 개념화는 자아심리학 전통에서 틀이 만들어진 것이지만, 그녀의 글이 다루고 있는 꿈은 퐁탈리스의 '대상으로서의 꿈'Dream as object과 기능적인 면에서 유사하다. 드 몽쇼와 퐁탈리스 두 사람 다 위니캇의 중간현상transitionality의 개념을 활용한다. 드 몽쇼는 중간현상을 자아심리학의 전통에서 능숙하게 활용한다. 자아의 조직화 기능에 대한 하트만의 관심뿐만 아니라 '자아를 위해 봉사하는 퇴행'regression in the service of the ego이라는 크리스의 개념으로부터 정보를 얻은 드 몽쇼는 모든 것을 상징화로 풀어가려는 상황에서도 폭넓은 적응적 가능성을 발견한다.

4부의 마지막 장은 코헛의 '자기 상태의 꿈'self-state dreams에 대한 개념화에서 발전시킨 것인데, 여기서 코헛은 외현몽에 드러난 이미지가 자기 상태의 꿈에 가시적인 형태를 부여하고, 따라서 응집된 정체성의 위협적인 파괴에 의해 야기되는 이름 모를 불안을 묶어준다고 이해한다. 스토롤로Stolorow와 애트우드

Atwood는 코헛의 개념화에서 일반화하여 꿈꾸는 모든 기능을 개인의 표상적 세계 구조의 유지로 묘사한다. 꿈은 특히 '강요하는' 앎의 형식, 환각적인 꿈 이미지들의 생생함을 통해 이 구조를 강화한다. 코헛이 확인한 강렬한 꿈들은 이러한 일반적인 과정의 강화, 특이하게 조직화의 유지와 연계된 구체성으로 이해된다. 스토롤로와 애트우드는 '살아있고 실제적이다'라는 확신을 강화하기 위해 이러한 이미지들이 왜곡된 법령처럼 작용한다고 주장한다. 또한 발표된 사례에서 보듯이 강렬한 꿈은 격렬하고 폭력적인 외상과 참을 수 없는 공격성과 관련이 있다.

스토롤로와 애트우드는 해석 행위를 잠재적 의미를 풀어내는 것이 아니라 '환자들의 형성적인 성격의 사정에 맞게 꿈의 상징과 은유를 복원하는 행위'로 간주한다. 물론 이것은 프로이트가 환자의 연상에 주목해야 하는 중요성을 계속해서 주장했을 때 의도한 것과 크게 다르지 않다. 또한 이것은 3부에서 검토한 과정에서 드러난 대로 꿈-공간의 복원을 기술하는 것일 수도 있다.

10장
외현몽의 내용과 꿈 해석의 의미

야콥 스팬야드(Jacob Spanjaard)

프로이트 이후 정신분석 세계에 '외현몽의 내용에 대한 새로운 관심과 외현몽의 내용을 프로이트보다 더 많이 이용하려는 노력'이 있어왔다. 그럼에도 불구하고, 외현몽의 내용은 여전히 꿈 심리학과 꿈 해석의 의붓자식으로 남아 있다(Lipton, reported by Babcock, 1965). 자아심리학의 발전을 통해 정신분석이 얻은 의식적 산물에 대한 이해의 증가를 고려해 볼 때, 실제로 외현몽에 대한 통찰과 특히 해석의 절차에서 그 기능이 한계가 정해진 채로 남아있어야 했다는 것은 다소 놀라운 일이다. 필자는 이러한 목적을 위해 특정 지침이 공식화될 수 있으며, 외현몽의 내용을 적절히 고려함으로써 프로이트가 『꿈의 해석』(1900)에서 제시한 가장 중요한 원칙들을 무시하지 않은 채 보다 유용한 해석 구성에 도달할 수 있다고 생각한다.

| 역사적 개요

외현몽에 대한 평가의 역사에서 우리는 자아심리학 및 공격성의 개

념과 같은 정신분석적 관심의 다른 많은 영역의 역사적 발전에서 공통적인 특징이 있음을 발견한다. 정신분석 발달의 가장 초기시기에서는 그러한 특정한 측면에 대한 면밀한 검토가 적절하지 않을 수도 있다. 예컨대 정신분석의 초기 역사는 무의식과 성적인 것이 전면에 부각되어 중심을 이루고 있었다. 아들러의 경우에서 보듯이 공격성에 대한 이론적 발달은 열정을 갖고 더 깊은 탐구를 불태웠던 프로이트와 그와 가장 가까운 협력자들과 같은 방향으로 나아가기보다는 저항을 불러일으키는 반대방향으로 나아가고 있다. 그러나 이후로는 자아심리학과 공격성의 영역에서 일어났던 것을 목도하듯이, 전체적인 통합으로 이어지는 공식들이 나타났다.

불행하게도, 외현몽의 내용에 대한 프로이트의 견해는 뚜렷한 수정을 거치지 않았다. 아마도, 정신분석의 길에서 벗어나 외현몽의 내용을 액면 그대로 받아들이려 했던 사람들은 분명 이 사실과 관련이 있을 것이다. 외현몽을 액면 그대로 받아들이는 사람들은 외현몽과 잠재몽을 구분했던 프로이트의 근본적인 발견을 손상시킬 뿐만 아니라 무의식의 심리학이라는 정신분석의 초석을 손상시킨다. 질베러(Silberer, 1912)와 매더(Maeder, 1912; 1913)는 외현몽에 대한 프로이트의 관심이 더 발전해 갈 수 있도록 하는데 아무런 기여도 하지 않았다. 반면 융, 아들러, 슈테켈(1909; 1911)은 프로이트로 하여금 『꿈의 해석』(1900)에 이미 나와 있는 견해에 더욱 더 밀착하도록 유도하는 역할만 했다. 외현몽에 대한 흥미로운 언급은 프로이트에게서 찾을 수 있다(1914).

처음부터 프로이트는 외현몽을 하나의 집합체(1900: 104, 449, 500), 즉 겉모습(1915-17: 181; 1925a: 141; 1925c: 44; 1940: 165)으로

만 보았다. 『꿈의 해석』에서 프로이트가 제안한 첫 번째 기법은 연상의 불가피한 출발점으로 작용할 수 있도록 '꿈을 조각조각으로 잘라야 한다.'고 보았다. 『정신분석강의』Introductory Lectures, 1915-17: 181-82에서 그는 다음과 같이 말한다.

> 당연히 우리는 외현몽에 대한 관심을 어느 정도 내려놓아야 한다. 잘 짜 맞춰져 있건, 아니면 분리된 일련의 그림들로 쪼개져 있건, 외현몽은 우리에게 무관심한 문제일 수밖에 없다. 겉으로 보기에는 눈에 띄는 외관을 가지고 있다 하더라도, 우리는 외현몽이 꿈-왜곡을 통해서만 생겨났으며, 이탈리아 교회의 외관이 그 구조와 계획에 미치는 것만큼 외현몽이 꿈의 내부 내용과 유기적인 관계를 가질 수 있다는 것을 알고 있다. 일반적으로 사람은 마치 꿈이 논리적으로 착안되고 논리적으로 배열된 서술인 것처럼 외현몽의 한 부분을 다른 것으로 설명하려는 시도를 피해야 한다. 이와는 반대로 여러 조각의 암석이 결합매체로 묶여 있기 때문에 그 위에 새겨진 무늬란 원래의 암석에 속하지 않는다. 이것이 하나의 규칙이다.

때때로 우리는 기존의 '환상'이나 '백일몽'과 유사한 '외관'facade의 경우에서만 예외를 발견할 수 있다(1900: 491-3).

구조이론은 프로이트의 꿈에 대한 관점에 거의 영향을 미치지 못했다. 1923년(1923b)에 이르러서 우리는 처음으로 프로이트가 '위로부터의 꿈과 아래로부터의 꿈'(111) 사이를 구별하고 있음을 만난다. 그리고 『정신분석학 개요』An Outline of Psychoanalysis에 이르러서야

'꿈은 이드 또는 자아에서 생길 수 있다.'고 언급한다. 알렉산더(1925)는 일찍부터 꿈꾸기에서 자아와 초자아의 역할을 지적했지만, 이 주제에 대한 대부분의 논문은 1930년 이후에나 처음 등장한다.

누구나 예상할 수 있듯이, 이후로 외현몽에 대한 관심이 동시에 높아지기 시작했다. 이점에 대해서 여기에서는 간단히 요약하는 것으로 충분하다고 생각한다. 나중에 나는 이 주제로 다시 돌아와서 특정한 고려사항에 대해 좀 더 자세하게 주의를 기울이겠다. 외현몽에 관심을 보인 첫 번째 인물은 페데른Federn이다. 그는 1914년부터 외현몽에 관심을 보였고, 후에 구조 가설과의 연관성을 상세히 설명하였다(1932, 1933). (또한 Fenichel, 1935; Alexander and Wilson 1935; 그러나 특히 Fenichel et al, 1936을 참조할 것). 하지만 학자들 사이에는 외현몽을 충분히 고려할 가치가 있는 것으로 받아들이는 데에 망설임이 지속되고 있었다. 히츠만(Hitschmann, 1933-34)의 경우는 외현몽을 정신병리적인 구별을 끌어내기 위한 근거로 사용하려 했던 것에 대해 심지어 사과까지 하였다. 제2차 세계대전 후에야 꿈꾸기에서 자아의 역할 즉, 두 개의 패널 토론과 관련하여 외현몽을 내용으로 하는 논문들이 많이 등장하였다(참조. Rangell, 1956; Babcock, 1965). 두 번째 패널 토론은 외현몽을 전적으로 다루었고 수많은 논문들이 발표되었다. 이 중에서 내가 언급하고 싶은 논문들은 밀러(Miller, 1948), 미텔만(Mittelmann, 1949), 블리츠텐 외(Blitzsten et al, 1950), 해리스(Harris, 1951), 카탄(Katan, 1960), 로웬슈타인(Loewenstein, 1961), 워드(Ward, 1961), 펙(Peck, 1962), 칸(Khan, 1961), 폴락과 무슬린(Pollock and Muslin, 1962), 리처드슨과 무어(Richardson and Moore, 1963), 맥(Mack, 1965), 프로시(Frosch,

1967), 클라우버(Klauber, 1967), 스튜어트(Stewart, 1967), 레비탄(Levitan, 1967)에 의해 쓰인 논문들이다. 현재의 주제와 관련하여 몇 가지 중요한 출판물이 있었는데, 첫째는 사울의 것이었다(Rangell, 1956; Saul, 1953, 1966; Saul, 1958; Saul and Fleming, 1959; Saul and Curtis, 1967). 이 논문들에서 저자들은 자아의 활동을 평가하는 데 외현몽을 적용할 수 있는지 탐구하였다. 그러나 플리스(1953)는 잠재몽의 내용과 외현몽의 내용을 혼동하지 말라고 경고하였다. 그는 외현몽 개념을 사용하면 분석가가 자신의 주관적인 해석을 소개하고, 몽자 자신의 연상을 무시한 채 은유와 우화에 의존하는 유혹에 빠질 수 있다고 보았다. 마지막으로 알로우와 브랜너(1964)는 꿈 이론이 구조이론과 일치하도록 설계되었으며, 외현몽 또한 분석적 관심을 충분히 가질 가치가 있는 산물로 간주하였다(136-40).

어디까지 그 기능을 외현몽의 현상에 귀속시키는 것이 정당화되는가 하는 문제는 여전히 주목할 수밖에 없는 질문으로 남아 있다. 물론 이 주제에 대한 프로이트의 표현이 모순을 갖고 있는 것 또한 사실이다.

비록 프로이트도 '자신들의 꿈을 의식적으로 이끌어가는 능력을 가진 것처럼 보이는 사람들이 있다'고 지적하지만, 외현몽은 그 자체가 수동적인 의식 체계system Cs의 사건으로 여겨진다(1900: 571 ff; cf also Ferenczi, 1911). 외상성 신경증에서 외현몽의 독특한 특성은 문제가 되는데(Freud, 1920: 32) 프로이트는 이것을 '반복하고자 하는 강박'compulsion to repeat이라는 개념에 도달함으로써 '회고적으로 자극에 숙달하려는 시도'로 본다. 로웬슈타인(1949), 슈타인(1965) 그리고 스튜어트(1967)는 이러한 외상적 자극에 숙달하려는 것을 고려하라고 제안한다. 페렌치(1934)는 꿈이 주는 정신적 외상의 기능에 대해 말한다. 아이슬러(1966)는 창의성의 배경이 드러나는(참조. Lewin, 1964) 그래서 외상 예방뿐만 아니라 외상 유발도 예상할 수 있는 외현몽의 내용에 주목한다. 아이슬러는 외현몽에서 몽자의 반응(1966: 18, n. 2), 예컨대 꿈에서 몽자가 깜짝 놀라는 반응을 하는 것과 '결국, 그것은 꿈일 뿐이야'(Arlow and Brenner, 1964: 136)라는 잘 알려진 평가를 하는 것을 아주 진지하게 받아들인다. 그는 이 문제들이 아직 충분히 이해되지 않은 채로 남아 있다고 생각한다. 부정(1925b)에 대한 프로이트의 생각과 연관성이 있을 수 있다는 아이슬러의 암시는 그것이 크게 중요하다는 인상을 내게 던져 주고 있다. 레비탄(Levitan, 1967)은 외현몽의 내용의 실제 역할을 강조한다. 이와 관련하여 르윈의 견해(1946-64)가 중요하다.

하지만 여기서 우리는 주의를 기울이라고 충고하는 목소리를 간과할 수 없다. 프로이트는 꿈꾸기를 본질적으로 '특정 형태의 사고'에 지나지 않는다고 보았고(1900: 506, n. 2; 1914: 65; 1922: 229, 1923b: 112) '그 형태를 만들어내는 것은 꿈 작업이며, 그것만이 꿈꾸기의 본질'(1900: 506, n. 2)이라고 주장했다. 이 꿈 작업을 합리적 혹은 신비적 활동은 고사하고, 적응의 한 형태, 곧 문제-해결의 한 형태로 보려는 순간, 우리는 본래적 의미에서 정신분석적 통찰을 떠나기 시작한다. 꿈이 우리 앞에 놓인 삶의 과제와 관련이 있다고 하거나 일상 업무(1925a:127)의 문제에 대한 해결책을 찾으려는 것이라고 보는 것은 오해의 소지가 있다.

매더(Maeder, 1912; 1913)의 의견과 보다 최근의 보니메(Bonime, 1962)의 의견 - 레빈의 비평(1967)을 참조할 것 - 그리고 해드필드(Hadfield, 1954)의 의견은 이러한 관점에서 보아야 한다. 이러한 경향에서 가장 흥미를 끄는 가치 있는 대표자는 토마스 프렌치Thomas French이다. 프렌치에 대해서는 아래에서 별도로 논의할 것이다. 이번 연구에서 필자는 슈테켈(Stekel, 1909; 1911)과 구타일(Gutheil, 1951)과 같이 주로 자의적인 성격의 꿈 해석 기법은 다루지 않을 것이다.

| 외현몽의 내용

세월이 흐르면서 외현몽의 내용은 우리에게 너무나 확고하게 확립된 개념이 되어 이제는 그 안에 내재된 문제들을 거의 인식하지 못하고 있다. 그러나 외현몽의 현상 그 자체에도 문제들이 있다. 특히 저항을 다룰 때, 환자가 우리에게 들려주는 말은 막연한 잔해에서부터 멀리 떨어진 경계 없는 여정에까지 이를 수 있다(참조. Freud 1923b: 110).

르윈(1948)은 수면 중에 실제로 내용이 없는 경험들을 기술하면서 이것을 '텅 빈 꿈'blank dreams이라 부른다. 에릭슨(1954)은 외현몽을 매우 면밀히 조사하고, 그것을 그 자체로 미묘하고 차별화된 정보의 수준으로 끌어올린다. 그는 잠재적 내용으로의 전환은 점진적인 것이라고 생각한다. 꿈에 색깔의 출현과 관련하여 밀러(1964)는 일반적으로 인간이 재현하는데 얼마나 정교한지, 또한 특별히 꿈과 관련해서는 지각을 재현하는 데 얼마나 더 정교한지를 보여준다.

그러나 최근 몇 년 동안 특별히 뇌파EEG electroencephalogram와 안구운동의 동시 등록으로 꿈 연구에서 얻은 경험은 우리가 생각했던 것보다 훨씬 더 많은 꿈을 꾸고, 또한 우리의 꿈은 이전에 믿었던 것보다 훨씬 더 오래 지속되는 경향이 있다는 것을 보여주었다(참조. Dement and Wolpert, 1958; Rechtschaffen et al. 1963; Fisher 1965). 그러므로 우리가 수면 중에 경험하는 것에 대한 지식은 극히 단편적인 것으로 입증되었다.

아마도 이것은 외현몽의 다른 여러 측면들이 어째서 사색의 출발점으로 받아들여지는지를 설명하는 데 도움이 될 것이다(참조. Alexander and Wilson, 1935; Erikson, 1954, 1964; Fedem, 1914; French, 1937a, b; Harris, 1951, 1962; Hitschmann, 1933-34; Levitan, 1967; Lewin, 1946-64; M. L. Miller, 1948; S. C. Miller, 1964; Blum, 1964; Richardson and Moore, 1963; Saul, 1953, 1966; Saul and Curtis, 1967; Stewart, 1967).

나는 이 모든 면에 다른 면을 덧붙이거나, 적어도 다른 면을 외현몽의 구성으로부터 분리하고 싶다. 이것은 사실상 프로이트가 '역-소원' 꿈(1900: 146-59)이라고 말했던 것과 완전히 일치하는 익숙한 측면이다. 외현몽의 내용을 면밀히 관찰한다면, 우리가 만나는 거의 모든 환자의 외현몽의 내용에 갈등의 특징이 표현된 꿈을 만나게 된다. 몽자는 언제나 스스로 현재한다. 그는 그림자 같은 관찰자로 보일 수 있다. 그러나 종종 몽자는 꿈의 이야기에 관여하고 있고 특히 몽자의 의도가 종종 꿈속의 기이한 사건들을 통해 드러난다. 이 점에서 나는 프로이트와 이견을 달리한다. 프로이트는 자아가 외현몽에 나타나지 않을 수 있고, 나타난다면 특별한 의미 없이 나타난다고 보았다(1900: 322-3). 『꿈의 해석』에 나오는 꿈의 90가지 방대한 내용을 검토해보면, 꿈의 이야기에서 자기(나)가 등장하지 않는 경우는 한 번도 없다. 단지 열세 개의 꿈 사례에서만 모든 것이 몽자가 소원했던 바대로 진행되었다는 암시가 있다. 우리는 대부분의 경우 '경악했어.' '너무 늦게 도착했어.' '조급함을 느꼈어.' '불편한 느낌', '놀랐어.' '무서웠어.' '나는 찾을 수 없었어.' '나는 갈 수 없었어.'와 같은 내용nature의 무언가와 마주친다.

연상이 주는 영향은 몽자를 깨우는 것이라고 추정할 수 있을 정도로 강렬할 수 있다(참조. Freud, 1900: 267; Levitan, 1967). 원래 프로이트는 이 영향과 사유를 주로 잠재몽의 내용에 속하는 요소로 여겼다. 하지만 '삼촌의 꿈'에 대한 그의 광범위한 논의는 프로이트에게도 이 자료가 상당한 문제를 안고 있었음을 보여준다. (아래, 164)

페데른(1932)과 그로트얀(1942)은 몽자가 깨어나는 존재로서 자신을 경험한다고 보았다. 셰퍼드와 사울(1958)은 외현몽의 내용에서 경험된 동기를 부여하는 힘이 아니라 '자아'에 근거한 자아 등급 체계에 기초하여 흥미로운 정량 조사를 고안해 냈다.

요즘 우리는 거리낌 없이 외현몽과 신경증적 증상을 동일시하는 것 같다. 프로이트는 '플리스 논문들'(1892-99: 258, 276, 336)에서는 꿈과 신경증 (cf. 또한 르윈, 1955) 사이의 유비를 분명히 하고 있지만, 『꿈의 해석』에서는 주저 없이 꿈을 신경증과 비교시켰을 뿐 아니라 주로 꿈을 수면 상태를 보존하려는 자아의 경향 및 타협 성질과 연결시켰다. 그럼에도 불구하고 나중에 그는 이것을 타협-형성compromise-formation이라고 불렀는데, 아마도 페렌치(1911)의 예를 따랐던 것으로 보인다(참조. Freud, 1900; 572, 579). 『정신분석강의』(1915-17: 411)에서 프로이트는 공포증의 내용과 외현몽의 표면 사이의 유비를 다시 기술하고 있다(참조. 1909: 229). 물론 이후에도 우리는 여전히 (꿈 혹은 증상)에서 타협-형성을 만난다(1923a: 242).

나의 논문은 외현몽이 대개 주관적으로 갈등하는 내용을 담고 있으며, 이러한 측면이 우리에게 갈등의 가장 피상적인 층을 평가할 수 있는 기회를 제공하여 잠재적으로 가장 유용한 해석의 구성에 도달할 수 있도록 한다는 것에 주목한다.

프로이트는 그의 모든 출판물에서 그러했듯이 외현몽의 내용을 심각하게 받아들이지 말도록 경고하였다. 그런데 그 자신은 실제로 어떻게 하였는가? 사실 그는 이 규칙을 종종 위배하였다. 이것은 이미 '이르마' 꿈의 사례에서 시작되었다. 그는 이르마에게 던지는 책망을 그의 해석에 매우 필수적인 요소로 포함시키고 '명료한 이해를 위해 이르마에게 그렇게 심각한 병력을 만들어준 것'에 대해 당혹감을 느끼기까지 한다(1900: 114).

몇 가지 다른 예들: 한 여성이 저녁 파티를 하고 싶어하는 꿈(1900:147)에서, 그녀는 최선을 다하지만 필요한 모든 것들을 얻을 수 없다. 외현몽의 내용의 시점에서 볼 때, 그녀는 분명히 잘못이 없다. 그래서 프로이트는 이 꿈을 다음과 같이 해석할 수 있었다. '꿈이 당신에게 말하고 있는 것은 저녁 파티를 할 수 없다는 것이고, 따라서 친구가 더 통통해지지 않도록 하는 것이 당신의 소원을 성취하는 것이다'[강조는 J.S.가 한 것]. 질투하게 된 이유는 남편이 통통한 사람을 좋아하기 때문이다(1900: 148). 프로이트(1900:469)가 꿈에서 작은 배설물 더미로 덮인 야외 벽장의 좌석에 앉아 있는 동안 왜 혐오감을 느끼지 않았는지 궁금해 할 때조차도 결코 외현몽의 내용을 무시할 수 없는 정보인양 소중하게 생각하지 않았다. 더 주목할 만한 것은 '사랑하는 친척들의 죽음'(1900: 266)이라는 전형적인 꿈에 대

한 논의인데, 그는 여기서 '억압된 소원에 의해 형성된 꿈 사유가 완전히 검열을 피하면서 수정 없이 꿈속으로 들어가는 것'이라는 사실에 놀라움을 표현한다. 이러한 전형적 꿈 사례에서, 노출 꿈과 죽음-소원의 꿈의 경우, 그는 외현몽의 내용에 주의를 기울였고, 꿈의 잠재된 의미를 확립하기 위한 전제조건으로 영향, 당혹감 또는 슬픔을 정확히 받아들였다.

프로이트의 '억압된 소원에 의해 형성된 꿈 사유'라는 구절은 정확히 무엇을 의미하는가? 사실 제7장이나 다른 곳에서 프로이트는 잠재된 내용과 소원을 명확하게 구분했다. 만약 그가 여기서 잠재몽의 사유가 죽음-소원이라고 한다면, 우리는 이 소원이 실제로는 아주 분명하게 왜곡되어 있다는 것을 관찰해야 한다. 반면에 만약 그가 단지 '친척이 죽었다'는 사유만을 의미한다면, 이는 검열을 피하면서 직접적으로 표현되지만, 프로이트는 정말로 '이 소원보다 더 멀리 있는 것처럼 보이는 소원은 없다.'고 말한다. 자연히 우리는 잠재몽의 내용이 정말로 죽음-소원이라고 가정해야 하며, 그리고 나서 외현몽의 내용을 탐구할 때 우리는 특별한 명료함을 갖고 잠재된 내용에 대한 방어를 정확하게 볼 수 있다. 처음에 그것은 몽자의 참여 없이 일어난다. 게다가 몽자는 그의 친척이 죽기를 바라는 꿈을 꾼 것이 아니고 오히려 그 반대이기 때문에 큰 슬픔이 있는 것이다(참조. Van der Sterren, 1964). 그 소원과의 모든 연관성은 숨겨져 있다. 검열이 있었음이 분명하다.

여기서 나는 '히스테리의 사례'(1905a: 64ff.)의 첫 번째 꿈과 관련된 프로이트의 논의만을 언급하고자 한다. 그는 외현몽의 내용을 취하여 결국 다음과 같은 말로 꿈의 의도를 의식적으로 표현할 수 있었다. "나는 이 집에서 도망가야 한다. 여기서 나의 처녀성이 위협받고 있기 때문이다. 나는 아버지와 함께 떠나야 한다. 그리고 아침에 옷을 입는 동안 놀라지 않도록 주의해야 한다." 그는 배경으로 유아기 자료를 좀 더 소개하고 있지만, 피상적이고 현대적인 갈등에 대한 해석이 외현몽의 내용과 일치를 이룬다.

프로이트가 외현몽의 직접적인 의미와 해석 가능성을 부인하지 않은 한 부류의 꿈이 있다. 『꿈의 해석』 3장에서 처음 광범위하게 논의된 '변장되지 않은 소원 꿈'(1901: 655)은 바로 편의 꿈, 어린아이들의 꿈, 가난에 시달리는 사람들의 꿈이다. 매우 주목할 만한 것은, 이론 장(1900: 509)을 시작하면서 프로이트는 위에서 언급한 꿈의 타협적 성격에 대한 원래의 거부와 같은 여러 가지 혼란스러운 숙고를 야기하는 상황인 '변장되지 않은 소원 꿈'에 속하는 것으로 간주하는 한 단편을 받아들인다. 하지만, 변장되지 않은 소원 꿈에서는 기껏해야 이러한 소원들이 수면의 소원과 충돌하는 정신 내적인 갈등에 관여하지 않기 때문에, 그 소원 성취를 변장할 필요가 전혀 없다. 오히려 현실에서의 성취 불가능성이 꿈의 환상적 성취에 자극을 더한다. 아이들이 그러한 꿈을 기대할 수 있다는 것은 자명한 일이다. 결국, 그들은 현실에서 거의 성취할 수 없다. 게다가 아이들은 너무나 많은 것들을 밖으로부터 금지 당한다. 나는 이러한 왜곡되지 않은 꿈 내용이 갈등 꿈에서도 반복적으로 발생하고, 억압된 꿈-소원이 닻을 내리는 핵을 구성하는 경우가 종종 있다는 인상을 받는다. 결혼하지 않은 동성애 여성의 꿈이 본보기가 될 수 있다. 페니스에 대한 그녀의 소원은 강하게 거부되었지만, 그녀는 의식적으로 아이를 갖는 소원을 받아들일 수 있었다. 하루 동안 언니의 아기를 무릎에 앉히고 몇 시간 동안 앉아 있던 그녀는 아이를 낳았지만, 그렇게 하려고 했음에도 불구하고 탯줄로 형성된 아기와의 연결을 끊지 못하는 꿈을 꾸었다.

따라서 사실 정의의 문제로서, 변장하지 않은 소원 꿈의 경우뿐 아니라 환자들의 갈등 꿈에서도 프로이트가 외현몽의 내용과 형식에 정말로 주의를 기울였다는 결론은 정당하다. 그는 은유적 또는 우화적 해석 접근에 반하여 외현몽을 액면 그대로 받아들여서는 안 되며, '꿈 전체'를 출발점으로 삼아서도 안 된다고 하였다. 그러나 이러한 경고에도 불구하고 프로이트는 외현몽의 내용과 형식에 주의를 기울였다(1900: 103). 또한 프로이트는 자신이 했던 경고를 몇 번이고 반복하였다(Fliess, 1953; Waldhorn, 1967), 분석가들은 외현몽의 내용에서 어느 정도 2차 수정을 거쳐 드러나는 외현몽의 표면 그 이상을 보아야 한다.

| 해석 기법과 잠재몽의 내용

외현몽의 내용과 잠재몽의 내용은 상호간의 의미를 결정하는 개념이다. 꿈을 꾸는 과정에서 잠재몽의 내용에서 외현몽의 내용으로 이끌어가는 것이 꿈-작업이다. 그리고 해석은 '꿈-작업의 방향과 반대 방향으로' 이루어진다(Freud, 1940: 169). 이로써 순환이 완성된다. 그러므로 우리가 실제로 어떻게 꿈을 해석하는가라는 물음은 동시에 꿈 심리학 이론과 밀접한 관계가 있다. 꿈 해석에 대한 절차의 본질이 무엇인지에 대해 생각하기 위해 잠시 멈추게 되면, 우리는 즉시 온갖 종류의 질문들과 직면하게 된다.

우선 잠재몽의 내용 자체가 정확히 무엇인가? 이 점에 대해서 오해가 존재한다는 것이 입증되었고, 이런 오해를 가져온 것은 프로이트의 정확하지 않은 공식화도 부분적으로 책임이 있다.

『꿈의 해석』 2장에서 우리는 잠재몽에 대한 자료를 처음 만난다. '이르마' 꿈에 대한 그의 연상을 광범위하게 요약한 프로이트는 '나는 이제 꿈의 해석을 완성했다'(1900: 118)고 말한다. 부분적으로 유사한 성격의 다른 진술들(1900: 279; 1915-17: 226) 때문에, 이 말은 '꿈의 사유'라고도 불리는 잠재몽의 내용의 본질이 외현몽에 대한 연상의 전체로 구성될 것이라는 개념에 기여한 것으로 보인다. 『새로운 정신분석 강의』(1933: 12)에서 프로이트는 '하지만 오해를 낳지 말자. 꿈에 대한 연상은 아직 잠재몽의 사유들이 아니다.'라고 말하도록 강요받았다는 사실에서 이것을 추론할 수 있다. 그런데 그게 뭘까? 그 문제는 관례대로 그렇게 간단하지 않다. 여기서 우리는 잠재몽의 사유들이 이드 내용과 동일시되어야 한다는 개념을 반복적으로 접하게 된다(예: A. Freud, 1936: 16; Stewart, 1967). 프로이트 자신은 분명히 이런 말을 하려던 것이 아니었다. 꿈을 다룬 그의 거의 모든 출판물에서 우리는 『꿈의 해석』(1900:506)에 처음 등장하는 공식과 만난다. 예컨대 '꿈의 사유들은 전적으로 합리적이고 우리가 할 수 있는 모든 정신적인 에너지의 소비로 구성되어 있다. 그들은 의식-과정을 거치지 않은 사유 과정들 사이에서 자리를 잡는다. 여기서 어느 정도의 수정 후에 우리의 의식적인 사유들 역시 생겨난다.' 그리고 다른 곳(1905 b: 28)에서 프로이트는 다음과 같이 말한다. '잠재되어 있지만 완벽하게 논리적인 꿈 사유들로부터 꿈이 파생된다.' 나중에 (1933: 18) 그는 몽자가 잠재해 있는 꿈 사유들의 일부를 '받아들이기를 거부한다.'고 좀 더 분명하게 말한다. '그에게는 이상하거나 어쩌면 혐오스러울 수도 있다.' 그러고 나서 계속해서 그는 잠재몽의 사유가 어떻게 부분적으로는 전의식적인 사유들을 나타내고 또 부분적으로는 무의식적인 사유들을 나타내는지 밝혀낸다. 우리는 오직 후자 곧 무의식적인 사유들에 관해서만 이드 내용이 관련될 수 있다고 말할 수 있다.

꿈의 해석의 최종 결과는 잠재된 꿈 사유와 동일하다(1933:10). 하지만 우리는 얼마나 정확하게 해석을 진행해야 하는가? 놀랍게도 프로이트의 저술들에서는 이 절차의 정확한 공식을 찾을 수 있는 곳이 없다!

알렉산더(1949: 62)는 '어떤 일반적인 규칙도 주어질 수 없으며' 그 규칙들은 '가로세로 낱말풀이'를 푸는 것 이상을 가지고 있다고 생각한다. 당연히 프로이트가 쓴 꿈 해석을 주제로 한 많은 연구에서 암묵적으로 절차를 보게 되지만, 그가 가장 먼저 명시적으로 말한 곳은 꿈 사유들(1933: 12)을 언급한 『새로운 정신분석강의』에서이다 (1933: 12).

> 후자[꿈 사유]는 모액母液, mother-liquor 안에 알칼리가 담겨있듯이 연상들 안에 포함된다.. 그러나 아직 완전히 연상들 안에 포함되지는 않는다. 한편으로, 연상들은 잠재몽의 사유들을 공식화하는 데 필요한 것, 즉 환자의 지능이 꿈 사유에 접근하는 과정에서 만들어낼 수 있는 모든 설명, 전치 및 연결을 우리에게 훨씬 더 많이 제공한다. 또 다른 한편, 연상은 종종 진정한 꿈 사유 이전에 정확히 멈추게 된다. 연상은 단지 꿈 사유에 가까이 다가왔

고 암시를 통해서만 꿈 사유에 접촉해 왔다. 그 시점에서 우리는 스스로 개입한다. 우리는 암시를 채우고, 부인할 수 없는 결론을 도출하며, 환자가 연상에서 접속된 것에 대해서만 분명한 해석을 한다. 이것은 마치 우리가 우리의 독창성과 변덕이 그 자료를 가지고 노는 것을 허용한 것처럼 들린다....또한 우리의 절차의 정당성을 추상적인 설명으로 보여주는 것도 쉽지 않다. 하지만 우리 문헌에서 꿈 분석을 직접 수행하거나 좋은 설명을 공부하기만 하면 이와 같은 해석 작업이 진행되는 설득력 있는 방식에 대해 확신할 수 있을 것이다.

『정신분석학 개요』(1940: 168)에서 우리는 다음과 같은 내용을 읽는다. '몽자의 연상은 우리가 두 가지 곧 잠재몽의 내용과 외현몽의 내용 사이에 중간 연결을 삽입할 수 있는 빛을 비춰주며, 몽자의 연상의 도움을 받은 우리는 잠재몽의 내용을 복원하고 "해석"할 수 있게 된다.'

프로이트는 자신이 정확한 규칙을 세울 수 없으며, 그의 설명에서 모액母液과 '중간 연결'intermediate links과 같은 부정확한 용어에 의존해야 한다는 것을 인정하였다.

또 다른 어려움의 원천은 우리가 항상 잠재몽의 사유를 소원으로 보는 경향이 있는데, 이는 좋든 나쁘든 어떤 식으로든 외현몽 속에서 성취를 위해 노력하게 한다. 프로이트가 실제로 이 관념을 전달하려고 한 것일까? 『꿈의 해석』에서 프로이트는 소원과 꿈 사유 사이에 연속성이 존재한다 할지라도 반복적으로 이 둘을 구별하고 있다.

'두 개의 백과사전적 논문'(1923: 241)에서 다음 정보를 찾을 수 있다.

우리가 꿈의 형성에 대한 무의식적인 기여를 무시하고 꿈을 잠재몽의 사유들로 제한한다면, 그때 꿈은 깨어있는 삶이 관계된 어떤 것, 즉 성찰, 경고, 새로운 착안, 즉 가까운 미래를 위한 준비, 혹은 다시 한 번 성취되지 않은 소원의 충족 등을 표상할 수 있다.

주목할 만한 것은 잠재몽의 내용에 소원이 담긴 성격의 형성과 관련하여 정신분석가가 꿈을 해석하는 방식이 비분석가의 방식과 정확하게 다르다는 점이다. 우리는 꿈을 '꿈이 얼마나 불행하게 느끼는지 말해준다.'와 같은 단순한 일상생활의 복제로 해석하는 것으로 만족하지 않는다. 대신 우리는 항상 소원과 반대세력을 모두 공식화하려고 노력한다. 즉, 우리가 꿈에서 찾은 '소원의 성취 시도'(Freud, 1933: 29)를 중심으로 갈등을 공식화하기 위해(Arlow and Brenner, 1964: 141) 노력한다. 소원 성취 가설, 또는 방법론적인 면에서 더 나은 용어로 말한다면 해석의 소원 성취 모델(De Groot, 1961)은 정신분석적 꿈 심리학의 초석이며, 따라서 해석의 기법이기도 하다. 프로이트는 이 원리가 꿈속의 무의식적인 유아 소원에만 적용된다고 반복해서 말하는데, 이것은 때때로 낮의 잔여물과 일치하거나 잠재몽의 사유 중 가장 접근하기 어려운 부분을 구성할 수도 있다. 프로이트는 플리스(1892-9:274)에게 보낸 편지에서 이것을 공식화했고, 『꿈의 해석』에서는 '자본가'와 '기업경영자'(1900:561)로 구분하였다.

소원을 성취하는 꿈의 성격은 자본가, 즉 무의식적인 유아 소원에만 적용되는가, 아니면 프로이트가 말하는 낮의 잔여물과 같은 다른 불안 꿈 자극에도 적용되는가?(1900:564) '불안 꿈 자극은 진정한 수면 방해자'라는 것은 의심할 여지가 없는가? 프로이트는 계속해서 이 질문들을 되묻고 있다(1900: 606). '나는 이미 꿈-소원이 언제나 무의식으로부터 파생된다고 가정하는 단계를 넘어섰다.'

일반적인 해석 기법과 일치하는 공식은 『정신분석학 개요』(1940: 169)에서 처음 찾을 수 있다.

> 무의식의 도움으로, 형성되고 있는 모든 꿈은 자아에게 요구를 한다. 만약 꿈이 이드에서 비롯된다면, 본능의 만족을 요구하고, 만약 꿈이 깨어있는 삶에서의 전의식적 활동의 잔여물에서 비롯된다면, 의심을 제거하거나 갈등을 해소할 의도를 형성한다. 그러나 수면 중의 자아는 잠을 유지하고자 하는 소원에 초점을 맞추고 있다. 그래서 무의식의 요구를 방해로 느끼고 그 방해물을 없애려 한다. 자아는 이것을 준수하는 행동으로 보이는 것에 의해 잠을 유지하는데 성공한다. 자아는 그 상황에서 해롭지 않은 **소원 성취**에 (강조는 프로이트가 한 것임) 대한 요구를 충족시켜 없애버린다. 소원 성취로써 요구를 대체하는 것은 여전히 꿈 작업의 본질적인 기능으로 남아 있다.

물론 이것은 잘 알려진 편의의 꿈인 '이르마'의 꿈과 유아적 소원이 더 이상 쉽게 드러나지 않는 신체적 욕구에 의해 선동된 꿈 등과 같이 『꿈의 해석』에 소개된 꿈 사례들과 일치한다.

소원 성취에 대한 질문이 어느 정도까지 문제 영역으로 남아 있는지는 프로이트의 『쾌락원리를 넘어서』(1920), 유아 소원이 얼마나 드물게 해석되는지 지적하는 존스(1965), 더 나아가 봐이스(1949) 에릭슨(1964: 195, 198), 슈타인(1965), 아이슬러(1966), 그리고 스트워트(1967)등을 고찰함으로써 알 수 있다.

소원 성취 시도를 출발점으로 계속 사용한다 하더라도 우리는 무엇을 소원 성취로 해석해야 하는지, 무엇을 방어로 해석해야 하는지 결정하는 어려움에서 벗어날 수 없다. 그러나 이는 실제로 분석 전반에 걸쳐 나타나는 문제이다(참조. Waelder, 1936). 원래 '검열'이라는 개념은 잠재몽의 내용과 외현몽의 내용의 차이를 초래하는 꿈 왜곡의 주요 원천 중 하나로 제안되었고, 따라서 문제는 간단하고 명료하게 해결된 것으로 보였다. 하지만, 프로이트 스스로가 '삼촌' 꿈(1900: 141)을 논의하는 중에 검열의 문제가 안고 있는 어려움을 지적하고 있다. 여기에서 프로이트는 다음과 같이 주장한다. '꿈속의 정서는 잠재몽의 내용에 속하지 않았다...그것은 [잠재몽의 사유]와 상반되는 것으로, 꿈에 대한 진정한 해석을 감추기 위한 것이었다.' 나는 프로이트가 나중에 우호적인 감정으로 돌아와서, 결국 그 감정들을 주로 잠재몽의 사유 안에 두고, 그것들이 아마도 '유아적 원천에서 생겨났을 것'(472)이라고 말함으로써, 거기서도 유아적 소원의 충족을 엿볼 수 있게 되었다고 생각한다. '히스테리의 사례'에서는 프로이트가 분석을 한 후에 외현몽의 종합을 보여준다. 그는 거기서(1905: 88) 어떻게 환자가 '현재의 유혹에 대한 보호책으로 아버지를 향한 유아기적 사랑을 불러일으키고 있는지'를 지적한다. 여기서 우리는 오이디푸스적 욕망이 방어적으로 이용되고 있는 것을 본다. 한편 그것이 외현몽의 내용에서 다소 구별되지 않는 것으로 보이는 것은 주목할 만하다.

나는 잠재몽의 내용과 관련하여 소원과 방어의 구별을 버린다면 그것은 정신분석적 해석 과정의 일반적인 성격과 가장 부합할 것이라고 생각한다. 더구나 현실적인 임상의 자리에 있는 사람이 이 이분법을 성공적으로 유지할 수 있을지 의심스럽다. 구조적인 가설의 도입과 자아심리학의 발달 이후, 우리는 정확하게 방어에도 잠재적이고 무의식적인 성격이 있다는 것을 충분히 인식하게 되어 꿈, 즉 잠재몽의 사유를 단순히 소원의 표현으로서 뿐만 아니라 갈등의 표현으로도 해석하게 되었다(참조. Arlow and Brenner, 1964).

이를 통해, 꿈 해석은 분석 작업을 통해 잘 알고 있는 역동의 한 가운데에 우리를 있게 한다. 방어는 '성적이고 공격적인 만족을 선천적으로 제공하거나 그리로 안내하는 혹은 둘 다인 소원 가득한 활동'으로 나타나며 동시에 반-역동적 목적에 봉사하는 것으로 나타난다(Schafer, 1968). 정신 기구는 주로 다중으로 기능하며 위계적 계층화를 이루고 있다. 우리는 또한 전체적인 성격의 측면들 사이의 갈등과 신경증의 자아 분열을 다루고 있다(Le Coultre, 1967).

놀랍게도 특별히 환자를 잘 알 경우 연상도 하지 않은 채 외현몽으로부터 직접 꿈을 해석하는 분석가가 얼마나 많은가? 로랜드(Rangell, 1956)와 클리거맨(Bagcock, 1965)은 어떤 상황에서는 이것이 필요할 수도 있고, 다른 한편 연상을 하지 않고 꿈을 해석하는 것도 유용할 수 있다고 지적한다. 특히 사울(Rangell, 1956)은 '외현몽으로부터, 심지어는 자아가 꿈에서 받아들이고 행동하는 방식'으로부터 어떻게 예후적인 결론을 도출할 수 있는지를 보여주려고 노력한다. 그는 우리에게 소통의 성격, '수준', '표제', '흐름'과 관련하여 외현몽을 잘 고려하고, '역동을 내용과 구별하며', '싸움이나 도피'에 관해서 평가하라고 조언한다.

마지막으로, 우리는 소원 성취 가설(혹은 원한다면 외상적 측면)에서 외현몽의 가치가 이미 암묵적으로 인정된다고 말할 수 있다. 꿈을 소원 성취의 시도로 언급할 때, 항상 이 외현몽을 의미한다는 사실을 잊지 말아야 한다. 몽자는 잠을 자고, 꿈에서 아무리 터무니없고 혼란스러운 연출을 보인다 할지라도, 우리의 분석적 사고는 꿈에 이 기능을 부여하여 특별한 위상을 부여한다.

몇몇 예들과 고려사항

> 40세가량의 미혼 여성이 어머니와 함께 살고 있다. 어머니와 양가적 관계를 맺고 있는 이 여성은 어머니를 기차에 태우고 가는 꿈을 꾼다. 두 사람은 플랫폼에 서서 대화를 나눈다. 환자는 기차가 떠나려 하고 있고, 게다가 어머니가 발을 딛고 서 있는 것이 너무 안정적이지 못하기 때문에 어머니에게 탑승을 권유한다. 하지만 어머니는 시간이 충분하다고 생각하고 말을 계속한다. 그러자 몽자는 거듭 어머니에게 서두르라고 재촉한다. 노부인이 막 기차에 오르려는 순간 기차가 움직이기 시작하고 어머니는 기차와 플랫폼 사이에 떨어진다.

나는 꿈의 완전한 해석은 시도하지 않을 것이다. 이 꿈에는 다양한 층이 서로 겹쳐져 있다. 그러나 예상했던 것처럼 양면성이 두드러지고 있다. 나는 환자에게 그녀가 어떻게 어머니를 기차 밑으로 떨어지도록 이끌어 가는지 지적한다. 이에 대해 그녀가 반박한다. 이것이 여기서 내가 말하고 싶은 것이다. '도대체 무슨 말씀하시는 거예요! 그건 어머니의 잘못이었어요. 어머니는 꾸물거리고 있었고, 나는 어머니가 제시간에 승차하도록 최선을 다했어요!' 이 재미있는 경험은 모든 분석가들이 계속해서 접하는 종류의 것이다. 이것은 꿈 기능의 의미를 암시한다. 『꿈의 해석』에서 프로이트는 다음과 같이 상황을 공식화한다. '여기서 우리는 꿈꾸기 과정에서 가장 일반적이고 두드러진 심리적 특성인 사유를 만난다. 여기 하나의 규칙이 있다. 예컨대 꿈에서 소원하고 객관화하는 것의 사유는 하나의 장면으로 표상되거나 우리에게 경험되는 것처럼 보인다.' '꿈은 현재 시제를 사용하며...꿈에서 소원들은 성취된 것으로 표현 된다'(1900: 535).

'꿈의 이론에 대한 초심리학적 보충'(Arlow and Brenner, 1964도 참조할 것)에서 프로이트가 설명했듯이, 여기에 현실 원리의 약화가 가장 분명하게 존재하지만, '꿈-소원은 우리가 말하듯이 환각화되고 환각으로서 소원 성취의 현실에 대한 믿음과 만난다'(Freud, 1917: 229). '그리고 환각은 소원 성취의 현실에 대한 믿음을 제공한다'(1917: 230). 그러므로 자기의 연속성에 대한 느낌과 결합된 현실 인식이 - 깨어있는 삶과 비교했을 때 아무리 다르고 퇴행적이더라도 - 보존된다(Federn, 1932; Grotjahn, 1942). 프로이트는 꿈을 꾸는 것은 사실 부분적으로 깨어있는 것이라고 말한다(1900: 575). '따라서 모든 꿈이 자극적인 효과를 가지고 있다는 것을 인정해야 한다.' 『정신분석학 개요』(1940: 167)에서 그는 다음과 같이 말한다.

자아 조직은 아직 마비되지 않았다. 그래서 자아 조직의 영향력은 무의식적인 자료에 가해지는 왜곡에서, 그리고 종종 전체 결과에게 자아가 받아들일 수 있는 형태를 제공하는 매우 비효과적인 시도에서 보아야 한다(2차 개작).

이와 관련된 초심리학적인 문제는 '꿈의 이론에 대한 초심리학적인 보충'(1917: 234, n.2)에 명확히 제시되어 있다.

우리는 꿈을 '무엇보다도 내적 과정의 외재화인 하나의 **투사로**'(강조는 프로이트가 한 것임) 보아야 한다(1917: 223). 1894년에 이미 프로이트(1892-9: 209)는 편집증에 대해 논하면서 방어를 목적으로 하는 투사 기제의 남용을 언급했다. 그러나 동일한 책에서 투사도 정상적인 생활에 매우 일반적으로 사용되는 심리적 기제라고 언급한다. '내적 변화가 일어날 때마다 우리는 내적 또는 외적 원인 중 하나를 선택할 수 있다.' 수면 중에는 투사 기제에 의존함으로써 그 원인이 있는 우리 자신의 외적 세계를 만드는 것을 그 어느 것도 방해하지 않는다. 그래서 우리는 위에서 언급한 몽자가 어떻게 완전한 순진함의 감정을 가질 수 있는지 알게 된다.

나는 이러한 측면들이 거의 매일 밤 모든 개인을 점령하고 있는 신경증 환자의 꿈이나 아니면 갈등 꿈속에서 발견될 수 있다고 생각한다. 사실 갈등 꿈들이 순수 형식을 띤다면, 변장되지 않은 단순 꿈에서는 이러한 측면들이 부족할 것이라고 생각할 수밖에 없다. 하지만 동시에 피해져야 하는 어떤 충동, 감정, 동기가 표출되어야 할 때, 그리고 그 피해져야 하는 것들이 가장 날 것 그대로의 꿈에서 조차 일어날 수 없다고 말할 수 있을 때, 그때 이를 성취할 수 있는 가장 좋은 방법은 일어나는 일들이 (수동적인)자기 밖에서 일어나도록 내버려 두는 것이다. 프로이트가 1894년에 썼듯이, 이것은 매우 쉽게 이루어질 수 있고, 어떤 사건에서 우리가 어느 정도까지 그것에 대해 책임을 질 수 있는가를 결정하는 것은 아동기 아주 초기부터 배웠다고 가정할 수 있다. 그러므로 꿈에서 몽자의 위치, 행동, 그리고 반응은 - 강조해서 말한다면 몽자 자신이 일어나는 일을 결정할 수 있는 힘을 가지고 있기 때문에 - 몽자 자신과 일어나는 일의 연관성을 명확하게 보여준다. 반 데르 스테렌(Van der Sterren, 1952: 344)이 논의한 바와 같이, 이 상황은 그리스 비극의 구조와 비교될 수 있다. '또한 이러한 끔찍한 일들을 저지르고자 하는 충동이 밖으로부터 도래했다는 관념도 있다. 즉 신들은 명령을 내렸고 신탁은 그 끔직한 일들이 일어날 것을 예언했다.' '그리스 단어 크라오chrao는 "욕망하다"to desire, "갈망하다"to crave 그리고 "신탁을 청하다"to consult an oracle 의 의미를 갖고 있다.' 달리 말하면 자신의 소원을 투사하는 경향이 여기서도 뚜렷이 나타난다.

이제 연상과 더불어 좀 더 긴 분석의 예시를 소개해 보겠다.

50세가량의 한 남자가 수동적인 소원과 뚜렷한 성적 문란의 성향이 있어 어려움을 겪고 있었다. 그의 이러한 성향에는 과시주의적 방어적 입장이 있었다. 그러나 그가 이 목적을 위해 빠져든 외도의 관계는 대개 길게 이어지지 못했다. 외도의 관계를 맺고 있는 동안 자신의 정부mistress와 숙소에서 잠을 자는 중에 그는 다음과 같은 꿈을 꾼다.

그때 나는 자랑하기 위해서보다는 시범을 보여주는 방식으로 날기 시작한다. 내가 할 수 있다는 걸 보여주고 싶었다. 하지만 충분한 고도에

이를 수 없었고, 배들의 돛대를 지나 날아가는 내 자신을 발견했다...비행기는 *DC4였다.*

그의 연상들은 DC4가 비행기 종류를 가리키는 것 외에도 일종의 펌프라는 것을 밝히고 있다. 환자는 분석 작업을 통해 이것을 알게 된다. 이 펌프는 코르크와 같은 움직임으로 고체 물질의 장치를 빨아들이는 놀라운 기구인데, 디자이너들이 특정한 뱀을 모방하여 만든 것으로 사막에서는 이 기구로 물을 얻을 수 있다. 배들의 돛대: 그는 정부와의 휴가에 사용하기 위해 최근 그의 범선을 깨끗하게 청소했다. 그는 이것을 그의 아내에 대항하는 위험한 일이라고 본다. 그는 여인에 대해 이렇게 말한다. '나는 그녀와 세 번 연속으로 경이로운 밤을 보냈어. 지난 두 번은 특별히 훌륭했지. 그녀는 바로 나의 페니스에서 그것을 빼내고 있었어.' 그 후 그는 젊은 시절부터 있었던 일, 실제로는 대담함의 위업이었던 카누 여행에 대해 이야기했다. 그는 거의 익사할 뻔 했는데 배를 뒤집어 구조된 적이 있었다. 이제 몽자의 관점에서 외현몽에서 어떤 일이 일어나는지 살펴보자. 그는 대담하고, 저돌적으로 비행기를 타고 오르기를 원하지만, 어려움에 부딪혀 배의 돛대에 부딪힐 뻔 한다. 이 위협적인 사고 앞에서 그는 자신의 소원에 반하는 일이 자신에게 일어나고 있다고 느낀다. 꿈속의 배들에 대한 연상은 정부와 항해 휴가를 떠나려는 그의 위험한 계획과 그가 거의 죽을 뻔했던 과거의 대담했던 위업을 이어준다. 주저 없이 페니스의 상징으로 해석할 수 있는 항공기는 DC4이며 동시에 사막에서 물을 끌어올릴 수 있는 펌프, 즉 그의 정부다. 수동성이 그의 자랑스러워하는 것을 통해 뚜렷이 드러난다.

의식적으로 표현된 관념은 '나는 할 수 있기를 원한다.'이다(참조. Fedem 1914, 1932; Saul and Fleming 1959). 그러나 '신들은 조심하라, 성공할 수 없다!'라고 경고한다. 즉, 그는 무의식적으로 이 일이 그를 너무 불안하게 만들기 때문에 더 이상 이 일을 하고 싶어 하지 않는다. 이 꿈을 보고한 직후 그는 친구들을 자신의 처지에 포함시켰는데, 그 결과 그는 평소와 마찬가지로 스스로를 아내에게 돌려보내지도록 허락한다. 그는 적극적인 참여 없이 일어나고 있는 객관적인 사건으로 꿈이 표상하는 바로 그 상황을 현실에서 행동화한다(참조 Roth 1958). 이 꿈에 대한 명확한 해석은 다음과 같이 이루어져야 한다. '당신은 그 남자가 되어 정부와 함께 떠나고 싶어 할 것이다. 그러나 당신의 불안은 소원보다 더 강하고 안전과 보호에 대한 열망이 소원보다 더 큰 것으로 입증되었다.' 여기서 내가 다시금 지적하고 싶은 것은 하나의 소원이 다른 소원을 피해가기 위해 차용된다는 점이다!

또 다른 예:

나이가 든 총각인 환자가 소녀와 함께 세인트폴 신학교를 거닐고 있다. 가이드에 의해 안내되지만 환자는 가이드와 연락이 끊긴다. 이것은 그를 매우 불안하게 만들고, 마침내 그는 작은 방에 남겨지게 된다.

연상을 통해 환자의 출생지와 가까운 곳에 실제로 이 이름의 신학교가 있었음을 알게 되지만 그 자신도 폴^{Paul}이라는 이름을 가지고 있음을 알게 된다. 작은 방에 대해 그는 즉시 그것이 누이와 함께 침대에 누워있었던 작은 침실과 흡사하다고 연상하였다. 여기서 구체화되고 있는 통찰력에 비추어 꿈을 살펴볼 때, 우리는 그가 안내자를 피하고 싶어 하지만 의식적으로는 그렇지 않다고 결론지어야 한다. 우리는 매우 경건한 환경에서 자란 이 성스러운 폴이 그의 여동생과의 접촉과 관련된 어떤 것들을 숨기고 싶어 한다고 추측할 수 있다. 내가 이 제안을 그에게 직면시켰을 때, 그것은 그가 자위 환상을 억제하기를 원한다는 것으로 나타났다. 외현몽에서 느끼는 그의 불안감은 이 금지된 자료를 보고해야 하는 의무와 관련하여 그의 긍정적인 전이와의 갈등을 표현하고 있음이 분명하다. 그는 죄책감이 가득한 성적 환상을 충족시키기를 원하지만 동시에 원치 않는 안내자의 사라짐이라는 형식을 제시함으로써 분석가-아버지로부터 비밀을 지켜낸다. 이것이 그에게는 성적 소원의 만족을 위한 전제 조건이 된다.

나는 수많은 다른 예들과 더불어 이 예들을 늘려갈 수 있다. 몽자는 어떤 식으로든 자신의 이야기에서 자신을 사건과 분리시키는 방식에 반복적으로 충격을 받는다. 몇 가지 간단한 예로 충분할 것이다. 한 환자의 형은 환자가 그의 가족들과는 다르게 성적 흥분에 관심을 가지고 있다는 사실을 환기시킨다. 이러한 관찰은 그의 불안감을 높이는 결과로 이어진다. 그는 매우 어색하고 유치한 태도로 온갖 활동을 하고 있는 꿈을 꾼다. 그는 아주 역겹게 이것을 경험한다. 다시 말해서, 그는 자신의 의지와는 반대로 동생에게 굴복한다. 여기서 환자의 거세 불안이 특별하게 드러난다.

중년부모의 자녀인 한 여성 환자는 큰 언니 오빠들 하고만 지내느라 성장하는데 큰 어려움을 겪었다. 그녀는 내가 그녀로 하여금 참으며 나의 아이들과 함께 지내도록 하는 꿈을 꾸었고, 이 일로 그녀는 나에게 화가 나 있었다. 해석: 실제로 그녀는 아이로 남겨지기를 원치 않는다.

프로이트에 의해 묘사된 꿈들 중에서 외현몽의 이러한 측면의 역할을 예로 들라면 단지 전형적이고 전시적으로 죽음을 바라는 꿈들, 도라의 첫 번째 꿈(1905a), 그리고 저녁 파티의 꿈을 제시할 수 있다.

프로이트가 꿈 작업의 일상적인 1차과정 부분으로 보고 명확한 해석이 이루어지는 것을 거부하는 경우에(1900: 327) 기법적 장치로 적용할 것을 제안하는 반전reversal의 기제는 단순한 꿈 왜곡의 무작위 절차가 아니라 항상 잠재적으로 의미가 있는 방어 방식이다. 예를 들어, 꿈에 분석가의 상담실에 많은 사람들이 있는 것은 비밀을 감추고자 하는 바람을 나타내며, 특히 분석가를 향한 성적 욕구가 불안을 불러일으킬 때 나타나는 경향이 있다. 더욱이 놀라운 사실은 분석 과정에서 분석가와의 모든 종류의 바람직하지 않은 얽힘이 자주 꿈속에서 변장 또는 변장되지 않은 형태(또한 Harris, 1962도 참조할 것)로 그려진다는 점이다. 이것들은 대부분 전이 신경증의 산물들이다.

| 외현몽 해석의 중요성에 대한 일부 저자들의 견해

페더른(1914, 1932, 1933, 1934)은 외현몽에 나타나는 자아 감정에 대해 자세히 연구하여, 신체적 자아 감정과 정신적 자아 감정을 구별한 다음, 그 중에 특히 신체적 자아 감정을 더 중요하게 생각했다. 나중에 구조이론에서 생기는 구별을 따라 자신을 표현하면서 그의 견해가 명확해지긴 했지만, 동시에 자아에 대한 그의 관념들은 상당히 일탈적이고 다소 현상학적으로 뿌리내리게 되었다(Jacobson, 1954;

Fliess, 1953; Kohut, 1966). 어쨌든 그는 해석의 과정에서 외현몽의 역할을 정립한다. 그는 자아의 경험이 외현몽의 매우 본질적인 기능을 부여한다고 보았다(우리는 자아의 경험 대신 '자기의 경험'으로 부르기를 선호할 수 있다. Fliess, 1953). 그는 자아의 경험을 '가능하다', '허용되다', '원하다' 등의 조동사에서 표현되는 '양식', 즉 자아가 취하는 자리를 나타내는 것으로 본다. 내 생각에 이것은 전적으로 옳다, 그러나 정신적 혹은 육체적 자아 감정만을 고려하는 것은 불필요한 한계를 초래하는 것 같다. 꿈에서 몽자의 역할의 다른 측면들도 꿈 내용에 대한 가능한 결론의 원천이 되어야 한다.

프렌치(1937a, b, 1952; French and Fromm 1964; Kanzer의 관점도 참조할 것. 1954; Jofe 1965; Noble, 1965)는 꿈 해석에 대한 그의 발전된 입장이 지침이 될 수 있는 놀라운 발상의 진화를 보여준다. 그의 초기 논문들은 외현몽에 큰 관심을 보이긴 하지만 여전히 일반적인 정신분석적 관점을 고수하고 있으며, 꿈속에 나타나는 이미지들은 어떻게 몽자가 이미지로 표현된 문제들과 관련되는지를 보여준다. 그는 분석 과정의 주요 인물 표상의 변화를 치료 과정의 지표로 본다. 예를 들어, 인물이 처음에는 생기 없는 대상으로 꿈에 나타났다가 나중에는 그 자신으로 나타날 때이다. 그러나 이후 프렌치는 일반적인 정신분석적 견해로부터 훨씬 더 멀리 발달해간다. 가장 두드러진 것은 꿈-작업이 프로이트의 공식화와는 완전히 다른 견해인 문제해결의 한 형태로 이해되어야 한다는 그의 관념이다(1925a: 127).

꿈-작업은 일종의 '임상적이며 공감적인 사고'를 구현하는 것이라고 한다. 여기서 우리는 임상적이며 공감적인 사고를 언어적 사고와 혼동해서는 안 된다. 프렌치(1964: 163 ff)는 자유연상을 '몽자의 언어적 사고의 해체 산물'로 간주한다. 그는 직관, 상식, 공감이라는 또 다른 종류의 사고로 꿈의 의미를 파악할 수 있다고 생각한다. 프렌치와 프롬(1964)에 대한 요페(1965)의 논평을 통해 프렌치는 '꿈이 본질적으로 지각 현상이고, 또한 수면 중에 일어나는 환각이라는 것을 독자는 잊어버릴 수 있다'고 정확하게 지적한다. 프렌치는 모든 현상을 합리적 용어(즉 일상적 사고의 언어로 이해할 수 있는 용어)로, 곧 '인지 구조'로 환원하려 한다. 그렇게 함으로써 그는 프로이트가 우리에게 보여준 원초적이고 기이한 특징들을 간과한다. 외현몽의 자의적이고 기묘한 성격은 부분적으로 이용 가능한 낮의 잔여물들에 의해 결정된다(또한 Fisher 1957; Fisher and Paul 1959; Kubie 1966을 참조할 것).

비록 프렌치의 접근법에는 – 꿈에서 몽자가 맡은 역할에 대한 그의 견해를 포함하여(1964: 38 ff) – 내가 동의하는 많은 요소들이 포함되어 있지만, 나는 그가 프로이트의 꿈 심리학의 지침과 통찰 중에 필요 이상으로 너무 많은 것을 버리고, 해석을 공감, 직관, 상식의 기능으로 환원시켰다고 생각한다. 또한 그가 제시한 두 사례 모두(French, 1952, 1953; French and Fromm 1964) 다소 거친 성격들이 포함되어 있다는 점도 눈에 띈다. 하지만 그가 해석 방법을 검증하기 위해 많은 노력을 했다는 점은 인정해야 한다(French and Fromm 1964).

비록 사울(1953, 1966; Saul and Curtis 1967; Saul and Fleming 1959; Sheppard and Saul 1958)이 꿈에서 (방어 포함) 자아-기능에 미치는 자기의 역할에 주목하면서 외현몽의 내용에 대해, 즉 자기의

역할이 환자의 성격 구조에 어떻게 반영하는지 매우 예리한 연구를 하였지만, 우리는 그의 관찰이 해석의 기법을 위한 규칙을 공식화하는데 사용됐다는 인상을 받지 못한다.

하지만, 이 세 작가들, 특히 페데른, 프레치, 사울의 말은 내가 이곳에서 세운 목표와 강한 유대감을 보여준다고 할 수 있다.

| 2차 개작

우리가 꿈의 구조와 이야기에 관심을 돌렸을 때, 프로이트가 '2차 개작'sekundäre Bearbeitung이라고 칭했던 것을 다루고 있는 우리 자신을 발견하게 된다. 이것은 사실 어느 정도 이류 기능으로 간주되는 경향이 있는 꿈-작업의 한 측면이다. 프로이트는 이 문제에 대해 모호하게 표현했는데, 그 사실은 영어 번역에서 두드러지게 나타난다.

원래는(Brill 1913) '2차 퇴고'secondary elaboration라는 용어를 사용했는데, 나중에는(Strachey) 이 용어가 '2차 개작'secondary revision으로 표현이 바뀌어졌다. 이는 꿈을 완성한 후에야 비로소 작동하게 된 기능을 다루고 있다는 인상을 강하게 줄 수 있는 표현이다. 프로이트의 몇 가지 진술을 인용하자면, '꿈 작업의 한 부분이며, 불규칙할 정도로 작동하는 것이고, 그리고 부분적으로 각성 사유에 대한 자료를 분석하는 것...이다'(1900: 507). 또한 '우리는 오히려 [꿈-작업의] 시작부터 이 두 번째 요인의 요구들이, 꿈이 충족시켜야 하는 조건들 중 하나를 구성하며, 동시에 압축에 의해 만들어 진 것들, 저항이 부과한 검열, 표상성과 같은 이러한 조건이 유도적conductive이고 선택적인 selective 의미에서 꿈 사유들 안에 있는 자료 덩어리에 작동한다고 가정해야 한다'(1900: 499). 그러나 다시 한 번, '우리의 [프로이트의 강조] 해석의 목적상, 꿈의 표면적인 연속성을 의심의 소지가 있는 것으로 무시하는 것은 언제나 변하지 않는 규칙이다'(1900: 500). 프로이트가 외현몽의 자연스런 흐름을 유의미하게 받아들이는 유일한 경우는 '미리 구성된 형태로 꿈의 사유 속에 존재하는 소원을 담은 환상들이...사용되는 경우'다(1901: 667; cf. 1900: 491-3). 『새로운 정신분석 강의』(1933: 21)에서 우리는 '꿈이 의식 이전의 지각의 대상으로 제시된 이후...2차 개작'을 만난다. 『새로운 정신분석 강의』에서 이 기능은 아직 마비되지 않은 자아 조직과 연결된다. 모든 것을 고려했을 때 나는 '개작'revision보다는 결국 '정교한 해석'elaboraion이 좀 더 충실한 번역이라는 인상을 받는다.

알로우와 브랜너(1964: 133 ff.)는 구조이론의 틀-작업에서 꿈-작업에 필요한 구성요소로서 이러한 자아 기능의 활동은 문제가 되지 않는다고 지적한다. 링케(Lincke, 1960)와 로웬슈타인(1961)은 이 영역에 대한 해석 가능성을 강조한다.

그러나 가장 최근의 꿈 연구(Dement and Wolpert, 1958)는 안구 운동과 식물인간적인 반응들이 등록되어 아마도 이 때문에 우리가 생생하게 존재하는 구조가 있는 긴 이야기 형태의 꿈을 꾼다는 사실을 밝혀 주었다. 따라서 우리는 2차 개작이 처음부터 꿈 형성에 있어 작동 가능한 요소라고 생각해야 한다.

현재 이론적인 발전의 빛에서 볼 때, 나는 이 요소가 더 이상 꿈-작업의 다른 구성 요소보다 열등하다고 생각할 필요가 없다고 본다. 이제 우리는 꿈의 기제가 우리의 각성의(waking) 사유 및 활동의 기제와 동일하다는 점에서 꿈의 한 측면이 상식의 적용에 의해 판단

될 수 있다는 호기심 많은 상황에 직면하게 된다. (Freud, 1900: 499: '우리의 각성의 사유의 활동과 일치할 가능성이 아주 높다.').

그러나 알로우와 브랜너는 하나의 예외로 보고 있는(1964: 136, 139n. 10) '이것은 단지 꿈일 뿐이다.'라는 생각만을 액면 그대로 받아들이는 경향이 있다. 나는 이 주장을 견지할 이유가 없다고 본다.

그것이 아무리 외현몽의 성격과 밀접하게 관련되어 있다 하더라도, 나는 현재 논의에서 꿈의 또 다른 문제적 측면, 즉 수면 보존 기능의 문제는 다루지 않겠다(Jekels, 1945; Weiss, 1949; Voth, 1961; Pacella, 1962). 현재의 논제와 관련하여 더 중요하고 심지어는 더 불가사의한 것은, 우리가 최대한의 힘으로 분명 막아냈다고 추정되는 경향들이 종종 공공연하게 그리고 분명한 감각적 개입으로 꿈에 나타난다는 사실이다. 일찍이 1900년(264)에 프로이트는 '많은 남성들이 어머니와 성관계를 갖는 꿈을 꾼다.'고 썼다. 필자는 그러한 근친상간적인 꿈이 예외로 여겨질 만큼 드물지 않다는 것에 동의한다. 그러나 근친상간적 꿈은 꿈에 대한 정신분석적 입장을 넘어선다는 설득력 있는 설명이 지금까지 프로이트를 외면하게 하였다(cf. Freud, 1925a: 132; Frosch, 1967; Stewart, 1967). 이따금씩 사람들은 꿈속에서 보다 첨예한 위험이 보호되고 있다는 인상을 받는다(cf. Freud, 1905a).

| 해석 기법의 공식화와 논의

프로이트와 다른 분석가들이 꿈 해석을 주제로 쓴 이 모든 자료에 나는 한 가지 충고를 덧붙이고 싶다.

외현몽의 내용의 전체성을 간과한 채 꿈의 개별적인 요소에서 출발하여 얻은 모든 연상들을 분석을 통해 환자의 꿈의 내용에 대해 우리가 아는 다른 모든 요소들과 함께 취하게 될 때, 그리고 우리가 외현몽의 배경을 뒤로하고 모든 전경을 보게 될 때, 우리는 꿈을 해석하는 위치에 있게 되거나 다소 자신의 해석을 구성하는 자리에 있게 된다. 그러므로 해석을 하거나 해석을 구성할 때 우리는 꿈 서사 안에 있는 몽자 자신을 출발점으로 삼아야 한다.

이렇게 될 때 몽자와 몽자의 현재 환경 그리고 몽자와 몽자가 꿈에서 만들어내는 사건들의 관계가 드러나게 되고, 몽자의 연상은 꿈의 요소들이 무엇을 나타내는지 보여준다.

항상 할 수 있는 질문은 다음과 같다. 환자는 왜 꿈속에서 그랬던 것처럼 행동하고 생각하고 느끼는 것일까? 이 질문은 '아직 마비되지 않은 자아 조직'에서 일어나는 차원의 질문이며, 실제로 그 자체로 공감이나 상식에 근거하여 해석될 수 있는 차원의 질문이다. 놀랍게도, 이 기법이 명시적으로 기술되지 않은 채 반복적으로 사용되는 경우를 접하게 된다(예: Fenichel, 1935). 이미 말했듯이, 자기는 반드시 꿈에 나타난다.

물론, 소원-성취 가설에 비추어 보면, 왜 몽자가 자신이 쾌락으로 경험하는 것을 환각화하는데 항상 성공하지 못하는지 의아해 할 수 있다(cf. Fliess, 1953: 78 ff.). 아이슬러(1966)가 그랬듯이 '몽자에게는 적절한 탈출 경로가 눈앞에 있다.'고 주장할 수도 있다. 그러나 꿈을 꿀 때 반대 방향으로 활동하여 자유를 제한하는 여러 요소들이 있음을 놓쳐서는 안 된다.

일반적으로 말해 꿈은 먼저 갈등의 표현이다. 금지된 것의 만족을 얻기 위한 노력은 - 변장된 형태일지라도 - 보통 실패에 직면한다. 그리고 어떻게 매일 밤 같은 문제를 다루는 일련의 꿈(Freud, 1900: 333-4)이 있을 수 있는지를 반복해서 본다. 각각의 꿈은 앞의 꿈보다 덜 왜곡되고 소심하며, 종종 일련의 꿈은 몽자를 깨우는 불안 꿈으로 끝을 맺는다. 게다가, 프로이트가 분명하게 보여주었듯이, 꿈 속에서 표현 가능한 자료는 주로 최근의 잔여물에 크게 제한되어 있어, 겉으로 보기에 몽자는 그가 좋아하는 모든 것을 환각하도록 선택할 수 없다.

또한 꿈을 꾸는 것이 어느 정도까지 외상을 숙달하는 데 도움이 될 수 있을까에 대해서는 의문이 있다(cf. Freud, 1920; Weiss, 1949; Loewenstein, 1949; Stein, 1965; Eissler, 1966; Stewart, 1967). 따라서 외상적 경험에 대한 반복적인 노출은 어떤 기능을 갖는다.

마지막으로 『꿈의 해석』에서 가장 강조되는 과잉-결정 over-determination과 전치 displacement는 외형 effect, 판단, 2차 개작에 영향을 미치며, 외현몽의 내용에서 자기의 위치를 구성하는 요소들이다. 그러므로 프로이트(1900: 6장, G, H, I)에 따르면 과잉-결정과 전치는 그 자체로 무의식과 방어된 내용을 동시에 반영하는 현상들이다. 몽자는 모든 구성 요인들의 얽힘과 과잉-결정에 의해 반복적으로 영향을 받는다.

꿈의 가장 피상적인 측면, 곧 몽자 자신이 심지어 꿈에서 조차도 전적으로 동의할 수 있는 그 측면을 출발점으로 삼음으로써, 우리는 프로이트가 '정신분석에서의 꿈 해석 다루기'의 지침으로 추천한 '그때그때 마다의 정신적 표면'을 가장 잘 지켜내고 있다고 할 수 있다(1911: 92). 분석가는 항상 주어진 순간에 환자의 표면을 알고 있어야 한다(cf. Kemper, 1958). 이런 방식으로 우리는 환자의 갈등이 가진 힘과 갈등에 대항하는 힘 counter-forces을 통해 환자 안에 있는 현재의 갈등을 가장 잘 인식할 수 있다.

분석 과정에서는 특별히 전이신경증의 변화를 잘 따라가 주는 것이 중요하다. 그렇게 되면 환자는 왜 분석회기가 중단되는 꿈을 자주 꾸는지, 그리고 왜 분석 상황이 실제와 다른지 '호기심을 갖고' 스스로 자문할 수 있게 된다. 예를 들어, 분석 상담실의 가구들이 다르고 환자가 늦게 도착하며 분석가의 집을 찾을 수 없다는 것, 놀랍게도 분석가가 왠지 달라 보이고, 분석가가 화가 나 있는 등등에 대해서도 자문할 수 있게 된다. 당연히 더 많은 경우에 간접적으로 전이 현상이 나타난다. '너무 더워져서 살이 탈까 봐 두려웠어요.' '분명히 설명해주셨는데 전혀 이해가 안 돼요.' '모든 것이 극도로 혼란스러웠어요.' '물론, 전문가에게 그가 어떻게 해야 하는지 말해야 한다는 게 말도 안 되는 일이었어요.'

하지만 전이 상황이 아닌 경우, 내가 이미 보여주었듯이, 꿈에 대한 가장 설득력 있는 해석은 여기서 제시한 외현몽의 시점부터 진행하여 몽자의 현재 다른 문제들과 관련시키는 일이다. 모든 꿈은 '위로부터' 온 꿈이면서 동시에 '아래로부터' 온 꿈이라고 말할 수 있다.

또 다른 절박한 질문은 '남겨진 하나의 [꿈] 조각'에서 꿈을 실제로 어느 정도까지 해석할 수 있는가이다(Freud, 1900: 517). 확실히 분석 과정에서 얻게 된 전체 정보는 종종 꿈 조각에 부합할 수 있고 또한 꿈 조각에 대한 연상에 부합할 수 있다. 운이 좋다면 환자는 꿈의 많은 부분을 떠올려 우리의 해석을 확인할 수도 있다. 하지만 꿈 속에서 몽자의 역할을 전혀 알 수 없을 때, 우리가 하는 일은 사실 도

박에 가깝다고 할 수 있다.

좀 더 이론적으로 말한다면, 방어들이 가장 피상적이고 의식에 접근하기 쉬운 곳이 바로 외현몽에서의 출발점이라고 말할 수 있다 (Federn, 1932). 프로이트가 설명하듯이 우리의 선택지점은 우리가 부정을 만나는 곳에 가장 근접해 있다(1925b: 235). '따라서 억압된 이미지나 관념의 내용은 그것이 부정되는 조건에서 의식에 이르는 길을 만들 수 있다'(강조는 프로이트가 한 것임).

우리는 꿈에 나타난 몽자의 자기^{self}의 해리된 상태를 깨어있는 삶에서의 부정과 동등한 것으로 볼 수 있다(cf. Eissler, 1966). 이에 대항하는 마지막 방어벽은 피해져야 한다. 이런 상황에서는 공감적인 평가가 적절하다.

| 요약

종종 외현몽에 대해 고려했음에도 불구하고, 프로이트는 그의 모든 출판물에서 외현몽 안에 나타나는 연관성과 논리적 요소들을(2차 개작) 심각하게 받아들이지 말라고 경고했다.

페데른은 외현몽 속에서 몽자 자신이 맡은 역할에 처음으로 관심하였다. 반면에 다른 여러 저자들은 외현몽에 대한 높은 관심이 엄격한 의미에서 정신분석적 관념에서 벗어나는 하나의 징후라고 보았다. 외현몽의 내용에 대한 관심은 자아심리학의 발달과 더불어 현저하게 증가하였다. 필자는 꿈속에서 몽자의 역할이 자신의 해석의 구성 지침으로서, 즉 현재의 갈등과 관련하여 특히 중요하다고 생각한다.

지금까지 대부분의 꿈에서, 항상 현존하는 몽자는 여러 가지 방법으로 환각에 걸린 몇몇 사건과 이미지로부터 스스로를 해리하는 것으로 나타난다. 첫 번째 방식은 늘 그렇듯 꿈의 요소들에 대한 모든 연상들을 사용하고, 몽자에 대한 모든 지식을 활용한다. 이 자료는 외현몽의 내용에 반하여 설정되었다. 따라서 우리는 위에서 언급했듯이 이미 겉으로 드러난 역동적인 측면을 이용하여 꿈을 해석할 수 있다. 특히 현재의 갈등에 비추어 꿈을 해석할 수 있다. 이러한 방식으로 우리는 가장 피상적인 소원과 방어를 특정 자리에 국한시킬 수 있고, 방어는 부정의 기제와 비교될 수 있다.

필자는 분석가가 이 원칙을 준수한다면, 분석가는 분석 치료 과정의 어떤 주어진 시점에서 '언제나 주어진 순간에 환자의 표면을 인식하라'는 잘 알려진 규칙을 최대한 충족시키는 해석을 제공할 수 있다고 생각한다.

| 참고문헌

Alexander, F. (1925). Über Traumpaare und Traumreihen. *Int. Z. Psychoanal.* 11, 80-5.
―― (1949) The Psychology of Dreaming. In H. Herma and G.M. Kurth (eds.), *Fundamentals of Psychoanalysis*. New York: World Publ. Co., 1950.
Alexander, F. and Wilson, G.W. (1935). Quantitative Dream Studies: a Methodological Attempt at a Quantitative Evaluation of Psychosomatic Material. *Psychoanal. Q.* 4, 371-407.
Arlow, J.A. and Brenner, C. (1964) *Psychoanalytic Concepts and the Structural Theory*. New York: Int. Univ. Press.

Babcock, C.G. (1965). Panel Report: The Manifest Content of the Dream. *J. Am. Psychoanal. Ass.* 14, 154-71.

Blitzsten, L.N., Eissler, R.S. and Eissler, K.R. (1950). Emergence of Hidden Ego Tendencies during Dream Analysis. *Int. J. Psycho-Anal.* 31, 12-17.

Blum, H.P. (1964). Colour in Dreams. *Int. J. Psycho-Anal.* 45, 519-30.

Bonime, W. (1962). *The Clinical Use of Dreams*. New York: Basic Books.

Brill, A.A. (1913). *The Interpretation of Dreams*. The Basic Writings of Sigmund Freud. New York: Random House, 1938.

Dement, W.C. and Wolpert, E.A. (1958). The Relation of Eye Movements, etc. to Dream Content. *J. Exp. Psychol.* 55, 543.

Eissler, K.R. (1966). A Note on Trauma, Dream, Anxiety and Schizophrenia. *Psychoanal. Study Child* 21.

Erikson, E.H. (1954). The Dream Specimen of Psychoanalysis. *J. Am. psychoanal. Ass.* 2, 5-56.

—— (1964). *Insight and Responsibility*. New York: Norton.

Federn, P. (1914). Über zwei typische Traumsenstationen. *Jb. Psychoanal. Psychopathol. Forsch.* 6.

—— (1932). Ego-feeling in Dreams. *Psychoanal. Q* 1, 511-42.

—— (1933). Die Ichbesetzung bei den Fehlleistungen. *Imago* 19, 312-38; 433-53.

—— (1934). The Awakening of the Ego in Dreams. Int. J. Psycho-Anal. 15, 296-301.

Fenichel, O. (1935). Zur Tehorie der psychoanalytischen Technik. *Int. Z. Psychoanal.* 21, 78-95.

Fenichel, O., Alexander, F. and Wilson, G.W. (1936). Quantitative Dream Studies. *Int. Z. Psychoanal.* 22, 419-20.

Ferenczi, S. (1911). *Dirigible Dreams: Final Contributions to the Problems and Methods of Psychoanalysis*. New York: Basic Books, 1955.

—— (1934). Gedanken über das Trauma. *Int. Z. Psychoanal.* 20, 5-12.

Fisher, C. (1957). A Study of the Preliminary Stages of the Construction of Dreams and Images. *J. Am. psychoanal. Ass.* 5, 5-60.

—— (1965). Psychoanalytic Implications of Recent Research on Sleep and Dreaming. *J. Am. Psychoanal. Ass.* 13, 197-303.

Fisher, C. and Paul, I.H. (1959). The Effect of Subliminal Visual Stimulation on Images and Dreams: a Validation Study. *J. Am. Psychoanal. Ass.* 7 35-83.

Fliess, O. (1953). *The Revival of the Interest in the Dream.* New York: Int. Univ. Press.

French, T.M. (1937a). Klinische Untersuchungen über das Lemen im Verlauf einer psychoanalytischen Behandlung. *Int . Z. Psychoanal.* 23, 96-132.

—— (1937b). Reality Testing in Dreams. *Psychoanal. Q.* 6, 62-77.

—— (1952). *The Integration of Behavior*, vol. 1: *Basic Postulates.* Chicago: Univ. of Chicago Press, 1956.

—— (1953). *Idem*, vol. 2: *The Integrative Process in Dreams.* Chicago: Univ. of Chicago Press, 1956.

French, T.M. and Fromm, E. (1964). *Dream Interpretation.* New York: Basic Books.

Freud, A. (1936). *The Ego and Mechanisms of Defence.* London: Hogarth Press, 1954.

Freud, S. (1892-9). Extracts from the Fliess Papers. *SE* 1.

—— (1900). The Interpretation of Dreams. *SE* 4-5.

—— (1901). On Dreams. *SE* 5.

—— (1905a). Fragment of an Analysis of a Case of Hysteria. *SE* 7.

—— (1905b). Jokes and their Relation to the Unconscious. *SE* 8.

—— (1909). Some General Remarks on Hysterical Attacks. *SE* 9.

—— (1911). The Handling of Dream Interpretation in Psycho-analysis. *SE* 12.

—— (1914). On the History of the Psychoanalytic Movement. *SE* 14.

—— (1915-17). Introductory Lectures on Psycho-analysis. *SE* 15-16.

—— (1917). A Metapsychological Supplement to the Theory of Dreams. *SE* 14.

—— (1920). Beyond the Pleasure Principle. *SE* 18.

—— (1922). Some Neurotic Mechanisms in Jealousy and Homosexuality. *SE* 18.

—— (1923a). Two Encyclopaedia Articles. *SE* 18.

—— (1923b). Remarks on the Theory and Praxis of Dream Interpretation. *SE* 19.

—— (1925a). Some Additional Notes on Dream Interpretation as a Whole. *SE* 19.

—— (1925b). Negation *SE* 19.

—— (1925c). An Autobiographical Study. *SE* 20.

—— (1933). New Introductory Lectures on Psycho-analysis. *SE* 22.

—— (1940). An Outline of Psycho-analysis. *SE* 23.

Frosch, J. (1967). Severe Regressive States during Analysis. *J. Am. Psychoanal. Ass.* 15, 491-507.

Groot, A.D. De (1961). *Methodology*. The Hague: Mouton, 1968.

Grotjahn, M. (1942). The Process of Awakening. *Psychoanal. Rev.* 29, 1-19.

Gutheil, E.A. (1951). *The Handbook of Dream Analysis*. New York: Grove Press, 1960.

Hadfield, J.A. (1954). *Dreams and Nightmares*. Harmondsworth, Middx.: Penguin.

Harris, I.D. (195 1). Characterological Significance of the Typical Anxiety Dreams. *Psychiatry* 14, 279-94.

—— (1962). Dreams about the Analyst. *Int. J. Psycho-Anal.* 43, 151-8.

Hitschmann, E. (1933-4). Beiträge zu einer Psychopathologie des Traumes. *Int. Z. Psychoanal.* 20, 459-76; 21, 430-44.

Jacobson, E. (1954). Contribution to the Metapsychology of Psychotic Identifications. *J. Am. Psychoanal. Ass.* 2, 239-62.

Jekels, L. (1945). A Bioanalytical Contribution to the Problem of Sleep and Wakefulness. *Psychoanal. Q.* 14, 169-89.

Joffe, W.G. (1965). Review of Dream Interpretation by French & Fromm. *Int . J. Psycho-Anal.* 46, 532-3.

Jones, R.M. (1965). Dream Interpretation and the Psychology of Dreaming. *J. Am. Psychoanal. Ass.* 13, 304-19.

Kanzer, M. (1954). A Field Theory Perspective of Psychoanalysis. *J. Am. Psychoanal. Ass.* 2, 526-34.

Katan, M. (1960). Dreams and Psychosis. *Int. J. Psycho-Anal.* 41, 341-51.

Kemper, W. (1958). The Manifold Possibilities of Therapeutic Evaluation of Dreams. *Int. J. Psycho-Anal.* 29, 125-8.

Khan, M.M.R. (1962). Dream Psychology and the Psychoanalytic Situation. *Int. J. Psycho-Anal.* 43, 21-31.

Klauber, J. (1967). On the Significance of Reporting Dreams in Psychoanalysis. *Int. J. Psycho-Anal.* 48, 424-33.

Kohut, H. (1966). Forms and Transformations of Narcissism. *J. Am. Psychoanal. Ass.* 14, 243-71.

Kubic, L. (1966). A Reconsideration of Thinking, the Dream Process and the Dream. *Psychoanal. Q.* 35, 191-8.

Le Coultre, R. (1967). Splijting van het Ik als centraal neuroseverschijnsel. In P.J. van der Leeuw et al. (eds.), *Hoofdstukken uit de hedendaagse psychoanalyse.* Arnhem: van Loghum Slaterus.

Levine, J. M. (1967). Through the Looking-glass. *J. Am. Psychoanal. Ass.* 15, 166-212.

Levitan, H. L. (1967). Depersonalization and the Dream. *Psychoanal. Q.* 36, 157-72.

Lewin, B. D. (1946). Sleep, the Mouth and the Dream Screen. *Psychoanal. Q.* 15, 419-34.

—— (1948). Inferences from the Dream Screen. *Int. J. Psycho-Anal.* 29, 224-31.

—— (1952). Phobic Symptoms and Dream Interpretation. *Psychoanal. Q.* 21, 295-322.

—— (1953). Reconsideration of the Dream Screen. *Psychoanal. Q.* 22, 174-99.

—— (1955). Dream Psychology and the Analytic Situation. *Psychoanal. Q.* 24, 169-99.

—— (1964) Knowledge and Dreams. *Psychoanal. Q.* 33, 148-51.

Lincke, H. (1960). Zur Traumbildung. *J. Psycho-Anal.* 1.

Loewenstein, R. M. (1949). A Posttraumatic Dream. *Psychoanal. Q.* 18, 449-54.

—— (1961). Contribution to the Study of the Manifest Dream. *Psychoanal. Q.* 30, 464-6.

Mack, J. E. (1965). Nightmares, Conflict and Ego Development in Childhood. *Int. J. Psycho-Anal.* 46, 403-28.

Maeder, A. (1912). Über die Funktion des Traumes. *Jb. Psychoanal. psychopathol. Forsch.* 4.

—— (1913). Über das Traumproblem. *Jb. Psychoanal. psychopathol. Forsch.* 5.

Miller, M. L. (1948). Ego Functioning in Two Types of Dreams. *Psychoanal. Q.* 17, 346-55.

Miller, S. C. (1964). The Manifest Dream and the Appearance of Colour in Dreams.*Int. J. Psycho-Anal.* 45, 512-18.

Mittelman, B. (1949). Ego Functioning and Dreams. *Psychoanal. Q.* 18, 434-48.

Noble, D. (1965). Review of Dream Interpretation by French and Fromm.*Psychoanal. Q.* 34, 282-6.

Pacella, B. (1962). The Dream Process. *Psychoanal. Q.* 31, 597-600.

Peck, J. S. (1961). Dreams and Interruptions in the Treatment. *Psychoanal. Q.* 30, 209-20.

Pollock, G. H. & Muslin, H. L. (1962). Dreams during Surgical Procedures. *Psychoanal. Q.* 31, 175-202.

Rangell, L. (1956). Panel Report: the Dream in the Practice of Psychoanalysis. *J. Am. Psychoanal. Ass.* 4, 122-37.

Rechtschaffen, A., Vogel, G. and Shaikun, G. (1963). Interrelatedness of Mental Activity during Sleep. *Archs gen. Psychiat.* 9, 536-47.

Richardson, G. A. and Moore, R. A. (1963). On the Manifest Dream in Schizophrenia. *J. Am. Psychoanal. Ass.* 11, 281-302.

Roth, N. (1958). Manifest Dream Content and Acting Out. *Psychoanal. Q.* 27, 547-54.

Saul, L. J. (1953). The Ego in a Dream. *Psychoanal. Q.* 22, 257-8.

—— (1966). Embarrassment Dreams of Nakedness. *Int. J. Psycho-Anal.* 47, 552-8.

Saul, L. J. and Curtis, G. C. (1967). Dream Form and Strength of Impulse in Dreams of Falling and Other Dreams of Descent. *Int. J. Psycho-Anal.* 48, 281-7.

Saul, L. J. and Fleming, B. A. (1959). A Clinical Note on the Ego Meaning of Certain Dreams of Flying. *Psychoanal. Q.* 28, 501-4.

Schafer, R. (1968). The Mechanisms of Defence. *Int. J. Psycho-Anal.* 49, 49-62.

Sheppard, E. and Saul, L. J. (1958). An Approach to a Systematic Study of Ego Functioning. *Psychoanal. Q.* 27, 237-45.

Silberer, H. (1912). Zur Symbolbildung. *Jb. Psychoanal. psychopathol. Forsch.* 4.

Stein, M. H. (1965). States of Consciousness in the Analytic Situation, Including a Note on the Traumatic Dream. In M. Schur (ed.), *Drives, Affects, Behavior.* vol. 2. New York: Int. Univ. Press.

Stekel, W. (1909). Beiträge zur Traumdeutung. *Jb. Psychoanal. Psychopathol. Forsch.* 1.

—— (1911). *Die Sprache des Traumes*, 2nd ed. Bergmann, 1922.

Sterren, H. A., van der (1952). The King Oedipus of Sophoklos. *Int. J. PsychoAnal.* 33, 343-50.

—— (1964). Zur psychoanalytischen Technik. *Jb . Psychoanal.* 3.

Stewart, W. E. (1967). Comment on Certain Types of Unusual Dreams. *Psychoanal. Q.* 36, 329-41.

Voth, H. M. (1961). A Note on the Function of Dreaming. *Bull. Menninger Clin.* 25, 33-8.

Waelder, R. (1936). The Principle of Multiple Function. *Psychoanal Q.* 5, 45-62.

Waldhorn, H. F. (1967). The Place of the Dream in Clinical Psychoanalysis. *Monograph Series of the Kris Study Group*, II New York: Int. Univ. Press.

Ward, C. H. (1961). Some Further Remarks on the Examination Dreams. *Psychiatry* 24, 324–36.

Weiss, E. (1949). Some Dynamic Aspects of Dreams. *Ybk. Psychoanal.* 5.

11장
정신분석적 꿈-연속체: 꿈의 원천과 기능

그린버그와 펄만 (R. Greenberg and C. Pearlman)

| 서론

안구 급속 운동REM, Rapid Eye Movement 수면 현상인 꿈꾸기의 생리학적 상관관계가 발견됨에 따라 꿈꾸기의 정신분석 이론에 대한 재검토가 촉진되었다. 욕동 방출 이론(Fisher, 1965)과 좀 더 자아 지향적이고 적응적인 개념화(Hawkins, 1966; R. Jones 1970)의 해석도 등장하였다. 일련의 실험을 통해 렘수면이 감정적응을 위한 정보처리에 관여한다는 결론이 내려졌다. 프로이트의 '신비한 글쓰기 묶음'에 대한 은유는 호킨스(Hawkins, 1966)와 우리 집단(Greenberg and Leiderman, 1966)에게 발판이 되었다. 우리는 꿈 박탈에 대한 연구로부터 다음과 같은 공식을 얻었다. **감정적으로** 의미 있는 깨어남의 경험은 과거의 갈등적인 자료에 접근하고, 자극적인 **정서들은** 방어작용이나 반응에서 적응적인 변화를 필요로 한다. 꿈꾸기(렘수면)는 과거와 최근 경험을 특징적인 방어 체계나 갈등의 새로운 해결방안으로 통합할 수 있는 기회를 제공한다. 우리는 렘 박탈이 이 과정을 손상시킨다는 것을 발견했다(Greenberg et al. 1970; Greenberg et al. 1972a).

외상성 전쟁 신경증이 있는 환자들을 대상으로 한 연구에서, 우리는 수면 전 자극적인 갈등 자료에 대한 피험자의 인식이 클수록, 렘 지연 시간(수면 시작과 첫 렘 기간 사이의 시간)에 반영되어 꿈을 꾸는 압박감이 크다는 것을 발견했다. 우리는 수면 전 피험자의 심리 상태에 기초하여 렘 지연 시간이 짧게 될 수도 있고 길게 될 수도 있을 것이라 예측할 수 있었다(Greenberg et al. 1972b). 우리는 이 분야에 대한 보다 철저한 탐구를 위해서는 정신분석을 받고 있는 환자의 수면과 꿈꾸기에 대한 연구가 성과가 있을 것이라고 느꼈다. 분석 자료는 환자에게 정서적으로 의미 있는 것을 나타내고 분석 상황은 적응적 노력이 필요한 갈등을 불러일으킬 것으로 기대했다. 그렇게 되면 수면 실험실 자료는 분석 자료와 상관관계가 있을 수 있다. 우리는 연구의 첫 부분에서 매일 밤 직전과 직후의 분석 시간(Greenberg and Pearlman, 1975a)에 나온 자료에 기초하여 렘 지연 시간과 렘 시간(하루 밤에 꾸는 꿈의 양)에 대한 예측을 했다. 본 논문은 수면 실험실에서 수집한 꿈의 내용의 관찰을 다룬 것이다.

수면 실험실의 자료 검토를 위해, 논문의 내용을 진행하기에 앞서 먼저 정신분석적 개념들에 대해 논의해보자. 꿈의 과정은 이론적이고 임상적인 지식 체계로서 정신분석학의 발전에 중요한 부분을 차지해 왔다. 꿈에 대한 연구(1900)를 통해 프로이트는 정신 기능에 대한 여러 가설을 제시하였다. 프로이트의 가설은 임상 현장에서 꿈 분석을 강조하도록 하였다. 그러나 세월이 흐르고 자아심리학이 발전하면서, 일부 정신분석학자들 사이에 꿈 분석의 중요성을 외면하는 경향이 있었다(Brenner, 1969). 그린슨은 '정신분석 임상에서 꿈의 특별한 자리'The Exceptional Position of the Dream in Psychoanalysis, 1970에서 이 문제를 논의했다. 그는 꿈의 중요성이 인식될 때 꿈 분석이 임상적 이해의 돌파구로 이어질 수 있는 훌륭한 사례를 제시했다. 프렌치와 프롬(1964)은 이론적 질문에서 시작하여 꿈의 임상적 의미에 이르는 프로이트의 경로를 재-추적했다. 그들은 꿈이 적응의 과정, 곧 현재의 갈등을 해결하기 위한 시도를 반영한다고 결론지었다. 최근에는 랭스(Langs, 1971)가 낮의 잔여물과 꿈과의 관계를 탐색하면서 이 공식에 동조했다. 그는 프로이트가 종종 꿈의 형성 과정에 직접 들어가는 현실의 매우 중요한 측면으로서 분석 경험을 강조했던 점에 주목했다. 대부분의 경험에서 많은 치료사들은 일관되게 환자의 현재 감정 상태를 특징짓는, 특히 전이 문제를 다루려는 환자의 노력을 정확하게 보여주는 외현몽을 접했다. 중요한 질문은 환자의 외현몽이 현재의 역동적인 의미를 넘어서는 의미 없는 우연한 창조물인지, 아니면 보다 근본적인 생물학적 적응 과정의 모범을 보여주는 것인지 하는 점이었다. 만약 꿈이 그러한 적응 과정을 반영한다면, 꿈은 분석의 현재 상태에 대한 지표로서 그리고 꿈꾸기의 기능에 대한 이론의 재형성이 필요하다는 암시로서 세심한 주의를 기울일 가치가 있다(이러한 관념은 휘트먼과 다른 동료들을 중심으로 1967년에 의해 광범위하게 논의되고 공식화되었다[Whitman et al. 1967].)

| 연구

뇌파EEG 기록에 의한 수면을 연구하는 실험실 방법은 임상 상황을 넘어 보다 상세한 꿈 자료 조사를 가능하게 한다. 보통 대부분의 꿈은 렘 기간이 끝나고 몇 분 안에 기억에서 사라진다. 렘 기간이 끝날 때 깨어남은 대부분의 사람에게 더 광범위한 꿈결과를 불러온다(Whitman et al. 1963). 그러나 (휘트먼과 동료들이 연구한 것과 같이) 거의 예외 없이, 수면 실험실에서 수집된 꿈은 몽자의 정신 역학적 이해와 관련이 없이 서술적으로만 검토되었다. 이번 연구는 정신분석 임상에서 꿈꾸기의 기능과 꿈의 자리에 대한 명확한 공식이 이루어질 수 있기를 바라면서 꿈과 몽자 사이의 관계를 조사하기 위한 것이었다.

피험자는 정신분석을 받고 있는 환자였다. 환자의 역사와 주요 환상 체계에 대한 간략한 설명은 냅(Knapp, 1969)의 논문에 소개되어 있다. 1년 반이 넘도록 환자는 24번의 밤 수면 실험실에서, 4주 동안 일주일에 한 번씩 집단을 이루어 집단 간에 약 1개월의 간격을 두고 연구되었다. 실험실에서 24일 밤 중 12일은 환자가 각각의 렘 기간이 끝날 때마다 깨어났고 꿈을 기억해내도록 요청받았다. 그의 꿈 보고서는 테이프에 녹음되어 있었다. 수면 실험실 회기 전후에 환자의 저녁과 아침 분석 시간도 테이프로 녹음되었다. 모든 테이프에 녹음된 인터뷰와 꿈 보고서는 이 연구의 기본 자료를 제공하기 위해 기록되었다.

이전 논문(Greenberg and Pearlman, 1975b)에서 우리는 '방어 긴장'$^{\text{defensive strain}}$이라고 부르는 변수에 대한 정신분석 자료의 점수가 어떻게 렘 지연 시간과 렘 시간의 생리학적 매개변수의 변동을 예측할 수 있게 했는지 설명했다. 그 연구는 불쾌한 영향 곧 방어 유형 및 갈등의 위협적 성격(모든 방어 긴장 핵심의 부분)과 관련된 심리적 상황의 측면과 렘수면 압력(렘 지연 시간)과 렘수면의 양과 관련된 생리학적인 상황의 측면 사이의 분명한 관계를 입증해 주었다. 본 연구는 꿈 내용과 분석 자료와의 관계를 다룬다. 이를 위해 필자는 분석시간에 있었던 일상 경험의 잔여물을 중요한 사건으로 특별히 강조하여 외현몽의 내용의 출처를 탐구하였다. 또한 분석에서 대두되는 문제들과 관련된 꿈의 구성이 꿈의 적응적 기능을 조명할 수 있을지에 대해서도 의문을 제기했다.

| 결과

자료의 범위를 설명하기 위해, 우리는 꿈 기억과 보고의 양적 측면으로부터 시작할 것이다. 환자는 (렘 기간이 끝날 때) 매일 밤 2~4회 깨어났으며, 12일 밤 동안 총 38회 깨어났다. 그는 깨어났을 때 21개의 상세한 꿈 보고서와 2개의 단편, 그리고 환자가 잠들어 있었는지 깨어있었는지 그리고 생각을 하고 있었는지 확실하지 않은 실험 절차의 세부 내용이 포함된 5개의 보고서를 발표했다. 나머지 10번은 환자는 평소 꿈을 꾸고 있었지만 깨어났을 때 내용이 기억나지 않는다고 말했다. 이 환자는 깨어났을 때 수면 실험실에서 보낸 밤들과 무관한 분석 시간에 꿈을 떠올리는 데 상당한 어려움을 겪었기 때문에 이러한 꿈 보고 빈도가 높았다. 꿈꿔왔지만 내용을 떠올리지 못했다는 보고도 이런 관련 없는 회기동안 자주 발생했다. 실험실에 보고된 모든 꿈들은 다음 분석 시간에 보고되었다. 실험실에서 보고되지 않고 실험 후 시간에 보고된 꿈은 세 번에 불과했다.

이제 우리는 꿈의 내용, 분석시간에 낮의 잔여물에 대한 질문,

그리고 문제점과 해결 시도의 지표로서 꿈의 자료 구성에 대해 관심해 보겠다. 앞으로 살펴보겠지만 이 측면들은 상호 연관되어 있다.

외현몽에서 분석 시간(낮의 잔여물)의 자료를 통합할 것으로 예상했지만, 오히려 외현몽의 내용의 많은 부분이 꿈을 꾸기 전 가졌던 분석 시간으로부터 파생되었다는 점이 놀라웠다. 이 잔여물들은 명백하여 해석을 필요로 하지 않았다. 약간의 정신분석적 정교함을 가지고도 입증할 수 있는 통합의 양은 크게 증가했다. 낮의 잔여물에 대한 평가는 각각의 저자에 의해 별도로 수행되었다. 대부분의 경우 우리의 목록은 비슷했다. 우리 중 한 명만 낮의 잔여물을 목록에 넣었는데, 그 잔여물을 포함시킬 것인지에 대한 우리의 논의는 잔여물을 알아보는데 보통 해석적 노력이 필요한 것인지 아니면 순진한 관찰자도 분명하게 알아볼 것인지에 대한 질문에 기초하였다.

우리는 3개의 주요 낮의 잔여물 집단을 발견했다. 그 세 가지는 (1) 꿈을 꾸기 전 분석 시간에 다루어진 특정한 자료, (2) 수면 실험실 연구에 참여하는 것과 관련된 자료, (3) 전체 분석을 통해 짜인 반복되는 자료였다. 모든 꿈에는 분석 시간(1~12 범위)에서 최소 한 개의 명확한 잔여물이 남아 있었다. 꿈의 절반 이상은 적어도 7개의 잔여물이 있었다. 이 잔여물들에 대한 명백한 의문이 제기되었다. 이 잔여물들은 주로 분석 시간과 무관한 자료에서 도출된 것이었는가 아니면 분석 시간의 중심 주제를 반영하였는가? 두 가지 서로 다른 접근방식은 낮의 잔여물이 환자의 중심적 관심사를 나타낸다는 결론으로 이어졌다. 첫 번째는 우리가 환자를 이해하는 맥락에서 잔여물을 검사하는 것이었다. 일부 예는 이 결론을 명확히 해줄 것이다.

어느 날 밤 환자가 다음과 같은 꿈을 보고했다.

뗏목인지 돛단배인지 타고 있는 – 재미있는 꿈이다 – 뗏목에는 공장에서 온 두 명의 일꾼이 있었다. – A. K.가 한 사람인데 – 나 자신? 다른 하나는 누군지 기억이 없는데 돛을 들고 뗏목을 타는 모습이다. – 바다에 있었고 – 거기서 타고 있고 찾고 있었던 것은 파도였다. – 갑자기 우리는 멀리 나와 있다....배들 아마도 더 큰 배들이 있고 파도도 더 크다. 우리는 헤롤드처럼 들어가야 할지 생각하고 있다... 수영하러 가야 할지 말아야 할지 고민하지 않는다.,...아무 말도 하지 않는다. 가지마...물이 차가워 아주 위험할 수 있어..그러니 가지마...뭔가 있었고 그 말미에...우리는 육지로 향하기 시작한다. 그것이 꿈의 끝이다. 우리는 바다에서 돛단배를 탔다. – 이 세 사람은 우리의 발을 걸치고 있다. – 재미있는 종류의 돛단배. – 모두 같은 배를 탔다. – 그게 끝이다.

이전 회기에서 온 잔여물은 (1) 위협, 솔직해지는 것과 녹음되는 것에 대한 염려 같은 무언가가 그곳에 숨어 있다는 두려움에 대해서 회기 중 얘기함. (2) 그는 공개되고 녹음되는 것에 대해 논의하면서 분석가와의 대화를 중단하고 (녹음기에게) '그린버그 박사님, 들리나요?'라고 말했고 분석가는 '그러니까 지금 이 방에 우리 세 명이 있는 거야?'라고 반응했다. (3) 그는 그 회기 동안 붕붕 떠다닌 것 – 잠에 드는 것 – 재미있는 환상을 언급했다.

나중에 공부모임에서 그는 다음과 같은 꿈을 보고했다.

산 홍 타우*San Hong Tau?*에서 친구들을 위해 성대한 파티를 여는 꿈을 꿨어요. 무슨 일이 있었는지 모르지만 꿈에 하얀 옷을 입은 웨이터 딕이 다른 동료와 함께 있었어요. 어머니가 거기 계셨어요. 나이 구분 없는 혼성 파티였지요. 어떤 음식, 전채요리 hors d'oeuvres 등에 대한 정교한 설명이 있었으며, 생선과 치즈, 소시지가 많았던 것을 기억해요. 나는 돌아다니며 다들 충분히 먹으라고 하고 있었지요. 음식들은 작고 검은 네모난 빵 위에 있었어요. 제법 잘 차려진 음식들이 몇 톤이고 있었죠. 그리고 딕은 돌아다니고 있어고, 점점 피곤해지고 있다고 생각했어요. 그는 멈추려 하고 있었어요. 그가 있는 자리에서 내가 그의 일을 잘 해낼 수 있을거야. 이 파티는 아직 도착하지 않은 사람을 위한 파티였는데 그 사람이 누군지는 모르겠어요. 음식은 꽤 훌륭했고 큰 성공이었어요. 나는 깨어나기 시작하기 직전에 내가 어떤 음식을 가장 좋아하는지 짐작이 가지 않는다고 혼자 말했어요. 그렇지 않으면 내가 꿈을 꾸고 있다고 생각했는데 잘 모르겠더라고요.

이전 분석 시간의 잔여물은 다음과 같다. (1) 그는 저녁 식탁 주위에 있었던 많은 사람에 대한 꿈을 보고했다. 휴일이었다. 죽은 사람들을 포함한 그의 가족들이 그곳에 있었다. 그는 돌아가신 그래서 '한 번도 만나본 적이 없는' 할아버지를 위해 선물을 준비하고 있었다. (2) 그는 분석회기 동안 독립적이 되는 것에 대해서 그리고 누군가에게 선물해주고 싶은지 선택하는 것에 대해서 이야기했다. (3) 헤어지는 여자 친구 소냐를 묘사하였는데, 소냐는 그를 시중들며 아이슬란드 식 조반을 차려주었다. (4) 그는 소냐를 중국 식당이나 스칸디나비아 식 전채 식당에 데려가 저녁을 하는 계획을 여러 차례 언급했다. (5) 그는 저녁 식사에서 배불리 먹는 것을 생각하고 있었다. (6) 그는 친구들에게 사탕 꾸러미를 다시 가져다주는 것에 대해 언급했다. (7) 그는 아무도 필요 없고, 자유롭게 느끼는 것에 대해 이야기했다. (8) 사업의 변화와 관련하여, 그는 사람들이 자신을 존경하기를 원한다고 말했다. 사람들이 그가 크게 성공했다고 생각하기를 원했다. (9) 그는 처남의 일을 잘 할 수 있고 능률적으로 일을 처리함으로써 사람들에게 감동을 줄 수 있을 것이다. (10) 그는 소냐와 헤어지고 그녀 없이 지내는 것에 대해 이야기했다.

꿈 이전의 분석 시간에 대한 연구는 이 두 가지 사례 모두에서 잔여물들이 거의 변형을 하지 않은 채 꿈의 회화적 언어로 나타나고 있음을 보여주었다. 우리의 생각에 이 잔여물들은 무의식에 의해 이용된 무심한 지각이 아니었다. 잔여물들은 환자가 다루고 있는 감정적으로 중요한 자료의 좋은 표본을 제공했다. 첫 번째 꿈에서는 분석 참여의 위험성에 대한 염려에 초점을 맞추었고, 두 번째 꿈에서는 분리로 인한 갈망과 공급 및 자기충족이 보증되고 싶은 욕구에 초점을 맞췄다. 우리가 수집한 다른 꿈의 잔여물에 대한 조사는 특히 전이 문제와 관련하여 그 중심적 의미에 대해 우리의 마음에 의심이 남아 있지 않았다.

잔여물에 대한 다른 접근법은 '방어 긴장'에 점수를 주는 우리의 방법에 기초했다. 앞에서 언급했듯이, 우리는 이미 렘 지연 시간과 렘 시간을 예측하기 위해 분석 시간의 '방어 긴장' 점수를 사용했었다. 이 점수들은 분석 자료의 '방어 긴장' 측면과 꿈-과정의 생리학적 매개변수의 공-변성co-variance을 입증해 주었다. 따라서 분석회기에서 비롯된 잔여물이 중심적인 관심을 반영한다면, 잔여물에 담긴 자료에만 기초한 '방어 긴장' 점수는 수면 전체 시간의 '방어 긴장' 점수와 매우 유사할 것으로 예상할 수 있다. 그러나 잔여물이 방어 긴장과 무관한 자료를 표상했다면, 이러한 상관관계는 존재하지 않을 것이다. 따라서 우리는 방어 긴장을 위해(Knap et al. 1975) 각각의 실험을 했던 밤 이전의 분석회기의 잔여물들에 대해서 점수를 매겼다. 우리는 이 점수가 잔여물을 도출한 전체 시간의 점수와 실제로 유사하다는 것을 발견했다. 이러한 발견은 '방어 긴장'defensive strain과 그 긴장에 따라 꿈을 꾸어야 한다는 압력(렘 지연 시간)에 영향을 준 분석회기의 요소들 또한 꿈에 나타나는 내용의 선택을 형성한다는 것을 시사했다. 따라서 외현몽의 내용은 현재 감정적으로 중요한 자료의 표본이었다. 우리는 이 문제를 더 자세히 논의할 것이다.

다음 조사는 꿈의 구성, 밤새도록 연속된 꿈의 다양한 문제의 처리, 분석 자료와 꿈의 관계로 이어졌다. 우리가 했던 질문들은 다음과 같았다. 외현몽의 조직은 환자가 분석에서 나온 문제들을 어떻게 다루고 있는지 보여주는가? 밤에 진행되는 꿈의 순서는 환자가 다음 분석 시간에 어떻게 자신을 드러낼지를 나타내는가? 즉, 꿈의 순서는 적응 작업의 증거, 방어 작용의 기관, 또는 압도적인 방어의 지배를 보여주는가? 우리는 꿈의 활동에 근거하여 아침 분석 시간의 성격 또는 아침 분석 시간의 방어 긴장의 수준을 예측할 수 있는가?

우리는 몇 가지 예를 통해 이 질문들에 대한 우리의 접근 방식을 예시해보겠다. 어느 날 저녁 분석 시간에, 환자는 분석에 관여하는 것에 대한 염려로 힘들어하는 것 같았다. 그는 자신의 염려를 여자 친구에게 전치시킴으로써 다루려고 했다. 거기에서도 연루되는 것에 대한 두려움이 역력했고 비행기 추락으로 불안감을 자극하는 대상을 없애는 것을 환상화하기까지 하였다. 그는 또한 수동적이고 무력해지는 것에 대한 우려를 다루기 위해 과대적 환상에 의지했다. 다음은 그가 밤에 꾼 첫 번째 꿈이다.

이 꿈은 내 차를 운전하여 가파른 언덕을 오르는 것인데 도로에 얼음이 많이 있었고 내가 가면 안 되는 어려운 길을 올라가는 것 같다고 상상한다. - 그 도로는 항상 45도 각도를 이루고 있다. 나는 이 언덕을 올라 정상에 올랐고, 왼쪽으로 돌아 간신히 올라간다. - 거기에 얼음이 있다. - 그리고 마침내 자동차가 정상에 도달한다. 언덕 꼭대기에 있는 것 같고 집시들이 그 주변에 살고 있다. - 어쨌든 집시들이고 그것에 대해 재미있는 것이라고 생각한다. 차는 뒤로 미끄러지기 시작하고 언덕 옆으로 넘어질 것 같지만, 나는 발을 내밀었고, 그렇게 함으로써 나는 운전대를 잡아 핸들의 중심을 잡고 왼발로는 차를 앞으로 밀면서 나아갈 수 있다. 언덕 꼭대기에서 이 집시들이 나를 지켜보고 있고 마침내 그들은 나에게 동정심을 갖는다. - 거기에 나귀와 같은 동물이 있다. - 나는 그것이 당나귀라고 생각한다. - 그런데 그 동물은 긴 목을 가지고 있다. - 그들은 내가 당나귀를 차에 매도록 허락한다. 그리고 그렇게 함으로써 나는 차를 끌기 시작할 수 있었고 그들은 나를 지켜보고 있다. - 그리고 나는 계속 나아갈 수 있다 - 내가 너무 빨리 그 지역을 벗어나기 시작했고 그들은 매우 의심스러워했고 그들은 더 전통적인 동물인 당나귀를 잡았는데 낙타였다. - 낙타 - 그들은 당나귀를 데려왔고 나는 당나귀를 차에 태우고 떠날 수 있었다. 언덕 꼭대기는 샌프란시스코를 떠올리게 했고, 얼음은 얼음 폭풍이 남긴 얼음이 분명했고, 언덕 위에는 풀이 있었다. - 풀과 얼음이 어우러져 있었다. 맞아. 나는 집시들이 이탈리아 사람들이었다고 생각했다. - 그들은 내가 내 목숨을 구하려고 노력하는 것을 지켜보고 있었다. 그리고 마침내 내가 문을 열었을 때, 나는 밖으로 차를 밀어내었다. 내가 홀로 차가 전복되어 넘어가지 못하게 막는데 성공하자 그들이 나를 도우러 왔다. 그래서 누가 도와주기도 전에 혼자 차를 멈춰 세운 경우였다.

이것은 많은 연상을 불러일으킬 수 있는 여러 상징의미symbolism를 지닌 길고 복잡한 꿈이다. 그러나 앞선 분석 시간의 맥락에서 볼 때, 이 남자는 꿈에서, (그가 본 것처럼) 분석에서 퇴행하는 위험, 곧 어떻게 하면 나약하고 무력함을 느끼지 않고 도움을 받을 수 있을까 하는 문제로 고군분투하고 있는 것이 아주 분명했다. 이 꿈에서 그는 해결책에 도달했다. 먼저 자신을 도우라. 그러고 나서 다른 사람들이 자신을 돕게 할 수 있다. 하지만 그런 경우라 해도 너무 빨리 움직이지 말라. 수면 전 분석회기의 방어 긴장은 높았고 상대적으로 짧은 대기 시간은 이러한 문제를 처리해야 하는 압박감을 반영했다. 이 꿈은 24분 동안 지속되었는데, 첫 렘 기간으로는 다소 긴 편이었다. 이후 그 날 밤의 꿈은 뚜렷한 억압을 보여주었다. 유일한 내용은 수면실험실 또는 꿈에 대해 꿈꾸는 것에 관한 것이었다. 이 날 밤 꿈에 대한 우리의 평가는 환자가 복종하고 의존적이 되는 것에 대한 불안한 감정의 해결책을 찾아냈다는 것이었다. 따라서 이후의 꿈들은 그의 관례적인 억압의 사용과 외부 현실에 초점을 맞춘 것을 반영할 뿐이었다. 우리는 그가 아침 분석 시간 동안 덜 불안해 할 것이고, 억압을 사용할 것이며, 개선된 동맹을 보여줄 것이고, 아마도 외부 현실에 초점을 맞출 것이라고 예측했다. 아침 분석 시간은 확실히 방어 긴장이 떨어져 있었다. 그는 밤에 꾼 꿈에 대해 폭넓게 논의했지만 큰 관여나 영향은 없었다. 자신을 드러내는 것에 대한 걱정은 수면 실험실로 전치되었고, 그는 자신이 원한다면 쉽게 실험실을 떠날 수 있다고 보았다. 분석 시간은 '목 내밀지 말고 당나귀가 되어 앞으로 나아가라, 하지만 너무 빨리 나아가지는 말라.'는 관념으로 요약될 수 있다. 따라서 우리는 이 표본에서 분석 자료와 꿈 내용 사이의 상호 관계가 있음을 볼 수 있다. 꿈의 연속은 효과적인 방어 체계를 제시했고 그 다음 분석 시간은 이러한 평가를 확인시켜주었다.

또 다른 일련의 꿈들은 이러한 주제를 더욱 정교하게 묘사하고 있다. 수면 전 분석 시간에 환자는 분석가와 아버지를 사랑하는 두려움에 시달렸다. 그는 놓아줄 수 없다는 것을 인식하고 불안해했다. 억압, 부정, 주지화, 전치, 투사와 같은 다양한 방어를 통해 그는 이 갈등을 다루려고 시도했다.

그의 첫 번째 꿈은 다음과 같았다.

내가 셋 중의 하나였다. 셋은 내가 옮겨야 했던 냉장고를 책임 맡고 있었다. 내가 옮겨야 하는 물건들 중 일부는 아버지의 것이었고, 나는 그것을 냉장고에서 꺼내야 했는데 그것이 큰 문제였다. - 물건들을 어떻게 옮길지 어디로 보낼지? - 내 의지와 시간과는 반대로 그들이 아버지의 물건들을 꺼내놓았다. 그러던 어느 날 그들은 나를 어딘가에 가두었고 협조를 강요했고 결국엔 3인 1조가 끝나 버렸다고 생각한다. 우리는 냉장고 맨 아래 선반에 있는 코카콜라 같은 것들을 다른 냉장고나 다른 저장고에 최대한 효율적으로 넣고 있었다. 나는 효율적으로 일하고 있었고 얼음을 넣고 있었다. - 조금도 낭비되는 움직임이 없었다. - 꿈 속 대칭과 움직임에서 아름다운 작업이었다. 내가 그들을 기억할 수 있을지 모르겠다. 나도 술집에 있기 전에 잠시 물러나 있는 것 같다. 잔돈을 기다리는데 2달러가 있었는데 우스터 증명서처럼 생긴 지폐가 두 장 나왔다. 번거로운 일이 있었고 결국 그 남자는 나에게 2달러 지폐를 주었다. - 하나는 찢어지고 테이프로 감겨져 있었다. 그리고 이것들을 앞뒤로 넘기고 있었는데. 마침내 그 남자는 나에게 정확한 거스름돈을 주었고 우스터 지폐 두 장을 가져갔으며 거스름돈 같은 것을 받게 될 것이라고 말했다. - 나는 이 지폐들이 내 것이었기 때문에 약간 혼란스러웠다. 나는 그것을 대수롭지 않게 여기며 말했다. '도대체, - 그는 미키마우스 유형의 달러 지폐를 바꾸는 데 온갖 고생을 하고 있구나.' 그리고 나는 걸어 나갔다. 냉장고에 돌아가 보니 - 물건들이 너무 많았다. - 내 생각에 오래된 모자 같은 게 있었던 것 같고, 그 사람 옷이랑 내 옷도 있었던 것 같고 - 냉장고랑 옷들이 있었던 것 같고 - 그들은 두 형제였던 것 같다.

다시 한 번, 앞의 분석회기의 맥락에서 꿈을 보면, 그의 죽은 아버지와 관련된 '자료'로 고군분투하는 환자를 볼 수 있다. - 그리고 그를 위해 변화를 만들고 있는 그 남자(분석가)를 어떻게 대하는지를 알 수 있다. 그는 어쩔 수 없이 복종하고 협력해야 한다. - 그가 이상화시킨 냉정하고 효율적인 방법으로 이 일을 해낼 수 있을까?

그날 밤 꾼 두 번째 꿈은 다음과 같다.

음, 또 다른 꺼내기 힘든 꿈 - 파편들 - 나는 - 스쿨버스 - 래리라는 이름의 경찰관이 목장을 운영하는 것과 미의 여왕 미스 아이슬란드 양에 관해서 꿈을 꾸었다. - 목장주인 - 그의 이름은 킹이었다. 내 생각에. 킹 목장. 그리고 그는 아이슬란드 양과 결혼했고 내가 어떻게 그녀를 만났는지 물었더니 사촌이 아이슬란드에서 그에게 소개시켜주었다고 말했다. 그리고 그 경찰관에 대해서 - 가구 같은 걸 모으고 있었나 보다. - 가구? - 내가 가구를 언급하며 보안 번호의 꿈에 대해서 이야기할 때 - 나는 관이 열려있는 이미지를 본다.

이 꿈에서, 분명한 이성애의 시작과 함께, 주제는 다시 물건을 모으는 것과 관, 곧 죽음으로 돌아간다. 환자는 아버지를 향한 더 수동적인 열망에 대한 방어로 성적 자료와 과대 환상을 자주 사용했었다. 두 꿈에 대한 우리의 평가는 환자가 아버지의 죽음에서 벗어날 수 없다는 것이었다. 우리는 다음 분석 시간에 분석에 참여하여 공개되고 제출되는 문제를 다시 다룰 것이라고 생각했다. 그는 뭔가를 가라앉히려 할지 모르지만 성공하지 못할 것이다.

다음 분석 시간은 더 높은 방어 긴장을 보여주었다. 이 자료는 사랑을 찾는 어린 소년이 되는 것에 대한 우려를 불러일으켰다. 분석 시간 동안의 초기 방어 노력은 이어지지 못했다.

| 논의

정신분석회기들의 자료들과 수면 실험실에서 수집한 꿈들을 결합함으로써, 우리는 외현몽의 내용의 근원을 파악하고 이 정보가 꿈꾸기의 기능을 이해하는 데 도움이 되었는지 알아보려고 시도했다. 외현몽의 내용에는 수면 전 분석 시간의 의미 있는 잔여물들이 많이 포함되어 있음을 발견했다. 이 발견은 정서적으로 자극적인 수면 전 경험이 외현몽에 직접 접목됨을 발견했던 위트킨(Witkin, 1969: 285-359), 브레거 외 연구진(Breger et al. 1971), 휘트먼(Whitman, 1973)의 연구와 일치한다. 분석이 감정적인 갈등을 불러일으키기 때문에 분석 시간에 나온 자료가 환자의 꿈에 나타나는 것은 놀라운 일이 아니다. 그러나 더 중요한 것은 이 잔여물들이 무관심한 내용보다는 정서적으로 의미 있는 자료를 정기적으로 포함한다는 사실이다. 잔여

물들은 환자가 어려움을 겪고 있는 중심 문제와 이를 처리하기 위한 그의 노력에 대한 명확한 그림을 제공하였다. 이 발견은 프로이트(1923)와 샤프(1937)의 논평을, 더 최근에는 랭스(1971)가 말한 '낮의 잔여물'의 발견이 보통 꿈에 대한 즉각적인 이해로 이끈다는 것을 확인시켜주었다.

우리는 더 나아가 밤에 일어나는 꿈의 순서를 검사함으로써 환자가 불안을 일으키는 자료에 대처하는 데 성공하는 정도를 평가할 수 있었다. (갈등 해결을 보여주거나 또는 같은 문제에 고착된 상태로 남아 있는) 서로 다른 꿈꾸기의 순서는 오펜크란츠와 레흐츠샤펜(Offenkrantz and Rechtschaffen, 1963)이 설명한 순서와 유사하다. 각각의 꿈 모음 이후에 분석 시간에 대한 우리의 방어 긴장 점수는 꿈을 적응의 기제로 보는 것의 타당성을 나타내었고, 때로는 성공적이었고 때로는 그렇지 못했다. 꿈 내용과 꿈꾸기의 생리학적 측정(렘 지연 시간과 렘 시간)이 모두 이러한 문제들을 반영했다는 사실은 꿈꾸기의 심리적 측면과 생리적 측면 사이의 상호관계를 더욱 확인시켜주었다.

이 발견들은 꿈의 기능에 대한 이론을 밝혀주었다. 그렇다면, 이 발견들이 꿈을 임상적으로 사용하는 것을 위해서는 어떤 의미를 가질까? 중요한 깨어남의 경험과 외현몽의 내용 사이의 명확한 관계는 꿈을 다시 중심 무대로 돌려놓는다. 이러한 관점에서 꿈을 바라봄으로써 우리는 환자가 관여하는 중요한 심리적 문제에 대한 비교적 명확한 그림을 그릴 수 있어야 한다. 물론 모든 사람이 분석 중이거나 심리적으로 스트레스를 받는 경험을 하고 있는 것은 아니라는 점에 유의해야 한다. 그러므로 우리는 정신 역동적 갈등이 모든 꿈에서 동일하게 나타날 것이라고 기대할 수 없다. 우리가 말하고자 하는 것은 렘과 꿈꾸기 기제가 필요할 때는 사용가능한 것처럼 보인다는 점이다. 비-환자 집단에서 이 기제는 개인적으로 의미 있는 방식으로 새로운 경험을 동화시키는 데 사용할 수도 있다.

외현몽이 중요한 낮의 잔여물들을 담고 있다는 우리의 진술은 변화가 전혀 없다는 것을 의미하지는 않았다. 분명히 주관적인 표상이나 내면의 언어에 변화가 있다. 프렌치와 프롬은 이 과정을 순수 논리적인 사고로부터 보다 아동기의 언어에 가까운 구체적이고 실천적인 언어로의 변화라고 표현한다. 언어의 변화가 왜곡과 방어의 일차적인 목적에 기여하는지 아니면 단지 사용되고 있는 체계의 특정하고 낯선 언어를 나타내는지는 오랜 논쟁의 역사를 갖고 있다 (Piaget, 1951; E. Jones, 1916: 87-144). 베인스(1972년 패러데이가 인용한, 121)는 꿈의 변장 기능에 대한 프로이트의 주장을 파리를 방문한 영국 사람을 바보로 만들기 위해 파리 사람들이 프랑스말로 횡설수설하고 있다고 생각했던 영국인의 이야기에 비유했다. 그러므로 '방 안에 세 사람'이 '모두 한 배를 탄 세 사람'으로 표상되는 꿈속의 꿈의 언어는 변장하고 있다기보다는 오히려 그 상황에 대한 환자의 심정과 소원이 담긴 사고를 사실적으로 묘사하고 있다고 보여진다. 이때 꿈의 언어는 은유적이고 때로는 정교하며, 깨어있을 때의 언어와는 다르지만 반드시 뒤떨어지는 것은 아니게 묘사된다.

따라서 왜곡의 주된 방어적 사용은 2차 개작에서 몽자가 자신의 꿈을 이해하려고 할 때 발생할 수 있다. 겉으로 보이는 왜곡은 사실 낮의 잔여물에 대한 정보가 부족하기 때문일 수 있다. 후자의 가능성의 역사적인 예는 프로이트의 '이르마' 꿈이었다. 프로이트는 이 꿈을 이용하여 꿈의 형성에 있어 활동적인 것으로 보이는 많은 기제를 입증하였다. 그는 연상을 통해 잠재몽의 내용을 공식화했고, 외현몽의 발달에서 일어난 내용의 왜곡의 종류를 밝혀주었다. 프로이트가 이 논의에 포함하지 않은 것은 슈어(Schur, 1966: 45-85)에 의해 기술된 중요한 '낮의 잔여물들'이었다. 이러한 많은 영향을 주는 사건들을 외현몽에 비교적 왜곡되지 않게 통합한 것은 인상적이다. 슈어가 제공한 추가 정보를 통해, 우리는 프로이트의 잠재몽의 내용의 공식화가 플리스와의 관계에서 그가 힘들어했던 감정과 관련이 있다는 것을 알 수 있다. 그러나 그는 분명히 '이르마' 꿈의 중요한 낮의 잔여물을 몰랐기 때문에, 그의 공식화는 슈어의 논문에 서술된 중심 논제의 근사치였을 뿐이었다. 하지만 그 꿈은 그를 올바른 방향으로 이끌었다. 이 예로부터 우리는 꿈에서 일어나는 변장의 정도에 대해 프로이트와 다른 견해를 가졌던 슈테켈(Stekel, 1943), 융(1934: 139-62), 아들러(1936), 보니메(1962)와 같은 꿈 이론가들의 사고를 더 잘 이해할 수 있다. 꿈을 꾸는 것이 수면을 위협하는 억압된 소원을 해소하는 데 도움이 된다면 변장의 개념은 필연적이었다(R. Jones, 1965). 프로이트는 또한 꿈 해석에 대한 훈련되지 않은, 은유적인 혹은 우화적인 접근의 위험을 피하기 위해 외현몽을 액면 그대로 받아들이는 것에 대해 경고했다. 그러나 스팬야드(Spanjaard, 1969)가 논의한 바와 같이, 프로이트는 프로이트 자신의 경고를 무시하는 경향이 있었다. 그와 다른 많은 이론가들은 종종 외현몽의 개인적 의미에 더 집중했다. 꿈에 대한 연상은 때때로 몽자에게 알려지지 않은 감정적으로 중요한 사건(꿈에 포함된 낮의 잔여물)에 대한 연상이 된다. 이러한 연상에 의해 낮의 잔여물이 발견될 때, 꿈의 의미는 종종 꽤 명확해진다. 그러나 낮의 잔여물이 발견되지 않더라도 꿈에 초점을 맞춘다는 것은 환자가 꿈에 통합하기 위해 필요한 중심적인 자료, 즉 자신에게 중요한 자료를 보고 있다는 것을 의미한다.

    요약하자면, 이 연구는 깨어남의 상태와 (꿈꾸는) 수면 상태에서의 정신적인 삶의 연속성을 입증했다. 렘수면(꿈-꾸기)을 적응 기제로 보는 관점은 진행 중인 정신분석 동안 수집된 꿈 자료에 대한 우리의 검사를 체계화하는 데 도움을 주었다. 그 결과는 꿈의 임상 분석에 관한 몇 가지 제안으로 이어졌다. 우리는 환자의 외현몽에서 알 수 있듯이 환자의 꿈 언어를 배우는 것이 중요하다는 것을 알게 되었다. 외현몽은 환자의 현재 적응적 과제에 대한 생생한 주관적 시각을 제공한다. 즉, 분석에서 무엇이 활발하게 진행되고 있는지 그 지표를 제공한다.

    우리의 적응 개념은 요페와 샌들러(Joffe and Sandler, 1968)가 설명한 것과 유사하며, 자아는 안정감을 유지하고 외상적으로 압도당한 경험을 피하기 위해 이상적인 자기 상태의 새로운 조직을 만들려고 한다. 성공적인 적응에는 더 이상 현실에 적합하지 않은 이상(소원)의 포기가 수반된다. 이러한 이전의 이상적인 상태들이 항상 그렇게 쉽게 버려지는 것은 아니라는 것은 유아적 소원의 출현과 꿈꾸기의 소원 성취 측면에 기여한다. 우리는 꿈이 과거의 소원과 현재의 욕구 사이의 상호작용에 내재하는 투쟁을 묘사하고, 렘수면(Greenberg and Pearlman, 1975b)에서 일어나는 것으로 보이는 통합의 과정을 반영한다고 제안한다.

| 참고문헌

Adler, A. (1936). On the Interpretation of Dreams. *Int. J. indiv. Psychol.* 2, 3-16.

Bonime, W. (1962). *The Clinical Use of Dreams*. New York: Basic Books.

Breger, L., Hunter, I. and Lane, R. (1971). *The Effect of Stress on Dreams*. New York: Int. Univ. Press.

Brenner, C. (1969). Dreams in Clinical Psycho-analytic Practice. *J. nerv. ment. Dis.* 149, 122-32.

Faraday, A. (1972). *Dream Power*. New York: Coward, McCann, and Geoghegan.

Fisher, C. (1965). Psychoanalytic Implications of Recent Research on Sleep and Dreaming. *J. Am. Psychoanal. Ass.* 13, 197-303.

French, T. and Fromm, E. (1964). *Dream Interpretation: A New Approach*. New York: Basic Books.

Freud, S. (1900). The Interpretation of Dreams. *SE* 4-5.

—— (1923). The Ego and the Id. *SE* 19.

Greenberg, R. and Leiderman, P.H. (1966). Perceptions, the Dream Process and Memory: an Up-to-date Version of 'Notes on a Mystic Writing Pad'. *Compr. Psychiat.* 7, 517-23.

Greenberg, R., Pearlman, C., Fingar, R., Kantrowitz, J. and Kawliche, S. (1970). The Effects of Dream Deprivation: Implications for a Theory of the Psychological Function of Dreaming. *Brit. J. Med. Psychol.* 43, 1-11.

Greenberg, R., Pillard, R. and Pearlman, C. (1972a). The Effect of Dream (stage REM) Deprivation on Adaptation to Stress. *Psychsom. Med.* 34, 257-62.

Greenberg, R., Pearlman, C. and Gampel, D. (1972b). War Neuroses and the Adaptive Function of REM Sleep. *Br. J. Med. Psychol.* 45, 27-33.

Greenberg, R. and Pearlman, C. (1975a). REM Sleep and the Analytic Process: a Psychophysiologic Bridge. *Psychoanal. Q.* (in press).

Greenberg, R. and Pearlman, C. (1975b). Cutting the REM Nerve: an Approach to the Adaptive Function of REM Sleep. *Persp. Biol. Med.* (in press).

Greenson, R. (1970). The Exceptional Position of the Dream in Psychoanalytic Practice. *Psychoanal. Q.* 39, 519-49.

Hawkins, D.R. (1966). A Review of Psychoanalytic Dream Theory in the Light of Recent Psychophysiological Studies of Sleep and Dreaming. *Br. J. Med. Psychol.* 39, 85-104.

Joffe, W.G. and Sandler, J. (1968). Comments on the Psychoanalytic Psychology of Adaptation. *Int . J. Psycho-Anal.* 49, 445-54.

Jones, E. (1916). The Theory of Symbolism. In *Papers on Psycho-Analysis*, 5th edn. London: Bailliere, Tindall, 1950.

Jones, R. (1965). Dream Interpretation and the Psychology of Dreaming. *J. Am. Psychoanal. Ass.* 13, 304-19.

—— (1970). *The New Psychology of Dreaming*. New York: Grune & Stratton.

Jung, C.G. (1934). The Practical Use of Dream Analysis. In *The Collected Works of C.G. Jung*. vol. 16. New York: Pantheon, 1954.

Knapp, P. (1969). Image, Symbol and Person; the Strategy of Psychological Defence. *Archs gen. Psychiat.* 21, 392-407.

Knapp, P., Greenberg, R., Pearlman, C., Cohen, M., Kantrowitz, J. and Sashin, J. (1975). Clinical Measurement in Psychoanalysis: an Approach. *Psychoanal. Q.* (in press).

Langs, R. (1971). Day Residues, Recall Residues, and Dreams: Reality and the Psyche. *J. Am. Psychoanal. Ass.* 19, 499-523.

Offenkrantz, W. and Rechtschaffen, A. (1963). Clinical Studies of Sequential Dreams. *Archs. Gen. Psychiat.* 8, 497-508.

Piaget, J. (1951). *Play, Dreams and Imitation in Childhood*. New York: Norton, 1962.

Schur, M. (1966). Some Additional 'Day Residues' of 'the Specimen Dream of Psychoanalysis'. In R. Loewenstein et al. (eds.), *Psychoanalysis –A General Psychology*. New York: Int. Univ. Press.

Sharpe, E. (1937). *Dream Analysis*. London: Hogarth Press.

Spanjaard, J. (1969). The Manifest Dream Content and its Significance for the Interpretation of Dreams. *Int. J. Psycho-Anal.* 50, 221-35.

Stekel, W. (1943). *The Interpretation of Dreams: New Developments and Technique*. New York: Liveright.

Whitman, R., Kramer, M. and Baldridge, B. (1963). Which Dream does the Patient Tell? *Archs. Gen. Psychiat.* 8, 277-82.

Whitman, R., Kramer, M., Ornstein, P. and Baldridge, B. (1967). The Physiology, Psychology and Utilization of Dreams. *Am. J. Psychiat.* 124, 287-302.

Whitman, R. (1973). Dreams about the Group: An Approach to the Problem of Group Psychology. *Int. J. Grp Psychother.* 23, 408-20.

Witkin, A. (1969). Influencing Dream Content. In M. Kramer (ed.), *Dream Psychology and the New Biology of Dreaming*. Springfield: Thomas.

12장
꿈꾸기와 자아의 조직화 기능

세실리 드 몽쇼 (Cecily de Monchaux)

이 논문에서 나는 잠을 자는 사람을 위해서가 아니라 분석가에게 꿈을 보고하는 깨어있는 사람을 위해 꿈꾸기의 역할에 대해 관심할 것이다. 내가 분석적 치료의 상황으로 국한한다면, 프로이트(1923:117)가 말했듯이, '분석에 꿈을 채택하는 것은 그들의 본래 목적과는 매우 동떨어진 무엇'이기 때문이다. 이렇게 분석적 치료의 상황에 국한했다고 해서 꿈의 내용에 대한 고려를 결코 배제하는 것이 아니다. 사실 이 논문에서 내가 지향하는 목표 중 하나는 꿈의 형식과 내용 사이의 관계를 명확히 하는 것이다. 하지만 나는 에릭슨(1954)이 상상력 있게 했던 것처럼, 꿈속의 내용과 형식 사이의 관계에서가 아니라 꿈꾸기와 분석에서의 다른 행동 양식 사이의 관계에서 나온 문제를 갖고 씨름해보고자 한다.

『꿈의 해석』(Freud, 1900)이 출간 된 이후 정신분석학의 발달에서 꿈 이론은 성장하는 학문의 모든 분야에 관대하게 제공되었다. 인식체계로 보면 신경증적 증상은 장기적인 각성 꿈, 방어 기제에 의해 변장하여 존재하는 잠재적 내용으로 인식되었고, 꿈의 발달 모델에서 지형학적 퇴행의 개념은 몽자의 인생사 개념에 적용되도록 일반화되었으며, 그리고 무엇보다도 중요한 것은, 꿈 용어에서 꿈 사유가 수면 상태에 의해 자유하게 되고 자극되는 것처럼, 잠재적인 소원이 분석 상황의 특정한 특징들에 의해 자유하게 되고 동시에 자극된다면, 꿈꾸는 동안 전이 현상은 항상 현존하는 것의 표현으로 이해되었다.

하지만 한때 꿈 이론이 꿈의 개념적인 자손들에게는 풍족한 어머니였지만, 그 이론은 보상으로 많은 것을 되돌려 받은 것 같지는 않다. 프로이트(1933: 8)는 꿈에 대한 분석적 출판물이 많이 나오지 않는 것에 대해 개탄해했다. 프로이트는 '분석가들이 마치 꿈에 대해 더 이상 말할 것이 없는 것처럼 행동했다.'고 하였다. 그럼에도 불구하고, 그 자신 또한 꿈에 대한 후기 저술로 이러한 경향에 기여했다. 예를 들어, 1923년에 프로이트는 '신비한 무의식'에 대한 과장된 존중을 비난하고 있다. 그는 '신비한 무의식을 너무 쉽게 존중한 나머지 꿈은 다른 어떤 것과 마찬가지로 하나의 규칙으로 하나의 사유에 불과하다는 것을 망각해서는 안 된다(112).'고 말한다.

많은 사람들이 정신분석이 인지 이론의 일반적인 심리적 이론에 기여할 수 있었던 것 중에 가장 중요하다고 주장하곤 했던 유익을 꿈이 공유하고 있는 이유는 바로 그 꿈이 다른 것들과 마찬가지로 하나의 사유로 다루어졌기 때문이다. 나는 여기서 우리가 정신 기능에 부여한 의미에 의해 정신 기능이 조절된다는 사실을 언급한다. 따라서 사고는 해독되어야 할 텍스트 요소의 제공자로서, 주제내용의 원천으로서 뿐만 아니라, 주로 표상으로 인지되지 않고 다른 심리학적 과정들, 곧 '자아 기능'이란 표제로서가 아니라 '본능'이란 표제로 정신분석적 목록에 자리를 차지한 과정들의 상징 해석으로서 정신분석 안에 개념화 되었다.

유아기 환상의 의미가 인지 과정에 무의식적으로 귀속됨에 따라, 그러한 과정의 기능 양식이 극적으로 변형되는 것으로 나타났다. 이러한 변형은 학습 이론에서 '일반화'라고 하는 원리에 의해 영향을 받는다. 일반화는 수정된 과정의 반응과 자극 요소 중 하나 또는 둘 모두에 관련될 수 있다.[18] 이것은 일반적으로는 사고 안에, 그리고 구체적으로는 꿈꾸기 안에 명백하게 나타난다.

예를 들어, 배변에서 인지까지의 반응 일반화는 창의적인 사고보다는 배제적인 사고를 만들 수 있고, 화분 커플potting couple의 계량 사회학 안에서 관념의 소통을 찾을 수 있다. 자극 일반화의 측면에서 보면 사고, 사유의 산물이 공멸의 공포가 될 수 있으며, 이 환상방정식의 실행에서 지적 환경을 오염시킬까 두려워 비밀리에 숨겨야 하는 경우도 적지 않다. 꿈꾸기에 대한 우리의 이해는 그 사람의 마음의 이미지가 그의 정신 작용에 큰 영향을 미친다는 깨달음에서 헤아릴 수 없을 만큼 높아진다. 따라서 꿈은 환상 내용의 원천이자 담아주는 그릇일 뿐만 아니라 환자가 전이 관계를 수립할 때 사용한 환상의 단위임을 알 수 있다. 구체화 및 정령론으로의 인지적 퇴행에서

---

18 나는 여기서 이 변형 과정의 인식에 관한 한, 학습 이론의 기여에 대해 분명히 주목하고자 한다. 너무 자주 자아심리학을 다루는 저술가들은 정신분석에게 그 방법론이 불가능하지는 않더라도 성공적으로 다루기가 매우 어렵게 하는 설명적 부담을 가지게 한다. 이렇게 부적절한 부담을 지우는 것은 정신분석적 방법이 수행하도록 특별히 고안된 작업, 즉 그 심리적 현존이 시간과 상관없이 종종 비극적으로 개인의 현재 삶의 공간에 침입하는 (충동 자극 및 반응 생성 자극을 포함하는) 과거의 자극과 반응의 역동적으로 숨겨진 내용을 포착하는 작업에 힘과 관심을 쏟지 못하게 한다. 학습 이론은 종에 걸친 일반화의 법칙을 전망적으로 그리고 정확하게 정립할 수 있다. 그러나 그것은 소급적으로 중요한 내용을 발견하는 방법을 제공하지 않는다. 소급적으로 발견하는 방법은 정신분석 고유의 영역이다.

환자는 자신의 꿈을 다른 정신적 산물들과 함께 유형 또는 살아있는 실체로 개념화하는 것으로 보여질 수 있다. 그러므로 꿈은 신체의 일부가 솔직하게 노출되거나 수치스럽게 가려지는 것, 선물이나 무기, 좋은 내적 이미지나 나쁜 내적 이미지를 상징할 수 있다.

이러한 발전이 분석에서 꿈의 역할을 이해하고, 꿈을 기술적으로 다루는데 중요해지면서,[19] 꿈꾸기와 다른 정신적 기능의 유사점이 크게 강조되었다. 심지어 꿈꾸기에서 구강기 환상 요소들을 이해하는데 눈부신 공헌을 했던 르윈(1946)의 연구조차도 같은 방향으로 향했다. 그는 꿈꾸기를 빨고 쉬는 젖 먹기의 주기가 정신적으로 극화된 형식이었다고 주장했다. 그러나 르윈은 꿈꾸기가 젖가슴에 얼굴을 묻은 채 젖을 먹고 잠은 자는 것의 유사체가 아니라는 주장을 보완하여 문제를 제기하지는 않았다.

실제로, 유사성에 대한 강조가 널리 퍼져 있어, 미묘하게 분석된 전이의 다른 측면들도 환상과 저항을 위한 훌륭한 놀이와 논쟁을 제공하는 상황에서, 아직도 환자들에게 꿈을 보고하라고 고집해야 할지 의문이 든다. 소통가능한 모든 경로를 차단하려는 무의식의 탐욕을 탓해야 할지? 아니면 다른 통로에서 긍정된 것을 부정하는 저항의 교활한 곡절曲折, twist을 탓해야 할지? 그래서 밤낮으로 하는 사고하기가(1968년 르윈이 사용한 표현) 분석가를 현혹시키고 혼란스럽게 하는 복잡한 대위법(자리를 바꾸는 것)을 설정하는 것일까? 아니

---

[19] 이 주제에 대한 최근의 재평가를 위해서는 관련된 초기 문헌에 대한 언급과 더불어 1975년 7월에 열린 제 29 차 국제 정신분석 총회에서 '정신분석 임상에서의 변모하는 꿈의 사용'(The Changing Use of Dreams in Psychoanalytical Practice)에 관한 대화에서 발표한 블룸(Blum, 1976), 칸(Khan, 1976), 하트만(Hartmann, 1976), 플라타-뮤지카(Plata-Mujica, 1976), 커티스와 삭스(Curtis and Sachs, 1976)의 논문을 참조할 것.

면 꿈이 여타 다른 것처럼 단지 사고thinking가 되는 것과는 거리가 멀고, 꿈을 말하는 것이 다른 심리적 행동과 독특하게 구별되는 다른 측면들을 가지고 있는 것일까? 어떤 친밀하고 무의식적인 메시지들이 꿈을 보고하는 행동을 통해서만 소통될 수 있을까?

이러한 질문에 답하는 논증을 발전시키기에 앞서, 나는 먼저 '꿈'이라는 용어의 용법을 명확히 하겠다.[20] 곧 꿈을 말하는 행위에 대해 명확히 하겠다. 꿈을 말하는 것은 자기 자신에게 말하는 것일 수 있고 혹은 다른 사람에게 말하는 것일 수 있다. 우리는 어떻게 꿈과 꿈을 말하는 것을 구별할 수 있는지 그 방법을 알 수 없다. 비트겐슈타인은 우리가 어떤 사람이 정말로 꿈을 꾸었는지 혹은 단지 꿈을 꾼 것처럼 보이는지 의문을 품지 않는다고 하였다(Malcolm, 1964).[21]

프로이트가 외현몽의 내용과 잠재몽의 내용을 구분하고 있지만, 나는 '드러난' 것과 '숨겨진' 것의 은유적인 대비보다는 '제한된' 것과 '세밀한' 내용이란 측면에서 이 차이를 특징짓는 것을 선호한다.

---

20 Freud (1916: 85): '몽자가 말하는 것은 무엇이든 그의 꿈으로 간주되어야 한다.'
21 비트겐슈타인 시절부터 우리는 누군가가 꿈을 말한다면, 그가 이전 수면 기간 동안 (누군가 그것들을 기록하기 위해 거기에 있었다면) 꿈-상태의 생리학적 지표를 표시했을 가능성이 높다는 것을 알게 되었다. 그러나 심리적 작용과 생리적 기능 사이에 높은 상관관계 또는 완전한 기능적 동등성이 존재한다는 증거가 우리에게 생리학 및 심리학 분야 간의 데이터베이스와 설명 수준의 차이를 부인할 수 있는 개요를 제공하지는 않는다. 기능적 특징뿐만 아니라 모든 현상학적 특징에서 완전한 공존만이 그렇게 할 수 있기 때문이다. 기껏해야 우리는 꿈을 말하기 위한 필수 조건인 생리적인 수면 상태의 성격을 확립할 수 있기를 희망할 수 있을 뿐이다. 현재 우리가 자신 있게 주장할 수 있는 것은 꿈을 말하는 것이 엔렘(NREM) 수면보다 렘에서 깨어나는 경우가 더 많다는 것뿐이다. 이것은 우리가 꿈꾸기로 보고하는 심리적 행위가 생리적으로 정의된 렘 기간에 일어난다는 것을 증명한다고 일반적으로 가정한다. 마찬가지로 그럴듯하지만 보다 보수적인 추론은 꿈꾸기의 경험이 상태 변화에 대한 무의식적인 인식에 대한 깨어남의 반응이며, 그러한 반응은 깨어나는 자의 렘 이전 상태와 렘 이후 상태 사이의 감지된 불일치를 합리화하는데 기여하는 인지적 통합의 행위라는 것이다. 이 행위가 무의식적인 환상의 공동표현을 위한 통로를 제공한다는 것은 말할 나위도 없다.

왜냐하면 잠재몽의 내용을 '발견'하기 위해 어떤 작업이 필요한지 묻는다면, 우리는 꿈의 '제한된' 꿈과 전이 관계의 맥락에서 전개된 자유연상을 비교해야하기 때문이다. 이 모든 것은 분석가가 동일한 맥락에서 들은 (때로는 이 절차가 의심스럽지만, 외부로부터, 곧 '사례자료'에서 얻은) 환자의 인생 이야기를 성찰한 것이다. 그리고 이것은 개념적으로 확장된 맥락 안에서 상호보완적으로 설정된다. 곧 경청한 분석가는 해석을 하고 환자는 해석을 듣는다. 분석가는 이어 해석을 들은 환자가 어떻게 반응하는지에 대해 관찰한다. 분석이 진행됨에 따라 연속적으로 더 복잡한 자료 상황에 날것의 꿈을 끼워 넣음으로써 우리는 처음 말한 대로 점점 더 정교한 꿈 설명에 이르게 된다(완전성을 위해, 프로이트가 권장한 첫 번째 작업은 환자로 하여금 자신의 꿈을 반복하게 하여 두 설명을 비교하는 것을 포함해야 한다).

'잠재적'이라는 은유를 내용에 적용할 때 문제가 있다. 물론 잠재적이라는 은유는 초심리학적으로 커다란 공헌을 하였고, 환자와 분석가가 꿈을 정교하게 말할 때 어떻게 놀라움을 느끼는지 현상학적으로 설명하는 데 유용하다. '잠재적'이라는 관념은 꿈의 새로운 의미가 어떻게 나타나는지에 대해 궁금증을 갖게 한다. 잠재몽의 내용이 '잠자는 숲속의 공주'Sleeping Beauty에서처럼 왕자의 해석적 키스가 저항의 저주를 풀어주기를 기다리고 있다는 단순한 관념에 굴복하려는 유혹은 꿈 해석 과정에서 관찰되는 발전적이고 적극적인 의미의 변환 과정에 대한 과학적인 호기심으로 가는 길을 차단한다. 같은 꿈 보고서를 연속적인 분석 단계에서 재검토하게 되면, 무지개 끝에 묻힌 최종 잠재몽의 내용이 없다는 것은 거의 의심의 여지가 없다.

나는 이제 하트만(H. Hartmann 1947; 1950)이 '자아의 구성 기능'the organizing function of the ego이라고 불렀던 것, 즉 종합과 통합은 물론 분화를 포함하는 초-상위 기능의 성취에 있어 꿈을 말하는 것이 독특한 장점을 가지고 있다는 개념을 주장할 단계에 이르렀다. 자아심리학의 관점에서 꿈에 대한 몇 가지 질문에 접근함으로써, 그 사람의 무의식적인 마음의 이미지가 그의 정신작용에 강력한 영향을 미친다는 원칙을 확장하고자 한다. 나는 이 반영적 원리가 자아활동의 내용과 형식뿐만 아니라 다른 매체가 아니고 왜 이 매체를 선택했는지를 결정하는데 중요한 역할을 한다는 논제를 제시하고 싶다. 꿈을 말한다는 것은 환상을 다시 말하거나 행동화하는 것과 같은 정신분석 매체와는 다른 무의식적인 의미와 기능을 가지고 있는가?

처음 꿈을 들을 때 꿈 텍스트의 형식과 내용이 내성적인 보고나 환상 같은 다른 심리적 텍스트의 형식과 내용과는 다르다는 것을 확신하기가 어려울 수 있다. 그러나 프로이트 덕분에 앞서 기술한 맥락에 확장되고 정교화된 의미를 조심스럽게 제공하려고 했을 때 우리는 프로이트가 1차과정 사유와 2차과정 사유에 대해 확립한 본질적 차이에 다시 도달할 수 있게 하는 일련의 작업을 하게 된다. 우리는 프로이트가 '꿈-작업'이라고 부른 변형을 면밀히 조사함으로써 1차과정 사유와 2차과정 사유 사이의 독특한 균형을 인식할 수 있다.

꿈 말하기의 무의식적인 의미를 고려할 때, 우리는 먼저 꿈 말하기의 경이로운 특징들을 상기해야 한다. 비교적 정상적인 사람이 꿈을 말할 때 드러나는 가장 분명한 특징은 다른 심리적 활동으로부터의 해리이다. 이것은 적어도 스스로에게 처음 말하는 것에서 조차 말이 던져지는 전통적인 형식을 포함하여 여러 가지 방식으로 드러난다. 시제는 언제나 과거다. 그리고 적어도 영어에서는 경험들을 묘사할 때 '존재하다'라는 동사의 형식보다는 '-을 가지다'라는 동사가 일반적으로 사용된다. 꿈을 이야기하는 것은 배타적이거나 언제나 시각적 용어로서는 아니더라도 꿈을 이야기하는 사람이 꿈 텍스트의 인물로 또한 기술될 수 있음에도 불구하고 구경꾼이나 듣는 사람이 되는 대본의 보고를 수반한다(꿈을 말하는 사람이 말해진 이야기와 다양한 거리두기는 자아의 분화 능력에 중요한 단서를 제공한다. 나는 이 논문 후반부에서 분열성 환자가 꾸는 특별한 꿈의 특성을 논하고자 한다). 동기 부여 면에서, 꿈을 말하는 사람은 꿈이 만들어지는 것과 관련하여 꿈의 의도성과 도구성을 책임지지 않는다. 그는 사건의 발생에 대해 아무런 책임도 지지 않고, 대개는 내용에 대해서도 책임을 지지 않는다. 쉐이퍼(Schafer, 1976)의 행동 언어에 따르면, 꿈을 말하는 사람은 마치 꿈에 행동으로 직접 참여하지 않았고, 그냥 일어난 일을 보고하는 것처럼 행동하면서 꿈 주체agency가 되기를 부인한다.[22]

나의 논증을 발전시키면서 꿈 말하기의 다음 세 가지 측면에 초점을 맞추어보겠다. (1) 다양한 소통 매체를 이용하는 것의 장점, (2) 꿈 말하기가 외상 후 꿈 이론에 대한 이 성취의 의미와 함께 숙달 감각을 성취하는 방법, (3) 꿈 말하기가 '차원의 축소'reduction of dimensions라고 할 수 있는 과정을 통해 자아 숙달ego mastery을 이룬다는 개념. 그 중 상징화는 특별한 경우이다.

---

[22] 꿈 말하기의 이러한 특징들은 비록 다른 행동으로부터 덜 명확하게 분리되어 있지만, 유사 꿈, 최면, 최면 환상 말하기에도 또한 적용된다.

| 다양한 매체의 사용

질적 분화를 이룰 수 있는 자아의 능력은 복잡한 상호작용의 오랜 역사에 달려있다는 것이 초-심리학적 공식이다. 이는 체질, 성숙한 자율기능, 학습 간의 상호작용이며, 점차적으로 충동의 결합을 확보하고 결과적으로 불안의 감소를 보장하는 차별화된 인지구조를 초래한다. 이러한 차별화된 구조들은 서로 다른 사고의 형식들 사이에 또한 사고와 다른 심리적인 행동 사이의 긍정적인 해리의 예로 간주될 수 있다. 불안조절에 이용 가능한 다양한 유형의 심리행위는 불안의 감소에 중요한 요인이다. 통제와 방어의 질에 대한 보다 복잡한 문제에 집중한 결과, 나는 우리가 다양한 매체의 중요성을 과소평가했다고 생각한다. 만약 우리가 불안조절에서 꿈 말하기의 역할을 검토한다면, 아마도 우리는 우리의 불안 수준을 용인할 수 있는 한계 이내로 유지하기 위해 무의식적인 사용을 이용할 수 있는 매체의 목록에 꿈 말하기가 주는 기본적인 기여를 인정하는 것으로 시작해야 할 것이다.

이런 다양한 매체의 요소의 사용은 자신의 가학적인 환상을 자각하는 것으로부터 스스로를 방어할 능력이 거의 없어 보이는 환자의 경우 매우 두드러졌다. 얄팍하게 변장되고 정교하지 못한 환상들의 내용은 동시에 말하고 행동화하고 꿈을 말하는 방식으로 표현되었다. 경제적 은유를 사용하여 말한다면, 환자의 드러난 불안은 그녀의 충동의 모든 힘이 하나의 통로를 통해 충전될 때보다 여러 통로를 통과하면서 더 약화되었다. 단 한 개의 통로만 열리면 그녀는 자신의 모습에 완전히 압도되어 붕괴될 것이다. 그녀가 말했듯이, 꿈은 의식적으로 '일부 짐'을 짊어지기를 희망하였다.

이 환자는 서로 다른 사고의 형식들 사이의 그리고 은밀한 사고와 드러난 운동 활동 사이의 차이에 대해 관심하였고, 이 사이들을 떼어놓는 일에 매우 관심하였다. 그러므로 꿈에 대한 그녀 자신의 완전한 감각적 생생함과 비교했을 때, 나의 경험은 간접적이고, 빛바랜데다가 단지 언어일 뿐일 수 있다고 생각했다. 내가 보기에 그녀는 그녀를 흥분시켰지만 그 충분한 내용은 기억나지 않는 성인의 감정이 고조되는 장면들을 '그저' 듣기만 하는 그녀의 아동기 역할을 나에게 부여한 것처럼 보였다. 양식modality에서 차이가 있다고 가정하는 한, 그리고 그녀는 꿈을 볼 수 있지만 나는 그녀의 꿈을 들을 수만 있다고 그녀가 생각하는 한, 그녀는 부모와의 관계에 참여하는 것의 위험성을 통제할 수 있다는 환상을 가지고 있었다. 그녀는 좌절을 주는 사건들을 묘사하였다. 그러나 우리 둘 다 같은 경험을 하고 있었지만 우리 중 한 사람은 보고 있고 다른 한 사람은 듣고 있다고 그녀 스스로 확신할 수 있는 한 이 꿈들이 영향을 미칠 수는 없었다. 이 후 꿈에서 들리는 내용은 있지만 보이는 시각적 내용은 없는 악몽을 꾸고 잠에서 깨어날 때, 그녀의 불안이 나타나기 시작했다. 그녀는 자신이 시각적인 내용이 없는 꿈 보고에서 언급했던 그 끙끙거리는 소리를 그녀 자신이 내고 있다는 것을 발견하고는 공포에 질려 깨어나곤 했다. 그녀는 꿈 이야기를 자세히 한 후에야 그녀의 꿈에 대한 시각적 내용을 내게 공유할 수 있었다. 그녀는 자발적으로 꿈의 내용을 내가 볼 수 있도록 그려보겠다는 생각을 했다. 흥미롭게도 그녀는 항상 그녀의 인생에서 이 지점까지 말하는 것을 억제해 왔다. 그리고 사적이고 개인적인 활동을 나와 나누는 것은 더 이상 가학적으로 환상화 되지 않은 채 가족들의 감정이 오가는 자리에 있을 것이 안전하게 되었음을 의미하였다. 뿐만 아니라 부모님의 결혼에 대한 그녀의 태도에도 변화가 생겼음을 의미하였다. 그녀는 부모가 함께 선한 일을 하도록 허락하기 시작했다.

숙달 감각

꿈의 내용이 아무리 무섭고 혼란스럽더라도, 꿈을 말하는 사람은 꿈의 내용이 자신에게 속해 있다고 느낀다. 꿈을 말하는 행위에는 숙달 감각a sense of mastery이 있다. 이와 관련하여, 에른스트 크리스Ernst Kris는 꿈 보고를 '자아를 위해 봉사하는 퇴행'이라고 표현(1952)하였다. 깨어나는 사람이 '꿈을 꿨다'고 아직 말할 수 있는 한, '꿈이 나를 가졌다'거나 무의식이 자아를 압도했다고 말할 수 없다. 자아의 일부 기능으로서 꿈을 말하는 이러한 특성은 – 환상에 압도될 위기에 처한 사람이 임박한 재앙의 변장된 꿈 내용을 가까스로 만들어낼 때 – 전능한 통제로 지배한다. 이러한 것들은 종종 장벽이 뚫린 것(breakthrough, 수면상태가 방어력을 유지하지 못하는 약화된 자아)으로 이해된다. 그러나 나는 정신적 재앙을 꿈의 텍스트 안에 담아내는 것이 내적 세계와 이미지를 자아의 하위기능에 그 표현을 국한시킴으로써 부분-대상 상태로 축소하려는 시도로 인식해야 한다고 생각한다.

꿈꾸기가 자아 조절의 한 형식이라는 이 주장은 외상 이후 꾸는 꿈들의 이론에 시사하는 바가 있다. 우리는 이 논문에서 내가 취하고 있는 입장, 즉 꿈꾸기가 우월한 자아-기능의 모범을 보인다는 입장에서 본다면(H. Hartmann 1947; 1950), 프로이트의 꿈 이론의 개념적 엄밀함에 대해 이의를 제기할 수 있다. 외상 후 꿈이 반복되는 이유에 대한 프로이트의 설명은 주로 경제적 개념으로 공식화된다. 즉 외상 후 꾸는 꿈은 외상 사건에 의해 자극된 과도한 자극에 반응하기 위한 때늦은 시도에서 반복된다. 경제적 은유로 더 자세히 설명하자면, 이는 마치 시간적 재분배에 의해 반복되는 반응의 시간 단위당 흥분 밀도를 조절할 수 있고, 긴장을 조금씩 줄일 수 있는 것과 같다. 그러나 자아심리학자는 행동의 인지적 측면에도 이러한 소멸 과정에 연루되어 있는지 물어봐야 한다. 나는 우리가 '예'라고 대답할 때 거기에는 두 가지 감각이 있다고 생각한다. 첫 번째 감각은 프로이트의 (1920) 이론에 암시된 외상의 포괄적인 재현의 개념 속에 자리한다. 여기서 프로이트는 외상 후 꾼 꿈들을 '소급적으로 자극을 숙달하려고 노력하는 것'endeavoring to master the stimulus retrospectively이라고 말한다(32). 개인적 행위의 언어로 표현된 이 공식화가 말이 되려면 의식적이든 아니든 의도적인 인지 태도가 발동되어야 한다. 경세 모델이 제시할 수 있는 것은 맹목적인 공황 발작과 같은 내용 없는 방출 현상이다.[23] 경제 모델은 외상 후 꾼 꿈 텍스트의 내용과 협력할 수 있는 구성을 제공하지 않는다.

인지적 모델에 따르면, 충격에 빠진 사람은 상상력 있게 자신에게 또 다른 기회, 즉 삶이 실제적이고 원치 않는 의문의 사건으로 그에게 부담을 주었던 것과는 다른 결과를 얻을 수 있는 기회를 줌으로써 뒤늦게 숙달 시도를 한다. 그러나 스스로에게 더 바람직한 결과를 가져다주는 이 두 번째 '시도의 기회'go를 주기 위해서, 그는 상상

---

[23] 또는 일부 형태의 4단계 수면 각성 장애(Fisher et al. 1973).

력 있게 자신의 문제가 된 이야기의 첫 장, 즉 사건이 일어났던 현장 바로 그 자리로 돌아가야 한다. 확실히 그러한 목적이 있는 재현은, 부분적 실패를 피할 수 없음에도 불구하고, 방출 개념과 더불어 소원 성취와 자아 통제의 개념을 포함하는 꿈 이론을 요구하는가?

외상 후 꾸게 되는 꿈의 반복을 설명할 때 자아의 입장을 취할 수 있는 제2의 감각은 종합 기능, 즉 통합과 관계한다. 원치 않는 사건이 발생한다. 우리는 그 일이 일어나지 않았더라면 하고 소원한다. 사건의 내용이 매우 부정적일 뿐만 아니라, 두 번째로, '원치 않았던 것'이었다는 의식 자체가 부정적이다. 이 이차적 혐오는 우리의 방어적인 부정과 분리 시도에서 비롯된다. '그건 나에게 일어난 일이 아니야'와 '아, 그 일이 나에게 일어났어.'가 전쟁을 하고 있다. 최소한 부분적인 소원 성취의 비현실을 유지하기 위해, 우리는 자아 분열이라는 깊은 불편함 속에서 성격의 통합personal unity을 희생한다.

비교적 건강한 자아의 경우, 분열의 혐오는 '기억 속에서 원래의 외상을 회상하고 다시 경험하는 것의 혐오'를 점차 넘어서게 된다. 자생 도마뱀이 그러는 것처럼 상처 부위를 버리기 보다는 뭉개진 채라도 한 조각으로 존재하는 것이 낫다. 어떻게 해서든 외상이 다시 살아나는 것은 자아 분열을 축소시키는 결과를 가져온다. 충격을 받은 사람은 아무리 유감스럽고 슬프고 쓰라리다고 해도 점차 원하지 않는 사건을 자신의 관념 속에 포함시킬 수 있게 된다. 그가 온전한 자기를 되찾기 위해서는 변화된 자기를 받아들일 수 있는 조건 하에 있어야 한다. 이를 받아들여야 한다. 이러한 수용이 없다면 그는 불완전한 사람이다. 나는 '어떤 수단을 통해서건 바로 지금 다시-사는 것'이라고 하였고. 꿈을 꾸는 것은 스트레스가 해리를 유발한 이후 재통합을 이루기 위한 특별한 수단이다. 그리고 어떻게 그럴 수 있는지 우리는 많은 분석적 임상 증거를 가지고 있다. 더 나아가, 우리는 외상 경험 이후에 꾼 꿈들을 순서대로 기록한 브레거 외 연구진(Breger et al. 1971)과 그린버그 외 연구진(Greenberg et al. 1972)의 체계적인 연구를 만난다. 이것들은 파케스(Parkes, 1972)의 사별 꿈 기록처럼, 시간이 지나면서 외현몽의 내용과 연상 모두에서 최근의 외상 언급 빈도가 점진적으로 감소하고 연상적으로 과거와 관련된 적합한 주제는 증가한다는 것을 보여준다. 예컨대 최근의 외상 기억들이 점차 아동기 외상 기억들과 연결되고 통합되는 것이 증가하고 있다. 브레거 외 연구진(1971)이 연구의 결론에서 말했듯이 '이러한 동화 과정은...강하게 느껴진 정보를 꿈이나 1차과정 프로그램에 의해 이용 가능한 해결책에 통합하는 것을 촉진한다.'

하지만 스트레스 이후 우리가 꿈에서 분별하는 축약적 기능과 통합적 기능을 독특하면서도 적절하게 모두 수행하게 하는 꿈꾸기에는 어떤 특징들이 있을까?

수면 중 방어(경계)를 낮추면 억압된 사고와의 자아 접촉이 가능해져 분열과 통합이 촉진된다는 것이 고전적 해답일 것이다. 밤과 낮의 사고는 꿈이라고 하는 타협안에 결합된다.

하지만 꿈을 말하는 것은 그 자체로 하나의 해리된 행동이다. 말해진 내용은 낮의 사고의 내용과는 다르고 정상 상황에서 낮의 사고와 혼돈되지 않는 것으로, 말하는 이에 의해 말해진 내용 그대로 경험된다. 따라서 분리 기능이 특별히 재통합이 완성되도록 적절해야 한다고 제안하는 것은 역설적이지 않은가? 그러나 꿈이 분리 요소의 매개 곧 담는 것이 되는 것은 정확히 그것의 해리적 특성 때문일 수 있다. 몽자는 자신의 꿈에 책임이 없다는 환상을 가지고 있기 때문에, 원하지 않는 사유를 꿈에서 하는 것이 안전하다. 꿈은 분열된 요소들이 의식적으로 수용 가능한 요소들과 통합되기 위한 조건들이 적절할 때까지 생존할 수 있는 망명의 장소로 기능한다. 일차 스트레스 반응의 마비 또는 동결 단계에서와 같이 의식에 접근할 수 없는 해리 현상은 밤의 사고를 통해 의식에 부분적으로 접근하는 해리 현상에 자리를 내주고, 이것은 통합으로 가는 길목에 시험적인 근거인 중간 기착지를 제공한다. 이 점에서 꿈꾸기는 프로이트의 설명(1925)에서 부정과 유사한 방식으로 기능한다.

프로이트는 외상 후 꾼 꿈은 소원 성취 법칙의 예외라고 주장했다.[24] 곧 '꿈의 기능은 실패했다'(1933: 29). 사실 몽자가 깨어나기 때문에 잠자는 자아의 관점에서는 실패했지만 깨어나는 자아의 관점에서는 얼마나 훌륭하게 성공했는가! 내용이나 영향의 왜곡이 거의 없거나 전혀 없는 외상적 경험을 꿈으로 꾸는 것은 슈타인(Stein, 1965)이 언급한 바와 같이 현실적이었던 것이 결국은 꿈이었다는 소원의 궁극적인 만족을 성취하는 것이다. 예를 들어, 한 사례에서 누군가의 죽음에 대한 환자의 꿈은 그들의 정교한 맥락에서 실제 상실을 단지 '상실의 꿈'으로 바꾸는 운동으로 이해되었다. 그는 이 꿈들을 '죽음으로 변장된 죽음'death disguised as death 꿈들이라고 부르게 되었다. 이 환자는 상당한 고통에도 불구하고 그의 꿈과 분석에 대한 큰 즐거움을 인정했다는 것을 주목할 필요가 있다. 그에게 있어서, 그의 반응

---

24 '현재 내가 할 수 있는 한, 외상성 신경증에서 일어나는 꿈만이 진정한 예외이며, 처벌의 꿈은 소원 성취를 지향한다는 규칙에서 유일한 예외이다'(Freud, 1923: 118).

이 변화를 가져다주고 지나치게 결정된 의미를 보여주는 분석 과정의 유동성은 그가 현실의 끔찍스러운 종말과 돌이킬 수 없음을 벗어날 수 있게 하는 하나의 꿈이었다는 것을 의미한다.

| 차원의 축소

꿈을 꾸는 것이 종속적인 기능이 아닌 이상, 그것은 자아를 이용하는 것이 아니라는 관념을 탐구해 보자. 이것을 표현하는 한 가지 방법은 '꿈은 각성 경험보다 더 적은 차원을 가져야 하며, 이는 흡사 그림, 조각, 시 또는 영화가 창조자의 삶에서 어떤 관계를 가지는 자연적인 사건보다 더 적은 차원을 가져야 한다.'고 말하는 것과 같다. 물론, 지각 그 자체는 추상화하는 활동이고, 모든 개인의 지각 행위는 이론적으로 주어진 사건을 구체화하는 많은 가능한 차원들을 축소하는 선택을 수반한다.

그러나 정신증과 때로는 분석 중에 숙달 감각이 상실되면, 환자들은 자신의 꿈이 자아를 장악할 수 있다는 위협을 느낀다. 투사된 나쁜 이미지들에 먹힐 것 같은 극심한 공포를 가진 환자는 부분 기능이 전체 기능과 같아질 것처럼 위협하는 성격의 근본적인 환상 딜레마를 갖는다. 그녀는 자신의 꿈이 그녀만큼 컸다고 느끼기 시작했다. 그것은 마치 쌍둥이를 삼킨 사람이 된 것 같거나 혹은 대상과 정확한 크기인 폴리에틸렌 봉지에 그 대상을 억지로 집어넣는 것과 같았다(이 때 그녀는 담는 것과 담기는 것을 바꾸는 의미 있는 말실수를 하고 있었다. 그녀는 피비린내 나는 실험실에 대해 말하였다). 거기에는 자기를 생각할 수 있는 공간이 없었고, 담는 것으로서의 그녀가 가운데 둘로 쪼개질 위험이 있었다. 꿈에 사로잡혀 파괴되는 이 구체적인 환상은 그녀가 '꿈이 걷고 말하는 것을 본 줄 알았다.'라는 노래의 가락을 흥얼거렸을 때 그녀의 분석에 대한 초기 방어 단계에서 가볍게 암시되었다. 이 환자의 환상과 꿈은 어머니로부터 건네진 무의식적 영향에 의해 크게 증폭되었다. 어머니는 딸이 상상적이 되는 것을 억제하였고 꿈을 거의 말해주지 않았으며, 딸은 어머니가 자신을 변장하기 위해서 투사한 공격성을 죄책감과 공모로 수용하였다.

  몽자에게 좋고 편안한 꿈을 만들기 위해 어떤 차원의 경험이 주어지는가? 첫 번째는 시간적 차원이다. 깨어있는 자아에게 꿈은 항상 과거 시제다. 과거의 사건으로서 꿈은 결코 바뀔 수 없다는 점에서 역사와 함께 성역을 공유한다. 꿈은 잊어버릴 수도 있고, 처음에 알았던 것과 다른 해석의 대상인 것으로 보일 수도 있지만, 현재 보고된 과거의 사건으로서의 꿈은 환자의 관점에서 볼 때 특별한 장점을 갖는다. 나는 심각한 박해불안을 가지고 있는 환자와 현재의 전이 외상들을 과거로 넘겨버리는 많은 꿈을 꾸는 몽자의 경우에 꿈 보고에서 시간적 전치가 증가하는 것을 보고 충격을 받았다. 분석의 다른 영역에서도 처음에는 주제를 확실하게 보여주었던 꿈 보고는 비록 '지난 밤'의 과거일지라도 본질적으로 잠재된 내용을 과거로 밀어 넣으려는 시도였다. 상담이 있었던 날 아침잠에서 깨어 나와 꿈을 보고하기 시작한 것은 이 환자의 분석에 큰 의미가 있었다. 오랜 시간 동안 그녀는 꿈을 말하는 동안에만 자기-관찰을 할 수 있었다. 예컨대 그녀는 직접적인 현재의 전이 개입에 노출되자마자, 분석회기에서 자신의 충동을 노골적인 신체적 행위로 행동화했다. 그리고는 내가 초자아의 역할을 감당하지 못하자 점점 더 광분해지면서 자신의 내부가 아니라 외부에 있는 초자아와 싸우기 위해 내게 투사를 하였다. 하지만 꿈을 보고할 때, 그 내용이 아무리 파괴적일지라도 그녀는 안정을 느꼈다. 그녀는 꿈을 만들 수 있을 만큼 내면이 충분히 살아 있었고, 꿈이 과거의 일이라 시간의 보호를 받고 있다고 느껴졌기 때문에, 그녀도 나도 꿈을 접촉할 수 없었다. 여기서 저항은 큰소리로 울부짖지만, 이 사례에서 내가 추출하고 싶은 것은 꿈을 말함으로 환자는 위협받는 자아에 대해 어느 정도의 안전을 제공받는다는 점이다. 내적 갈등에 대한 두려움 때문에 초자아와 자아-기능의 구조적 분리를 유지할 수 없었던 그녀는 초자아를 투사하여 남은 것에 대한 통제력을 상실했다. 투사 없이 그녀는 내가 그녀를 침범할까봐 두려워했고 그녀에 대한 증오에 찬 내적 이미지들과 어울렸다. 이런 일이 일어나지 않을 수 있는 유일한 곳은 그녀의 꿈 보고에서였다. 왜냐하면 그녀는 꿈들에 대해 보고할 때 그 꿈의 내용들은 이미 경험했던 것들이었다고 느꼈기 때문이었다. 게다가, 꿈의 경험들은 나와는 거리가 있는 경험들이었다. 또한 일부 환자들이 그런 것처럼 분석의 분위기가 쾌쾌한 것에 묻히게 되어 다음 분석회기까지 전이 반응을 분석할 수 없게 하고, 그녀의 불안을 충분히 통제하지 못하게 하였다. 이 환자에게는 공간적 해리도 필요했다. 그녀는 꿈이 나에게서 멀리 떨어진 곳에서만 일어나는 것이 아니라 종종 외현몽의 내용의 장소가 멀리 떨어진 곳이라는 것을 상기해야 했다. 그녀는 종종 지도에 대한 꿈을 말해주었다. 그녀는 벽에 금이 간 지도를 보았고, 우연히 내 의자가 평소보다 카우치에 가까이 다가가지 않았음을 확인하기 위해서 주의 깊게 지켜보았다. 여러 회기 동안 그녀는 방의 가장 먼 구석에 있는 바닥에 웅크리고 앉아 있거나, 아니면 내 의자에 가까이 서

있거나 하였다. 그러나 그녀의 꿈들이 시간적으로 내 뒤에 있었던 것처럼, 그녀는 공간적으로 내 뒤에 있었다. 당신은 그녀의 가장 강한 의식적 두려움은 카우치에서 잠들고 꿈을 꾸는 것이었다는 사실을 알게 된다 해도 놀라지 않을 것이다.

    이 환자는 또한 우리에게 꿈꾸기가 다루고 있는 여러 등급의 심리적 대상들에서 등급 혹은 차원의 축소에 영향을 미치는 방식의 좋은 예를 제시한다. 나는 특히 자기, 내적 이미지들, 외부 대상들이라는 삼중 구조를 언급하는데, 이들 각각은 자율적 존재로 환상화되며, 내사와 투사를 통해 재배치된다. 처음 깨어났을 때 내적 이미지들만을 다루고 있는 한, 그녀는 안전할 수 있었다. 하지만 깨어있는 남은 삶 동안, 이 삼중 구조의 운영은 그녀에게 너무 어려운 것으로 판명되었다. 그녀는 '피리 부는 사나이' 같이 그들에게 너무 매력적이어서 저항할 수 없게 하여 그녀를 황량하고 고갈된 채 남겨두게 할 수 있는 외부 대상들에게 내적 이미지들을 빼앗길까 두려워하던지 아니면 내적 이미지들과 외부 대상들이 그녀 자신을 공격하기 위해 연합을 형성할 위험이 있었다. 그녀는 공간적으로나 정서적으로 전이에서 거리를 유지함으로써, 나와 그녀의 내적 이미지들이 함께 잘 어울릴 수도 있고 또 그녀를 버릴 수도 있는 첫 번째 가능성을 차단하였다. 내적 대상들을 나에게 투사하는 행동화는 그녀 안에서 일어나는 전투의 두 번째 위험을 피하기 위한 것이었다. 비어 있더라도 손상되지 않고 온전하게 있는 것이 좋다. 꿈을 스스로에게 말할 때에만 외부 대상들과의 불균형 없이 그녀는 자신과 내적 이미지들 사이에 안전함을 느낄 수 있었다. 잠자러 갈 때 그녀가 찾았던 것은 어머니의 무릎의 유일한 소유로 돌아가는 것이라는 많은 증거들이 그녀의 환상에 나타나고 있었다. 예를 들어, 어느 분석회기에서 그녀는 내 무릎에 앉고 싶은 소원도 있었고 내가 방에 나가고 그녀 홀로 있기를 바라는 소원도 있었다. 그녀는 그녀가 가장 좋아하는 잠자러 가기 환상이 장미로 덮인 오두막집 옆의 아기 침대에 누워있는 아기라는 사실에 주목하였다. 그녀는 자신이 왜 다른 사람을 이 그림에 넣지 않았는지 궁금해 했다. 그녀는 자기와 함께 누군가가 무릎에 앉는 것을 원치 않았을 뿐만 아니라, 그녀만을 위한 하나의 무릎을 원했다. 그녀는 분석회기에서와 마찬가지로 '어머니가 정말 당신에게 가까이 있으면 당신의 어머니를 볼 수 없기 때문에' 실제 그런 환상은 사라질 것이라고 설명해주었다. 그러므로 그녀의 가장 만족스러운 꿈 보고는 외부 대상 차원을 상실하고 그녀 자신이 어머니의 내적 이미지가 되게 하는 것이었다. 분석회기들에서 그녀는 내가 어떤 소리를 내거나 갑작스러운 동작을 취하거나 그녀와 시선을 마주치는 것을 싫어했다. 내가 가만히 있는 한 상담실 밖에서의 소리는 그녀를 방해하지 않았다. 비록 상징적으로 내 무릎에 있는 이런 상태를 원하지만, 위험이 곧 나타날 것이니 거기 파괴적인 아이에게 조심하라고 내게 경고할 것이다. 현재 내가 고요할 것을 요구하는 일은 나를 움직이게 하려는 시도에 양보할 것이다. 그녀는 나의 고요함이 죽은 자의 고요함이 될까봐 두려워 카우치에서 뛰어내리고, 쿠션을 던지고, 내 의자를 젖히려 할 것이다. 내가 그녀와 시선을 마주치거나 그녀의 방향으로 바라보길 원치 않던 그녀가 돌아서다가 우연히 머리를 뒤로 젖히거나 눈을 감고 있는 나를 발견하면 당황해했다. 그러고 나서 그녀는 나에게 경고를 주고 흔들어 삶으로 다시 돌아오게 했다.

꿈을 스스로에게 말함으로써 우리는 내적 이미지들과 외부 대상들 사이를 중재하는 외교적 기능을 완화하고 자신과 내적 이미지 간의 직접적인 관계를 구축할 수 있다. 이러한 직접성은 특히 정신분열증 환자에게 만족의 원천이며, 분열증 환자의 깨어있는 삶의 대부분은 내적 이미지들과 외부 대상들 사이의 철의 장막을 유지하는 것에 전념한다. 그런 환자는 자신의 꿈이 비록 견디기에는 끔찍하지만, 단연코 가장 본질적인 경험이라고 느낀다.

비록 꿈을 말하는 이는 보고되는 꿈을 정신적 자리를 내적 이미지로 담는 꿈으로 뿐 아니라 그 이미지 안에 '담겨진 꿈'dream contained 으로 가정할 수도 있지만, 이 두 가지 형태의 꿈 보고는 한 대상 차원 즉 외부 대상 차원의 상실을 나타낸다. 꿈은 결코 내적 경험만이 아니다. 칸저(Kanzer, 955)가 말했듯이, '수면은 일차적 자기애의 현상이 아니라 이차적인 자기애의 현상이며, 잠자는 사람은 자신의 잠을 내사된 대상과 공유한다.'

어린아이들에게서, 내적 대상들과 외부 대상들 사이의 관계가 여전히 유동적일 때, 잠자는 사람이 깨어났을 때 그가 다른 사람과 자신의 꿈 경험을 공유했다고 상상할 수 있다. 예를 들어, 3살짜리 환자는 보고와 다른 사유를 구별할 수 있었지만, '둘이 꿈을 함께 꾸었다'dreams a deux는 가정 하에, 그는 꿈속의 사건에 대한 자세한 정보를 얻기 위해 어머니를 심문하곤 했지만 아버지나 여동생에게 물어본 적이 없었다. 그는 꿈을 보고함에 있어 제한적인 틀을 적용하고 있었다.

차원 축소에 대한 관념을 가지고, 이것이 자기와 가능한 대상의 범위 사이에서뿐만 아니라 자기 내부에서도 발생하는지 물어볼 수 있을까? 꿈속에서 신체-정신의 분리에 대한 논의에서 르윈(1958)은 이 물음에 대해 아름답게 도출된 해답을 제시한다. 그는 평화로운 꿈 속에서 '지각하고 있는 몽자는 작고 무중력 상태이며 막연하게 눈 뒤에 위치한 비물질적 존재에 지나지 않는다.'(50)고 말했다. 마음과 물질을 분리할 때 관찰자로서의 자기는 성찰적인 자기-차원, 즉 자기에 의한 자기의 접촉, 자기에 의한 자기를 보기 등을 상실한다. 관찰자로서 자기에서 물러난 이 성찰적 요소들은 해리되어 관찰된 자기의 꿈 그림 위에 투사된다. 자기 차원의 최대 상실은 르윈(1958)이 말했듯이 '몽자가 관객으로서 자신을 분리하지 않고 꿈의 순수한 감정과 합쳐질 때(54) 텅 빈 꿈blank dream에서 발생한다. 물론, 내적인 젖가슴 이미지와 합쳐지는 이 특별한 유형의 꿈에서 우리는 자기, 내적 이미지, 외부 대상들이라는 세 차원을 텅 빈 화면이라는 하나의 차원으로 축소한다. 최면술적인 이미지가 지복에 다가가고는 있지만 도달하지 못하는 좋은 예인 긴장-부정의 텅 빈 꿈은 커다란 구름 덩어리 앞에서, 자신이 단지 한 점일 뿐이라는 환상을 반복해서 경험했던 한 환자에 의해 주어졌다. 그가 깨어났을 때, 점-자기는 얇은 선처럼 뾰족해지고 질량은 더 단단해지고 오글거리게 되었다. 점은 자리를 차지하고 있지만 차원은 없다. 선은 하나의 차원을 갖고, 신체는 세 개의 차원을 갖는다.

　　차원의 변이에 대한 관념은 상징화 이론에서 의미가 있다. 상징된 것과 상징의 탈-분화는 분열증 환자의 구체적인 사고의 기초가 된다. 예를 들어 분열증 환자들의 경우 프로이트가 주장한 것처럼 단어들과 대상들은 리비도 에너지가 부착되는 것처럼 부착된다. 좀 더 성숙한 형태의 상징화에서 축소는 자아로 하여금 상징과 상징했던 것을 동일한 것으로 대하도록 요구했던 전능한 유아 탐욕의 영향을 받는다. 적게 받아들일 때, 상징 제조자는 그의 상징이 그가 영향을 미쳤던 방식에서 원본과 차이가 나는 그의 창조물이기 때문에 숙달의 의미에서 또 상실한 이미지를 대체하는 역할을 하는 상징의 적응성 모두에서 얻게 된다. 상징적 표상의 적용 범위는 상징적 동등시의 적용 범위보다 훨씬 넓으며, 위니캇(1953)의 중간대상 개념처럼 상징적 표상의 초기의 구체적인 형식은 어려운 많은 순간에 대체물로 사용될 수 있다. 어려움에 처한 어린아이는 곰 인형을 빨고 쓰다듬거나 발로 차고 그 위에 앉거나 토막 낼 수도 있다. 그리고 그 곰 인형은 다른 사람의 것이 아닌 바로 자신의 것이라고 확신할 수도 있다. 꿈 텍스트도 이와 같다. 자아가 현실적이지 않음으로 인해 잃는 것을 소유력, 사생활, 유연성, 모호성, 가역성, 압축된 의미의 다양성으로 인해 얻는다.

이제 여러분은 내가 왜 꿈을 말하는 것으로 꿈꾸기를 정의하고자 했는지 알 것이라 생각한다. 몽자는 본성상 꿈 이론가들 중 한 사람으로서 언제나 자신의 경험과 이론가들의 자료를 덮어버리는 속성이 있다. 그런데 꿈을 말하는 것으로 꿈꾸기를 정의하는 개념적 완벽함은 우리로 하여금 몽자의 그런 속성을 벗어나 우리의 일차 자료를 탐구하게 해준다. 꿈을 말하는 사람은 그가 지난 밤 꿈을 꾸었다고 말하기 때문에, 우리가 몽자의 매체 선택을 당연하게 받아들여서는 안 되는 것처럼, 프로이트 이론의 다른 관점에서 보면 외현몽의 내용만이 그 꿈의 의미라고 생각해서는 안 된다.

적게 가정할 때, 우리는 더 많은 것을 발견하게 된다. 마찬가지로 우리는 꿈을 말하는 행위에 대한 몽자의 개념을 꿈의 일차적 텍스트만큼이나 진지하게 읽어야 하는 중요한 2차 자료로 받아들인다.

그러므로 꿈을 말하는 행위는 모든 행위의 철저한 심리 분석에서 이루어져야 한다. 누군가가 생각하는 것을 이해하기 위해서는 그가 생각할 때 그가 하고 있는 것을 생각하는 것에 대해 호기심을 가져야 한다. 이런 종류의 2차 자료 중 가장 발견하기 어려운 것은 물론 관찰자와 피험자 모두가 문화적으로 공유하는 자료들이며, 그 중 꿈꾸기는 좋은 예이다.

정신분석적 접근은 가장 깊은 의미에서 현상학적이다. 왜냐하면 우리는 정신분석의 성찰적 자료들이 의식의 항목으로서 자격을 갖출 것을 요구하지 않기 때문이다. 예컨대 우리는 어떤 사람이 그의 자아-기능에 대한 변조 효과modulating effect를 추론할 수 있도록 그의 생각에 그가 무엇을 생각하고 있는지 알 것을 요구하지 않는다. 실제로 그가 생각하거나 꿈을 꿀 때 그의 생각에 그가 하고 있는 것을 알지 못한다는 것을 우리가 안다면, 우리는 그가 이 성찰적인 지식을 그가 알고 있었을 때와는 다른 원칙에 따라 사용할 것이라고 예측할 수 있다.

이것이 무의식적 정신 기능의 원리들이며, 이들에 대한 우리의 추론의 기본은 본질적으로 역설적이다. 우리는 행동의 결과가 의도에 단서를 제공하고, 무의식적인 정신 기능의 특징은 바로 이 기준을 알지 못하는 사람이 하는 행동에서 비롯된다고 가정한다. 그는 자신의 행동이 지닌 주관적이고 사적이며 방어적인 의미를 유지하려고 노력한다. 그래서 자신이 무슨 일을 꾸미고 있는지 아는 데 따른 역겨운 초자아적 결과를 피할 수 있다.

우리가 그 사람이 동시에 무엇을 하고 있는지 알면서도 모르는 해리된 상태를 가정하는 것이 무의식 이론의 중심이다. 이러한 무의식적인 인지 충돌 상태에서 자아-기능이 모순된 의도를 최적으로 관리하기 위해 중재한다. 그중에서도 가장 뛰어난 것은 하트만의 차별화 및 종합을 수용하는 구성 기능이다. 무의식적 자아-기능의 탐지에 우리가 무의식적 환상 내용을 탐지하는 데 사용하는 논리와 같은 논리를 적용한다면, 우리는 행동의 결과를 의도의 필수적인 기준 중 하나로 사용하는 것이 정당화된다. 그렇게 함으로써, 우리는 '어떤 것 자체의 상태(Khan, 1974)'에 대한 꿈 텍스트의 속성을 포함하여, 우리는 어떻게 꿈을 말하는 것이 유아적인 환상 주제를 상징할 수 있는지를 보여주는 정신분석적 꿈 이론의 모든 발전을 지지해야 할 뿐만 아니라, 더 나아가서 결과의 관찰을 통해 무의식적인 자아를 특정 행동 방식 또는 표현 매체의 활용에 따라 보아야 한다.

| 결론

나는 미묘하게 분석된 전이의 다른 측면들이 환상과 저항을 위해 훌륭한 놀이와 전쟁터를 제공할 때 환자들은 왜 꿈 보고하기를 고집하는지 질문해 왔다. 결국 여기에는 이것들이 그들이 달성하기를 원하는 목표임을 부인하는 방어적 목표를 포함하여 이들 목표들에 도달하기 위한 다른 방법도 있다. 나는 무의식 속에 있는 모든 논쟁에 본질적인 양측을 인식하고 화해하는 과정에서 자아에게 큰 이점을 제공하는 특별한 특징이 꿈 말하기에 있다고 답했다. 한편으로, 우리는 이것들을 해리의 좋은 측면들로 특징지을 수 있다. 해리의 긍정적 측면에는 한계 안에 두 가지 목표가 하나를 희생한 대가로 주어질 수 있다. 그 하나란 곧 지켜지기도 하고 드러나기도 한 비밀, 과거 시제가 보호된 현재의 행위, 보는 것과 말하는 것 사이의 명백한 공백에 의해 타인에게 범위를 벗어난 그림 이미지, 일반적으로 너무 진지하게 받아들여지지 않는 비현실적인 사유의 맥락에 잠시 동안 그것을 위치시킴으로써 말해지고 부정된 참을 수 없는 진실이다. 그러나 다른 한편으로, 모든 해리적 측면에 대해 우리는 상응하는 통합적 기능을 찾을 수 있다. 즉, 갈등상태의 완전한 차원을 희생하는 과정에 의해 새롭고 분화된 전체가 나타난다. 우리는—꿈 텍스트에 상징을 사용하는 것에서, 그리고 나의 이 문제에 대한 확장된 논증에서, 내적 대상, 자기와 타자 사이의 소통을 위한 매개체로 꿈 말하기를 사용하는 것에서, 인정된 의도와 거부된 의도 사이의 갈등을 표현하는 것에서, 그리고 마지막으로 그 사람이 자신의 삶에서 원하는 것에 대해서뿐 아니라 아마도 탁월하게는 우리가 거기에 충분한 주의를 기울인다면 주어진 시간에 주어진 성격의 구성 기능의 능력에 대해 탐색하는 것에서—이 점을 가장 명료하게 보게 된다.

| 참고문헌

Blum, H. P. (1976). The Changing Use of Dreams in Psychoanalytic Practice: Dreams and Free Association. *Int. J. Psycho-Anal.* 57, 315-24.

Breger, L., Hunter, I. and Lane, R.W. (1971). *The Effect of Stress on Dreams*. New York: Int. Univ. Press.

Curtis, H. C. and Sachs, D.M. (reporters) (1976). Dialogue on 'The Changing Use of Dreams in Psychoanalytic Practice'. *Int. J. Psycho-Anal.* 57, 343-54.

Erikson, E. H. (1954). The Dream Specimen of Psychoanalysis. *J. Am. psychoanal. Ass.* 2, 5-56.

Fisher, C., Kahn, E., Edwards, A. and Davis, D. M. (1973). A Psychophysiological Study of Nightmares and Night Terrors. *J. nerv. ment. Dis.* 157, 75-98.

Freud, S. (1900). The Interpretation of Dreams. *SE* 4-5.

—— (1916). Introductory Lectures on Psychoanalysis. *SE* 15.

—— (1920). Beyond the Pleasure Principle. *SE* 18.

—— (1923). Remarks on the Theory and Practice of Dream Interpretation. *SE* 19.

—— (1925). Negation. *SE* 19.

—— (1933). New Introductory Lectures on Psychoanalysis. *SE* 22.

Greenberg, R., Pearlman, C. A. and Gampel, D. (1972). War Neuroses and the Adaptive Function of REM Sleep. *Brit. J. med. Psychol.* 45, 27-33.

Hartmann, E. (1976). Discussion of 'The Changing Use of Dreams in Psychoanalytic Practice': the Dream as a 'Royal Road' to the Biology of the Mental Apparatus. *Int. J. Psycho-Anal.* 57, 331-4.

Hartmann, H. (1947). On Rational and Irrational Action. *Psychoanal. soc. Sci.* 1, 359-92.

—— (1950). Comments on the Psychoanalytic Theory of the Ego. *Psychoanal. Study Child* 5.

Kanzer, M. (1955). The Communicative Function of the Dream. *Int. J. PsychoAnal.* 36, 260-6.

Khan, M. M. R. (1974). *The Privacy of the Self*. London: Hogarth Press.

—— (1976). The Changing Use of Dreams in Psychoanalytic Practice: in Search of the Dreaming Experience. *Int. J. Psycho-Anal.* 57, 325-30.

Kris, E. (1952). *Psycho-analytic Explorations in Art*. New York: Int. Univ. Press.

Lewin, B. D. (1946). Sleep, the Mouth and the Dream Screen. *Psych-*

oanal Q. 15, 419-34.

—— (1958). *Dreams and the Use of Regression.* New York: Int. Univ. Press.

—— (1968). *The Image and the Past.* New York: Int. Univ. Press.

Malcolm. N. (1964). The Concept of Dreaming. In D.F. Gustafson (ed.), *Essays in Philosophical Psychology.* New York: Doubleday, Anchor.

Parkes. C. M. (1972). *Bereavement. Studies of Grief in Adult Life.* London: Tavistock Publ.

Plata-Mujica, C. (1976). Discussion of 'The Changing Use of Dreams in Psychoanalytic Practice.' *Int. J. Psycho-Anal.* 57, 335-41.

Schafer, R. (1976). *A New Language for Psychoanalysis.* New Haven: Yale Univ. Press.

Stein, M. H. (1965). States of Consciousness in the Analytic Situation. In M. Schur (ed.), *Drives, Affects, Behaviour,* vol. 2. New York: Int. Univ. Press.

Winnicott, D. W. (1953). Transitional Objects and Transitional Phenomena. In *Collected Papers.* London: Tavistock, Publ., 1958.

13장
꿈의 정신분석적 현상학

로버트 스토롤로와 조지 애트우드
(Robert D. Stolorow and George E. Atwood)

정신분석적 치료가 고전적 정신신경증을 넘어 다른 형태의 정신 병리학으로 확대되면서, 최근 몇 년 동안 정신분석의 이론과 임상 둘 다 크게 풍부해졌다. 이러한 '정신분석의 범위 확대'와 함께, 성격 발달과 병적 발생에 대한 중요한 새로운 개념화인 이론적 기여가 주어졌고, 이로써 우리는 정신분석 기법에 대한 중요한 의미를 갖게 되었다. 이와는 대조적으로 꿈 분석의 이론과 임상은 일반적으로 우리 분야 내에서 일어나고 있는 개념적이고 기술적인 진보와 보조를 맞추지 못하였다. 몇몇 저자들이 꿈의 소통 측면을 연구하고 (Ferenczi, 1913; Kanzer, 1955; Bergmann, 1966) 어떤 사람들은 삼자 구조 모델 (Arlow and Brenner, 1964; Spanjaard, 1969)을 수용하여 꿈의 이론을 갱신하려고 시도했지만, 프로이트(1900) 이후 꿈에 대한 정신분석적 이해에 대한 새로운 주요 기여는 거의 없었다.[25]

본 논문은 꿈의 의미와 의의에 대한 중요한 새로운 통찰의 원천

---

[25] 이러한 일반화의 중요한 예외는 코헛(1977)의 '자기 상태의 꿈' 개념이다. 이에 대해서는 이후에 논의될 것이다.

으로서 큰 장래성이 있다고 생각되는 이론적 관점을 구체화하는 것을 목표로 한다. 이러한 관점은 새로운 정신분석적 성격 이론의 기초를 구축하려는 지속적인 노력의 맥락에서 발전했다(Stolorow and Atwood). 우리의 노력은 세 가지 일반적인 고려사항에 의해 이끌어졌다. 첫째, 우리는 어떠한 새로운 틀도 고전적 분석 이론가들에 의해 만들어진 기여를 보존하고 공통의 개념 언어로 옮길 수 있어야 한다. 둘째, 정신분석 이론은 임상 관찰의 현상에 기초하여 경험에 가까운 수준의 담론에 입각해야 한다. 셋째, 우리는 적절한 정신분석적 성격 이론이 개인의 주관적 세계의 구조, 의의, 기원을 풍요롭고도 다양하게 밝히도록 설계되어야 한다.

따라서 정신분석의 기초에 대한 우리의 연구는 인간의 주관성을 주된 탐구 영역으로 삼는 '정신분석적 현상학'을 제안하게 하였다. 인간의 주관성을 다루는 심층 심리학으로서, 정신분석적 현상학은 성격적 경험의 의미와 구조를 밝히는 데 전념한다. 정신분석적 현상학은 '표상적 세계'의 개념(Sandler and Rosenblatt, 1962; Stolorow and Atwood, 1979), 곧 한 사람의 경험을 형성하고 조직화하는 것을 보여줄 수 있는 자기와 대상의 독특한 구성에 특별히 주목한다. 우리는 이러한 표상적 구조를 질서있게 하거나 조직화하는 원리의 체계로서 개념화한다(Piaget, 1970). 예컨대 인지-정서적 구조(Klein, 1976)로 개념화하여 이를 통해 자기와 타자에 대한 개인의 경험들이 그들의 특징적인 형태와 의미를 가정한다(Stolorow, 1978a). 따라서 '표상적 세계'라는 용어는 한 사람의 정신적인 이미지의 주관적 세계와 동일하지 않다. 오히려 그것은 그의 주관적인 삶의 주제적 패턴에서 드러나는 세계의 구조를 말한다.

꿈에 대한 새로운 정신분석적 접근은 무의식의 개념에 대한 재검토를 포함해야 한다. 정신분석적 현상학에서, 억압은 자기와 대상의 특정한 구성이 인식 속에서 결정화되는 것을 막는 과정으로 이해된다. 그러므로 억압은 의식적인 경험에서 반복적으로 실현되는 구성의 기초가 되는 긍정적인 조직 원리와 함께 작동하는 부정적인 조직 원리(Atwood 및 Stolorow, 1980)로 간주된다. 따라서 프로이트의 꿈 형성 이론에서 중추적인 '역동적 무의식'은 감정적 갈등이나 주관적 위험과의 연관성 때문에 의식이 추정할 수 없는 집합 구성으로 되어 있다. 특정한 기억, 환상, 느낌, 다른 경험적 내용들은 이러한 두려운 구성을 현실화하려고 위협하기 때문에 억압된다.

부정적인 조직 원리의 체계로 간주되는 역동적인 무의식 외에도, 또 다른 형태의 무의식은 꿈에 대한 사고뿐만 아니라 우리의 일반적인 이론적인 틀에서도 점점 더 중요한 위치를 차지해 왔다. (자아와 사물의 특정한 구성을 인식하게 하며) 긍정적으로 작용하든, (특정 구성이 발생하는 것을 방지하며) 부정적으로 작용하든, 한 개인의 표상적 세계의 조직 원리는 그 자체로 무의식적이다. 한 사람의 경험은 그의 표상적 구성에 의해 형성되지만, 이러한 형태가 없는 것이 인식과 성찰의 초점이 된다. 따라서 우리는 표상적 세계의 구조를 성찰 이전의 무의식(Atwood and Stolorow, 1980)으로 특징지을 것을 제안했다. 이런 형태의 무의식은 방어 활동의 산물이 아니다. 그것은 자신이 살아 움직이는 개인의 현실이 어떻게 자신의 주관성의 구조에 의해 구성되는지 인식하지 못하는 데서 비롯된다.

우리가 '성찰 이전'으로 지정한 무의식의 형태에 대한 이해가 정신분석 이론과 임상을 위한 꿈의 독특한 중요성을 새롭게 조명한다는 것이 우리의 주장이다. 일반적으로, 한 개인의 표상적 세계의 구조는 비교적 구속받지 않은 자발적인 생성에서 가장 쉽게 구별될 것이며, 아마도 꿈보다 덜 속박되거나 더 자발적인 심리적 산물은 없을 것이다. 순수 문화에서 인간의 주관성으로서, 꿈은 무의식적으로 사람의 심리적인 삶을 유형화하고 성숙시키는 조직적 원리와 지배적인 동기인 성찰 이전의 무의식으로 가는 '왕도'를 구성한다(Stolorow 1978b).[26] 이 논문의 나머지 부분에서, 우리는 꿈이 무의식적인 경험의 구조에 근접한 것이라는 점을 임상적이고 이론적인 의미에서 탐구할 것이다. 우리는 먼저 정신분석적 꿈 해석의 성격에 대한 일반적인 몇 가지 의견을 제시하고자 한다.

| 꿈 해석의 성격

고전적 정신분석에서, 꿈의 의미에 도달하기 위한 기법적 절차는 꿈을 분리된 요소로 분해한 다음 각 요소에 대한 몽자의 연상을 모으는 것이었다. 이 절차의 근거는 분석가가 제시한 특정 연결과 추가에 의해 보완되고 몽자가 제공하는 연상적 사슬이 꿈을 낳았던 정신적 과정을 되짚어 꿈의 잠재된 내용이나 무의식적 의미로 되돌아갈 것이라는 이론적인 관념에서 찾을 수 있다. 이 방법에 의해 결정되는 꿈의 의미는 꿈의 인과적 기원과 동일하다고 가정한다. 즉 분석에 의해 드러난 잠재된 사유와 소원을 꿈 형성의 기본적인 출발점으로 간주한다.

---

26 에릭슨(1954)은 다른 이론적 관점에서 꿈의 '표상 스타일'에 대한 관심이 자신과 자신의 세계를 경험하는 몽자의 양식을 드러낼 수 있다고 제안했다.

인간의 주관성을 중점으로 삼는 틀의 관점에서 꿈의 의미에 대한 결정은 몽자가 현재 경험하는 과정에 꿈이 내재되어 있는 방식을 설명하는 문제이다.

꿈의 상징과 은유를 조형적인 성격적 맥락으로 복원함으로써, 해석은 꿈의 이미지와 몽자의 주관적인 삶의 중요한 관심사 사이의 연결고리를 재구성한다. 우리는 꿈의 심리에 대한 현상학적 접근을 전개하면서 꿈이 어떻게 몽자의 성격적 세계와 역사를 요약하는지 이해하고자 한다. 따라서 우리의 관점에서 자유연상을 수집하는 효용은 꿈 형성의 추정된 인과 경로를 재추적하는 것이 아니라 이미지를 검토하고 이해할 수 있는 주관적 의미의 맥락을 생성하는 것이다. 외현몽의 별개 요소들 외에도, 꿈의 서술 구조를 이루는 자기와 대상의 독특한 주제 구성은 또한 연상적 설명을 위한 유용한 출발점으로 작용할 수 있다(Stolorow, 1978b). 그러한 주제는 꿈의 구체적인 세부사항에서 추상화하여 몽자에게 제시될 때, 올라오는 연상들을 실질적으로 풍부하게 할 수 있으며, 개인의 주관적 세계를 구성하는 성찰 이전의 무의식적 경험 구조에 대한 통찰의 중요한 원천을 나타낼 수 있다.

정신분석적 현상학의 개념적 틀의 중심에는 심리 현상을 성격의 맥락에서 설명하기 위한 해석적 원칙의 집합이 있다. 꿈과 관련하여 이러한 원리는 몽자의 주관적인 우주를 배경으로 꿈의 이미지를 보는 방법을 제공한다. 그러한 많은 해석 원리들은 꿈이 어떻게 형성되는지에 대한 고전적인 프로이트 이론에 내포되어 있다. 우리는 이 이론이 꿈 생성 과정에 대한 인과론적이고 기계론적인 설명보다는 해석 규칙에 대한 해석학적 체계로 가장 유익하게 여겨진다고 생각한다. 프로이트(1900)는 꿈의 해석은 꿈-작업의 반대 방향으로 움직인다고 주장한다. 말하자면 꿈 분석의 활동은 꿈 형성의 경로를 따라 뒤로 이동한다. 꿈-작업 이론은 정신분석적 해석에 따른 경로를 역전시킨다고 보는 것이 더 정확하다 할 수 있다. 예를 들어, 압축의 꿈-작업 '기제'는 해석의 원리를 이론적으로 반전시켜 꿈 텍스트에 있는 하나의 요소가 몽자의 심리 생활에서 다중의 주관적 맥락과 관련시킨다. 마찬가지로, 전치 기제 또한 꿈 해석의 원리를 뒤집어 몽자가 인식이 확고하게 결정되지 않도록 만들어낸 이미지들이 주관적으로는 위험하거나 갈등적인 구성들이라는 것을 알아차리기 위해 꿈 서술의 다양한 요소에 대한 정서적 억양을 뒤바꾸고 상호 교환한다.

꿈이 소원 성취를 표상(시도)한다는 이러한 고전적 관념은 꿈이 몽자의 주관적 관심사와 연결을 찾아가는 해석적 원리로도 볼 수 있다. 분석가에게 특정 꿈 서술의 복잡성에 직면하는 초기 방향을 제시함으로써, 이 전제는 몽자의 삶에서 감정적으로 중요한 이슈와 꿈을 연관시키는 데 초점을 맞춘다. 우리는 꿈에서 소원 성취가 중심을 이룬다는 고전적인 개념을 꿈이 항상 몽자의 하나 이상의 성격적 목적을 구체화하는 보다 일반적이고 포괄적인 명제로 확대해 나갈 것이다. 그러한 목적은 프로이트에 의해 논의된 소원 성취를 포함하며, 또한 본 논문의 다음 절에서 설명될 다양한 중요 심리적 목적도 포함한다.

꿈에 적용되는 정신분석적 현상학의 해석 원리는 외현몽의 내용과 그 연상에 접근하는 해석자의 보조 자료로 작용한다. 그것은 분석가가 꿈을 몽자의 성격적인 세계와 연결하는 상징적 표현의 다양한 줄기를 가진 복잡한 지도를 만들 수 있게 한다. 특정 꿈을 검토하기 위한 이러한 원리의 효용은 이 원리가 꿈 텍스트의 다양한 특징들을 몽자의 주관적인 삶에서 중요하게 드러나는 문제와 관심의 구현으로 설득력 있게 조명하는 해석으로 이어지는 정도에 있다. 즉, 특정 꿈 해석의 정확성 또는 적절성은 일반적으로 정신분석적 해석의 타당성에 대한 평가를 지배하는 동일한 해석학적 기준에 의해 평가된다(Stolorow and Atwood). 즉 논증의 논리적 일관성, 몽자의 심리적 삶에 대한 일반적 지식과 해석의 양립가능성, 꿈 텍스트의 다양한 세부사항들을 투명하게 표현하는데 있어 설명의 포괄성, 꿈의 이야기 속에 숨겨진 질서의 유형들을 조명하고, 이 유형들을 몽자의 성격적 주관성의 배경 구조와 연결시키는데 있어 분석의 심미적 아름다움이란 기준에 의해 평가된다.

이제 꿈 해석에 대한 일반적인 논의에서 꿈 경험의 특정 속성에 대한 고려 곧 구체적인 상징화로 돌아가 보자.

| 꿈에서 구체적 상징화의 목적

프로이트 이론에 대한 최근의 비판들 중, 가장 건설적인 것들 중 일부는 조지 클라인(George Klein, 1976)의 초심리학과 정신분석의 임상 이론 사이의 구별을 명확히 하는 것에 기초한 것들이었다. 클라인은 초심리학과 임상이론을 완전히 다른 두 개의 담론에서 도출해냈다. 초심리학은 인간 경험의 추정된 자료의 바탕을 다루며, 따라서 비인격적 기제, 방출 기구 및 욕동 에너지라는 자연 과학 틀로 설명된다. 이와는 대조적으로 정신분석 상황에서 파생되어 정신분석적 임상을 안내하는 임상이론은 의도성, 의식적이며 무의식적인 목적,

주관적 경험의 성격적 의미를 다룬다. 클라인은 초심리학적 개념과 임상적 개념을 분리하고는 임상적 개념만을 정신분석 이론의 적법한 내용으로 유지하기를 원한다.

이 논문에서 우리는 먼저 프로이트의 꿈-작업에 대한 두 가지 이론, 즉 초심리학적 이론과 임상적 이론에 대해 간략히 언급할 것이다. 그런 다음 정신분석적 현상학의 틀에 근거하여 꿈에서 구체적인 상징화의 목적에 대한 정신분석 임상 이론을 제시할 것이다.

프로이트의 꿈 작업에 대한 초심리학적 이론은 『꿈의 해석』 (1900) 7장에서 가장 명확한 표현을 찾을 수 있다. 여기서 꿈-작업(2차 개작판 제외)은 전의식적 사유들이 '출구를 찾고자 노력하는' 무의식적인 소원으로부터 에너지 충전을 받는 비의도적이고 기계적인 과정의 결과로 개념화된다(605). 꿈-작업은 전의식적 사유들이 무의식 속으로 끌어당겨지면서(594) 자동으로 '1차적 심리 과정의 대상이 될 때' 발생한다(603).

꿈-작업에 대한 이러한 기계론적 시각과는 대조적으로, 의도적이고 목적이 담긴 내용을 강조하는 임상 이론의 핵심은 앞의 '꿈 왜곡' 장에 등장한다. 여기서 꿈-작업은 방어의 목적에 부합하는 '고의적이고 은폐와 변장의 수단이 되는 것'으로 보여진다(141). 이 구절에서 우리는 꿈 검열자를 금지된 소원에 대한 직접적인 인식으로부터 자신을 보호하기 위해 그의 경험의 내용과 의미를 적극적으로 변형하고 있는 몽자 자신으로 쉽게 인식할 수 있다.

방어적 목적을 강조하고 있는 꿈-작업의 이 핵심적 임상 이론은 주로 전치과정과 압축과정을 잘 설명하고 있다. 그러나 우리가 꿈꾸는 경험의 가장 독특하고 중심적인 특징, 즉 추상적인 사유, 느낌,

주관적인 상태를 상징하기 위해 환각적인 생생함을 부여한 구체적인 지각적 이미지의 사용에 대해서는 명료한 설명을 하지 않는다. 꿈의 이 특징에 대한 프로이트의 설명은 전적으로 초심리학적인 것이었다. 즉 정신 기구의 운동에서 감각의 끝에 이르기까지 흥분의 '지형학적 퇴행'(548)은 지각적 이미지들의...환각적 부활(543)의 결과로 여겨졌다. 따라서 프로이트의 관점에 따르면, 꿈에 나타난 그림과 환각적인 내용은 수면 중 정신 에너지의 방출 경로에 따른 비의도적이고 기계적인 결과였다. 이와는 대조적으로 표상적 세계를 바라보는 우리의 심리학은 꿈속의 구체적인 상징화와 그에 따른 환각적 생생함이 몽자에게 필수적이고 근본적인 심리학적 목적을 제공하며, 이러한 목적을 이해하는 것이 꿈꾸기의 중요성과 필요성을 조명할 수 있다고 할 수 있다.

이 논제를 발전시키기 위해서는 먼저 인간의 동기부여 문제를 간단히 짚어보는 것이 필요하다. 우리는 정신분석적 현상학을 인간의 경험과 행동의 의미 연구를 인도하는 해석원리의 방법론적 체계로 생각해 왔다. 정신분석적 현상학은 정신 기구의 비인격적인 동기를 주는 원 동자prime movers를 공식화하기보다는, 한 개인으로 하여금 자신의 표상적 세계를 구성하는 자기와 대상의 구성을 실현하기 위해 노력하도록 이끄는 여러 의식적이며 무의식적 목적(Klein, 1976)이나 인격적 이유(Schafer, 1976)를 밝히고자 한다. 이러한 구성은 다양한 차원에서 소중한 소원과 시급한 욕망을 충족시키고, 도덕적 지침과 자기 처벌을 제공하며, 어려운 현실에 적응하는 데 도움을 주고, 손상되거나 상실된 자기와 대상 이미지를 복구하거나 회복하며, 다른 무서운 구성이 인식에서 결정화되는 것을 방지하기 위한 방어적 목적을 제공할 수 있다. 이러한 인격적 동기의 일부 또는 전부가 꿈의 구축에 기여할 수 있다. 따라서 꿈이 여러 목적의 상대적 동기 부여나 우선순위를 결정하게 하는 것은 꿈 해석의 치료적 사용에 필수적이다.

표상적 세계에 대한 우리의 연구는 또한 위에서 논의한 성격적 목적보다 우월한 추가적이고 보다 일반적인 동기 부여 원리를 제안하도록 했다. 즉, **경험의 조직을 유지하고자 하는 욕구**가 인간 행동 유형의 중심 동기이다(Atwood and Stolorow, 1981). 그리고 우리는 바로 여기서 꿈의 구체적인 상징화의 근본 목적을 발견할 수 있다. 자기와 대상 경험의 구성이 구체적인 지각 이미지에서 상징화를 찾아 환각적 생생함으로 표현될 때, 몽자는 이러한 구성의 타당성과 현실에 대한 확신을 갖게 된다. 결국 지각한다는 것은 믿는 것이다. 수면 중 감각 지각을 통하여 가장 기본적이고 정서적으로 설득력 있는 인식의 형식을 재생함으로써, 꿈은 몽자의 주관적인 삶의 핵 조직 구조를 확인하고 공고히 한다. 우리는 꿈이 **심리적 구조의 수호자**이며, 구체적인 상징화를 통해 이러한 중요한 목적을 성취한다고 생각한다.[27]

꿈 상징화가 경험의 조직을 유지하는 역할을 한다는 우리의 주장은 두 가지 다른 의미에서 꿈의 두 가지 넓은 유형에 적용될 수 있다. (물론 두 유형의 특징을 결합하는 많은 꿈이 있다). 어떤 꿈에서

---

27 레너(Lerner, 1967)는 꿈이 운동 신경적 요소를 통해 신체 이미지를 강화하는 기능을 한다는 증거를 제시했다. 이것이 사실이라면, 이는 우리가 이 논문에서 제안하는 광범위한 논제의 특별하고 제한적인 예가 될 것이다. 문제해결(Freud, 1900), 중요한 갈등 해결(French and Fromm, 1964), 외상-통합(de Monchaux, 1978)이라는 꿈의 기능의 공식화 또한 경험의 조직을 유지하는 꿈 상징화의 역할의 특별한 사례로 볼 수 있다.

는 구체적인 상징이 여러 가지 이유로 요구되는 자기와 대상의 구체적인 구성이 극화되고 확인되는 **특정한** 경험 조직을 실현하는 역할을 한다. 첫 번째 유형의 꿈은 견고하게 구조화된 정신 내적인 갈등의 맥락에서 가장 자주 나타난다. 이 꿈들은 보통 드러난 이미지와 잠재된 의미 사이에 큰 차이를 보이는데, 그 이유는 그들의 구성에서 방어와 변장의 목적이 두드러지기 때문이다. 그러한 꿈에 대한 우리의 접근법은 특히 이것이 나중에 다중기능의 원리를 포함하도록 갱신되었기 때문에(Waelder, 1936; Arlow and Brenner, 1964), 우리가 이전에 언급했던 프로이트의 꿈-작업에 대한 임상 이론을 통합한다. 앞부분에서 논의한 바와 같이, 우리는 꿈의 상징의미가 실현되고 변장된 자기와 대상의 구체적인 구성을 발견하기 위한 추가적인 수단으로서 꿈의 주제와 그 연상적 정교함에 초점을 맞추어 고전적 접근방식을 보완한다.

또 다른 유형의 꿈에서는 구체적인 상징이 경험의 특정 구성을 실현하는 데 그치지 않고 심리적 조직 자체를 유지하는 데 많은 역할을 한다. 이 두 번째 유형의 꿈은 대부분 발달적 개입과 억류의 맥락에서 일어난다. 이로써 표상적 세계의 구조화는 불완전하고 불안정하며 퇴행적인 해리에 취약하다(Stolorow and Lachmann, 1980). 이 꿈들에서는 변장의 목적이 두드러지지 않기 때문에 외현적 내용과 잠재된 내용의 구별이 훨씬 덜 생소하게 된다. 대신, 생생한 꿈의 지각적 이미지들은 해체 위기에 처한 주관적 세계의 구조적 온전함 integrity과 안정성을 회복하거나 유지하는 데 직접적으로 작용한다. 심리적 구조 형성에 심각한 결손이 있는 사람들의 경우, 구체화는 그들의 현실적 삶에서도 망상과 환각의 형태로 또한 자기 혹은 대상의 파편화하는 감각의 응집과 연속성을 유지하는데 필요한 종종 파괴적인 혹은 성적인 성격의 구체적인 행위 구현으로 유사한 목적을 수행할 수 있다(Kohut, 1971; 1977; Stolorow and Lachmann, 1980; Atwood and Stolorow, 1981).

구체적인 상징이 심리적 조직 자체를 유지하는 역할을 하는 이 두 번째 유형의 꿈의 중요한 하위 집단은 코헛(1977)이 논의한 '자기 상태의 꿈'self-state dreams이다. 이 꿈들은 '몽자의 두려움과 통제할 수 없는 긴장-증가, 혹은 자기 해체에 대한 두려움'을 외현적 이미지로 묘사한다(109). 코헛은 꿈에서 이러한 원시적인 자기-상태를 최소한으로 변장된 형태로 묘사하는 바로 그 행동이 '두려움 가득한 이름 없는 과정을 이름 할 수 있는 시각적 이미지로 전환함으로써 심리적인 위험에 대처하려는 시도를 구성한다.'(109)고 제안한다. 소가리즈(1980)는 몽자가 깨어 있을 때 했던 것과 유사한 성 도착적 행위를 직접적으로 묘사하는 꿈에 의해 성취된 유사한 목적을 발견했다. 수면 중의 성도착의 환각적 시각화는 도착적 행위 자체와 같이 위험에 처한 자기 감각을 강화시키고 해체의 위험으로부터 보호해 준다.

자기 상태의 꿈에 대한 지각적 이미지의 주된 목적은, 우리의 관점에서 보면, 이름 없는 심리 과정을 이름 할 수 있게 하는 것이 아니다. 꿈의 상징들은 자기-위험의 경험을 생생하게 재현함으로써 감각적 지각만이 수반할 수 있는 확신과 현실의 느낌으로 자기 상태를 중심 인식으로 가져온다. 건강염려증과 매우 유사한 꿈의 이미지들은 둘 다 자신에 대한 위험을 담고 있고 자기 회복을 위한 구체적인 노력을 구현한다(Stolorow and Lachmann, 1980; ch. 7). 따라서 자기 상태의 꿈들은 경험의 조직을 유지하는 데 있어 구체화의 중심적 역할에 관한 우리의 일반적인 논제의 가장 중요한 예가 된다.

| 임상적 예[28]

우리가 꿈속에서 구체적인 상징화의 구조 유지 기능의 개념을 설명하기 위해 선택한 사례는, 분리된 유사-자율적 성격의 군으로 자기감이 파편화되었던 젊은 여성의 사례이다. 앞으로 논의될 꿈은 주관적 세계의 조직을 유지하고 자기-경험에서 연합과 응집을 이루기 위해 평생 몸부림친 그녀의 다양한 측면을 반영한다. 특히 이 논의에 적합한 이 사례의 특징은 환자가 자신의 꿈과 유사한 목적을 가진 구체적인 행동의 실현을 수행했다는 것이다. 이러한 행동의 실현의 맥락에서 그녀의 꿈을 봄으로써 우리는 그녀의 꿈 이미지가 갖는 조직 유지 기능에 초점을 맞추어 살펴볼 것이다.

환자는 신체적이며 정서적인 극심한 학대가 있는 가정에서 자랐다. 부모는 그녀를 자신들의 연장선으로 대했고 삶에서 경험한 좌절과 실망을 딸에게 투사하며 희생양으로 삼았다. 폭력적인 부모와 마주할 때 종종 신체 구타가 뒤따랐다. 그녀는 아동기 내내 부모가 그녀가 죽기를 바란다는 생각에 시달렸다. 심각한 성격 분열 감각이 그녀의 초기 기억에서조차 나타나면서 평생 동안 환자를 괴롭혔다.

---

28 여러 가지 이유로 필요한 특정 경험 조직을 실현하는데 지각 이미지가 그 역할을 감당하는 첫 번째 유형의 꿈들은 분석가들에게 매우 친숙하기 때문에, 여기서는 예시되지 않을 것이다. 우리는 두 번째 유형의 꿈만 설명할 것이다. 두 번째 유형의 꿈에서는 이미지가 주로 심리적 조직 그 자체를 유지하는 역할을 한다. 우리는 임상 사례가 경험의 조직을 유지하는 데 있어 구체적인 상징화의 역할에 관한 우리의 논제를 결코 '증명'할 수 없다는 것을 알고 있다. 이 명제의 적용은 임상 자료를 질서지우고 이해할 수 있게 하는 응집된 체계를 제공할 수 있다는 것을 보여줄 뿐이다. 원시적인 자기-대상 전이의 확립과 훈습 등 꿈 상징화의 기능에 관한 우리의 논제에 직접적으로 관련되지 않은 사례들은 다루지 않을 것이다.

예를 들어, 그녀는 4학년 때부터 어떻게 그녀의 마음이 몸의 움직임을 통제하는가 하는 질문을 강박적으로 하기 시작했다. 같은 해부터 시작된 정신-신체 통합의 혼란은 그녀의 몸 밖으로의 준-망상적 여행으로 나타났다. 이 여행은 그녀가 죽은 조부모의 자애로운 유령의 방문을 받았을 때 시작되었다. 유령들은 그녀에게 몸을 버리고 '들'이라고 불리는 곳으로 날아가라고 가르쳤다. 그곳은 인간 사회로부터 멀리 떨어진 평화로운 잔디와 나무들로 이루어진 곳이었다. 그녀는 그곳에 혼자 있었고 아무도 그녀를 찾을 수 없었기 때문에 그 들이 안전하다고 느꼈다.

환자의 유체이탈 여행에 내포된 심리적 해체disintegration는 가족 내에서 받은 폭력적인 학대와 거부로 인한 자기-분열의 광범위한 맥락 안에 내재되어 있었다. 두 살 반부터 부모가 갑자기 그녀와의 모든 애정 어린 신체 접촉을 끊고 이후 몇 년 동안 결정적인 외상적 충격이 계속되면서 그녀는 총 여섯 개의 파편적인 자기로 나누어졌다. 이 조각들은 각각 독특한 성격으로 결정되었고, 각각의 개별적인 이름과 독특한 성격적 속성을 가지고 있었다.

환자가 7살 때 뇌종양에 걸려 고통스러운 두통이 발발했다. 신경학적 질환으로 인한 고통에서 도망가고 싶은 욕구는 그녀가 몸 밖으로 여행을 떠나도록 하는 추가적인 동기가 되었다. 그녀의 병이 정확하게 진단되고 종양이 제거되기까지는 꼬박 2년이 걸렸다. 수술 자체는 부모와 의사들에 의해 그녀의 감정을 헤아리지 않고 잔인하게 시행되었고, 그녀는 이때의 수술 경험을 자기를 압도하는 외상으로 경험했다. 이 모든 상황이 그녀의 불안정한 자기정체감selfhood에 영향을 미쳤다. 그녀의 외상적 경험은 수술에서 회복하는 동안 시작되어 사춘기 내내 반복적으로 계속된 악몽으로 상징화되었다. 꿈속에서 그녀는 주위에서 불꽃이 튀어오를 때 동네의 작은 기차역에 홀로 서있었다. 건물 전체가 불에 휩싸여 역이 불타버리자, 두 개의 눈알이 연기 나는 잿더미 속에 조용히 누워 있다가, 움직임과 눈짓으로 서로 대화를 나누며 떨고 뒹굴기 시작했다. 두 개의 작은 조각으로 타들어가는 이 꿈은 외부에서 그리고 내면에서 그녀를 박해하는 세계의 해체적 충격을 구체적으로 묘사했다.

고립된 파편들로 전소되는 환자의 반복적인 꿈은 어떤 심리적 기능을 갖고 있는 것일까? 자신의 신체 소각의 이미지로 자기 해체를 거듭한 경험은 초점 의식focal awareness 안에 자신의 상태를 유지할 수 있게 했고, 완전한 자기-해체의 위협 앞에서 심리적 온전함을 유지하려는 노력을 담아주었다. 구체적인 해부학적 이미지를 활용함으로써 그녀는 불안정하고 사라져가는 자기정체성을 신체적인 물질의 영구성과 실체로 대체하면서 해체되는 실존적 존재의 가시적 형태를 부여하고 있었다. 꿈의 끝에서 눈알 사이의 상호작용과 소통의 이미지는 깨진 파편들을 다시 연결하고 분열된 그녀의 자기에 대한 어느 정도의 응집을 회복하기 위한 추가적인 반복적 노력을 상징했다. 눈알의 구체적인 상징은 그녀의 사회적 환경과 관련된 주요 양식의 본질적인 특징을 포착했다. 그녀는 다시 만들어진 자기 속으로 점유하고 모으기를 바랐던, 다른 사람들에게서 바람직한 자질을 찾기 위해 끊임없이 그녀의 환경을 살펴보면서, 항상 지켜보며 종종은 육체를 이탈하는 구경꾼의 역할을 맡았다. 따라서 그녀의 자기-회복적인 노력과 사라져가는 그녀의 자기 중에 남겨진 것은 그녀의 깨어있는 삶 속에서는 살펴보는 행위로 그리고 반복적인 꿈에서는 눈의 이미지로 결정화되었다.

자기 정체성을 유지하고 성격의 통합을 회복하고 싶은 욕구를 지닌 환자의 주관적 세계에서의 중심적인 특징은 또한 불에 태워지는 반복적인 꿈의 시작과 동시에 나타나는 기이한 행동(이는 1981년 애트우드와 스토롤로에서 더 자세히 논의 되었다)으로 나타났다.[29] 이 행동은 가죽 벨트로 심하게 채찍질하기, 손목과 팔의 피부 표면을 미세하게 긋고 구멍 내기, 물웅덩이에 비친 얼굴의 반사 이미지를 지칠 줄 모르게 바라보기, 벽과 보도와 같은 단단한 물리적 표면의 균열과 틈을 긁고 문지르기, 분리된 손가락들의 피부를 한데 묶어 바늘과 실로 뜨기 등을 포함한다.

이러한 행동 양식이 제공하는 다양한 기능들 가운데서 그녀의 중심목적은 자기가 살아 있고 진짜라는 자신의 확신을 강화하고 산산조각난 자기를 통합하는 것이었다. 자기가 살아있고 실재한다는 확신은 피부 표면에 퍼진 강한 통증의 감각을 통해 신체를 채찍질하는 경우 얻어졌다. 미세한 긋기와 구멍 내기의 경우에도 비슷한 효과가 나타났다. 그녀는 신체적인 경계를 위반함으로써 경계가 거기 있음을 극화했고 그녀 자신의 신체화된 자기정체감을 강화했다. 또한 피부를 칼로 그음으로써 칼에 찔리는 감각과 떨어지는 피 방울은 그녀가 계속해서 살아있다는 구체적인 감각적 증거를 제공하였다. 물웅덩이에 비친 자신의 모습과 관련된 환자의 행동은 확실하고 실제적인 존재감을 안정시키는 데 유사한 역할을 했다. 그녀는 항상 자신의 얼굴 이미지가 사라졌다가 물의 반사 표면을 교란시킬 때 마법처

---

[29] 기이한 행동의 출현은 반복되는 악몽의 시작과 정확히 일치하기 때문에, 우리는 이러한 행동을 꿈의 이미지가 형태를 취하는 같은 의미의 맥락에 내재된 '연상들'로 간주하였다.

럼 다시 나타나는 것에 매료되었던 것을 떠올렸다. 다시 나타난 이미지는 (시각적 반사로 구체화된) 그녀의 자기 감각이 일시적으로 사라지기는 하지만 영원히 사라질 수는 없다는 확신을 주었다. 그래서 자기-연속성의 감각이 아주 가느다랗게 성취되었다.

균열을 긁고 갈라진 틈을 긁고 손가락을 함께 꿰매는 것 등의 실행은 분리된 부분들의 집합이 되는 환자의 경험과 관련이 있었다. 긁는 패턴에 대해서 그녀는 외부 환경의 틈새와 균열이 그녀를 참을 수 없을 정도로 '가렵게'하여 긁을 수밖에 없었다고 설명했다. 주관적인 가려움의 감각을 물리적인 대상들 안에 위치시킴으로 해서 그녀는 내적 파편화의 느낌을 물질적 실재의 평면으로 옮겨놓았다. 그녀는 자신을 작은 구들로 채워진 항아리나 오목한 표면을 가진 정육면체 같은 존재이며, 둥근 체커로 채워진 체커보드라고 표현했다. 비록 구성 요소들이 매우 단단하게 포집되어 있더라도, 그것들은 여전히 통합되고 매끄럽게 이어지는 전체를 형성하지는 못할 것이다. 외부 환경의 가려운 균열과 틈은 그녀의 자기-경험을 구성하는 여러 파편적 실체들 사이의 주관적 틈새에 해당했고, 긁힌 상처는 그녀의 고통스러운 내적 응집력의 결핍에서 벗어나려는 노력을 나타내고 있었다.

바늘과 실로 손가락을 꿰매는 그녀의 패턴의 기능은 매우 유사했다. 이 의식은 그녀의 손을 빛에 내어 놓고 분리된 손가락 사이의 공간을 응시하는 것으로 시작되었다. 그리고 나서 그녀는 바늘과 실을 새끼손가락의 피부 바로 아래, 그런 다음 손가락의 피부 아래, 그리고 그 다음으로 이어가며 손가락들이 서로 단단히 연결되고 엮여질 때까지 계속 왔다 갔다 했다. 손가락을 엮는 행위는 그녀의 신체적 자기의 분리된 부분들을 실제로 결합하여 전체가 되고 연속적이 되도록 하는 것으로, 그녀가 초기 외상적 역사가 진행되는 동안 나누어졌던 부분-자기들의 모음으로부터 내적으로 통합된 정체성을 형성하려는 노력을 구체화한 것이었다.

　환자가 관여한 행동은 파편화되어 타버리는 반복적인 꿈과 기능적으로 평행을 이룬다. 두 현상이 공유하는 본질적 특징은 자기-해체의 경험에 물질적이고 실질적인 형태를 제공하기 위해 구체화를 보상적으로 사용한다는 점이다. 꿈에서는 경험의 구체적인 상징화나 자기-해체를 강조하는 것처럼 보이고, 깨진 조각들을 다시 조립하는 추가적인 보상적 경향은 눈알 사이에 전개되는 소통의 이미지에서 암시된다. 행동에서는 유사한 상징성이 나타나며, 환자가 통합하지 못한 분리된 파편들을 다시 연결함으로써 부서진 자기를 고치고자 하는 생생한 환자의 욕구가 표현된다.

　한 사람의 주관적인 세계 구성을 유지하는데 있어서 꿈의 기능은 악몽을 꾸기 시작할 당시의 환자처럼 구조가 무너지는 상황에서뿐만 아니라, 존재의 과정 안에 있는 새로운 주관성 구조를 공고히 하고 안정시키는 데 꿈이 중요한 역할을 할 수 있다는 점에서도 살펴야 한다. 이제 우리가 논의했던 환자의 또 다른 꿈에 대해 생각해 보자. 이 꿈은 그녀의 심리 치료의 긴 과정 중간에 꾼 꿈이었다. 치료에서 이 꿈의 맥락은 자기-통일 문제를 둘러싼 극심한 갈등과 투쟁 중 하나였다. 이 시점에서 초기 6개 부분-자기들 중 2개는 나머지 4개 부분-자기들에 동화되었지만, 환자는 두려움을 머금은 채 마지못해 통합의 다음 단계에 접근하고 있었다. 특히, 그녀는 자신이 외부세계로부터의 공격이나 견딜 수 없는 외로움에 의해 파괴되는 것에 취약

해질 것을 두려워했다. 그러나 동시에 그녀는 계속하여 해체의 상태에서 지내게 될 삶의 전망을 혐오하였다.

꿈에서 그녀는 집 거실로 걸어 들어가 벽난로 위의 맨틀에 나란히 놓여있는 시멘트 상자 4개를 보았다. 상자 안에는 시체들이 있는 것 같았다. 그 장면은 그녀를 공포에 떨게 했고 잠에서 깨었다. 그러나 이내 다시 잠이 들었고 꿈은 계속되었다. 이제 네 개의 상자는 단 한 개의 상자로 교체되었고, 안에는 네 개의 시체가 시멘트벽에 등을 기대고 안쪽을 향하도록 배치되어 있었다. 상자는 관처럼 보였다. 이 꿈을 치료사와 논의하면서 환자는 자발적으로 4개의 상자를 아직 통합이 필요한 나머지 4개의 부분-자기들과 연관시켰다. 이 목표를 향한 많은 진전이 이미 이루어졌으며, 주로 치료 관계의 촉진 매개체에서 서로 점점 덜 구별되는 네 부분을 통해 이루어졌다. 그러나 환자는 한편으로는 여러 면을 가진 한 사람으로서 자신을 경험하는 것과, 다른 한편으로는 서로 닮고 같은 육체를 가진 별개의 사람들에 대한 기억으로 오락가락하고 있었다.

꿈은 분리된 상자 4개의 이미지를 4개의 몸체가 들어 있는 하나의 이미지로 대체함으로써 이 오락가락한 움직임 중 하나의 위상을 구체화한다. 환자는 4개에서 1개로 바뀌는 것은 자신의 성격 통합의 전주곡으로 이해될 수 있으며, 마지막 상자의 외부 경계가 하나의 자기의 발전 구조를 나타내고 있다는 해석을 내놓았다. 그녀의 임박한 통합과 연관되는 위험성은 또한 상자와 관을 동일시함으로써 꿈속에서 구체적으로 상징화되었다. 환자가 하나가 되면 인생이 끝날 것 같은 깊은 불안감을 자주 드러냈고, 한번은 그녀 자신이 죽은 존재로 함께 오겠다고 제안하기 까지 하였다.

상자 4개를 상자 한 개로 바꾸는 꿈은 발달해 가고 있는 통합을 구체화함으로써 환자의 진화하는 자기-통합을 뒷받침했다. 불타는 이전의 꿈이 심리적 해체를 겪으면서 자신의 자기-경험을 유지하고픈 욕구를 담아내었던 것과 마찬가지로, 두 번째 꿈은 점차 결정화되고 있는 통합적 자기-경험의 새로운 그렇지만 여전히 불안전한 구조를 유지하고 공고히 해야 한다는 그녀의 욕구를 표현하고 있다. 후자의 기능을 공유하는 실행이 상자들에 대한 꿈을 꾼 이후 약 9개월 후에 나타났다. 그 동안 환자는 한 개인으로서 공유된 미래에 대한 공동의 헌신을 하면서 잔여물로 남아 있는 파편적 성격들 각자와 그녀 자신을 통일하는 문제와 계속 씨름했다.

'우리는 나다!'와 '나는 이제 하나다. 어젯밤 우리는 투표했고 우리는 모두 동의한다.' 같은 진술을 계속하는 맥락에서, 환자는 12장의 작은 종이를 꺼내면서 치료 회기를 시작했다. 6장의 종이에는 6개의 부분-자기들의 이름이 적혀 있었고, 나머지 6개에는 그녀가 각각의 자기-분열에 책임이 있다고 생각한 중추적인 외상을 나타내는 짧은 문구가 적혀 있었다. 심리치료사에게 적절한 외상들과 자기들을 연결할 수 있는지 물어본 후, 그녀는 그의 책상을 치우고 12장의 종이를 묶어 자신의 부서진 심리 이력의 시간순서를 보여주는, 밀접하게 병치된 두 개의 세로단으로 조립했다. 이름과 경험을 하나의 질서 있는 구조로 배열하는 행위는 내적으로 통합된, 일시적으로 계속되는 자기를 종합하려는 환자의 점점 더 성공적인 노력을 명확히 구체화했다. 새로 태어난 자기에 가시적인 형태를 부여하고 치료사에게 통합과 역사적 연속성을 보여주면서, 그녀는 지금까지 가능했던 것보다 더 확고하게 경험의 구조를 공고히 하였다. 12개 종이를 연결하는 통합을 실행한 이후 환자는 일관된 기초 위에 자신의 주관적 온전함을 느끼게 되었고, 치료 작업의 초점이 자신의 자기-파편화를 수정하는 것과는 다른 문제로 옮겨갔다.

| 요약

인간의 주관성의 무의식적인 구조에 초점을 맞추는 정신분석적 틀은 꿈의 의미와 의의에 대한 새로운 통찰의 원천으로서 큰 가능성을 갖고 있다. 모든 꿈이 여러 가지 성격적 목적을 신체화 하는 것으로 보여 질 수 있지만, 꿈의 가장 큰 특징은 몽자의 주관적 세계의 조직을 결정하고 보존하는 구체적인 상징화의 사용이다. 임상 사례에서 얻은 두 개의 꿈을 분석한 결과, 기존 구조가 위협받을 때뿐만 아니라 새로운 주관성 구조가 생겨나고 공고화가 필요할 때도 꿈 이미지의 구조 유지 기능이 관찰될 수 있음을 알 수 있었다.

| 참고문헌

Arlow, J. and Brenner, C. (1964), *Psychoanalytic Concepts and the Structural Theory*. New York: International Universities Press.

Atwood, G. and Stolorow, R. (1980), Psychoanalytic Concepts and the Representational World. *Psychoanal. & Contemp. Thought*, 3: 267-290.

―― (1981), Experience and Conduct. *Contemp. Psychoanal.*, 17: 197-208.

Bergmann, M. (1966), The Intrapsychic and Communicative Aspects of the Dream: Their Role in Psychoanalysis and Psychotherapy. *Internat. J. Psycho-Anal.*, 47: 356-363.

Erikson, E. (1954), The Dream Specimen of Psychoanalysis. *J. Amer. Psychoanal. Assn.*, 2: 5-56.

Ferenczi, S. (1913), To Whom does One relate One's Dreams? In: *Further Contributions to the Theory and Technique of Psycho-Analysis*. London: Hogarth Press, 1950, p. 349.

French, T. and Fromm, E. (1964), *Dream Interpretation: A New Approach*. New York: Basic Books.

Freud, S. (1900), The Interpretation of Dreams. *SE* 4 & 5. London: Hogarth Press, 1953.

Kanzer, M. (1955), The Communicative Function of the Dream. *Internat. J. PsychoAnal.*, 36: 260-266.

Klein, G. (1976), *Psychoanalytic Theory: An Exploration of Essentials*. New York: International Universities Press.

Kohut, H. (1971), *The Analysis of the Self*. New York: International Universities Press.

—— (1977), *The Restoration of the Self*. New York: International Universities Press.

Lerner, B. (1967), Dream Function Reconsidered. *J. Abnorm. Psychol.*, 72: 85-100.

Monchaux, C. de (1978), Dreaming and the Organizing Function of the Ego. *Internat. J. Psycho-Anal.*, 59: 443-453.

Piaget, J. (1970), *Structuralism*. New York: Basic Books.

Sandler, J. and Rosenblatt, B. (1962), The Concept of the Representational World. *The Psychoanalytic Study of the Child*, 17: 128-145. New York: International Universities Press.

Schafer, R. (1976), *A New Language for Psychoanalysis*. New Haven, Conn.: Yale University Press.

Socarides, C. (1980), Perverse Symptoms and the Manifest Dream of Perversion. In: *The Dream in Clinical Practice*, ed. J. Natterson. New York: Aronson, pp. 237-256.

Spanjaard, J. (1969), The Manifest Dream Content and its Significance for the Interpretation of Dreams. *Internat. J. Psycho-Anal.*, 50: 221–235.

Stolorow, R. (1978a), The Concept of Psychic Structure: Its Metapsychological and Clinical Psychoanalytic Meanings. *Internat. Rev. Psychoanal.*, 5: 313–320.

—— (1978b), Themes in Dreams: A Brief Contribution to Therapeutic Technique. *Internat. J. Psycho-Anal.*, 59: 473–475.

—— and Atwood, G. (1979), *Faces in a Cloud: Subjectivity in Personality Theory*. New York: Aronson.

—— (in press), Psychoanalytic Phenomenology: Progress toward a Theory of Personality. In: *The Future of Psychoanalysis*, ed. A. Goldberg. New York: International Universities Press.

—— and Lachmann, F. (1980), *Psychoanalysis of Developmental Arrests: Theory and Treatment*. New York: International Universities Press.

Waelder, R. (1936), The Principle of Multiple Function. *Psychoanal. Quart.*, 5: 45–62.

이름 색인

(ㄱ)

갬밀 11, 28, 38-39, 150, 212
구타일 260
국제정신분석저널 10-12
그로덱 196
그로트잔 63
그린 13
그린버그 (R. Greenberg) 229-320
그린버그 (Jay R. Greenberg) 27, 42, 48, 252, 334
그린슨 33, 40, 48, 108-148, 301
기요맹 228
기텔슨 75
길 116

(ㄴ)

나흐트 118
냅 302

(ㄷ)

데이빗 221, 226
도라 사례 87, 169
디멘트 111

(ㄹ)

라이크로프트 209
라캉 16, 24, 28
라파포트 116
랑크 60
랭스 301, 314
레빈 259

레비탄 258-259
레흐츠샤펜 314
로윌드 117
로웬슈타인 117, 257-258, 285
르윈 27-28, 32, 39, 47, 55, 60-63, 69, 110-114, 150, 164, 191, 199, 208, 218, 221-225, 259-262, 324, 341-342
리처드슨 257
리쾨르 151
릴케 285

(ㅁ)

마수드 칸 14, 32, 35, 37, 55-83, 149, 151-165, 233, 249
마테-블랑코 16
마티 127, 222
말러 117
매더 255, 259
매칼파인 60, 76
매호니 27
맥 257
맬라니 클라인 25, 28-31, 34-37, 41, 43, 110, 149, 172-173, 219-221
모세 71-72
무슬린 257

무어 257
무잔 212
미켈란젤로 71
미텔만 257
밀너 29, 37, 76, 157
밀러 257, 261

(ㅂ)

봐이스 272
발렌슈타인 67, 105
발린트 88
벤자민 117
보니메 259, 316
보르헤스 232
브레거 313, 334
브랜너 15, 33, 45, 48, 85-107, 109, 115-117, 258, 285-286
브로이어 16, 86
블리츠텐 257
비온 28, 30, 35-37, 39, 149-150, 169, 171-172, 177, 220-221, 224-225, 243
비트겐슈타인 325
빅 150, 221-222

(ㅅ)

사울 209, 257, 262, 273, 283-284

373

삭스 88
샌들러 42, 317
샤니-알리 235
샤프 24-26, 110, 328
세실리 드 몽쇼 42-43, 252, 321-348
셰퍼드 209, 262
소가리즈 21, 43, 360
쉐이퍼 328
슈르 (Shur, M.) 27
슈어 (Schur H.) 117, 316
슈타인 111, 258, 272, 335
슈테켈 255, 258, 316
스자츠 57
스콧 63, 76
스테렌 277
스토롤로 43-44, 252-253, 349-371
스튜어트 38, 149, 204-211, 258
스팬야드 19, 42, 48, 251, 254-298, 316
스피츠 76
시걸 30, 36, 38, 44, 125-126, 149, 166-179, 205, 220
시카고정신분석문헌색인 143

(ㅇ)

아브라함 234-235

아들러 255, 316
아이슬러 58,117, 123, 143, 259, 272, 287
안나 프로이트 41, 88, 115
알렉산더 76, 123, 257, 268
알로우 115-117, 258, 285-286
알트만 110, 143
앙지외 (Anzieu, A) 235, 248-249
앙지외 (Anzieu, D) 38-39, 150, 228-250
애트우드 543-44, 252-253, 349-371
어니스트 존스 56, 58, 166-168
어니스트 하트만 111
에릭슨 26-27, 40-41, 48, 110, 251, 260, 321
엘름허스트 221
영국 학회 25
오펜크란츠 314
요페 283, 317
워드 257
월드혼 117
웰더 92
위니캇 28-30, 35-37, 43, 67, 76, 149-150, 153-155, 159, 162-164, 171, 197-198, 200, 252, 343

위트킨 313
융 167, 184, 255, 316
이사코어 63

(ㅈ)

정신분석계간누적색인 143
정신분석저술색인 143
제노비아 236-246
제켈스 63-64
조지 클라인 355
존스 리처드 151, 272
지그문트 프로이트 13-27, 31, 34, 38, 40-42, 45-46, 55-59, 62, 69-71, 75, 77, 86-92, 95-96, 99-100, 108-111, 113, 115, 117, 123, 127, 143, 150-151, 166-168, 172-178, 180-187, 191-192, 194, 199, 224, 230-234, 251, 253-256, 258-259, 261-269, 271-277, 281-286, 288, 290, 299-301, 314-316, 322, 325-327, 332, 335, 342-343, 349, 351, 353-357, 359
질베러 255

(ㅋ)

카탄 257
칸저 41, 223, 226, 341
코헛 41, 251-253, 360
큐비 111
크리스 32, 55-56, 61, 65, 114-115, 252, 331
크리스연구집단 33, 109-110
클라우버 258
클라이트먼 111

(ㅌ)

토머 123-124

(ㅍ)

펄만 42, 48, 252, 299-320
페인 221-222, 226
페어베언 76
페데른 63, 257, 262, 281, 284, 290
페니켈 115-116
페렌치 20, 39, 259, 261
펙 257
폰 허그 헬뮤스 223
퐁탈리스 28, 37-38, 43, 49, 150, 180-203, 252

폴락 257
프렌치 260, 283-284, 301, 315
프롬 283, 301, 315
프로시 257
플리스 56, 59-60, 151, 230,
258, 262, 270, 316
피셔 60, 111, 117

(ㅎ)

하인츠 하트만 40, 117, 252,
327, 345
해드필드 260
해리스 257
호킨스 299
휘트먼 313
휴고 195
히츠만 257

주제 색인

(ㄱ)

갈등
　　-과 (외현적) 꿈 내용 261-263, 290
　　-과 (잠재적) 꿈 내용 102, 265, 270, 273, 276
　　-과 급속안구운동 299-301
　　-의 표현으로서의 꿈 287
　　꿈과는 다른 갈등의 결과들 107
감정적 발달 21, 26, 35-36
강박적 방어(들) 219
거울전이 239, 240
경계들 / 안정성(safety)을 참조할 것 28, 29-31, 36-38
경계선 장애 사례들 73, 168-169, 175, 191
공간 / 꿈-공간을 참조할 것

공간적 은유와 분석 37-38
공격성 30, 254-255
중간 꿈 198
과잉결정 288
구성 / 꿈들의 구성(꿈(들)을 참조할 것)
구조이론 15, 89-90, 109, 116, 256, 258, 281, 285
그림그리기와 꿈(들) 191-192
극(드라마)
　　- 과 꿈 25
근친상간 꿈들 286
급속안구운동(REM)
　　-과 수면 299-301
　　- 연구 22, 27, 48, 191, 299
　　-의 기능(들) 299-317
깨어있음 / 각성 27, 31, 63-65, 69, 229
껍데기 232-233, 247

377

꿈 검열 26, 62, 230-231, 264, 356
꿈 검열관 272, 356
꿈 경험하기 204-210
꿈 삶
　-과 분석과정 221-222, 225-226
　꿈 심리학 32, 47, 60, 68, 100
꿈 연구 / 급속안구운동연구를 참조할 것
꿈 이미지 / 꿈 이미지(이미지를 참조할 것)
　꿈을 꿀 수 있(없)는 능력 153-159, 186, 198
　꿈 언어 315, 317
　꿈 작업 (꿈-작업을 참조할 것)
　꿈 해석 (꿈들의 해석을 참조할 것)
　꿈과 분열 36, 43, 190, 335, 363
　꿈과 상징화 (상징화 사유들을 참조할 것)
　꿈과 외상 20, 21, 192, 253, 258, 288, 328-335
　꿈과 잠 63
　꿈과 전이 (전이를 참조할 것)
　꿈과 초자아 98-100, 115

꿈의 구체적인 유형들 (이름 색인을 참조할 것)
꿈에서의 자기 283
내담자의 꿈 사용 30, 155-159, 190
대상으로서의 꿈 149-150, 180-203
신경증적 증상으로서의 꿈 262
투사로서의 꿈 32, 276-277
꿈(꾸는) 자아 271
꿈(들)
　- 검열(검열을 참조할 것)
　- 분석 33, 100-105, 301, 349
　- 필름(껍질을 참조할 것)
　-과 갈등(갈등을 참조할 것)
　-과 꿈-공간(꿈-공간을 참조할 것)
　-과 몽자(몽자를 참조할 것)
　-과 환각(환각을 참조할 것)
　-의 구성 150
　-의 기능(꿈의 기능을 참조할 것)
　-의 소통기능(꿈의 기능을 참조할 것)
　-의 의미 33, 100-105, 301, 349,
　-의 차원들 336-345
　-의 형식 27, 178, 321

담는 것으로서의 꿈 334, 336
박탈 239, 299
사고의 형식으로서의 꿈 184, 259
심리적 구조의 안내자로서의 꿈 358
좋은 꿈 65-67, 152, 167
꿈-공간 35-36, 149, 159, 161-171, 193-197
꿈꾸기 28-29, 151-164, 275, 299-301, 321-346
 -의 기제 315
꿈꾸기에서 신체-마음(정신) 분열 39, 64, 341
꿈꾸기에서 유아 정신 과정들 98
꿈꾸기에서 자아의 기능들(자아를 참조할 것)
꿈꾸기의 차원들(꿈들의 차원들을 참조할 것)
꿈-말하기 327-329, 345-346
꿈에서의 왜곡 123, 194, 272, 281, 356
꿈에서의 퇴행
 -과 경계들 28
 -과 경계선 사례들 73
 -과 수면 61
 -과 외상 20
 -과 인지 323
 -과 자아기능 93, 100
 -과 지형학적 개념 322, 357
 -과 초자아 기능 98-100
 -과 해리 359
 -과 히스테리 72
 -의 불균형 115
 자아를 위해 봉사하는 28, 47
꿈의 기능
 -과 급속안구운동 연구 314, 317
 -과 놀이의 기능 29
 -과 대상으로서의 꿈 180
 -과 환각적 생생함 44
 -에 프랑스 학자들의 연구 226
 -의 가능태 31
 담아주기로서의 30
 문제-해결로서의 22
 적응으로서의 314, 317
 통합으로서의 22
 표상적 세계의 구조의 유지로서의 251
 혼돈된 내담자의 2, 177
꿈의 모성적 성격 201, 225
꿈의 변장(위장) 18, 315
꿈의 상징(들) 34, 253, 353, 359-360

꿈의 소통 기능(꿈의 기능을 참
  조할 것)
꿈의 의미(꿈의 해석을 참조할
  것)
꿈의 해석
  고전적 접근 352-355
  -과 내담자 33-34, 141-143
  -과 변화 207
  -과 분석가 141-143, 202
  -과 연상 46
  -과 외현적 내용 254, 281-
    284
  -과 잠재적 내용 266-274
  -과 프로이트의 자기-분석
    56
  -과 회복 236, 253
  -의 부성적 성격 201
  -의 역사적 발전 14-20, 23-
    28, 38
  -의 한계 197
  문제-해결 접근 281-284
  분석에서 꿈의 해석의 쇠퇴
    108-110
  현상학적 접근 352-355
꿈-작업 192-193, 284, 354, 356
꿈-화면
  -과 그림 표상 113
  -과 급속안구운동연구 191
  -과 꿈-공간 164

-과 내재화된 젖가슴 27, 208,
  218, 225
-과 분석적 경청 212
-과 피부 39, 150, 222, 229
본래적 개념의 확장들 150
투사를 위한 표면으로서의
  200

(ㄴ)

낮의 잔여물들
  -과 껍질로서의 꿈 228
  -과 무의식적 유아소원 271
  -과 적응 301, 304-307, 313-
    317
  -과 제한적 성격 288
내담자 29, 44, 154-158, 190,
  266, 274
내사적 동일시 221, 224
노출증환자 264, 280
놀이
  -와 꿈꾸기 25, 29
  -의 상징의미 35, 41

(ㄷ)

담김
  -과 투사 36

-의 층들 236
모성적 37
부모와 219
비온의 담김의 모델 30, 36-39, 149

담는 것
내재화된 150, 172
-으로서의 꿈 30, 323
-으로서의 꿈의 잠재적 내용 236
-으로서의 모성/어머니 37, 219
-으로서의 몽자 336-337

대상(들)
-과 관계하기와 대상사용 154-155
-과 꿈-말하기 343
-에 대한 위니컷 153
-으로서의 꿈 149-150, 180-203, 193
박해하는 124
살아있는 내적 222
어머니(모성적) 37, 172
자기와 44, 338-340, 350, 353, 357
중간 29, 343
첫사랑의 223

대상관계(들) 41, 47, 223
대체 205

(ㄹ)

레브리(몽상) 29, 220

(ㅁ)

모성적 동기 201
모성적 몽상 220
모성적 변혁 220, 223
몽자 (꿈꾸는 자) 45, 287-290
-와 꿈 말하기 327-329, 345-346

(ㅂ)

반복적 꿈(들) 44
반전(역전) 133, 139, 192, 281
발달
감정 발달(자아를 참조할 것)
방어(들)
강박적 219
경계선 장애 사례들에서의 74
꿈에서 방어의 감소 96
다양한 방어들 329-331
-들에 대한 임상적 예들 102-104, 219, 237
-로서의 반(역)전 281

-로서의 왜곡 315, 356
　　-로서의 투사 276
　　-에 대한 프로이트 230, 272, 276, 321
　　-와 급속 안구운동 299
　　-와 분열(하기) 273
　　-와 외상 331-333
　　-의 분석 89-91, 114
　　-의 잠재적 성격 273
　　전의식적 153
　　정신병자의 210
　　히스테리적 237
방어벽 290
방어 긴장 302, 307, 310, 313-314
방출 31, 149, 170-171, 249, 332-333, 355, 357
배상/보수 201, 232, 366
배설(출) 169-170, 177-178
백일몽 96, 98, 104-106, 153, 160, 162, 256
베타요소 171-172
변화유발해석 221
보조 자아 69
부정 259, 290, 335
분열
　　-과 꿈(들) 43, 206-210, 335
　　-과 꿈-공간 36
　　-과 방어 273

　　-과 소원충족 335
　　-과 외상 335
　　임상적 예들 242, 336
분석 상황의 개념 68-73, 76
분석가 44, 134-143
분열성 환자들 328
불안
　　- 꿈들 232, 271, 288
　　-과 불쾌 98
　　-과 외상 20-21, 232
　　-의 숙달 21, 49
　　-의 통제 329-331
　　임상적 예들 128, 206-207, 236
불안싸개 234, 235

(ㅅ)

사고
　　- 능력 224
　　-의 형식으로서의 꿈 184, 259
　　임상적 예에서 331
　　정신분석에서의 개념 322
　　정신증적 31
사례 연구들(임상적 예들을 참조할 것)
상징의미
　　구체적 355-369
　　놀이의 35, 41

상징 과정(들) 28, 35, 149
상징적 동등시 36, 149, 168, 343
상징적 설명 149
상징화
    구체적 상징화, 꿈에서의 목적 355-361
    - 과정 205
    - 능력 47, 66, 167-168
    -와 꿈의 차원들 328, 346
싸개
    불안의 233-235
    시각적 150, 235
    정신적 30-31, 39, 230, 232-233, 248-249
    흥분의 247-249
성감대 243
성욕 56-57, 158, 216, 244-266
소원성취
    변장되지 않은 265-266
    -에 대한 르윈 218
    -에 대한 프로이트 20, 23, 48, 75, 166, 182, 230-231
    -와 성격적 목적(들) 354
    -와 몽자 197
    -와 분열 333
    -와 유아소원들 42, 100, 107
    -와 통합 317

    -의 문제 272
    임상적 예 157-159
    환각적 91, 182, 287
역-소원 꿈들 261
수면
    방어 작용으로서의 61
    -과 꿈 184, 199-200
    -과 퇴행 61
    -의 연장 158
    -의 생물학 61, 63-65, 149
    -의 정신생리학 151
    -의 특성(들) 96-97
    순환(주기) 111
수면 실험 300-304, 310, 313
숙달의 개념 42, 252, 258
숙달의 감각 331-336
스퀴글 게임 35, 162, 198
시와 꿈꾸기 24
신체 이미지 229, 235, 238
신체 자아 40
심리학(꿈, 자아, 자기심리학을 참조할 것)

(ㅇ)

악몽(들) 157, 177, 200, 202, 231, 300, 366
안아주기 29
안전(성) 28, 30, 40, 42, 335

알파기능 30, 171-172, 224
압축 25, 100, 166, 192, 196, 354, 356
어머니
   -와 꿈 과정 190
   -와 꿈-화면 208-209
   -와 투사 219
   -의 내사 248-249
   -의 무릎 339
   -의 신체(어머니의 젖가슴을 참조할 것) 167
   자기와 219
   좋은 172
어머니 대상 172
어머니의 내사 248-249
어머니의 담아주기 37
어머니의 신체(어머니의 젖가슴을 참조할 것)
억압 112, 115, 167, 265, 351
역전이 31, 45, 177, 239
연상(들)
   '언어적 사고의 비통합 산물'로서의 283
   꿈 분석에서의 352-354, 358-359
   꿈 이외의 분석 특성들에 대한 105-106
   분석가들의 138-139

-을 위한 합리적 근거 352-354
-을 하지 않고 하는 해석 273-274
이론적 관점들 46-47
자유연상 112, 115, 128
자유연상에 대한 프로이트 267-269
주지화된 연상 121
확증을 주는 해석 126
예지몽 175-178
오이디푸스 187, 212n
   - 콤플렉스 218
   -적 감정(들) 236, 243
   -적 문제 247
   -적 욕망 272
   -적 언급(들) 189
   -적 환상(들) 243
왜곡
   꿈 해석의 123
   꿈의 256, 272, 315, 356
외상
   누적적인 233
   -과 꿈(들) 21, 46, 232-236, 258-260, 288
   -과 수면 21
   -과 자기 333-336
외상 꿈(들) 21, 192, 232-235, 258-260, 331

외상-후 꿈들(외상을 또한 참조할 것)
외현몽 내용
　-과 구체화 358, 359
　-과 급속안구운동연구 302, 313-317
　-과 분석적 경험 301
　-과 자아심리학 48
　-과 제한된 내용 325
　-과 해석 254-291
　-과 환상 94
　-에 대한 태도들 41-42
욕동-방전 이론 299
우울적 자리 36, 218, 224, 225
원초적 과정(들) 95, 116, 133, 142, 185, 193, 327
의존 30, 38
이드
　-와 꿈꾸기 23, 99-100, 106, 113-114, 231, 257
　-와 자아심리학 40
　-와 잠재몽 사유들 267
　-와 히스테리 72
　-의 분화 33
이르마 꿈 26, 40, 263, 267, 271, 315
이차설명 284
이차개작 284-286
인지-정서 지도 350

일반화의 원리 323
일시성 29, 140, 224, 252, 365, 268
임상적 예들 100-103, 117-141, 160-162, 169-177, 204-208, 212-218, 236-247, 274-281, 303-313, 336-340, 361-369

(ㅈ)

자기
　'숨겨진' 234
　꿈에서의 자기의 역할 283-284
　위험에 빠뜨리기 360
　-와 꿈 경험하기 209
　-와 꿈-말하기 345
　-와 대상 168, 339-340, 350, 353
　-와 무-아 224, 331
　-와 어머니 219
　-와 타자 353
　정직/온전함 40
　텅 빈 꿈에서의 342
　통일 366-369
　통합 59
　파편화 361-363
　회복 360, 366

자기-상태의 꿈(들) 252, 360
자기심리학 40, 43-44, 49
자기애와 잠 99, 201-203, 229, 232, 237, 243, 341
자기의 회복 360, 366
자아
  꿈꾸기에서의 271
  꿈꾸기에서의 자아기능들 26, 91-100, 252, 283
  꿈꾸기에서의 자아 27
  신체 40
  이상적 231
  - 만족(소원충족을 참조할 것)
  - 발달 22, 30, 31, 38, 46, 48, 72, 76, 349
  - 분화 75, 328
  - 숙달 328
  - 에 대한 요구들 271
  - 양식 281-282
  -의 조직하는 기능 252, 321, 345
  -의 통합 49, 72, 95
  해체 44
  종합하는 48
  피부(피부자아를 참조할 것)
자아 거리두기 210, 262
자아 평가제도 210, 262
자아-압도적인 208-210

자아심리학 40, 41, 48, 251-256, 290, 300, 327
자아의 조직하는 기능(자아 타자, 자기와 자아의 조직하는 기능을 참조할 것)
자아-특유의 결함 74
자유연상(연상(들)을 참조할 것)
잠재몽 내용
  담아주는 것으로서의 236
  이르마 꿈에서 316
  -과 고전적 기법 352
  -과 구체화 359
  -과 꿈들 183-184
  -과 정교하게 설명된 내용 325
  -과 연상된 정서 262
  -과 외현내용 254, 257-258, 281-284
  -과 해석 266-274
  -의 한계 197
잠재성 223
저항 196, 260, 266, 284, 338
적극적 조직원리(자아의 조직하는 기능을 참조할 것)
적응
  -의 기제로서의 꿈 299-303, 313-317
전능성 29, 44, 74, 76, 131, 232
전의식(적) 23, 116, 231, 268

전이
   -와 꿈 185, 207
   -와 꿈분석 24, 28, 31, 70, 220-223
   -와 꿈-화면 221
   -의 한계(들) 37
   거울전이 237-242
전이 신경증 59, 69, 75, 207, 281, 289
전치
   브랜너 심리학에서의 100
   -에 대한 프로이트 288
   -와 꿈-작업 192, 354, 356
   -와 몽자 196
   -와 억압된 소원들 166
정교하게 설명된 내용 325
정신 기구 230
정신-내적 소통 47, 55, 66, 152
정신분석 연례 조사
정신분석적 과정과 꿈 28
정신분석적 성격 이론 350-351
정신-신체의학 212, 222
정신의 본능적 측면들 24, 40, 48, 98, 230, 233
정신증(정신증적 환자들, 정신증적 사고, 정신증적 유형의 꿈을 참조할 것) 43, 76, 205, 336
정신증적 사고 30

정신증적 유형의 꿈 173
정신증적 환자들 205, 208-210
정신화 194
정의적 가설 177
정체성의 유지 49
젖가슴
   내재화된 (어머니를 참조할 것) 27, 209, 218, 221, 225
   임상적 예에서 118-122, 243
   변기 젖가슴 221
   -과 꿈-화면 27, 209, 218, 221, 225
   -과 알파기능 224
   좋은 젖가슴 221, 224
제한된 내용 325
좋은 꿈 65-67, 152, 167
좋은 분석 시간 65
좋은 젖가슴 221, 224
죄책감 98, 219,
죽음-소원 꿈 264, 281
중간대상 29, 343
중간영역 29, 163, 171
지각-의식 체계 230
지형학적 이론 89, 109, 116, 117, 234, 322

(ㅊ)

창조성
   창조성과 꿈들 28, 259
초(메타)심리학적 이론 276, 355
초자아
   꿈에 드러난 112
   꿈에서 초자아기능(들) 98-100, 115
   꿈에서 초자아의 역할 257
   이드와 자아의 상호작용 91, 92, 106, 133
   -의 분화 33
최면상태 60-62

(ㅋ)

카타르시스 61
카텍시스(리비도 부착) 233-234, 243, 247
쾌락원리 201, 231-233

(ㅌ)

타협 형성 92, 93, 104, 230
탈 인격화 157, 160, 207
통합
   자기의 59

-과 급속안구운동 299, 317
-과 꿈 22-23, 42-43, 49
-과 꿈-말하기 346
-과 외상 332-336
-과 자아 95, 208, 327
-과 해체 361-368
임상적 예 361-368
-의 실패 149
투사
   방어로서의 276
   임상적 예 339
   -로서의 꿈 36, 276-277
   -와 어머니 219
투사적 동일시 26, 30, 150, 168-173, 213, 219-225

(ㅍ)

편의 꿈 265, 271
폐쇄 공포증 106
표상적 세계 166, 205, 350, 357, 358, 359
표상할 수 있음 95, 191, 200
프로이트의 자기-분석 56-60, 185
피부
   -와 꿈-화면 38-39, 150, 222, 229
   -와 초기 어머니-유아관 38

-의 성감대(들) 243
피부자아 39, 228-249

(ㅎ)

해리
　몽자의 290
　임상적 예 158
　-와 꿈-말하기 327-328
행동화 36-37, 164, 327
현실검증 94, 98, 100
현실원리 31, 40, 154, 169-170, 231
현실화
　현실화와 꿈-공간 159, 164
형식
　꿈들의(꿈(들)을 참조할 것)
화면(꿈-화면을 참조할 것)
환각
　꿈과 왜곡 360
　꿈과 이미지의 생생함 43
　꿈에서의 17, 182, 189, 229, 275, 283, 287
　-과 꿈 169
환상(fantasy)
　가학적 329
　거대 308, 313
　구강기 324

기이한 205
의식적인 92
　- 되짚어보기 327
　- 의미와 인지과정 323
　-과 외현몽 내용 256
　-과 현실 93
　-의 철자(무의식적 환상을 참조할 것)
환상(phantasy)
　경계선 사례에서의 환상과 현실 169-170
　다양한 통제 수단들 329-331
　단어의 철자 31n
　소원을 담은 285
　오이디푸스(정신분석적 환상 현상학을 참조할 것) 243
　-과 꿈-작업 185
　-과 젖가슴 243
　-의 전재성 33, 45
훈습 167
흥분
　꿈에서의 27-28, 62, 275
히스테리 86, 248-249, 264
히스테리 성격 248

본서는 Routledge 출판사의 《새로운 정신분석 문고》 시리즈 중 17번 The Dream Discourse Today를 번역한 것이다. 《새로운 정신분석 문고》는 1987년 런던의 정신분석 연구소와 공동으로 설립되었다. 그 목적은 정신분석의 진실에 대해 보다 크고 광범위한 이해를 돕고 정신분석가들과 역사, 언어학, 문학, 의학, 철학, 심리학, 사회과학 등 다른 분야에서 일하는 사람들과 상호 이해를 증진시키는 토론의 장을 제공하기 위한 것이었다. 이 문고는 정신분석적 사고와 기법을 심화하고 발전시키며, 다른 영역이 정신분석에 기여한 경우 혹은 정신분석적 관점이 다른 학문들에 기여한 내용을 담고자 하였다.

이 연구소는 영국정신분석학회British Psychoanalytical Society와 함께 저비용 정신분석 상담실을 운영하고 있고, 정신분석 관련 강의와 학술 행사를 주관하며, 국제정신분석저널the International Journal of Psychoanalysis을 발간하고 있고, 국제정신분석협회the International Psychoanalytical Association의 회원국으로 통하는 영국 유일의 정신분석 훈련과정을 운영하고 있다. 국제정신분석협회는 지그문트 프로이트에 의해 시작하여 발전된 협회로서, 국제적으로 합의된 훈련 기준과 전문가로 진입하는 기준, 그리고 전문가의 윤리와 임상의 기준을 견지하고 있다. 이 연구소에서 일했던 탁월한 회원으로는 마이클 발린트Michael Balint, 윌프레드 비온Wilfred Bion, 로널드 페어베언Ronald Fairbain, 안나 프로이트Anna Freud, 어니스트 존스Ernest Jones, 멜라니 클라인Melanie Klein, 존 릭먼John Rickman, 도널드 위니캇Donald Winnicott 등이 있다.

《새로운 정신분석 문고》 시리즈의 1권에서 11권까지는 데이비드 터킷David Tuckett이 편집장을 맡았으며 로널드 브리튼Ronald Britton과 에글 라우퍼Eglē Laufer가 부편집장으로 참여하였다. 12권부터는 엘리자베스 보트 스필리우스Elizabeth Bott Spilius가 편집장을 맡았고, 17권부터는 도널드 캠벨Donald Campbell, 마이클 파슨스Michael Parsons, 로진 조제프 프크렐버그Rosine Jozef Pcrelberg, 데이비드 테일러David Taylor가 부편집장으로 참여하였다.

《새로운 정신분석 문고》 시리즈

1 『난제와 해석』 (Impasse and Interpretation)

> by 허버트 로젠펠드(Herbert Rosenfeld)

2 『정신분석과 담론』 (Psychoanalysis and Discourse)

> by 패트릭 매호니(Patrick Mahoney)

3 『정상인의 억압된 광기』 (The Suppressed Madness of Sane Men)

> by 마리온 밀너(Marion Milner)

4 『프로이트의 수수께끼』 (The Riddle of Freud)

> by 에스텔레 로이스(Estelle Roith)

5 『사고하기, 느끼기, 그리고 존재하기』 (Thinking. Feeling, and Being)

> by 이그나시오 마테-블랑코(Ignacio Matte-Blanco)

6 『꿈 극장』 (The Theatre of the Dream)

> by 살로몬 레스닉(Salomon Resnik)

7 『오늘날의 멜라니 클라인 1권. 이론』 (Melanie Klein. Today 1: Theory)

> Edited by 엘리자베스 보트 스필리우스(Elizabeth Bott Spillius)

8 『오늘날의 멜라니 클라인 2권. 임상』 (Melanie Klein Today 2: Practice)

> Edited by 엘리자베스 보트 스필리우스(Elizabeth Bott Spillius)

9 『정신적 평형과 정신적 변화: 베티 조셉의 논문 선집』
(Psychic Equilibrium and Psychic Change: Selected Papers of Betty Joseph)

Edited by 마이클 펠드만 & 엘리자베스 보트 스필리우스
(Michael Feldman and Elizabeth Bott Spillius)

10 『아동과 더 이상 아동이 아님에 대하여: 1942-80년까지의 논문집』
(About Children and Children-No-Longer: Collected Papers 1942-80)

by 폴라 하이만(Paula Heimann)
Edited by 마가렛 토니스만(Margret Tonnesmann)

11 『프로이트-클라인 논쟁 1941-45』(The Freud-Klein Controversies 1941-45)

Edited by 펄 킹 & 리카르도 슈타이너(Pearl King and Riccardo Steiner)

12 『꿈, 환상, 그리고 예술』(Dream, Phantasy and Art)

by 한나 시걸(Hanna Segal)

13 『정신 경험과 기법의 문제들』(Psychic Experience and Problems of Technique)

by 헤롤드 스튜어트(Harold Stewart)

14 『클라인과 비온에 대한 임상적 강의들』(Clinical Lectures on Klein and Bion)

Edited by 로빈 앤더슨(Robin Anderson)

15 『태아에서 아동까지』(From Fetus to Child)

by 알레산드라 피온텔리(Alessandra Piontelli)

16 『유아 경험의 정신분석적 이론: 개념적이며 임상적인 고찰들』
(A Psychoanalytic Theory of Infantile Experience: Conceptual and Clinical Reflections)

by 가디니(E. Gaddini)
Edited by 아담 리맨타니(Adam Limentani)